THE AMERICAN PEOPLE
creating a nation and a society

美 国 人 民

创建一个国家和一种社会

第 8 版

下

加里·纳什（Gary B. Nash）
约翰·豪（John R. Howe）
艾伦·戴维斯（Allen F. Davis）
查伦·迈尔斯（Charlene Mires）

[美]
朱莉·罗伊·杰弗里（Julie Roy Jeffrey）
彼得·弗雷德里克（Peter J. Frederick）
艾伦·温克尔（Allan M. Winkler）
卡拉·加迪纳·佩斯塔纳（Carla Gardina Pestana）
编著

刘德斌 等 译

著作权合同登记号　图字：01-2016-9806

图书在版编目（CIP）数据

美国人民：创建一个国家和一种社会：第8版.下/（美）加里·纳什（Gary B. Nash）等编著；刘德斌等译. — 2版. — 北京：北京大学出版社，2018.7
（培文·历史）
ISBN 978-7-301-29493-2

Ⅰ.①美… Ⅱ.①加… ②刘… Ⅲ.①美国 — 历史 Ⅳ.① K712.0

中国版本图书馆 CIP 数据核字（2018）第 084326 号

Authorized translation from the English language edition, entitled THE AMERICAN PEOPLE: CREATING A NATION AND A SOCIETY, 8th Edition by NASH, GARY B.; JEFFREY, JULIE ROY; HOWE, JOHN R.; FREDERICK, PETER J.; DAVIS, ALLEN F.; WINKLER, ALLAN M.; MIRES, CHARLENE; PESTANA, CARLA GARDINA, published by Pearson Education, Inc, Copyright © 2017 Pearson Education, Inc., or its affiliates
All rights reserved. No part of this book may be reproduced or transmitted in any form or by any means, electronic or mechanical, including photocopying, recording or by any information storage retrieval system, without permission from Pearson Education, Inc.
CHINESE SIMPLIFIED language edition published by PEKING UNIVERSITY PRESS LTD., Copyright © 2018.
本书中文简体翻译版由 Pearson Education，Inc. 授权给北京大学出版社发行。
本书封面贴有 Pearson Education（培生教育出版集团）激光防伪标签。无标签者不得销售。

书　　　名	美国人民：创建一个国家和一种社会（第8版）（下） MEIGUO RENMIN：CHUANGJIAN YIGE GUOJIA HE YIZHONG SHEHUI (DI-BA BAN) (XIA)
著作责任者	［美］加里·纳什（Gary B. Nash）等 编著　刘德斌等 译
责 任 编 辑	徐文宁　周彬
标 准 书 号	ISBN 978-7-301-29493-2
出 版 发 行	北京大学出版社
地　　　址	北京市海淀区成府路 205 号　100871
网　　　址	http://www.pup.cn　新浪微博：@北京大学出版社 @培文图书
电 子 信 箱	pkupw@qq.com
电　　　话	邮购部 62752015　发行部 62750672　编辑部 62750112
印　刷　者	三河市国新印装有限公司
经　销　者	新华书店
	650 毫米 × 960 毫米　16 开本　36.5 印张　520 千字 2008 年 1 月第 1 版 2018 年 7 月第 2 版　2020 年 6 月第 2 版第 2 次印刷
定　　　价	92.00 元

未经许可，不得以任何方式复制或抄袭本书之部分或全部内容。
版权所有，侵权必究
举报电话：010-62752024　电子信箱：fd@pup.pku.edu.cn
图书如有印装质量问题，请与出版部联系，电话：010-62756370

目 录

(下)

第 15 章　美国乡村的现实 / 609
　　15.1　农业现代化 / 612
　　15.2　西　部 / 615
　　15.3　印第安人家园 / 623
　　15.4　"新南部" / 628
　　15.5　黑人生活的困顿 / 634
　　15.6　农民的反抗 / 640
　　小结：工业时代的农业 / 644

第 16 章　工业美国的兴起 / 645
　　16.1　工业发展的特征 / 648
　　16.2　工业劳动与劳工阶级 / 655
　　16.3　劳资纠纷 / 663
　　16.4　奋斗与成功 / 668
　　16.5　"镀金时代"的政治 / 672
　　小结：工业资本主义的复杂性 / 688

第 17 章　新大都市 / 689
　　17.1　工业城市 / 692
　　17.2　新城市地理 / 702

17.3　改革中的城市 / 711

小结：被改变的城市 / 721

第18章　成长中的世界强国 / 723

18.1　迈向帝国之路 / 726

18.2　1890年代的扩张主义 / 731

18.3　在古巴和菲律宾的战争 / 735

18.4　西奥多·罗斯福的强势外交 / 746

小结：大国的责任 / 755

第19章　进步主义者对抗工业资本主义 / 757

19.1　社会正义运动 / 760

19.2　进步时代的工人 / 775

19.3　市政和州政改革 / 782

19.4　西奥多·罗斯福与公平交易 / 785

19.5　伍德罗·威尔逊与新自由 / 795

小结：进步主义的局限性 / 798

第20章　大战 / 801

20.1　战争初期 / 804

20.2　美国卷入战争 / 812

20.3　军中经历 / 818

20.4　战争对国内的影响 / 826

20.5　为和平做准备 / 833

小结：大战的遗产 / 837

第21章　富庶与焦灼 / 839

21.1　战后问题 / 842

21.2　欣欣向荣的经济 / 847

21.3 价值观的冲突 / 855
21.4 在希望中沉浮 / 859
21.5 政治商业化 / 866
小结：繁荣与问题并存的新时代 / 878

第 22 章 大萧条与新政 / 879
22.1 大萧条 / 882
22.2 经济衰退 / 885
22.3 罗斯福和第一次新政 / 889
22.4 "百日新政" / 893
22.5 第二次新政 / 902
22.6 新政的尾声 / 911
22.7 1930 年代的另一面 / 915
小结：大萧条和新政的多重遗产 / 923

第 23 章 第二次世界大战 / 925
23.1 通向战争的曲折道路 / 928
23.2 战役与策略 / 936
23.3 战争的影响 / 946
23.4 战士与国内少数民族 / 953
小结：和平、繁荣与国际责任 / 965

第 24 章 "冷战"时期的寒彻与狂热：1945 年到 1960 年 / 967
24.1 "冷战"的根源 / 970
24.2 遏制苏联 / 975
24.3 遏制政策在亚洲、中东和拉美 / 981
24.4 核武器与"冷战" / 988
24.5 "冷战"对国内的影响 / 993
小结：透视"冷战" / 1005

第25章　战后美国的国内形势：1945年到1960年 / 1007
    25.1　经济繁荣 / 1011
    25.2　人口和技术变迁 / 1019
    25.3　共识与一致性 / 1026
    25.4　福利国家的巩固 / 1030
    25.5　另一个美国 / 1037
    小结：富庶中的忧虑 / 1049

第26章　反叛与变革：喧嚣骚动的1960年代，1960年到1969年 / 1051
    26.1　约翰·肯尼迪："亚瑟王"岁月 / 1054
    26.2　林登·约翰逊与"伟大社会" / 1067
    26.3　与共产主义的持续对峙 / 1078
    26.4　越南战争与国内骚乱 / 1082
    小结：政治与社会动乱 / 1091

第27章　骚乱与不满：1969年到1980年 / 1093
    27.1　自由主义的衰落 / 1096
    27.2　在越南的持续努力 / 1106
    27.3　宪法冲突及其后果 / 1109
    27.4　对社会改革的不懈求索 / 1116
    小结：修补裂痕 / 1133

第28章　保守主义和道路的转变，1980年到2016年 / 1135
    28.1　保守主义时代的新政治 / 1138
    28.2　社会改革的复杂性 / 1149
    28.3　经济和人口的变化 / 1156
    28.4　对外政策与"冷战"的终结 / 1169
    28.5　近年来的情况 / 1177
    小结：回顾近年来的历史 / 1179

译后记 / 1181

第 15 章

美国乡村的现实

15.1　农业现代化

15.2　西部

15.3　印第安人家园

15.4　"新南部"

15.5　黑人生活的困顿

15.6　农民的反抗

小结：工业时代的农业

> 美国故事

实现梦想：生活在大平原上

　　1873年，米尔顿·利珀（Milton Leeper）带着妻子哈蒂（Hattie）和他们的孩子安娜（Anna），坐上堆满所有家当的马车开始向内布拉斯加州布恩县的土地出发。与其他人一样，利珀一家也相信，西部大草原提供的机会对国家的持续健康发展和个人的福祉都是至关重要。在到达他们拥有开垦权的土地后，利珀一家就开始满怀信心地憧憬起未来。哈蒂在给住在爱荷华州的妹妹的信中写道："我非常喜欢我们住的地方。""当我们拥有了舒适的房子还能开垦100英亩土地的时候，无论拿什么我都不换！"然而，米尔顿在这里只开垦了13英亩土地就因天灾而中断了。成群结队的蝗虫蜂拥而至，利珀一家只好离开他们的土地去往附近的弗里蒙特镇避难。

　　利珀一家在弗里蒙特镇度过了两年时光。米尔顿先是在一家商店打工，后来又做了佃农。哈蒂则寄宿在雇主家，缝补衣物，喂鸡和放牛。尽管一家人都在贫困线上挣扎，但他们却从未放弃希望。哈蒂承认："日子确实非常艰难，我们走了霉运！""但我们仍然保留着土地的所有权，没有人愿意离开家园去四处漂泊。"1876年，他们成功地回到了自己的土地上，用仅剩的27美元开始了新的生活。

　　蝗灾过后，雨量充沛，教堂就在半英里内。与其他人一样，利珀一家也慢慢富裕起来。他们又添了两个女儿。这栋寒酸的屋子外表"简朴"但室内却是温馨而舒适。哈蒂认为："拥有土地的人与芝加哥人的生活一样体面。"

　　然而，好景不长。哈蒂又怀孕了，但却死于难产。伤心欲绝的米尔顿埋葬了妻子和未出世的孩子，放弃了他所拥有的土地。尽管利珀在1905年去世之前又到至少四个地方尝试过这种生活，但他最后的心理防线早已在痛失爱妻的那一瞬间就被击垮了。

就在利珀一家在布恩县安家的同一年，另有一家人在奥马哈西部200英里处一个丹麦人定居点安顿下来，他们是拉斯马斯（Rasmus）和阿尼·埃布森（Ane Ebbesen）以及他们8岁的儿子彼得（Peter）一家，他们受到"有意耕种者可以获得足够的免费土地"的吸引，于1868年从丹麦来到了这里。到1870年，他们已经把耕种的土地向西扩展到了爱荷华州的康瑟尔布拉夫斯。在那里他们停了下来，去获得从事耕作的必要资金。拉斯马斯修筑铁路，阿尼在当地一家旅馆做清洁工，小彼得则给镇上口渴的挖沟工人送饮用水。

与利珀一家一样，埃布森一家也是热切地定居下来并开始耕作。彼得后来回忆道，他们所预料的问题从未发生。就连关于苏族人的谣言也被证明是无中生有（在移民者眼里，苏族印第安人是"会飞的魔鬼"）。家庭遭遇的真正问题是他们意料之外的，如响尾蛇、草原大火和蝗虫的侵袭。蝗虫的危害一如当年利珀家所面临的情形，但与利珀家不同，埃布森一家并未离开土地。尽管经常都要忍饥挨饿，他们还是熬过了持续三年的大蝗灾。

在接下来的几年里，埃布森一家的日子渐渐好转。埃布森开垦了80多英亩土地，并在铁路沿线又购得80英亩土地。一座座茅草屋搭建起来，最后甚至还有了一幢两层小楼，它是彼得用教书所赚的钱买下的。他们50岁的时候已经可以很自豪地看着他们那"长势茂盛而喜人的庄稼"。然而，自然灾害再次降临："肆虐的冰雹……几乎毁灭了一切。"

不过，埃布森一家还是幸运的。一位银行家买下了他们所有的宅地，虽然价格比家人估算的"真实价值"低了1 000美元，但这也足够他们在城镇买栋"朴实无华"的房子。后来他们"在公园附近……买下了一栋带有九个房间的二层楼的普通房子"。

利珀和埃布森两家的故事在细节和结局上都不尽相同，但却反映了19世纪最后25年里美国农村面临的问题。成熟发达的工业经济改变了农业，并将经济力量的重心永久地从农场转移到了城市和工厂，许多农民都意识到，实现他们传统的农业自给自足和繁荣富庶的梦想已无可能。即使遇上大丰收也不能保证梦想成真。一个农民说："两年前让我们种粮食，我们照做了，风调雨顺，获得了丰收，但结果又怎样呢？棉花一斤8美分、荞麦10美分、牛肉2美分，黄油和鸡蛋就更不值钱了，这就是结果。"印第安人也发现，农村生活的变化影响到了他们的价值观和梦想。宛如苏族印第安酋长"红云"（Red Cloud）在怀俄明州对铁路测量员所言："我们不需要你们，你们把野牛都吓跑了。"

本章探讨了本书的几个基本问题并分析了19世纪末西部和南部的农业转型。在了解农村实现工业化的方式时，不妨问自己：棕色人种、白人及黑人这些不同群体对新的经济和社会情况都有何不同反应？西部农业大规模兴起、自然资源开发和大平原发展，以什么样的方式塑造了白人定居者与西部部族之间的关系？印第安人怎样才能保留他们的传统和文化？基于种族和棉花问题这一基本现实，"新南部"（New South）的支持者采取了什么样的成功措施？本章表明种族歧视和经济上的劳役赔偿制度构成这一时期大多数南部黑人生活的特征，但同时也描述了南北双方黑人反抗策略和意识形态的兴起。本章最后则强调了，19世纪末期的农业问题如何持续塑造了20世纪美国农业生活的大部分特征并使美国农民成为改革者。

15.1 农业现代化

1865年到1900年，随着大批美国人前往密西西比河以西开垦荒地，农田数量成倍增长。农民在现代机械的辅助下种植经济作物，并通过铁路运输系统把产品运往市场。正如一位农民指出的,农业现在就是"做生意"。

尽管美国农业仍然是以小型家庭农场为代表,但是大量的机械化操作已经投入到农业耕作当中,尤其是在密西西比河以西地区更是如此。建于1870年代末北部大平原上兴旺富庶的农场,昭示了大型农业的发展趋势。成千上万亩的农田需要巨额的资本投资,大部分农场都归公司所有。与工厂一样,这些农场也是依靠机器、雇佣成百上千的工人并仰赖精明强干的经营管理人员。虽说这些**兴旺的大农场**(**bonanza farms**,又译"**赚钱农场**")并不具有典型性,但它们还是在一定程度上反映了各地农业正在发生的变化。

虽然农民成功地适应了现代条件下的农业,但他们还是从劳动力大军中的主导地位上跌落下来。1860年时农民占劳动力总数的60%,到1900年这一比例已经下降到不足37%。与此同时,农民对国家财富的贡献占比也由33%下降到25%。

15.1.1 美国农业与世界

美国农业的扩张与正在发生变化的全球生产模式和需求息息相关。19世纪随着欧洲人口剧增,越来越多的人弃农从工。英国农民仅占全国劳动力的10%,根本无法生产出足够的粮食来满足国家的需求。所以与其他欧洲国家一样,英国也需要进口大量食物。欧洲市场日益增长的需求,促使美国农民与东欧、澳大利亚和新西兰农民一道提高他们的经营效率。

在尝试提高农作物产量和牲畜数量的过程中,美国农民从世界上其他地区的农业发展中获益颇丰,同时也做出了自己的贡献。德国科学家通过培育出更优化的种子、牲畜和更高产的化肥,推动了1850年以后的农业扩张。在内战期间建立起来的政府向大学赠予土地的制度,确保了美国农学家能够进行持续深入的科学研究,培育出品种更加优良的农作物、牲畜,并找到更有效率的耕作方法。美国农民在应用农业机械上充当了开路先锋,例如使用马拉收割机,并向世界上其他地区的农民展示了如何才能获得更多的收成。

这种更加广泛的世界一体化，有赖于国内外运输系统的改善。在美国，值得信赖的、廉价的运输系统为农民的生产专门化提供了可能：大平原种植小麦；中西部种植玉米；东部农民转向种植蔬菜水果，开发和销售乳制品；南部主要种植棉花、烟草、小麦和玉米；远西部地区则普遍种植谷物、水果和蔬菜。欧洲蒸汽轮船的改进和铁路系统网络的不断扩张则确保美国的货物和产品可以快捷、高效、廉价地运送到相距遥远的市场。

在农民为国内和国际市场实行了专门化生产后，他们的成功也是日益依赖外部的力量和需求。银行家们和投资者们（他们当中有不少人都是来自欧洲）提供资金用以改善运输状况，扩大运营规模；经纪人囤积（有时也会销售）产品，并通过火车和轮船把它们运往市场。国内外欣欣向荣的经济使劳动者囊中丰盈。然而，1879年到1883年，由于担心旋毛虫病的传入，欧洲国家禁止进口美国猪肉，使美国的家畜饲养者蒙受了损失。当俄国、阿根廷、加拿大的农民转向小麦种植后，国际市场竞争加剧，极大地影响了美国主要**经济作物（cash crop）**的种植。此外，像小麦、玉米这类农作物价格的世界性**下跌（deflation）**，更是影响了包括美国在内的所有为国际市场提供这些作物的农民。

15.1.2 美国农业的特色

技术革新在推动美国农业扩张的过程中扮演着重要角色。使用畜力牵引的收割机、割捆机及其他各种新式机器，极大地降低了农活的繁重程度，使得农作物的生产变得更加容易和高效，费用也变得更加低廉。此外，与使用手工工具相比，这些新式机器可以使农民开垦更多的土地。但是由于新机器价格昂贵，许多美国农民都要借钱购买。整个1880年代，抵押贷款的数额是农业财富的两倍半。

农民逐渐意识到他们在世界新形势下所面临的危机。1869年到1899年，生产率提高了40%。然而，小麦等农作物在国内市场上却是供大于求。国际竞争和通货紧缩导致价格一路下跌。1867年一蒲式耳（8加仑，约30.276升）玉米价值78美分，到1889年则下降到23美分。小麦价格也经历了同样的下跌，从1867年的一蒲式耳2美元，下降到1889年的只有70美分。棉花的利润也在急剧下降，由1866年的43美元一大包（重量单位，在美国等于226.8公斤），下降到1890年代的30美元。

价格下降所造成的危害并没有波及所有农民。由于货币供应的增长比生产率的增长缓慢得多，从内战结束到1900年，所有价格都下跌了一半多。在通货紧缩时期，农民收益虽少但采购价格也相应较低。然而，通货紧缩也可以造成生产过剩。为了赚取和以前同样的钱，许多农民都认为他们应该扩大生产。但当他们确实这样做时，价格却降得更低。而且，通货紧缩还使贷款的实际价值大为增加。1888年，只需174蒲式耳的小麦就可以支付利率为8%的2 000美元贷款。到了1895年，同样的贷款却需要320蒲式耳。因此，持续下跌的价格对那些生活在新定居区的农民影响最大，他们为了筹措新的经营资金而背负上了沉重的债务。

15.2 西 部

1893年，年轻的美国历史学家弗雷德里克·特纳（Frederick Turner）向聚集在芝加哥世界博览会上的历史学家们发表了演说。他的演说振聋发聩。特纳宣称，美国的边疆时代已经结束，数据显示，西部已经没有未开发的土地了。特纳有些言过其实（直到20世纪西部仍有许多土地杳无人迹），但他的分析确实反映了内战后人们向密西西比河以西快速扩张的现实。1870年到1900年，密西西比河以西的农田数目增至原来的三倍；1880年到1900年，西部人口的增长率也远远超过全国的平均数。

15.2.1 国家和全球背景下的边疆学说

特纳将边疆时代的结束视为美国历史上的一个里程碑。他认为，边疆对美国人性格和美国制度的塑造发挥了核心作用。在美国历史的演进过程中，征服莽莽荒野的奋斗历程，将从欧洲来的殖民者锻造成为美国人，并产生了一种"促进民主政治"的粗犷的个人主义。特纳的论点强调了美国经历的独特性并将其与边疆生活结合到一起，这为他赢得了众多的支持者。他的解释补充了长期以来关于美国社会和美国人性格例外论的观点。这符合许多人的观点，他们认为征服特纳所称的"荒原"是一个漫长的奋斗过程。

然而，美国的西进运动并不像特纳所讲的那样与众不同。那些向西跨越密西西比河的移民，是在全球范围内重新分配欧洲人口这一运动的一部分。就在欧洲帝国扩张它们的势力范围之际，欧洲来的农民、矿工、牧场工人也在阿根廷、巴西、新西兰、澳大利亚、加拿大和南非定居。与美国人一样，他们也认为土著居民没能很好地使用土地，所以他们要利用技术优势把土地从土著居民手中抢过来。在世界范围内，许多土著居民不是正处于移民社会的统治之下，就是主动尽可能地远离所谓的"文明"社会。

特纳的边疆理论对那些改造和开化茫茫荒野的边疆农民致以崇高敬意。然而，在内战前，那些真正的农民却并不愿移居到西部许多地方，尤其是在这片宽200～700英里、从加拿大绵延到德克萨斯的大平原。这一区域的大多数地方，尤其是98°经线（西经）附近降雨稀少。树木的缺乏似乎预示了这片平原并不适宜农耕。

15.2.2 1860年到1890年牧民的西进

尽管大平原最初令农民心灰意冷，但它丰饶的牧草却是奠定了畜牧业王国的基础。饲养牲畜可以追溯到西班牙传教团体布道的时期，但牧场商业化的实现则是北方联邦成功地将德克萨斯州从南部邦联的牲畜市场中分割出去的后果。到内战结束之时,德克萨斯境内已有数百万头长角牛在悠然地漫步。战后修建铁路的风潮,又为把这些牛转换成美元提供了便利条件。到 1870 年代,牛仔们将成千上万头长角牛驱赶到堪萨斯的艾比利尼,在那里这些牛被装上火车,运送到芝加哥和堪萨斯城等城市的屠宰加工厂。

大平原上的牧场主们买进了一些牛,与赫里福种牛和安格斯母牛杂交,培育出具有高度抗寒能力的良种牛。1870 年代末和 1880 年代初,从科罗拉多东部到达科他等地出现了大量的牧场,这些牧场大都为东部和欧洲投资者所拥有。牛可以去公共地域的任何地方,所以养牛并不怎么花钱,这些投资获得了丰厚的利润。然而,那些把牛群驱赶到市场的牛仔们(他们中有 33% 的人都是墨西哥裔和黑人),一个月却只能赚到 25～40 美元。

到了 1880 年代中期,农民涌进大平原,买下了一部分曾用来放牧的公共用地并将其圈禁起来,牧牛的第一阶段也随之结束。农民的到来只是改变边疆牧牛业的原因之一。到 1880 年代中期,牧场主畜养的牲畜存栏过剩,饥饿的牛群吃光了所有能见到的东西,草料越来越匮乏。1886 年,先是酷暑,接着是暴风雪肆虐的寒冬。当春天来临的时候,90% 的牛都死掉了。惊慌失措的牧场主把残存的牛在市场上低价出售,一头仅卖 8 美元甚至更少。

劫后余生的牧场主们采用了新技术。他们试验新的养殖方法,开始把牛圈养起来,并在冬季里给牛喂食谷物。消费者喜欢嫩牛肉而非放养动物厚实的肉,这些新方法满足了市场需求。牧场也和农业一样,逐渐转变成现代的商业形式。

15.2.3 1865 年到 1890 年代大平原上的农民

内战结束后,大平原上的农业前景重现光明,铁路作为一个重要角色使人们改变了对这一地区潜力的看法。既然铁路线横贯大陆,它们也就需要顾客、移民和货物运输业务来赚取利润。与那些城镇建设的积极支持者和期望投资获得回报的土地投机商一道,铁路公司也加入到了大笔追加投资的运动中。有报道称:"这里是西方世界唯一尚待开发的天堂。"这种宣传越出美国,流传到了斯堪的纳维亚半岛和德国等地。平原地区缺乏农耕用水的恐惧从人们的心目中消除了,宣传广告使读者相信,"我们需要的只是正确地耕种和照看庄稼,这里的雨水充沛无虞。"1880年代高于平均水平的降雨量也证明了这一点。

第一次移民热潮从1879年一直持续到1890年代初,成千上万满怀热情的家庭相继迁到大平原从事农耕。他们大都来自伊利诺斯、爱荷华和密苏里。与埃布森一家相似,他们实际上都是外国移民。绝大多数移民都来自德国、不列颠群岛和加拿大,另有少数移民则来自斯堪的纳维亚、捷克和波兰。与那些涌入美国城市寻找工作的移民不同,这些初来乍到的移民都是拖家带口,从一开始起他们就打算长期扎根于此。

有些移民根据《宅地法》的条款建立了自己的农场,根据《宅地法》的规定,任何在公有土地上居住五年以上的家庭户主或成年人,或在公有土地上居住六个月后每英亩交纳1.25美元的人,只要提出申请就可获得160英亩的土地。然而,由于这类土地通常并不那么抢手,大多数移民都是直接从铁路或土地公司那里购买。因此,人们购买土地所需的费用实际上要比《宅地法》中规定的价格高出许多。西部土地较之东部的耕地要便宜,但如果一个农民能以500美元以下的价格购置一块160英亩的上好土地,他就算是幸运的了。各种机械的花费通常还要额外增加700美元。尽管某些农民认为租用土地比买地更划算,但许多人租用土地都是因为没有足够的资金去购置土地和设备。1880年约有20%的平原农民是佃农,而且这一比例随着时间的流逝仍在上升。

19世纪晚期的技术革命使移民克服了许多自然阻碍。由于缺少修建栅栏和房子的木材,早期来到此地的移民被迫迁往别处。然而,到了1870年代,约瑟夫·格利登(Joseph Glidden)发明了一种便宜的材料——带刺的铁丝网,用以替代木制栅栏来圈地。收割机的发明则加速了谷物的收割,减少了由于天气变化而带来的损失。到1890年代,可以从深井里抽水的盔式风泵的发明，则使水的短缺问题也得到了缓解。

但是，工业革新并不能解决大平原居民所面临的全部问题。一位堪萨斯自耕农在信中写道：

> 告诉你，婶婶，在乡下，没人能靠种庄稼维持生计。亨利今年干得十分卖力，种了30多英亩小粒谷类作物，8英亩玉米，1英亩土豆。我们卖小粒谷类作物等……一共赚了100美元；刨去27美元收割费，16美元打谷费，19美元雇工费，更不用说送货到25英里外的市场摆渡过河每捆还要25美分……利润在哪里？有时我就想，这是个被上帝遗弃的地方，蝗虫吞噬玉米，一半庄稼都被毁掉了。如果谁想遭受惩罚的话，就让他来堪萨斯吧。

这封信道出了边疆生活的变幻无常：高成本、市场的善变、自然灾害。由于许多大平原的拓荒者只需花一点钱就可以买下土地，所以能否生存下来也就全都取决于最初几年家庭的经营状况。

1880年代末和1890年代初，大平原的第一次繁荣戛然而止。农产品价格的下跌降低了利润，一位麦农说他1890年收获了41.48美元，但成本却高达56美元。接着一场破坏性极大的干旱代替了吸引农民西进的不寻常的降雨。赤贫的人们仅靠一点土豆和涂黄油的面包活着。许多农民都把农场抵押给了债权人。有的农民则成了佃农。还有像利珀一样的农场主最后则放弃了农场。到1900年，67%的农场都经营失败。1892年堪萨斯西部的人口比1888年减少了一半，那些坐着四轮马车离开的人们从他们的经验中领悟到："上帝使我们拥有信仰，堪萨斯却使我们破产。"

牧业和农业都对这个地区的环境产生了深远影响。牧民杀死了羚羊、麋鹿、狼和其他野生动物，破坏了这一地区复杂的自然平衡。当牛群在过度放牧区域把多年生优良牧草吞噬得一干二净后，缺乏营养的一年生牧草就会肆意疯长，有时甚至就连这样的牧草也不见踪影。过去可以养殖大量牛群的土地，现在却变成山艾树丛生、野草杂陈、尘土飞扬的荒漠。农民购买铁质风车驱动水泵从地下深层抽水，导致地下水位降低。当他们铲去草皮建造房屋和用犁耕种庄稼时，也除了土地的保护层。大平原的大风司空见惯，它可以把裸露的泥土吹送到几百里外。1880年代干旱过后引进的适宜干旱土壤的深耕技术更是加重了这一问题。1930年代的干旱尘暴区是农业革新导致的最终结果。

15.2.4 富饶的太平洋地区

加州发现金矿后美国人纷纷涌向西部淘金，但正如一位父亲告诫他的儿子时说的："好好种你的地，那才是你真正的金子。"他是对的；全国铁路系统建成后，农业最终成为加州最重要的资产。但加州的农耕既不是浪漫的农业画卷，也不像《宅地法》的制定者所预设的那样。

加州的土地很少真正成为宅地或者发展成为小型家庭式农场。加州加入联邦后，投机商获取了墨西哥大农场主拥有的大量土地，将其以超出许多小农场主所能接受的价格售出。那些小农场主和存活下来的牧民发现自己很难与实行机械化并雇佣廉价墨西哥人和华人劳动力的大农场主竞争。比如圣华金谷地的小麦场，那里的麦场面积非常大，以至于农民们早上在17英里远的地方工作，中午在中途吃饭，晚上在农田的另一端休息。到1900年，1 000英亩或比这更大的农场占据了加州67%的农业用地。

加州大部分农业用地的价值，尤其是中央谷地南半部分，都依赖水源。1870年代，水利、地产和铁路公司利用中国的劳工和技术斥巨资修建了大坝和运河等工程，这些公司让移民承担建设费用，因为移民渴望在得到土地的同时也获得使用水的权利。1890年，加州有25%的农场都是获利于灌溉。灌溉的水渠象征着技术和土地管理的重要性，这也是19世纪末农业的主要特征，尤其是在加州。

最初，谷物是加州最有价值的农作物，但它也面临着大平原和世界上其他地区的有力竞争。有人说这里适宜种植甘甜的水果，因为"这里的自然条件比意大利还要好，将会比种植谷物更有价值"。但铁路运输的高额费用和冷冻设施的缺乏，却是制约了水果和蔬菜的运输量。1880 年，铁路经营者在了解到运输加州产品的潜在利润后，降低了运费并引进了冷冻车厢。水果和蔬菜产量的增加得益于中国的劳工、佃农和中国的销售商。他们的贡献是如此之大，以至于有人认为，在这一过程中中国人的技术发挥了主要作用。不久，加州的水果便远销伦敦。

15.2.5 西部的采矿业

采矿业加速了西部的开发。1848 年加州发现黄金后，出现了第一次也是最著名的淘金潮，之后，银、铁、铜、煤、石墨、锌、锡等矿藏的发现，也吸引了很多人奔向西部的科罗拉多、蒙大拿、内华达和明尼苏达。矿藏的发现是具有变革意义的事件，它吸引许多人和企业来到西部，取代了农业移民。飞速建立的矿业城镇也许看上去有点刺眼，但已具有活跃的城市特征。挖完矿藏，人们又会以搬进这里的速度迅速遗弃矿场。这种起起落落的形式体现了采矿生活的特征。

19 世纪末矿业的现实，与独立自主的矿工们淘金这一流行的刻板印象截然不同。从岩石里找到有用的物质是一件相当困难和危险的事情，而且费用也十分高昂，需要大量的劳工、机械器具和铁路线。矿工在坑道里工作，通风条件差，人和动物产生的垃圾也无法处理。工地温度高达 48℃。爆破设备和工业机器导致的事故时有发生。1884 年，一个蒙大拿矿工在钻探时不小心引爆了炸药，由此丧失了视力和听力。但他却没有得到一分钱补偿，因为法庭认定该事故"在采矿工作中是不可预见和不可避免的"。在后来的日子里，西部矿业工人逐渐成为产业工人中最激进的成员。

15.2.6 开发自然资源

采矿业的高额利润是加速开发自然资源的根本动力。人们大面积砍伐森林，采矿业也大规模发展，铁路则承担起把木材和矿藏运往市场的角色。铁路和采矿业都依赖木材——铁轨由枕木连接，用于支撑矿井的通风管道和对矿石进行分解同样需要木材。据加州农业委员会估算，由于上述这些需求，到1860年代末，全州33%的森林都已消失。

木材公司的砍伐影响到河流的流向，从而破坏了适宜鸟儿和动物生存的栖息地。与农民和牧场主的行为一样，伐木也导致水土流失。联邦政府认为土地应该快速开发的观点更是加速了对自然资源的开发。为了收回矿区使用费，政府经常把部分土地租赁给公司，公司可以开发有价值的矿物但却没有土地所有权。还有一些公司则是非法买下土地。1878年，议会通过了《木材和砾石法案》，首先适用于内华达州、俄勒冈州、华盛顿州和加州。法案允许买卖"不适合农耕而适合采伐木材"的国有土地，但每笔交易面积不可超过160英亩。木材公司立即看到了这里面的机会。他们雇人大量收购土地，把买到的土地变成木材股份。到19世纪末，已有超过350万英亩公共土地在法律名义下被攫取，其中大部分都落入公司手里。

对资源的过度及过快开发和工业化进程加快使一些美国人开始忧心忡忡。许多人都认为，森林会影响降雨量，所以破坏森林就会影响气候。还有人对国家自然风景被破坏感到痛心疾首，例如约翰·缪尔（John Muir）。1868年他来到加州的大峡谷，"遍地都是金色的植物，一望无际……在大片连绵不断的土地上，花朵竞相绽放"。他很快就认识到，"野蛮的、不停息的耕种"会破坏美丽的景色。缪尔成为一名保护环境的斗士。他对约塞米蒂国家公园的建立起到重要作用，并成功地使本杰明·哈里森（Benjamin Harrison）总统宣布一部分公共土地要作为森林保存下来（《1891年森林保护法案》），此外他还于1892年创建了峰峦俱乐部（Sierra Club，又称"高山社"）。与此同时，保护自然资源的思想也在大量涌现。吉福德·平肖

(Gifford Pinchot)成为这类思想的倡导者,他对保存国家的荒地兴趣不大,而更关注对自然资源的合理管理。他解释道:"保护自然资源也就意味着合理地使用土地和自然资源,使它们可以长久地为人类造福。"不过,这些观点在东部要比在西部更为盛行,西部看似丰富的自然资源和更强大的利益驱动,降低了人们对保护理念及法律的支持。

15.3 印第安人家园

奥加拉拉人(苏族印第安人的一个分支)"黑麋鹿"(Black Elk)的父亲,曾经给他讲过一个从他爷爷那里听来的故事:

> 很久以前,神圣的拉科塔苏族人"饮水"(Drinks Water)在白人到来之前就梦到了将要发生的事情。他梦到了一个奇怪的种族在拉科塔苏族人的周围编织了一张蜘蛛网。他说:"当这些发生时,你们会住在方形灰暗的房子里,生活在贫瘠的土地上,否则你们就会饿死。"

这位智者的悲哀是如此之大,以至于做过那个奇怪的梦后不久他就过世了。而"黑麋鹿"则见证了这个奇异的梦变成现实的全部过程。

随着移民在西部边疆定居下来并与国家经济息息相关,他们也与当地的印第安人发生了冲突。在加州,在淘金热后的30年间,有90%的原住民都被疾病或暴力夺去了生命。其余地区的土著与白人移民、美国政府军、政府官员和改革者之间的矛盾也在不断加深。有些部落没有反抗就迁移到了政府划定的保留地。但包括西北部的内兹佩尔塞人、西南部的阿帕奇人和大平原印第安人在内的大多数部落都进行了顽强的抵抗。

15.3.1 产生敌意的背景

大多数平原印第安人的生活都离不开野牛。1840年代和1850年代的加州和俄勒冈州移民潮,破坏了当地部落的日常生活和野牛的迁徙活动。起初政府试图说服他们离开白人的定居点和白人的马车队,但却没有成功。

内战期间,一部分沿着密西西比河安置下来的东部部落支持南部邦联;其余的则支持联邦。但在内战结束后,所有部落都被冠以"叛国者"之名。联邦政府无情地废止了早期的誓约和条款,使得印第安人无力对抗对其土地发动的进一步的侵袭。随着移民涌入堪萨斯州,那里的印第安部落只得逃往俄克拉荷马的"印第安人保留地"。

15.3.2 白人的观点

内战结束后,平原上的印第安人与白人已经开始进行起战争。1864年,科罗拉多州的民兵组织在桑德克里克屠杀了大量友善的夏安族人。不久以后,夏安族、苏族、阿拉帕霍族以同样的手段进行了报复。平原战争就此爆发。

虽然并非所有白人都会宽恕民兵对印第安人进行的屠杀,但在被授权塑造和平的国会委员会看来,印第安人的前景更不乐观。委员会认为,西部属于"勤劳、节俭、开化"的白人。他们认为当地土著必须移居南达科他西部或俄克拉荷马州,在那里学习白人的农业和机械技术。养老金、食物和衣物将被用来安抚印第安人,使他们过渡到"文明"状态。

在1867年和1868年召开的两次重要会议上,印第安人的酋长们听到了这些严酷的政策,这些政策宣告了传统生活的终结。只有一部分人同意,其他人则像一位基奥瓦人酋长那样坚持不定居,"我不想定居下来,我喜欢在草原上漫游"。会议达成的协约并未被执行,因为无论哪个酋长都没有权利代替整个部落说话。而在参议院那边也是迟迟没有批准相关条款。许诺给予迁移到保留地的印第安人的物质条件也没有兑现，那里的野生动植物非常稀少，无法支撑他们的生活。这些印第安人很快就又回到了以前狩猎的地方。

西部军队指挥官谢尔曼将军警告他们："谁留在过去的狩猎区就是表示敌对，格杀勿论。"劝说无效后，美国军队采取了武力手段。他强调："今年我们要杀更多的人，这样下一次再发生战争时我们就可以少杀一些人了。"1867年，他又委派菲利普·谢里丹（Philip Sheridan）将军负责对付这些部落。谢里丹采用了冬天作战计划，因为一到冬天印第安人就会分成小的群落，这样他们就可以彻底消灭印第安人。

1869年，横跨北美大陆的铁路建成，这又增加了"解决"印第安问题的压力。横贯大陆的铁路希望获得穿过部落属地的路权并需要白人移民好让铁路运营获利。根本没人考虑当地土著对这片土地所拥有的权利。

印第安问题事务专员弗朗西斯·沃克（Francis Walker）在1872年的年度报告中提出了两个困扰白人的基本问题：一是如何让印第安人允许白人移民进入并定居在大平原，二是如何处置被控制住的当地土著。沃克建议买下这些"奴隶"并许诺给他们食物和奖赏，先引诱他们进入保留地，然后再对那些"不适合手工劳作"的印第安人执行"强硬管制措施"。尽管沃克希望拯救濒临毁灭的印第安人，但他提出的方案却使印第安人只有一种选择，"不屈服就灭亡"。

15.3.3 部落的视角

印第安人群起反抗白人对他们传统生活的攻击。"黑麋鹿"依稀还记得，1863年（当时他才只有3岁），他的父亲在与白人的激战中腿部受伤。"当我长大以后，"他回忆道：

> 我了解到战争的原因……当白人麦迪逊发现了大量他们所崇拜的黄色金属时，他们疯狂了，他们希望开辟一条道路，通过我们的

家园到达有黄色金属的地方，但是我们的人不希望有道路穿过我们的土地，因为这样会把野牛吓跑，并会使其他白人蜂拥而至。他们说他们只想占用一小块地方，只要能使一辆篷车通过就可以，但是我们知道，事实并不是这样。

"黑麋鹿"的父亲和其他许多人很快就认识到，战争是唯一能"保存家园的方式"。

没有兑现的诺言激起了印第安人的反抗。1875年，联邦政府允许淘金者进入布莱克山区——那里是印第安人的圣地之一和苏族人的保留地。"坐牛"（Sitting Bull）等酋长率领苏族人奋力作战。1876年在小比格霍恩战役中，他们战胜了军队中最有名的印第安武士乔治·卡斯特（George Custer）将军率领的部队。但他们的骁勇善战最终还是无法对抗装备精良的美国部队。

对野牛的大肆屠杀是白人取胜的重要因素，因为野牛对印第安人的生活有着重要意义。尽管在动物充足的地区平原印第安人对野牛的担心是多余的，但矿工和猎人对野牛进行的却是毁灭性的屠杀。体育运动爱好者们从火车的车窗里向外射杀野牛。铁路工作人员全都吃这种牛肉，农场里的牛群则和野牛抢草吃。1883年，共有1 300万头野牛被屠宰，在今天看来这是历史的耻辱。印第安人认为白人已经疯了。一位印第安人说："他们无休止地猎杀野牛，只因他们喜欢这样去做……反之，我们猎杀野牛则只是为生活所迫。"白人当然很满意这种做法，因为这样可以帮助他们限制印第安人的活动范围。

15.3.4　1887年的《道威斯法案》

变化中的联邦政策旨在终结印第安人的力量和文化。1871年，国会废止了1790年代以来施行的条例，不再把印第安人视为享有主权的民族。其他政策也都是想要破坏印第安部落的整体性，损害部落酋长的名誉。政府不断地扩大联邦在保留地的权限并极力限制印第安人的宗教活动。

1887年的《道威斯单独占有土地法案》（简称《道威斯法案》），把内战后针对印第安人所出台的零散政策统一起来并一直执行到该世纪末。改革者们认为部落联盟使得印第安人处于野蛮状态，所以决意破坏这种状态。法案没有把保留地的土地分配给部落，而是允许总统把土地分给个人。法案的设计者论证道，私人财产的吸引力会破坏部落间的规范，使印第安人像白人一样定居下来。那些接受小块土地（配额）的人将会变成公民并很可能会改变他们的部落统一性。但是，这一法案得到投机商的支持则暴露了另一个动机：即使每户印第安人分走160英亩地，仍有很多"剩余"土地可以卖给白人。《道威斯法案》执行20年间，印第安人丧失了60%的土地。联邦政府则用买卖"托管"土地获得的利润去进行"文明"建设。

15.3.5 鬼魂舞：印第安人的新仪式

到1890年代，严峻的现实使许多印第安人都开始听从派尤特族的圣人沃夫卡（Wovoka）的布道。沃夫卡预言：自然灾害自会消灭白人，印第安人只要跳鬼魂舞并坚守昔日传统就会存活下来并获得新的力量。沃夫卡的预言迅速传播。笃信者通过跳鬼魂舞，搞催眠术和进行冥想表达他们的宗教信仰。

沃夫卡的预言并未激起反对白人的运动，但白人却仍旧很是恐慌。处理印第安人事务的官员们试图阻止这种运动，并提交了一份极其可笑的报告。一位委员认为反对美国扩张的苏族人巫医"坐牛"是制造事端的领头人，决定要逮捕他。在因逮捕而引发的混乱中，印第安警察枪杀了"坐牛"。另有几支苏族人则在军队的迅速追击下逃离了保留地。

1890年12月底，军队突袭生活在翁迪德尼（Wounded Knee，又称"伤膝涧"）的苏族人。尽管苏族人已经缴械投降，但他们却没有停止对苏族人的血腥屠杀。军队利用当时最先进的机关枪等武器，残忍地射杀了200多名男人和妇孺。几天后，一位目击者这样描述当时的凄惨场面："在烧焦的帐篷和碎石块之间，僵硬的尸体堆积如山。"

通过上述方式，白人最终打败了西部部落。曾经骄傲、独立、强壮的印第安人，现在却在各个保留地里、在印第安人学校中、在城市的贫民窟里，遭受着依赖别人、贫困和文化解体之苦。这个国家原有的居民在美国似乎已经没有了他们的立足之地。

15.4 "新南部"

随着土著居民的屈服、移民定居大平原、商业化的农业把这一地区与外界联系到一起，密西西比的西部也发生了变化。采矿者的营地成为工业的中心。西部城市迅速发展：1900 年有近 40% 的西部居民都生活在城市里。在矿场、森林、田间工作的人们为经济的发展提供了流动的劳动力。

同这种模式形成对比的是，南部的经济非常糟糕。在全美的农业区里，南部是最贫困的。这里的农业劳动力低效且不流动并缺少资本去采用新技术。尽管也有人梦想以农业的南方与工业的北方一争高下，但南方依然依赖北方。南部工人的收入很少，但却仍然固守着那份没有发展前途的工作。

15.4.1 战后的南部人面对未来

在令人痛苦的战争和重建过后，地区自给的呼声越来越高。试图建立"新南部"的人认为，南部的落后不仅仅是因为战争本身（许多南方人都是这样认为的），更是因为南部生活的基本条件：其经济过于依赖棉花。南部的失败只是凸显出下面这一事实：权力和财富并非来源于棉花，而是来源于工厂、机器和城市。

鼓吹创建一个"新南部"的发言人在许多演讲、社论、文章、宣传册和书中都鼓励南部人摈弃战前讴歌闲适安逸的观点,代之以勤劳工作的伦理观。作为回应,南部中产阶级日益接受新的企业家价值观。南部发展的关键是缺少资金,所以"新南部"的鼓吹者便勾画出获得巨额利润的可能性来吸引北部的银行家和工厂主。为了鼓励生产商,南部一些州政府提出了免税和雇佣罪犯作为廉价劳动力的方法。德克萨斯和佛罗里达奖励铁路建设,有的城市如亚特兰大和路易斯维尔则组织了大型工业展览会。这些诱人的举措吸引了北部的资金流向南部。1880年代末,北部人对棉花产业的投资增加了七倍,同时还承担了扩大南方铁路系统的费用。北方的资本还推动了南方城市的扩张。1900年有15%的南部人住在城市里,而在1860年这一比例则只有7%。(当时的全国平均水平在这两个年份分别达到40%和20%。)

阿拉巴马州的伯明翰市是"新南部"的标志。1870年那里还只是一片玉米地。第二年,两个北部地产商被那里丰富的铁矿资源所吸引。尽管当时霍乱流行并处于1870年代的经济大萧条时期,但伯明翰还是很快就发展成为南部的钢铁工业中心。1890年,这里有常住人口38 414人。大量的焦炭焦炉、鼓风炉、炼钢厂、铸铁厂和机械厂喷吐着滚滚黑烟。价值数百万美元的货物从城市的工厂里经由八条铁路线运往全国各地。

其他南部城市也发展很快。孟菲斯由于木材业和棉籽产品加工业而繁荣起来;里士满成为烟草中心,尽管它的其他产业如面粉厂和钢铁业也创造了大量财富。佐治亚州的奥古斯塔则成为佐治亚州、南卡罗来纳州、北卡罗来纳州和阿拉巴马州蓬勃发展的新型纺织工业的领头羊。

15.4.2 发展的另一面

"新南部"的热心支持者(一些商人、工业家和种植业主)到处宣扬他们钢铁业和纺织业的发展,来证明他们工业化的成功。但是,南部的发展其实是缓慢的,陈腐的价值观依然故我。许多"新南部"的政客对过去的美化阻碍了人们全面接受新经济秩序。尽管已经进行了现代化，但是南部的教育体制却依旧远远落后于北部。

尽管到处都有新工业和社会进步的标记，但有两种新工业却是仍在依靠烟草和棉花——这类传统作物长久以来都是农村生活的重心。与战前一样，商业和政府的工作推动了城市发展。南方的经济成就尽管很引人注目，但却并未改进其与北方相比的位置。尽管南方工业按绝对价值来算在增长，但按相对价值来算却是在下降。

而且，南部也并没有从工业化进程中获取太多利润。内战爆发前，南部在经济上处于北部附庸的地位。现在，南部的商人增加了很多，但除了美国烟草公司之外，几乎再无别的南部大公司出现。相反，南部人都在为北部的公司工作，这些公司吸收了南部大量的商业资本，在经济上居于主导地位。利润和制定重大决策的权力都流向北部。通常情况下，北部的经营者只允许南部的工厂做初级加工，最后的工序则由北部的企业来完成。

工人们在新型产业中可能会感觉在工厂工作要比种地好一些，但他们挣的工资却很少。成千上万的妇女和儿童也要出来工作，从而在无形中证明了男人们无法赚取足够的钱"养家糊口"。像往常一样，妇女和儿童比男人赚得更少。为了证明雇佣儿童的正当性，一位奥古斯塔的厂长宣称，这是"我们的一种仁慈之举，否则他们就会饿死……他们没有超负荷工作。而且给儿童的工作都是十分轻松的。"实际上，童工做着和成年人一样的活但却拿着童工的工资。

大体上，南部工人到手的工资很少，工作时间却比其他地方更长。南部工人的人均收入在1900年和1860年没有区别，只及全国平均水平的一半。1890年代，北卡罗来纳州的工人每天赚取50美分，一周工作70小时。黑人劳工1890年占南部工人的6%（但不许在纺织厂工作），他们的工作环境最差，工资也最少。

杂　志

对历史学家而言，周刊和月刊包含了许多第一手资料，它们生动地描绘了当时的社会状况，展现了当时流行的趣味和价值观。由于出版业的进步和文学的逐渐升温，杂志数量在内战后不断增长。1865年只有700种期刊出版。20年后期刊数量就达到了3 300种。正如《国家杂志》(*National Magazine*)所抱怨的："杂志、杂志、杂志！杂志摊上已经压了一堆的杂志，明天还会来更多。"

一些杂志面向大众市场。1855年创刊的《弗兰克·莱斯利画报》(*Frank Leslie's Illustrated Newspaper*)是一个最成功的例子。其发行量最高时曾达到10万册。杂志很好地利用了图片的作用（有的足有2英尺宽3英尺长，折叠在杂志里），周刊报道每天的重要新闻，同时还有关于音乐、戏剧、运动和书籍的资讯。虽然莱斯利的杂志与其他时尚新闻周刊相比，更加侧重图片并喜欢大肆渲染，但它却是《新闻周刊》(*Newsweek*)和《时代》(*Times*)杂志的先驱。

其他周刊主要面向中产阶级和上层社会的读者。发行量达到3万份的《国家杂志》的主编埃德温·高德金（Edwin Godkin）希望通过一个论坛来讨论改革问题，以这种方式影响当权者。相比之下，更受欢迎的杂志《斯克里布纳》(*Scribner*)的观点则趋于保守，采取了中间道路。每个月它都会刊登大量文章，其范围从散文到短篇小说、小说连载、传记、书评和诗歌。杂志还有丰富的艺术专栏，将图片当成扩大读者群的另一种方式。这种做法取得了成功；到1880

年，其发行量突破了10万册。第二年，杂志更名为《世纪》(Century)。订阅人数持续不断地增加，到1880年代末其最高纪录达到超过20万册。与《大西洋月刊》这类杂志不同，《世纪》吸引了来自南北双方的读者。

如果你对探索流行的中产阶级杂志的种种可能性感兴趣，你可以通过查询网站"美国的形成"(Making of America)来满足这一兴趣，该网站中包括19世纪晚期所有重要杂志的电子复制版，以及其他数字典藏，包括国会图书馆的图片和照片收藏。

《弗兰克·莱斯利画报》（1879年2月8日）通过选择像"人道的印第安政策的最新例证"这样的图片，表达了关于印第安政策的强大信息。

"工业皇后，或'新南部'"（托马斯·纳斯特），载于《哈珀周刊》(1882年1月14日)。

反思历史

关于内战后十多年西部和南部发生的变化，这些杂志上的插图透露出什么信息？插图师如何利用对比来表达支持或反对在西部和"新南部"所实施政策的观点？通过思考内容的选择和图片的呈现，你可以开始研究杂志如何提出自己的观点，这些观点不仅评价当时的事件，还会通过一些方式塑造19世纪当时人的价值观和视角。

15.4.3 棉花种植仍占主导地位

尽管"新南部"的鼓吹者预期南部将会从农业社会转变为工业社会，但他们同时也意识到农业变革的必要性。"新南部"最直言不讳的鼓吹者亨利·格雷迪（Henry Grady）声称，"是该进行农业革命的时候了"。过度依赖"棉花之王"使得南方农业瘸腿前行，使得农民成为遥远的市场力量和具有压制性的信贷系统的牺牲品。格雷迪力主将昔日的棉花种植园划分成小块的多样化的农场。面对城市市场进行有选择的生产，可以带来"丰厚得让人惊叹的利润"。

一个具有新的阶级和经济计划的"新南部"确实出现了，但却并非像格雷迪预想的那样。正如我们在前面看到的，尽管内战后一些庄园荒芜了，但大地产所有者却凭借他们的机智狡诈在战后仍然握有财产。他们采取了新的农业措施，以前的奴隶则沦落为负债的农场工人。

中小规模农场上白人农民的境况也没比黑人和佃农强多少。战争刚结束时，棉花的高价格吸引他们大量种棉。结果棉价一落千丈，由1875年的11美分一磅跌到1894年的不到5美分一磅。自耕农大都负债累累。每年农民都要从商人那里贷款种植来年作物并在收成前靠这些钱维持生计。商人则索取他们的农作物收入来偿还利息。但是，农民卖出粮食的价格越来越低，赚不到足够的钱还债——要知道，商人会对储存货物收取高额费用，而贷款年利率竟超过100%。结果每年都有大批农民背负更重的债务并最终因此而失去他们的土地。到1900年，一半白人农民和75%的黑人农民都沦为佃农。这种租佃制在全国普遍存在，但要数在南方腹地（Deep South，指美国东南部地区，通常包括阿拉巴马、佐治亚、路易斯安那、密西西比和南卡罗来纳，有时也包括德克萨斯）增长最快。

这些模式对每个南方人和整个南部都有不利影响。由于债务和贫困的恶性循环，很少有农民会去考虑改进技术和使产品多样化。为了还债，他们全都指望着棉花，尽管棉价一跌再跌。农场主也希望佃农能够种植适应市场的作物。然而，农民非但没有使产品多样化，反而还减少了种植的种类。到1880年，南方已经无法生产出足够的粮食充分地供养其人民了。营养不良导致健康的慢性恶化和种种疾病。

15.5 黑人生活的困顿

格雷迪和其他"新南部"的倡导者曾期望南部无需任何"外来力量"的干涉就可自行解决种族问题。格雷迪认为奴隶制是导致南部落后的原因，因此结束它并没有错。他也意识到黑人劳动力对改革具有重要意义，呼吁种族间的合作。但种族合作并不意味着平等。格雷迪认为黑人是低下的，他支持实施种族隔离制度。

1889年格雷迪去世后，关于南部种族关系出现了一种更加严厉的观点。1890年保护黑人公民权利的法案在国会未能获得通过，一项旨在为教育机构提供联邦支持的提案也没能取得成功，这使得黑人的境况变得更加糟糕。一向支持自由人权利的共和党也让黑人自己去保护自己。法院也不帮助黑人说话：1878年，最高法院宣布路易斯安那州运输业中种族间平等条款违宪。1882年，最高法院废止了1871年制定的铲除三K党法案，理由是第十四条修正案保护的公民权利适用于州而不适用于个体。1875年《民权法》的内容保证黑人在一切公共设施中都享有平等权利，但在1883年最高法院同样废止了该法案。

北方人并未反对这些举措，事实上他们还在大肆宣传关于黑人的刻板印象：懒惰，无知，没有能力。黑人显然不能享有与白人一样的权利和自由，他们需要更优越的白人种族父亲般的保护。这样的刻板印象充斥于杂志和报纸，并在漫画、广告和剧作中得到普及。受到北部这些公众舆论的影响以及国会和最高法院的庇护，南部公民和立法机关试图把黑人列为永远的二等公民。

在政治领域，南部白人修改州宪法剥夺了黑人的选举权。通过各种各样的法律工具——人头税、文化水平测试、由白人书记员审核的"品性良好"和"通晓条款"的资格，以及全白人初选——黑人最终丧失了选举的权利。更有甚者是"祖父条款"，它规定只有其祖父在1867年1月前登记注册的人才能拥有选举权。这实际上把黑人全都排除在外了。尽管最高法院废止了类似的明显带有歧视性的"祖父条款"，但从1890年开始，类似前文列举的其他种种方法却开始在密西西比实施，并且到1910年很快就扩大到前南部邦联的其他11个州，从而有效地剥夺了黑人的选举权。

1890年代的另一种策略是，南部各州和地方的法律把公共场合的种族隔离合法化。《吉姆·克劳法》先是在铁路和学校实施，后来则扩展到图书馆、餐厅、医院、监狱、公园、墓地、厕所、自动饮水机等几乎任何白人和黑人能碰到的地方。最高法院在1896年的"普莱西诉弗格森案"（*Plessy v. Ferguson*）中宣称"隔离但平等"的设施并没有违反《宪法第十四条修正案》中保护平等权利的条款，这一判决为南方立法者千方百计地设计各种形式的合法的种族隔离铺平了道路。

政治和社会歧视使得黑人只能依赖农业和其他无须技术的劳动并最终都得依附于白人。1900年，全国84%的黑人都在从事各种各样的农业劳动；或者做服务性的工作，如家庭仆人、洗熨衣的工人等。他们主要是奴隶职位的填充人。剩下16%的黑人则随着向北部移民的潮流在北部城市的森林、锯木场、矿场工作。尽管内战快结束时南部至少有一半工匠都是黑人，但到1890年代末，随着白人有计划有步骤的排挤，这一比例已经不到10%。工厂里黑人的工作机会也在减少，这是为了不让贫穷的白人与黑人联合起来。将黑人从工厂里排除出去致使他们无法获得技术和惯习，而这些技术和惯习则推动欧洲移民及其子女在20世纪中期进入中产阶级行列。

黑人并未一味消极地接受他们不断下降的地位。1880年代中期，他们积极地加入了"劳动骑士团"（Knights of Labor，参见下章讨论）这一劳工组织，该组织成员至少有33%都是南方人。但南部的白人害怕这些种族骑士团在种族与经济问题上联合的策略可能会导致社会平等。查尔斯顿的《新闻快报》(News and Courier) 提出了关于"种族混合"的危险并担忧南部将会陷入"混血儿拥有南部"的境地。随着黑人不断加入，越来越多的白人都退出了骑士团。最终随着白人采取暴力进行反击，这个组织也就被击垮了。

到1890年代，奴隶制终止后出现的新一代黑人已经进入成年。许多黑人都变得对白人缺少恭敬，白人则回敬以怀念种植园的日子和暴力之举。私刑和其他针对黑人的暴行也是越来越多。1891年2月21日，《纽约时报》(New York Times) 报道，在阿肯色州的特克萨卡纳，一群人抓住了32岁黑人男子埃德·科伊（Ed Coy），原因是他强暴了一名白人女子，最后他被绑在树桩上活活烧死。当科伊向公众诉说自己的无辜时，所谓的受害人则踌躇地将火把扔向他被浇满了油的身上。《时代周刊》随后得出结论说，单单是可能会被"用火烧死"，就会让黑人"对类似犯罪行为望而生畏"。埃德·科伊只是1890年代末（当时是私刑的最高潮）被绞死或烧死的1 400多名黑人中的一个。其中有近470人都被控与性犯罪有关。其余人的罪名虽然花样繁多，但都是因为不清楚自己的社会地位，其中包括和白人结婚或侮辱白人妇女，在法庭上对抗白人或"名声不好"。

15.5.1 黑人意见的分歧

白人的歧视和剥削在北方和南方的黑人中间酝酿了新一轮的抗议策略和意识形态上的对抗。多年来弗雷德里克·道格拉斯一直都在声称黑人应该做忠诚的美国人，要相信共和党的承诺。但据说1895年他临终前说的话却是："反抗！反抗！反抗！"

反抗是要付出代价的。在田纳西州的孟菲斯，作为一家著名报纸的第一位女编辑，埃达·韦尔斯（Ida Wells）于1892年发起了反对私刑的运动。白人社团对此的反应充满敌意，韦尔斯不得不带枪保护自己。白人市民最

私　刑

私刑多见于南方，但在北方州也有发生，就像这幅1882年在明尼苏达州明尼阿波利斯拍摄的照片所示。照片无法揭示被指控者是无辜的还是有罪的。聚在现场的人群透露出关于私刑的哪些信息？

终摧毁了这家报纸并以死亡威胁她的同事，韦尔斯只得离开孟菲斯去其他地方继续她的活动。

1891年，托马斯·福琼（Thomas Fortune）组建了美国黑人联盟（Afro-American League），坚持要求黑人联合起来与不断高涨的歧视做斗争。联盟[它是美国全国有色人种协进会（NAACP）的前身]要求独立的投票权，反对种族隔离政策和私刑，主张建立如银行这样的黑人机构来支持黑人经济。1890年代，黑人领袖们发表演说，希望最近刚允许白人定居的俄克拉荷马变成全黑人的州。黑人在这里建立了25个城镇，在其他州及新墨西哥州也建立了很多。但这些努力和以前一样，持续时间都非常短暂。

此时人们也开始听到一些更加激进的黑人的声音。联军退役军人、杰出的黑人领导者亨利·特纳（Henry Turner）主教对为美国黑人争取平等权利已经绝望。他说宪法就是"一块肮脏的破布、一个骗子、一个诽谤者""每个黑人都应该唾弃它"。1894年，他组织了国际移民协会（International Migration Society）把黑人带到非洲，并声称"这个国家欠下了我们400亿美元"。他还将两船黑人运送到利比里亚，但与这个世纪早期的情况一样，殖民的努力并没有取得太大成功。

长期以来，弗雷德里克·道格拉斯一直认为，无论非洲的血统有多么重要，既然黑人已经在美国繁衍生息了数代，那就要在美国争取公正和平等的权利。第一个在哈佛大学取得博士学位的黑人杜波依斯也同意这种观点。1900年在伦敦召开的首次"泛非会议"（Pan-African Conference）上，他主张黑人应该同时在非洲和美国争取解放。而也正是在这次会议上，杜波依斯发出了预言："20世纪的问题"将是"种族问题"。

尽管这些措施激起了黑人的民族主义情感，但大多数黑人还是耐心地在白人社会里工作，争取平等和社会公正。1887年，北卡罗来纳教育家和宗教领袖普莱斯（J. C. Price）成立了公民平等权利协会（Citizens Equal Rights Association），支持各种请愿活动并直接采取一些行动来反对种族隔离政策。一些南部城市的黑人则公开抵制实施种族隔离政策的有轨电车。

大多数黑人都是继续坚持美国最著名的黑人领袖布克·华盛顿（Booker Washington）提出的渐进、温和、自助的政策。华盛顿出生于奴隶家庭，经过艰苦卓绝的工作他于1881年在阿拉巴马创立塔斯基吉学院并成为校长，之后他更是逐步将其发展成为全国最大也是最知名的产业工人培训学校。在塔斯基吉学院，年轻黑人在农业科学技术和贸易领域接受严格教育。华盛顿坚信，有了经济上的独立和清教徒式的勤劳、节俭、清洁以及温和的品质，黑人终将取得成功，尽管种族隔离的形势对他们很不利。华盛顿花了大量时间去北部募集善款以维持塔斯基吉学院的运转，很快他就成为美国企业精英中广受欢迎的一分子，这些精英企业家同他怀有一样的资本主义设想。

1895年，华盛顿受邀在亚特兰大棉花产业展览会上进行演讲（作为一个曾经是奴隶的人，这是一种少有的荣幸）。他一方面宣称黑人对南部的经济发展做出了贡献，但在另一方面却又主张他们应该接受较低的社会地位。他说："我们必须从生活的最底层开始，而不是最高层。在一些社会事务上，我们可以像手指之间一样是分开的，但在共同的发展上，我们又像整只手一样是不可分割的。"华盛顿通常都是在幕后为黑人的权利做斗争，但在亚特兰大，他公开接受了黑人在选举权、公民权和社会平等权方面的不平等地位。全国白人都积极拥护他的这一演说，但多数黑人都认为他的**亚特兰大妥协**（Atlanta Compromise）是黑人争取平等权利斗争进程中的一个严重倒退。

华盛顿认为政治权利的斗争应该让步于经济利益的发展，这一观点经常受到指责。1903年，杜波依斯在《黑人的灵魂》（*The Souls of Black Folk*）中公开和华盛顿论战，声称要争取黑人的平等公民权、投票权和接受高等教育权。前往佐治亚州多尔蒂县黑人地区的旅行，使杜波依斯看到了南方黑人"被抛弃"的悲惨境遇。尽管"人们在到处都是脏水的地方仍然昂着头……但是债务已经笼罩了这片美丽的土地"。大部分黑人的生活还是受到了南部土地的束缚。如果他们想要提高自己的生活水平，他们就必须组织起来。

15.6 农民的反抗

内战后，许多农民（无论黑人还是白人）都渐渐意识到，只有组织起来集体行动，才有可能改善农村生活的现状。并非所有人都有很多不满，中西部和靠近城市市场的农民就成功地适应了新的经济环境。不过，南部和西部的农民由于面临新的问题和情况而成为美国历史上农民联合运动的先锋。

15.6.1 1860年代和1870年代的格兰其运动

1867年奥利弗·凯利（Oliver Kelley）建立的农民保护者协会（Order of Patrons of Husbandry）是将白人农民组织起来的最初努力。这起初是一个社会和文化组织，但它很快就转向抗议"大量无组织暴民［农民］"的无助和无力，抗议他们成为"吸血鬼"的受害者。1870年代的大萧条（下一章将会提及）更是激化了这种不满。到1875年，据估计已有80万人加入凯利的组织，也就是现在所说的"格兰其"（Grange，1867年在美国成立的农民协进会，又译"农业保护社"）。

格兰其成员意识到了致使他们陷入困难境地的几股力量中的一部分，但却并不是全部。［中间商显然是罪魁祸首。］一些格兰其成员试图进行"改革"，绕开中间商建立买卖合作社。尽管许多合作都失败了，但通过这些活动，农民渐渐意识到集体行动的重要性。中西部农民指责谷仓管理者常常欺骗他们［故意压低小麦和谷物价格］，他们指出最大的剥削者是美国的铁路部门。铁路间的激烈竞争降低了全国性的运费，但在农村地区却依旧居高不下，他们经常给大宗发货人折扣并歧视小经营者。

农民们意识到，要对抗强大的铁路系统，既需要与他人合作，像西部商人，因为铁路也伤及他们的利益；也需要采取政治行动。1869年到1874年，伊利诺斯、爱荷华、威斯康星、明尼苏达等州的农民与商人联合起来，成功地要求州政府通过所谓的《格兰其法》（这个名称并不准确，因为格兰其会员并未完全享受它赋予的权益），确定了铁路运输和谷物仓储的最高收费。其他州也通过立法建立铁路委员会以控制铁路运费，并禁止铁路实施合伙经营、提供折扣、发放通行证等带有"不公正的歧视色彩"的做法。

铁路公司和谷物运输公司很快就对新法律发起了挑战。1877 年，最高法院支持了"芒恩诉伊利诺斯州案"（Munn v. Illinois）的判决。但事实很快就表明：尽管州委员会有权规定地方的运费，但它却不能控制长途运输。《格兰其法》并未解决控制铁路运输价格等一系列问题，但它还是确立了一个重要原则。最高法院的判决清楚地表明，州立法机构可以规范具有公共性质的商业如铁路运输。然而，最高法院对 1886 年"沃巴什－圣路易斯－太平洋铁路公司诉伊利诺斯州案"（Wabash v. Illinois）的审判结果却与"芒恩诉伊利诺斯州案"恰恰相反，这给国会对大企业的控制带来了很大的压力。

15.6.2　1887 年的《州际商业法》

1887 年，国会通过了《州际商业法》（Interstate Commerce Act），规定铁路运费必须"公正合理"，运费定价公开化，废止提成和折扣。这一法案还创立了首家联合调整机构：**州际商务委员会（Interstate Commerce Commission，ICC）**，它有权调查和起诉违法人，但法律也限制其权力仅限于州与州之间发生的商业行为。

正如各州的铁路运输法案遇到的问题，州际商业委员会也发现想要做到合理定价很难，而且法律刚刚执行的前几个月就有成千上万件案子要受理。州际商务委员会唯一能做的就是把违法者带上法庭，进入漫长的执法过程。没有哪家铁路公司会为违反州际商务委员会的定价而担心。四五年过后，它们经常都会由于审判员怀疑新联邦机构的权威而赢得案子。1887 年到 1906 年，最高法院受理了 16 件案子，其中 15 件都是铁路部门胜诉。

15.6.3　1880年代和1890年代的南方农民联盟

1870年代末,随着国家经济复苏,格兰其运动也在逐渐降温。但是,农民反抗运动并未消失。1880年代末,经济萧条又一次影响了农民,1890年代初的情况更加恶化。官方统计表明,大平原上的农作物价格一再下跌。国家货币短缺(这在丰收季节表现得尤为严重)使得农作物的价格更低。而与此同时,农业债务却在增加,而且商船的运费也很高。有时候农民运两蒲式耳的玉米就要花一蒲式耳玉米的成本。忧心如焚的农民又一次求助于组织、教育与合作。

南方农民联盟(Southern Farmers' Alliance)成为1880年代末最重要的改革组织之一。它发起规模宏大的运动,派出演说者前往南部和西部平原去做宣传。联盟的演讲者提出诸多方案来帮助实现它们的口号:"所有人都有平等权,没有人享有特权。"

联盟试图改变现状,它尝试通过自由买卖将农民从供应商、银行及其他债权机构的控制下解脱出来。尽管这种努力长期以来都是失败的,但联盟也支持立法机关控制大型垄断公司的法案,因为他们认为这类公司是导致农民贫困的原因。许多联盟成员认为增加资金供应对改善农民境况有重要作用,因而支持国家银行发行纸币的举措。联盟还呼吁采取一系列措施提高农民的生活质量:为农村孩子建立更好的公立学校,成立州立农学院和提升妇女的地位等。

到1890年,农民的不满使得超过100万农民加入联盟,不同的区域性联盟又联合起来形成全国农民协会(NFA)。加入其中者既有黑人农民也有白人农民。1888年城市里的有色人种农民联盟(Colored Farmers' Alliance)承认,白人和黑人农民面临着共同的经济问题,应该联合起来改善这种状况。但许多依赖黑人劳动力的南方棉农则不这么认为。1891年,在田纳西州孟菲斯附近的种植园里,棉花采摘工人举行了罢工。白人的地方武装团队逮捕罢工者并处死了其中的15人,这说明种族矛盾实际上仍旧十分尖锐。

15.6.4　1890年的《奥卡拉政纲》

1890年12月，全国农民联盟聚集在佛罗里达的奥卡拉，颁布了正式纲领《奥卡拉政纲》(Ocala Platform)。与会者认为联邦政府未能触及农民的真正问题，他们攻击两党都屈从于"大公司和金融巨头的意志"。

在19世纪末期政治生活的背景下，联盟纲领中的许多内容都显得比较激进。纲领要求直选美国参议员并要求降低关税——这个议题也是国会争论的一个焦点，但联盟提出了一个听起来有几分危险的正当理由：为了"这片土地上的穷人"，必须降低物价。他们的货币纲领走得更远，是任何国家的立法者都不愿意看到的，他们大胆地设想出一个由联邦政府控制的新的银行系统。他们要求联邦政府采取积极的经济政策，通过发行国债来增加流通中的资金。他们相信这会引发通货膨胀进而减轻债务。

纲领还号召在农业地区建立国库分库（联邦仓库），在市场利润较低时储存农作物，等到价格上扬后再出售。联邦政府还应按这些农产品在当地价格的80%贷款给农民，以维持他们在此期间的生存。其他要求还包括累计所得税，支持对运输和通信行业的控制等，假如控制失败，政府就应站出来为了公共利益取而代之。

尽管在19世纪末的政治氛围下，以上纲领几乎都与政治常规相背离，但在1890年秋天的选举中，它还是支持了同情联盟的候选人。令人吃惊的是，不少得到支持的地区和州的候选人都获得了胜利。但是没过多久，许多联盟成员都要求建立一个独立的政党。联盟的支持实际上并没有给农民利益带来多大改变，甚至连尊重也没有多争取到一点。在国家事务中，也没有人对《奥卡拉政纲》感兴趣，但是农民的行动主义却为更多人参加1892年和1896年总统大选创造了根基。

小结：工业时代的农业

19世纪末，美国乡村呈现出动荡不定的局势。困扰美国200年的"印第安人问题"在一段时期内通过血腥的手段得到了解决，但却仍会不时发生反抗运动和流血事件。极少有白人会对这些事件感到忧虑。更多人都在考虑如何应对这个变化迅速的世界。白人农民相信自己是美国的脊梁，他们掠夺印第安人的土地，把他们的农场现代化并种植大量农产品。但是，许多人都感觉不到成功和惬意。一些人像米尔顿·利珀一样，陷入贫困与债务的恶性循环中。一些人转向联合行动和政治，他们不是单纯地接受事实，而是试图去改变社会。还有些人则离开家乡来到城市，加入劳工大军，希望能让他们自身和其家人过上一种更好的生活。

思考题

1. 对比大平原上的农业与加州的农业。
2. 工业技术如何影响西部的农业和矿业？
3. 描述印第安人和白人各自不同的观点，以及这些观点背后不同的文化价值观。
4. 列举"新南部"未能实现其目标的原因。
5. 对比印第安人和非裔美国人在这一时期所受的待遇。两者之间是否有相似性？
6. 西部和南部的农业生活，在哪些方面创造出与美国生活理想不相符的情况？

第 16 章

工业美国的兴起

16.1 工业发展的特征

16.2 工业劳动与劳工阶级

16.3 劳资纠纷

16.4 奋斗与成功

16.5 "镀金时代"的政治

小结：工业资本主义的复杂性

美国故事

奥唐奈在参议员们面前讲述他的故事

到 1883 年时，爱尔兰移民托马斯·奥唐奈（Thomas O'Donnell）已在美国定居了十多年。30 岁的他已婚并有两个孩子，第三个孩子 1882 年不幸夭折，直到现在他都没付清丧葬费。奥唐奈是马萨诸塞州福尔里弗的一位纺织工人，挣钱很少，也没受过什么教育。他说："很年轻的时候我就外出打工。"但他只能偶尔在厂房工作，厂主喜欢雇佣男工，无论成年还是未成年。由于奥唐奈的两个孩子一个 1 岁一个 3 岁，他只能看着老板雇用其他可以白天工作的人。他回想起有一次老板没给他活儿，他对老板说："我该怎么办呢，家里养着两个男孩……我怎么给他们弄点吃的？我已经无路可退了……我说：'我们不能饿死，我要工作才行啊！'"

即使奥唐奈拼死拼活地工作，家里的生活还是过得十分拮据。他估计去年挣到手 133 美元，可是光交房租一项就要花掉 72 美元，取暖除了要靠奥唐奈去海滩上拣些漂木生火外，还要花 2 美元买一点煤。食物主要是蛤蜊，有时候甚至连一点吃的也没有。

孩子们"整个夏天过得还算不错"，可现在是十一月份，他们感到"日子很难熬"。很难有奇迹发生。"一个孩子只有一只鞋还很破，另一只则是捡来的拖鞋。另一个孩子有两只鞋，但都露着脚后跟。"他妻子身体还算健康，但一到冬天就不怎么好。她只有两件衣服，一件专门去教堂时才穿。另外"还有一件她穿着尺寸过大的睡衣则是别人送的"。

1883 年，奥唐奈有机会把他们家贫困的生存状况讲给波士顿参议院的议员们听，当时他们正在讨论劳资问题。议员们听完这个故事问他为什么不去西部，

"去西部用不了 1 500 美元"。议员与工人所生活的世界，两者间的差别是如此富有戏剧性。奥唐奈答道："我从未见过 20 美元的钞票……如果有人出钱的话，我会去。"议员们问他有没有亲友可以帮他出钱，他悲伤地回答没有。

与奥唐奈这样穷困家庭的疾苦相比，议员们当然更熟知舒适和安逸的生活。从他们自身的优越处境来看，工业革命的成果十分显著，政治领导人也支持工业不断扩张。内战后，美国在几年内迅速成为世界工业强国，美国的工厂生产出大量廉价商品，从铁轨和农业收割机到大量生产的客厅设备。1860 年到 1900 年，制造业取代农业成为经济发展的主要动力。到 1890 年，大部分美国劳工都是非农业工人，有超过 33% 的人住在城市。一个农业国开始转变成为一个由产业工人和城市居民组成的国家。

正如奥唐奈在参议院议员们面前所描述的，工业与技术上的进步极大地改变了美国人的生活。但对奥唐奈和像他一样的人来说，他们很难看到变革的好处。尽管没有全国性的贫困水平调查，但据估计，当时约有一半美国人都穷得享用不起新产品。像奥唐奈这样的平民生活悲惨，与美国的理想之间差距很大，这最终引发了改善美国劳工境遇的努力，但是奥唐奈却似乎很难从中获益。

本章主要讨论美国工业经济成熟后形成的新秩序。聚焦的时间段为 1865 年到 1900 年，描述了重工业和大型企业的兴起，新工作场所的格局和特点，以及这个常被称为"镀金时代"（**Gilded Age**）的政治。美国建造了铁路、城市和工厂，它的产品和利润的流向如何影响财富和权利的分配？工业资本家如何积累起他们的财富？工人采取什么样的行动来抗议不平等？国家政治领导人又如何对这个大转型时代做出回应？就美国生活而言，这是一个经历了巨大的发展和广泛的经济及社会变迁的时代。

16.1 工业发展的特征

1861年内战开始时,农业是国家经济增长的源泉。而40年后,制造业就取代了农业。这段时期,制成品的生产超过了人口的增长。年均国民收入增长2%。但这些数值掩盖了一个事实,那就是多数人都无法从中获益。

大企业成为经济组织的主要形式。它们募集资金建立大型工厂,购买昂贵高效的机器,雇佣大批劳工,使用最先进的技术。结果便是,生产出更多廉价商品。

新兴地区成为工业发展的重心。从新英格兰到中西部是国家工业的中心地带。新英格兰仍是轻工业的中心,中西部也依然以开采自然资源为主。不过,钢、铁和运输设备的生产则逐渐与传统制造部门相结合。在远西地区,制造商集中在对自然资源的开发上,但重工业也是发展迅速。在工业化程度较低的南部,到1890年代末,纺织业也逐渐扎下了根。

尽管工业生产力的大幅提高受到很多因素影响,但工业部门的不断改革对生产力的提高却是起到了重要作用。内战前的制造业主要集中在纺织、服装、皮革制品,以及谷物、原木等农产品和自然资源上。内战后这些部门仍然很重要,但重工业的确发展迅猛。钢、铁和机器的生产(这类生产面向的是其他生产者而不是消费者),刺激了经济的增长。

16.1.1 技术革新

不断加速的技术变革推动了19世纪末的工业转型,而工业转型反过来又塑造了技术变革。技术上的突破使生产率得到提高,后者激发了新的需求,又呼唤更新的技术变革。钢铁工业的发展就是这个相互依赖过程的最好证明,同时也突显出企业家的重要性。

内战前,技术工人生产钢铁速度慢,成本高,生产出的钢铁还很软,用

霍姆斯特德钢铁厂

  霍姆斯特德钢铁厂（画于1890年）建在宾夕法尼亚的匹兹堡附近。这家企业的巨大规模显示了技术革新是怎样在19世纪后期促进钢铁工业的发展的。这张图暗示了钢铁厂的工作有着怎样的特性？

  这样的钢铁制造的铁轨用上几年就会严重磨损。生产质地更坚硬的金属急需技术革新。在这一背景下出现了贝塞麦炼钢炉，它可以将大量空气压入液态钢，由此还原碳，使铁变成坚硬的钢。这种炼钢炉还有一个新的优势，就是它降低了对高薪技术工人的需求量。

  既不是发明家又不是工程师的卡内基，认识到了采用新的生产流程和更有效的工业组织方式这一可能性。以卡内基钢铁公司为例，从原材料到市场一条龙，从熔炼到碾压成品都在一个工厂里完成。生产数量的增加促使价格下降。1870年代中期，卡内基引进贝塞麦转炉炼钢法后，钢价从每吨100美元下降到50美元。到1890年，钢价更是下降到每吨只有12美元。

  生产这种比铁更便宜且结实耐用的金属既促生了新产品、新需求和新市场，同时也更大地刺激了技术革新。贝塞麦熔炉生产的钢铁适合修筑铁轨，但并不适合修建建筑物。敞炉炼钢法是用高温作用于铁，由此生产出的钢适合桥梁设计师、工程师、建筑师乃至地铁设计师使用。钢铁使用量猛增，从螺丝钉到海军军舰的生产均会用到。

新的能源推动了美国工业向大规模生产的转变，也表现出了用新方法去规划研究和创新的重要性。1869年，美国工业所需能源的一半都来自水力。不过，新的无烟煤矿的发现降低了煤的成本，美国随即进入蒸汽时代。到1900年，全国工业能源的80%都由蒸汽发动机供应。不久，电能又作为主要能源取代了蒸汽能源。电能的发展多亏了托马斯·爱迪生（Thomas Edison），他在1878年决定解决电力照明问题。爱迪生的成功不仅是因为他的创造力，还因为他深知专业合作能够促进成功的发明。他建立了有大批专家和设备的实验室，里面有一个先进的图书馆，一间化学实验室，以及一间吹制玻璃的实验室。在这些条件的帮助下，最终制成了发电机。

16.1.2 铁路业：大企业的先锋

铁路作为大企业的先锋，是推动现代化进程的巨大动力。高效的国家运输系统和通信网络，促进了生产和市场大规模的发展，并使新的管理技术也得到了推广。

创建国家铁路系统得到联邦政府和各州政府的大力支持，它们从公有土地中划出大部分作为铁路用地。最终铁路占用的土地面积相当于德克萨斯州面积的一倍半。从划拨车站用地到减免税收，地方政府提供了一切便利。各种鼓励性措施促使第一条横跨大陆的铁路于1869年建成。另外增加的四条横贯大陆的线路和长距离的铁路支线也相继于1870年代和1880年代建成，电报线也同时建立起来。

铁路公司规模大，组织架构更加复杂，既面临着新的机遇，也面临着新的问题。修筑铁路所需资金数额较大，而工人数量增加和经营企业也需要新的管理方法。1854年，伊利铁路公司雇用了工程师兼发明家丹尼尔·麦卡勒姆（Daniel McCallum）来解决如何使管理者和雇工更加负责的问题。麦卡勒姆意识到大企业的管理不像小企业，他发明了一套系统，确定责任分工，保证定期的信息流通。其他大规模企业纷纷效仿，在企业内部有效地分配工作，将管理与操作运营分开，同时也借用了铁路公司实施的许多冷酷无情的技术。

铁路部门与小型企业不一样，它的高额费用和债务刺激出野心勃勃的商业行为，从而使得这一行业充满不稳定性。降低工人工资这一策略经常使得铁路工人骚乱不断。为了应对竞争，铁路系统经常为顾客降低运费或秘密送回扣（低利润经营以换取整个公司的生意）。价格大战使得运费稳步下降，但也足以使铁路部门面临破产的危险。为了规范铁路部门的运营，铁路部门的领导者们在1870年代组建了"联营"，即达成非正式的协议，规定运费，划分运输线路。但是，这些举措最终并未能取得成功。尤其是在经济不景气的时候，通常都会有公司违反这些协议。

16.1.3 其他工业部门的发展

19世纪最后25年，纺织业、金属业和机器制造业的规模与铁路业不相上下。到1900年，有超过1 000家美国工厂的雇工数量在500人到1 000人之间。有450家工厂的劳工数量超过1 000人。大企业的时代到来了。

企业的扩张主要是通过两种方式（或这两种方式的结合）实现的。一些企业家，如钢铁巨头卡内基，纵向合并他们的企业；**纵向合并（vertical integration）** 意味着生产过程的前后都要增加部门。尽管卡内基在他的钢铁厂引进了最新的技术，但他仍感到需要有自己的原料来源，这包括生铁、煤和焦炭（这就是"后向合并"），以免对供应商形成依赖。当卡内基用蒸汽船和铁路运送产品时，则是贴近消费者的"前向合并"。公司的纵向合并通常可以形成规模经济。

其他企业也效仿铁路部门，对类似的企业进行横向合并。它们无意像纵向合并那样控制生产的各个阶段，而只想垄断这一行业，稳定价格，消除竞争。约翰·洛克菲勒就是采用了**横向合并**（horizontal integration）策略来控制石油市场。他收买或驱逐了他在新泽西的美孚石油公司的竞争对手。1898年，尽管没能实现全部垄断，但他的公司生产额已占全国精炼石油总量的84%。横向合并有时也能刺激经济，增加利润，但对价格的垄断控制才是增加公司收益的关键所在。

在石油界，洛克菲勒观察到，"个人竞争的时代早已成为过去"。大集团之间竞争激烈，通常都会采用降低工资和价格的办法来吞并其他更弱小的生产商。商业所有者越来越集中。1870年有808家钢铁公司在市场上竞争，但到1900年已经只剩下不到70家。

与铁路部门情况相似，随着企业规模扩大，其他大企业也发现了合法合并［采用股份制］的许多优势。通过出售股票，企业可以获得更多的资金，用来扩大生产。有限的义务可以保护投资者和高层的个人财产，而公司的法律身份则在其创始人和股东去世之后仍然可以延续。事实上也正是这些特点吸引着投资者。

以上种种变化既需要大量资金，同时也需要有接受金融风险的意愿。单是铁路系统的创建，到1859年就花去了10亿美元（运河的修筑费用还不到200万美元）；战后完成全国铁路系统的建设又花了100亿美元。其中国外投资金额占总额的33%。美国人也开始将越来越多的国家收入用于投资。

尽管储蓄银行和商业银行继续利用存款人的资金投资，但像摩根财团（Morgan & Co.）这样的投资银行，在把资金转移到企业的过程中也发挥了新的和重要的作用。只有在公司盈利的前提下持有股票才能分享红利，故与债券相比，股票的投资风险要高得多。但当有名望的投资银行家约翰·摩根（John Morgan）开始经营股票以后，股票逐渐盛行起来。工业证券市场从1880年代到1890年代大幅扩张。尽管有些美国人担心投资银行家的实力并且不信任金融市场，但这两者却是与19世纪末的经济增长密不可分。

16.1.4 美国工业和世界

19 世纪末的工业化代表 18 世纪在英国开始的工业革命的第二个阶段。通过重新组织生产，通常是通过使用机械设备，早期的制造商能够制造出比人类历史上任何时候都更多更便宜的商品。技术革新带来了纺织业、采矿业、冶金业的发展，也加速了运输和通信行业的变化。工业化从英国开始，逐步扩展到欧洲其他国家和美国。

工业革命的第二个阶段以科学和技术在制造业中的运用和新的大批量生产模式的创造为标志。美国是发展大规模生产技术的领导者，德国则在使用科学和技术产品上占据优势。技术革新改变了德国的工业生产。在美国，大型企业的产品（尤其是重型机械和化学制品）价格低廉。英德美三国在 1870 年到 1930 年间生产出的产品占全世界的 67%。

19 世纪最强大的国家英国一直都是经济的龙头。但是，随着德国和美国发展出新的大企业、引进新的组织形式并有效地管理它们、加大对设备的投资、推动科学研究，力量的平衡开始转变。英国偏爱传统的商业组织方式而不是新的股份制结构，最终丧失了领导地位。英国国内的产业仍然集中在像纺织业这样的传统部门，但英国的投资者已开始把资金投向国外。美国的铁路和地铁建设就在很大程度上有赖于英国投资者的资金。

美国强大的工业实力引发其世界地位改变所带来的全面影响，只是到了 20 世纪才完全体现出来。但是，它与其他国家间联系的重要性却十分明显。美孚石油 67% 的煤油都要送到海外市场精炼。生产缝纫机及像打字机这样的办公用品和农业机械的厂家开始控制世界市场。辛格缝纫机厂 1880 年代末就在苏格兰拥有一家工厂，20 年后在莫斯科生产了 40 万台机器，有 2 500 名工人和 300 名管理者。美国生产的机车出口到南美、非洲和欧洲的部分地区、中东以及亚洲。费城鲍德温机车厂生产的发动机更是居世界首位。

美国企业与其他国家之间的经济联系意味着，任何地方发生的事件都有可能影响到美国经济。而且这也表明美国企业与其他国家的经济之间的联系错综复杂。美国的工业生产既对世界上其他国家的发展有所贡献，同时也与外国制造商相互竞争。

16.1.5 变幻无常的全球经济

受国内经济和世界经济的影响，美国的经济改革既不顺利也不稳定。1873年到1879年和1893年到1897年发生的两次危机，比内战前出现的经济危机还要严重。内战前的经济萧条由地价大幅下跌、银行的不合理行为和货币供应上发生的变化所引发。而在经济规模更大联系更紧密的19世纪末的经济中，经济萧条则是行业性的、严峻的并伴随着大规模失业——这是美国生活中出现的一个新现象。这些危机也与欧洲工业国家的经济不景气有关。

经济周期是循环往复的。全球性的价格下降与制造商之间的激烈竞争结合在一起，共同导致生产过剩，市场上堆满了商品。市场饱和后，销售额和利润都会开始下降，经济随之滑坡。工厂主解雇大批员工，而员工则全靠工资度日；一旦他们开始节衣缩食，农产品的价格也就一落千丈。农民也和工人一样，购买力锐减。商业进入滞涨期。紧接着，铁路部门也受到影响。最终，这一恶性循环触底回升，但到这时它已使得数百万工人失业，成千上万家工厂倒闭，许多美国人的生活都陷入艰难困顿之中。

1893年到1897年发生了美国历史上规模最大的一场经济危机，美国经济的增长及其与全球经济的相互依存更是加重了这场经济危机的危害程度。经济萧条首先袭击了欧洲，然后随着美国商品海外购买力的下降又蔓延到美国。海外市场的萎缩很快就使美国的制造业陷入瘫痪。国外投资者担心美国货币的稳定，抛出了他们手中持有的在美国市场上价值3亿美元的股票。由于购买股票而使国库中的黄金储量减少，美国的货币供应量随之减少。与此同时，农产品价格下跌也损害了农民的利益，他们发现自己所赚的钱要少于他们种粮食养家禽的花费。工人们的情况也好不到哪儿去，因为工资比房租和食品的价格滑落得更快。

国内经济的过度扩张（尤其是在修筑铁路上）也是造成1893年经济危机的一个原因。由于农产品价格降低，农民们就种更多粮食，希望有一天粮价会上涨。随着经济过度扩张，人们信心动摇，随之而来的就是金融恐慌。当1893年早期华尔街股市崩溃时，投资者疯狂抛售股票，公司马上倒闭，情况越来越糟。人们蜂拥入银行将纸币兑换成黄金，这就使黄金的储量更加减少并使人们对经济愈加丧失信心。银行开始向公司讨还贷款，到当年年末，1.6万家公司破产，500家银行倒闭。

资本紧缩和美国乡村及小城市（生活在乡村及小城市的人数仍占总人口的一半）的购买力下降，迫使许多大型工厂关门。在一年之内就有约300万美国人（占劳动力的20%）丢掉工作。人们惊恐地看到，流浪者随处可见，从一个城市跑到另一个城市寻找工作。

虽然在经济萧条时期绝望随处可见，但是美国的政治家和领导人却是迟迟不愿做出回应。为了推动公共工作救济，采石场主雅各布·考克西（Jacob Coxey）领导了一场示威游行，从俄亥俄州的马西隆向首都华盛顿进军。**考克西的队伍（Coxey's Army）** 由失业者组成，当他们到达华盛顿时，其人数达到了约500人，他们请求设立公共工程项目以便可以得到工作机会，但是国会和时任总统克利夫兰却拒绝了他们的请求。在他们的领导者因为践踏了美国国会大厦的草坪而被执法当局逮捕之后，队伍随之解散。在美国诸多城市，只有大规模示威游行才能迫使当地政府设立施粥站和为无家可归者提供收留所。

16.2　工业劳动与劳工阶级

像卡内基和老洛克菲勒这样著名的工业家在19世纪末积累起来的巨额财富也加速了工业化早期财富集中的进程。1890年，占美国人口1%的美国最上层家庭拥有总财富的 25%，占美国人口 10% 的上层人士拥有 73% 的财富。但是，工业财富的创建所依赖的工人的状况又是怎样的呢？

工业仍然需要熟练技工，他们的待遇也还算不错。1860 年到 1900 年，技工的平均实际工资增长了超过 50%。但非技工的工资则只增长了 31%——邻近 19 世纪末这一差距已经被拉得很大。但对没有稳定工作的工人来说，实际工资增加并没有什么意义。在经济发展速度减缓或经济不景气的时候，由于工厂裁员的缘故，使得工作机会总是时有时无。美国的工人占劳动力的大部分（50% 以上），所以他们的经历也就可以揭示出美国社会经济体系和美国价值观的重要层面。

16.2.1　1880 年到 1900 年的新移民

内战爆发之前 40 年有 500 万移民涌入美国；1860 年到 1900 年，移民人数几乎翻了三番。这些移民有 75% 都定居在美国东北部，余下的则散布在美国各个城市，他们的人数很快就超过了在本地出生的白人。

1880 年以前，有 75% 的移民来自大不列颠群岛、德国和斯堪的纳维亚半岛，他们通常被称为"老移民"。之后这一模式逐渐发生了改变。到 1890 年，"老移民"只占移民总数的 60%，其余的主要是**新移民**，他们大都来自南欧和东欧。其中人数最多的是意大利天主教徒和东欧的犹太人，其次则是斯拉夫人（俄国人和波兰人）。

有各种力量促成了移民潮。便利、快捷、价格低廉的交通运输使得旅行成为可能。火车已经通到了南欧和东欧的内陆。在横跨大西洋的轮船上，甚至最低价位的船票都能让乘客享受到床铺和公共卫生间。欧洲的经济现代化也刺激了移民。新的农业技术使农业主合并土地，减少了对长期佃农的需求。有一些移民前往欧洲的其他城市，另一些移民去了加拿大和南美洲，但要数到美国的移民人数最多。因使用机器而失去工作的手工艺者也加入到了移民潮中。但是，决定移居他乡的主要原因还是他们对原来的生活不满意。

尤其是在俄国，政府迫害（实施了严厉驱逐犹太人的政策）和征兵制的扩大，迫使数百万犹太人和其他少数民族只能选择移民。

"金色"美国机会遍地也是一种诱惑。国家移民专员、美国铁路和轮船公司都极力向潜在的移民示好。生活在美国的亲友们都写信描述那里优越的生活和工作条件，并许诺可以帮助他们找到好工作，信中还经常可以收到去往美国的路费和在美国的好友穿着入时的照片。

与农村和小城镇的美国人一样，欧洲移民来到这里主要也是为了寻求工作。他们中大多数人都是未婚年轻男子，没有什么技术。不过，犹太人往往都是举家迁移，而在爱尔兰人中则是女性成为主流。经济景气的时候，美国工业需要大量非技术劳动力，移民就会很多。经济萧条的时候，移民就会减少。移民都希望在美国可以赚到足够的钱，然后回到家乡去实现他们的梦想，有近33%的人最终都选择了回归故里。

尽管墨西哥人移民美国的高峰出现在20世纪，但在这一时期也有不少墨西哥劳工移民美国。与许多欧洲国家情况相似，墨西哥也处于现代化的进程［和困境］中。人口膨胀和新土地政策使许多人都无家可归，不过从德克萨斯边境到墨西哥的900英里铁路则给移民带来了便利。许多墨西哥人最终都来到美国西部和西南部，在那里修建铁路或在矿场工作。

由于人口过剩、政局动荡、失业、作物歉收，许多亚洲人也来到"金山之国"，其中大都来自中国南方。尽管1860年到1900年只有26.4万中国人来到美国，但是他们依然是西海岸重要的少数民族。他们中大都是不懂任何技术的契约劳工，远离妻子和家人很多年。他们干着西部最苦最累的活儿。他们在矿厂和农田工作，修筑铁路，建造码头，在工厂劳动，在洗衣店洗衣服等。承包商还带来了一些中国妇女作为妓女为中国劳工服务。这些受奴役的妇女很难赎身，大都难逃悲惨的命运。

到了1870年代和1880年代，西部的白人工人开始将经济不景气怪罪到中国劳工头上。1877年，旧金山一场支持8小时工作制的集会最终演变成一场矛头直指中国人的暴乱。随后几年，塔科马、西雅图、丹佛、罗克斯普林斯和怀俄明都发生了愤怒的暴徒杀害中国劳工的事件。1882年国会通过了《排华法案》，规定十年内禁止中国劳工移民入境，地方上的敌对态度就此上升到国家层面。1892年，禁止入境的限期又被进一步延长；等到1902年，这一法案更是变为永久生效。

来自欧洲、墨西哥和亚洲的移民的重要性不可小视。他们推动了美国快速的城市化进程，同时也为19世纪末的经济变革提供了足够的劳动力。他们的存在促进了美国社会的变革。与其他工业国家相比，美国在种族和宗族信仰上要显得更加多元化。

16.2.2　种族多样性的影响

19世纪末，移民占劳动力总数的20%，占制造业和采掘业劳动力的比重更是超过40%。他们倾向于定居在城市并占到当地工人阶级人口的一半以上。城市里有一半以上的工人都是没有技术、几乎没有文化或只懂一点英文的外国人，工业生产、城市生活、劳资纠纷、地方政治全都受到这一事实的影响。移民几乎没有什么东西可以同当地美国工人分享，移民之间也很少有什么交往。

工人阶级内部存在许多不同层级。工人阶层最上端是当地的新教徒白人，他们占据着大部分高薪技术工作。他们的职业带有19世纪末工业制度的特点，他们中有机械师、熔铁师、工程师、工头、管理者、木匠、管道工、机械师和印刷工。有技术的北欧移民大多做着中等职位的工作，常常和他们在家乡做的工作一样。犹太人有做裁缝的经验，成为服装业的主力（他们的竞争压力不大，因为美国工人认为做女性服装不是男人的工作）。但大多数南欧和中欧的"新移民"由于没有做城市产业工人的经验，只能去做最低级的又脏又没有技术性的活儿，比如给钢厂的鼓风炉换炉衬，搬运原材料或成品，或去做清理工作。他们常常是码头的散工、挖渠道的劳力或建筑工人，通常按天雇用，由意大利包工头（*padrone*）这样的中间人安排。这种非技术性的工作既不稳定，赚的钱也比较少。

最底层是黑人，他们占据着像看门人、行李搬运工、仆人和苦力等最边缘的位置。种族歧视基本上把他们从工业职业中排除掉了，尽管他们的职业背景与农村白人移民并无太大差别。那么多白人都急于工作，当然没必要雇黑人，除非是在偶尔发生罢工时因为需要罢工破坏者（工贼）才会雇用他们。

16.2.3 工作环境和工人的感受

当时大多数美国制造业工人都不是在作坊而是在工厂劳作，那里被永不停息的机器的轰鸣所主导。工业工作变得日趋专业而单调。就连熟练技工也无法生产出一个完整的产品，他们的技能范围越来越小。那些仍在小工厂里或是隐藏于地下室、阁楼、移民公寓的"血汗工厂"里辛苦劳作的工人，也承受着同样的单调和持续不断的生产压力——工资的计算单位不是时长而是产量。

工厂的机构把工人们都分开了。大工厂的工人经常会按照种族被分成几个小工作组，工人之间很少有什么联系。而从事计件工作的工人则在速度、灵活度和总量方面相互竞争。

工人们需要共同面对的是每天的工作时间都很长（通常每天工作 10 小时而一周则要工作 6 天），以及不卫生、危险而又不自由的工作环境。尽管有些州颁布有法律要求工厂主整治工作环境，但其规定却很少能够得到落实。工厂主完全不顾雇工的健康和安全。女工们弯腰在缝纫机上工作，导致消化不良和脊柱变形。在有些矿场，矿工要在 49℃的高温下作业并会在炸药和支撑木柱引发的事故中丧命。在引进新的钻井机械后，空气中充满微小的颗粒，极易引发肺部疾病。

美国工厂的事故发生率远远超过欧洲工业国家。1880 年，美国有 25%的 20 岁男性活不到 44 岁，与其相比，如今这一比例则为 7%。法律把避免事故的责任推到工人身上，声称如果工人认为危险的话完全可以放弃工作。

16.2.4 家庭经济

19世纪末的意识形态把男人描绘为赚钱养家的人，但工人阶级中许多已婚男人并不能独立赚得足够的钱养家。19世纪，已婚女性很少出去工作，但她们会通过在家里做缝纫、洗衣和留人寄宿来增加家庭收入。1890年，只有3.3%的已婚女性在外做工。因而，工人阶级家庭的生活标准经常有赖于孩子们的工作。一位一年只能赚384美元的工人要靠他13岁的孩子，而不是妻子，去赚取对他们家至关重要的另外196美元。1880年，10岁到14岁的儿童中有20%都在外面工作。

童工与他们父亲的收入紧密联系，而他们父亲的收入则取决于技术、种族背景和职业。移民家庭比当地家庭更倾向于把孩子送去工作（移民通常都有较多的孩子）。中产阶级的改革者同情童工，因而不同意父母把他们的孩子送去工作。有人认为："这些父亲没有读过书，认为自己的孩子在10岁前已经受了足够的教育，没必要再读下去，所以很早就把他们送去工作。"改革者认为，由于这样的父亲剥夺了孩子受教育的权利，他们的孩子以后也注定会生活贫困。事实上，把孩子送去工作是应对迫在眉睫的贫困威胁、资助其中一个孩子接受教育或者是确保孩子待在离家近的地方的一种措施。

与儿童出去工作的情况相比，更多的是14岁以上的年轻人出去工作赚钱。费城有一半这个年纪的孩子退学。女孩子与男孩子一样都得工作，移民家庭的女孩更是如此。

16.2.5 工作的女性

到1900年，美国年轻女性在劳工中占比约20%。从一开始就有的劳动力市场上对女性的歧视，现在依然存在。一个有经验的工厂女工一个星期赚5美元或6美元，而非技术男性工人则可以赚8美元。但是，工厂里的工作还是比较抢手的，因为女性在那里工作要比做其他工作能赚得多一些。

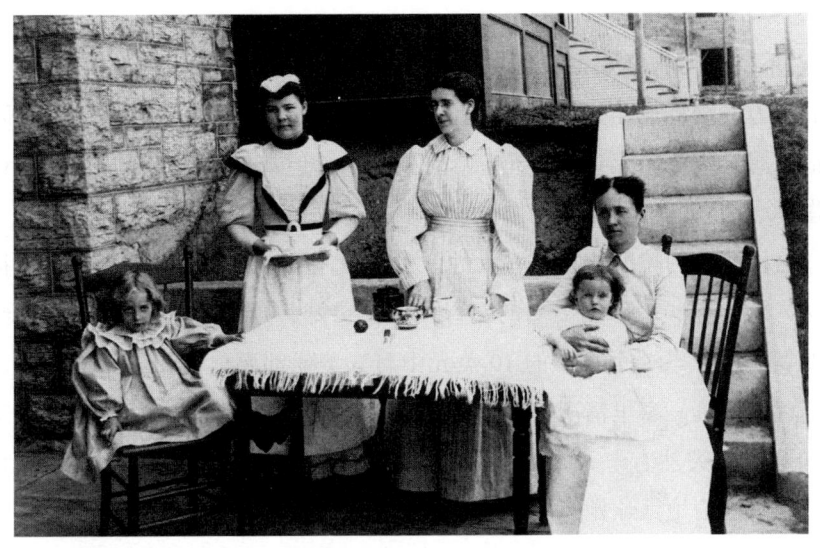

家政服务

在这幅约拍摄于 1895 年的照片中,两个小女孩得到三位女佣的关注。这三位女佣看上去在为这户人家的服务中各自扮演着什么角色?为什么会拍这样一张照片?家政工作通常都会让人筋疲力尽,而且很少有独处的自由时间,但是许多女性还是被可以住在中产阶级家庭中并可享用有规律的饮食这一机会所吸引。此外,家政工作的工资也要高于工厂工作。

女性选择工作的机会十分有限,并要受到宗教禁忌和文化传统的影响。约有 25% 的女工是在工厂里工作。意大利女性和犹太女性(文化传统禁止她们做家政服务)大多在服装厂工作,波兰人和斯拉夫人多做纺织、食品加工和肉类加工的工作。在某些产业如纺织业中,女工占了相当大的比例。随着打字机得到广泛使用,女性新的就业机会出现了。到 1900 年,几乎所有打字员都是女性。像速记这样的专业技能也意味着,工人阶层的女性有了更多获得坐办公室的机会,而大百货公司则需要许多职员去招待中产阶级顾客。但是,她们中有 40%,尤其是来自爱尔兰、斯堪的纳维亚和黑人家庭的女性,从事的都多是女仆、洗衣工、厨娘和看护等工作。

做女佣也是很辛苦的,而且主人并不会因此就同情她们。一位女主人说:"不要认为有必要给女佣提供和家里人一样的房间。她可以睡在靠近厨房的地方,这样她不用上前梯或通过前厅就可以进入她的屋里。"女佣除去食宿一周只赚 2 美元到 5 美元。尽管条件很差但却仍有那么多人去做这样的工作,这足以证明女性的工作机会是多么有限。

这样悲惨的境况使得一些女性,如露丝·哈格迪(Rose Haggerty)被迫卖身。露丝有一个体弱多病的寡母和四个弟妹。她 14 岁时就开始在纽约一家纸袋厂工作。一个月赚的 10 美元中有 6 美元都要付房租。她的朋友帮她买了台缝纫机,家里情况有所改善。为了养家,露丝在家做衬衫,一天工作 14 个小时。突然有一天,衬衫的价格下跌了一半。绝望的露丝想到了自杀。但一个水手给她钱让她陪睡,这使她意识到自己还有别的选择。卖身意味着家里人交得起房租并能吃饱穿暖。20 岁的露丝回忆道:"让全能的上帝去评判谁该受指责吧,是被逼无奈的我,还是那些逼着我变成这样的人们。"

尽管无法知道具体的数字,但在 19 世纪末卷入卖淫的女性人数却是越来越多。不过大多数单身女性都接受了那些向她们开放的较体面的工作。她们忍受着歧视和低收入,因为家里还要依靠她们。她们也知道,一旦结了婚,她们就可以永远离开有偿的劳动大军了。

然而,婚姻很难结束妇女们的劳动。与殖民家庭相似,19 世纪末的工人家庭也是类似有合作关系的经济单位。工人阶级妻子们的无偿家务劳动是家庭得以生存下去的关键。由于丈夫每天都要离家工作 10~11 个小时,妇女们承担着照看孩子和操持家务的重担,而缺少家用设备和市政设施则使得做家务既费时又费事。

黑人妇女的工作状况反映出 19 世纪末她们在城市里遇到的困难。白人已婚妇女在外工作的很少(7%),而黑人女性无论婚前婚后都在工作。1880 年在南部城市有 75% 的单身黑人女性和 33% 的已婚黑人女性在外工作。由于工厂主不招黑人女工,她们只能去别人家干活儿或给人洗衣服。大量已婚黑人妇女在外工作说明她们丈夫赚的钱远远不够。但这也可以通过奴隶制时期学到的经验得到部分解释:黑人孩子没有母亲的长时间照顾也能茁壮成长。

16.3 劳资纠纷

阶级冲突刻画了 19 世纪末的工业生活。工人们愿意看到工厂所取得的进步，但他们反对老板的价值观，这种价值观以牺牲集体利益为代价，强调个人所得。工厂主们赚取了利润的大部分，而工人们却在沦为"工资奴隶"。工人们引述他们的共和党传统来立论，声称这个国家工人公民们生存境况的每况愈下，将会削弱共和制本身。

16.3.1 在岗工人的抗议

工人与雇主在该由谁来控制工作场所这个问题上产生了分歧。许多工人都坚决抵制恶劣的工作环境。他们厌恶老板把他们"当机器使以最少的油耗完成最大的工作量这一趋向"。技术工人拥有不可缺少的实践知识，因而在指导现场工作上居于重要位置。有时他们会努力抗争以保留对重要工作问题的决策权或是让工作能够人性化。制烟工人则想要保留他们的习惯：他们在从事一些单调乏味的工作时，会让其中一个人给其他人念些东西听。

工人还试图控制生产的速度。生产的产品太多意味着工作速度太快，会导致生产过剩、大规模的裁员、单位产品利润下降。所以有经验的老工人常会悄悄告诉新手："年轻人，你做得太快了。你要是不慢下来，我们的工作就全毁了。"

工人抗议行动的形式有旷工、工作时醉酒、普遍消极怠工等。在 19 世纪末的三家工厂里，有 25% 的工人一周至少会有一天在家不来上班。其中有些人是因为被临时解雇，但却并非全都如此。工厂主们给予旷工的严厉罚款说明，他们对不合作的工人头痛不已。

更为激进的形式是工人们的联合总罢工。多数雇主的回应都是惩罚擅自离开的工人，但却收效甚微。1878 年马萨诸塞州一项劳工调查发现，67%

接受调查的工人都在同样的职位上干了 10 年以上，但却只有 15% 的人没有换过雇主。20 世纪初产业工人换工作的比例与此相似。工人们明确无误地用选择离开来表明他们的态度。

16.3.2　1876 年后的罢工运动

最为直接和强烈的改变工作场所条件的努力，以 19 世纪末持续不断、数以千计的罢工形式表现出来。1877 年，铁路工人掀起了 19 世纪首次也是最猛烈的全国范围的工人罢工运动。罢工的直接原因是雇主打算降低工资。但是，罢工迅速扩展到全国，以及罢工工人的暴力之举：他们破坏铁路设施，阻止火车通行，则显示出工人更为根本的不满情绪。

不稳定的经济、高失业率、工作安全没有保障，这些因素合起来促成了这场大规模冲突。联邦军队镇压罢工，导致 100 多人丧生。财富阶级的疯狂反应，他们把罢工视为革命的开始而极力主张进行武力干涉，则预示了日后的冲突模式。中上层阶级将会一次又一次地向政府求助镇压工人运动。

1877 年罢工之后出现了一波对抗的浪潮。1881 年到 1905 年，罢工总数达 36 757 次，涉及 600 万工人。这个数字说明，不只是最贫困的工人加入了罢工，事实上，工人阶级的不满具有很大的普遍性。点燃罢工、阴谋破坏、暴力的导火索，经常都是要求提高工资或减少工作时间。19 世纪的罢工随着工人自觉性的增强发生了重大变化。内战后，地方联合或全国联合在组织罢工上起到了重要作用，他们领导了 1881 年到 1905 年约 60% 的罢工运动。不同公司罢工工人之间的协调性也在逐渐加强。最后，在组织化程度最高的工人中，工资已经不再是一个问题。工人们开始要求人性化的工作条件。到 1890 年代初，超过 20% 的罢工都涉及工作环境守则问题。

1892 年，由于老板引进新机器使得技术工人变成铲工并且削减每天工资，爱达荷州的科达伦银矿工人举行了罢工。矿主在州民兵和联邦政府的支持下，利用拒绝罢工的人们成功地破坏了罢工，而且在此过程中还动用了武力。几百名工会成员被捕并以多项罪名被判有罪。这次罢工失败导致西部矿工联盟（Western Federation of Miners，WFM）的建立，它的主要目标是为矿工争取8小时工作制。

科达伦的斗争模式为以后许多罢工所效法。矿主则经常以切断与工会成员的关系、雇佣罢工破坏者和武装警卫、付钱给间谍渗入工会等方式来对付罢工。暴力经常发生，通常都是以州民兵的到达、逮捕和恐吓罢工者、法律行动和精心制作黑名单而告结束。尽管如此，西部矿工联盟依然有一半罢工获得了胜利。

劳工经历的最严重挫折发生在1892年匹兹堡附近的霍姆斯特德钢厂。卡内基买下了霍姆斯特德钢厂并让亨利·弗里克（Henry Frick）负责。他们想铲除工会，因为迅速发展的工会威胁到钢铁公司的利益。围绕新工资制度进行的谈判持续了三个月却一直陷入僵局。弗里克下达最后通牒：工人必须接受低工资，否则就要被解雇。弗里克在工厂周围竖起坚固的围栏并雇用300个武装的"平克顿"（Pinkerton，美国俚语，意为私人侦探）密探监视工厂。7月6日，密探到达后与武装工人展开了一天的激战。双方都有人员死亡，最终"平克顿"密探撤退。在弗里克的请求下，宾尼法尼亚州州长派出8 000人的军队前来镇压罢工和工会。两周半后，一名纽约无政府主义者暗杀弗里克未遂。

16.3.3　1865年到1900年的工人组织

工人们在内战中的经历也影响到了战后的劳工组织形式。就像一首工人歌曲唱道的，工人们承受了主要的战争创伤："你把孩子送去参战/富人们却只是出钱/富人的孩子如今很幸福/你的孩子却已玩完。"曾为保住联邦而战的工人们认为，战时的牺牲足以证明他们要求在工作上得到平等的权利和公正的待遇是合法的。

工人领袖们很快就认识到了建立全国性组织和地方性组织帮助工人们对

抗"专制雇主"的必要性。1866年，几家同业工会和改革团体建立了全国劳工联盟（National Labor Union，NLU）。到1870年代初，全国劳工联盟声称有30万会员，该组织支持的议题包括禁酒，争取妇女的权利，建立合作以便把"国家的财富"集中到"创造财富的人"手里。

对8小时工作制的要求，表明了组织化的工人运动的一些基本观念。几乎没有工人把他们的老板视为敌对阶级，或者是想要结束这种经济制度。但他们确实相信老板经常是专制者，后者的时间要求有可能把公民变成奴隶。8小时工作制可以限制老板的权力，让工人有更多时间去发展自我，做合格的共和国公民。

尽管全国劳工联盟未能存活下来，但它的许多目标却都得以实现。由于谋求建立政党的失败和1873年的经济萧条，全国劳工联盟和其他一些地方组织都解散了。生存和寻找新工作成为更重要的问题。

16.3.4 劳工骑士团和美国劳工联合会

经济危机结束后，一个新的大型组织：劳工骑士团（全名"高贵圣洁的劳工骑士教团"，Noble and Holy Order of the Knights of Labor）开始崛起。1869年它作为一个秘密组织宣告建立，但直到1879年爱尔兰裔美国人特伦斯·鲍德利（Terence Powderly）当选骑士团大师傅（总会长）之后，这一组织才为公众所知并在全国范围内产生了很大影响。劳工骑士团旨在"保证工人享受他们创造的财富"。由于工业制度拒绝把工人看作生产者，劳工骑士团希望建立一套与现行制度并存的合作制度。合作有助于使工人获得经济独立，这是成为公民所必需的；8小时工作制则可以使工人有时间去提升道德，增加知识和施展政治追求。

劳工骑士团向所有的美国"生产者"开放，对"生产者"的界定是所有对社会起作用的成员，无论他们有无技术，是白人还是黑人、男人还是女人，甚至还包括商人和制造商。只是拒绝接纳游手好闲之徒和腐败的人（投机商、银行家、律师、酒馆老板、赌徒)。许多店主都加入了这一组织，标榜自己是"工人的朋友"。这样的包容政策使得劳工骑士团潜在的成员数量相当多。组织迅速发展，1874年到1879年吸纳了大批矿工，1879年到1885年则吸收了有技术的城市工匠。随后，很多非技术性的工人也都加入了这一组织。

尽管鲍德利并不是很赞成用罢工来做斗争的武器，但这些组织却是因为底层罢工活动而获得了很多好处。1883年以后，地方性罢工时有发生。1884年，未加入工会的太平洋铁路工人在管理部门宣布降低工资后举行罢工。两天之内，劳工骑士团的参与就迫使公司做出让步，之后许多人都加入了这一组织。第二年，一次成功地反对密苏里太平洋铁路部门的罢工又为该组织赢得了更多的成员。随后，1886年芝加哥的**干草市场暴乱（Haymarket Riot）**更使工人们斗争情绪高涨，以至于当年劳工骑士团的成员就由10万猛增到70万。

干草市场所谓的"暴乱"，实际上是一场与麦考密克收割机工厂的停工有关的和平抗议。当芝加哥警方驱散工人时，发生了爆炸事故，炸死了七名警察。尽管没人知道是谁安排的，但却还是有八名无政府主义者被判有罪。其中四人被处以死刑，一人自杀，另外三人则在狱中服刑。

劳工骑士团未能维持住向上发展的势头。雇主们从干草市场暴乱中得到教训，决心破坏这一组织。1886年反抗杰伊·古尔德的西南铁路系统的罢工运动失败。消费者与生产者的合作也失败了；接受黑人会员这一政策更是引发南部的冲突和不和。两大政党都选择了各自的工人政客。而且，全国性的领袖们也遭遇了失败。鲍德利再也无法统领他那日益分化的追随者，而且他也无法控制反对他的武装力量。到1890年，骑士团成员下降到10万人，尽管该组织的作用还将一直延续到1890年代。

1886年建立的美国劳工联合会（American Federation of Labor，AFL）成为1890年代美国最重要的工会组织。劳工骑士团的历史指明了全国性工会的问题所在，这种全国性工会吸纳所有以提高工资为目的的工人，但却正式表示拒绝以支持公民投票和仲裁为目的进行罢工。美国劳工联合会领袖塞缪尔·冈珀斯（Samuel Gompers）对如何建立一个有效的工人组织持有不同看法。他确信技术工人应该将他们特殊的职业利益置于首位，这样他们就可以控制技术工人的供应并保持工资的增加。

冈珀斯组织的劳联是一个技术行业的联盟，其成员包括香烟制造者、铸铁工、木匠等，每个人都是自主的，同时又通过执行委员会联合起来，一起努力争取有利于工人的国家立法，并在抵制运动和罢工期间互相支持。他摒弃了建立合作共同体和取消当前工资制度的幻想，转而集中力量解决切实的生计问题，尤其是提高工资、缩短工时、保障劳动安全和组织的权利。尽管冈珀斯拒绝将政治运动作为实现工人目标的一种手段，但他也相信罢工的价值。作为一个精明的组织者，他从以往痛苦的经历中了解到，高额经费对支撑一场长期而艰苦的罢工斗争的重要性。

在冈珀斯的领导下，美国劳工联盟由1886年的14万人增至1900年的近100万人。尽管他的劳工组织的观念是精英化的，但他还是成功地领导他的联盟渡过了一系列危机，抵挡住了来自社会主义者和公司反罢工力量左右两翼的挑战。但他的联盟不包括非技术工人和黑人。美国劳工联盟在1892年曾短暂地试图联合女工，但男人们不愿意和女人一起工作，觉得她们最好还是待在家里。美国劳工联盟同意了男人们的意见。1900年，国际妇女服装工人联合会（International Ladies' Garment Workers Union，ILGWU）成立。尽管女性是这一组织的主力，但组织的领导者却仍是男性。

16.4 奋斗与成功

这一时期的道德标准强调：只要肯努力付出，每个人都会有经济收益。许多美国人，尤其是那些起点较高的人，确实发展得很快。1865年到1890

年,中产阶级的平均收入增长了30%。中产阶级美国人享受着更多的休闲时光和更多的消费品。他们能够买到多种多样的商品,在这些商品的生产、包装和销售上出现了爆炸性的技术创新和精明的营销技巧。其中1890年代第一次发明或大批量产、现今仍为大家所熟知的产品和品牌有:吉露牌果冻（Jell-O,昔日美国最受欢迎甜点）、威臣食用油（Wesson oil）、好时巧克力棒（Hershey bar）、杰迈玛阿姨煎饼粉（Aunt Jemima pancake mix,杰迈玛阿姨原为美国商业广告中的黑人厨娘）和可口可乐。

小霍雷肖·阿尔杰（Horatio Alger Jr.）的诸多畅销小说,如《努力就会成功》（*Strive and Succeed*）,教导了一代美国年轻人,"从乞丐到富翁"的向上奋斗之路是完全可行的。但是,想要得到向上奋斗所需要的无限多的和平等的机会却并不像小说里所写的那么容易。大体上,土生土长的美国中产阶级白人要更有可能拥有找到满意工作的技术、资源和关系,并更有可能抓住最好的成功机会。

16.4.1 中产阶级男女的新自由

内战后经济的发展,为中产阶级男性和女性提供了许多新的机会。随着白领阶层的工作变得越来越专门化,中产阶级的工作机会也是越来越多。

由于新领域的工作对教育程度的要求更高,教育系统迅速得到扩大。美国公立高中的数量由1870年的160所增至1900年的6 000所。到1900年,大多数州和领地都制定了义务教育法。大学生人数增加了一倍,从1870年的5.3万人发展到1909年的10.1万人。大学在美国生活中达到了一个新高度。通过政府赠予土地兴建的州立大学不断扩大,商业富豪则资助建立了像斯坦福大学、约翰·霍普金斯大学和芝加哥大学这样主要的研究型大学。新的女子大学都开设了同男子学校一样的课程。中西部和西部的公立学校也废除了对女性入学的限制。上大学的女性数量逐步增加。1890年的大学毕业生中有13%是女性,而到1900年这一比例就增加到了近20%。

这些进步导致更大的专门化和专业化。到 1890 年代末，随着职业学院的兴起和从业资格证的盛行，"职业"（career）这个词开始具有其现代意义。手艺人在空闲时间熟读几本书就能成为医生的时代已经过去。这一时期，像美国医学会、美国律师公会这样的组织都开始形成规范并使其成员专业化。

受过教育的中产阶级女性的工作主要局限在社会服务和教育工作上。教书仍被视为是适合女性从事的工作，随着人口增加，城市里的学校越建越多，对教师的需求也相应增加，只是薪水比较微薄。到了 1890 年代，中产阶级女性愿意接受低薪工作，这为她们开辟了新的就业形式，如文员、护士和店员。但事实证明，女性想要得到地位较高的工作仍然十分困难。

随着许多中产阶级女性有了更多的休闲时间和购买力，她们也有了更多的自由。有几个州赋予妇女在婚姻上更多的权利，增强了她们独立的意识。妇女们也脱掉了以前束缚性很强的带裙衬的衣服，穿上了宽松的衬衫、齐至脚踝的裙子这样更适合劳动、读书和运动的新衣服。正如《生活》杂志上所描写的，这种"新女性"是充满活力、健康乃至有点叛逆的"吉布森女郎"（Gibson girl）。

女性们利用自己新的自由加入了各种各样的组织：文学社团、慈善机构和改革俱乐部。她们在这些组织里积累了组织经验，发挥了自己的才干，并同她们传统家庭角色之外的人和事打交道。

美国女性变得更加独立的一个重要原因是她们少生孩子，受过教育的女性更是如此。1900 年，20% 的已婚妇女都不要孩子。节育技术的不断发展（如 1880 年得到普及的子宫帽）为新的家庭模式提供了机遇。但是，家庭规模不断缩小和离婚率节节攀升（1905 年离婚率达到 8%）也引起了男人们的强烈反应。随着许多男性重申维多利亚时期对"女性的领域"（woman's sphere）的刻板印象，更是强化了针对新女性的反对意见。男性发起一系列活动反对娼妓、提倡健康性行为，这反映出他们内心强烈的恐惧，害怕女性的力量会减弱他们男性的力量。

16.4.2 "财富福音"

对19世纪末期的大部分美国人来说，基督教教义是支持竞争性的个人主义道德准则的。费城浸礼会传道士拉塞尔·康韦尔（Russell Conwell）最有名的布道"布满钻石的土地"（Acres of Diamonds）一共演说了6 000次，估计有1 300万听众，他称赞财富是"对上帝虔诚"的明确象征并强调发挥钱的力量来"多行善事"。

钢铁大王卡内基对这一伦理的表述最为清楚。在1899年发表的"**财富福音**"（**Gospel of Wealth**）这篇文章中，他称赞竞争使人们能以更低的价格生产出更好的产品。他总结道，财富聚集到少数人手中"不仅是有益的还会对人类的未来产生深远影响"。最佳的适应者会在迅速工业化的混乱中带来秩序和效率。卡内基坚持认为富人应该拿出他们的部分财富帮助他们的"穷人兄弟"。他在美国建造了几百所图书馆，并为世界和平做了很多努力。

卡内基的想法反映了一种叫作**社会达尔文主义**（**Social Darwinism**）的意识形态，这种意识形态建立在博物学家查尔斯·达尔文的著作之上。达尔文在其1859年出版的著作《物种起源》中总结道：动物和植物物种都是经过自然选择而进化的。为了谋求生存，一些物种会尽量适应环境，那些不能适应环境的就会死去。社会哲学家赫伯特·斯宾塞（Herbert Spencer）则把这种"适者生存"理论运用到了人类社会中。

"社会达尔文主义"这个科学词汇给看似很难理解的经济秩序注入了科学的合理性。斯宾塞认为，基本社会法则（就像自然世界的规律）支配着经济事务。社会达尔文主义者同时也相信盎格鲁-撒克逊人的民族优越性，认为正是这种优越性才使他们达到了进化的最高层次。他们将这种理论用来为民族优越感和帝国主义进行辩护，同时还为美国商人的垄断加以开脱。小约翰·洛克菲勒在一次基督教青年会（YMCA）的课堂上说道："大企业的成长，不过是顺从了适者生存法则而已。"

16.5 "镀金时代"的政治

1873年，小说家马克·吐温在同别人合著的一本讽刺作品中创造了"镀金时代"一词，用来描述美国在格兰特总统任期内的腐败现象。这一词语是对19世纪最后25年内美国社会及政治生活最好的概括。尽管政治信誉已经被官员们的腐败行为损害，尽管政治家们对基本问题避而不谈而是利用大规模娱乐活动来吸引选民，但是1876年到1896年间美国选举的投票人数却是达到了历史最高点，占所有登记选民的73%～82%。

在"镀金时代"的浮华背后，两大悄然而至的变化将会极大地影响20世纪的政治。第一个变化是职业官僚的发展。在国会各委员会和行政部门办公室，杰出人才和专家被重用，用来防止大多数人统治的危险——这一危险体现在参加投票的人数过高，尤其是数百万新移民大量参与其中，用一位新英格兰诗人的话来说就是，这些新移民是"对我们的传统完全陌生的新人"。第二个变化则是，经历了封闭式选举和政党相持不下的一段时期之后，新的议题和政党在1890年代促成了一个新的政党联盟。

16.5.1 政治、政党、官员任命权和总统们

1870年代和1880年代的政治领袖们倾向于建立一个无为的政府，这样的政府允许自由追求工业增长和财富。共和党和民主党这两大党派的主要分歧在于由谁掌权（控制政府职位）而非其具体施政方针。就像一位厌恶立法政治的学生伍德罗·威尔逊（Woodrow Wilson）在1879年所写："没有领袖，没有原则；没有原则，没有政党。"英国观察家布赖斯勋爵（Lord Bryce）则总结道，两党就像两瓶酒，虽然商标不同，但却"都是空瓶"。

然而，这样的描述也并不完全准确。事实上，两党之间还是有分别的，就像它们为了巩固自己的民众基础以实现政治目的所强调的那样。共和党的

票源主要来自东北部追求工业利润的新英格兰人、新英格兰的移民，以及遍布中西部高地从斯堪的纳维亚移民而来的路德派农民。民主党的主要支持者则是南部白人、北部工人和城市移民。这种站队情形反映了在重要的文化、宗教和道德问题方面的不同态度。由于共和党希望运用国家的力量来重塑社会，它们的主张吸引了那些希望规范道德标准和调整经济力量的美国人。天主教徒和移民则倾向民主党，这是因为民主党反对通过政府的力量来规范道德标准。一位芝加哥民主党人曾这样说过："共和党希望你每个星期日都去教堂，民主党则认为如果你想在星期日喝杯啤酒那你就喝吧。"

有段时间，内战和南部重建问题在党派之间引起了众多分歧。但在1876年之后，这两个党派的观念已是相差无几，而且它们都尽量避免在主要的国家问题上出现不同立场。在1876年到1892年间的五次总统竞选中，有三位总统都是以得票率只高出1%的微弱优势胜出的。1880年，加菲尔德只多得了7 018张选票就赢得了最终胜利；1884年，克利夫兰胜出，他与竞争对手得票率上的差距非常微弱：48.5%：48.2%。白宫及参众两院只有两次是由同一政党所控制，而每次也都仅仅持续两年。虽然在1875年到1895年所有总统除了克利夫兰外都是共和党人，但在这十届国会中却有八届都是由民主党占据多数席位。

"镀金时代"的总统都不太知名，在国家生活中也未发挥太大作用。海斯（1877—1881），加菲尔德（1881），阿瑟（1881—1885），克利夫兰（1885—1889，1893—1897）和哈里森（1889—1893），他们当中没有一位能够连任两届。克利夫兰虽说是这些总统中唯一的一位民主党人，但他同共和党人并没有太大区别。当克利夫兰违背人们对总统的期待将1887年整个年度咨文都用来要求降低关税时，国会对此置之不理。他自己也在一年后的总统大选中败下阵来。

有一个问题的确在全国层面引起了关注，那就是文官制度改革。这一腐败体系最丑恶的一面就表现在政党通过委派职位来赚钱，每个接受职位的人需要上交其年收入的1%。改革家们通常都是上流社会、土生土长的白人新教徒，他们要求通过答辩考试来创造诚实而专业的政府机关——同时要求从政府职位中驱逐移民和他们的城市政治机构的头领们。

大部分美国人都希望总统可以将政府职位授予那些诚信可靠之人，但当1881年加菲尔德被一个疯狂谋求官职的人刺杀后，公众开始议论纷纷。在知道了新总统与纽约参议员罗斯科·康克林（Roscoe Conkling）手下腐败的政治机构关系密切后，有人尖叫道："我的天啊，阿瑟要进驻白宫了。"阿瑟令那些怀疑者大吃一惊，他是一个有能力、有主见的总统，他顺应了当时要求进行行政机关改革的强烈呼声。1883年国会迫不得已通过了《彭德尔顿法案》，规定实行考绩制，对联邦部门10%的工作人员进行能力考核。渐渐地各个部门都要求实行考绩制，但各个党派却并未因此而变得廉洁起来。像以前那样通过委派职位得到竞选费用已经不可能了，于是政党就转向了大公司，1888年哈里森就是通过大公司的竞选资助当上了美国总统。

16.5.2　举国争议的问题

在"镀金时代"，美国面临的四个主要问题都涉及财富和权力的分配，它们是：关税，货币，文官制度和政府对商业的管制。在处理这些问题时，立法者尽力同时满足自己的个人利益和国家利益，使美国成为一个高效的、生产力水平不断提高的、经济不断发展的国家。

约30年来，"货币问题"一直是美国政治讨论中的一个固定问题。联邦政府在内战期间发行了纸币（绿背纸币），这些纸币不可以兑换成金币或银币。在1860年代后期和1870年代，政客们就美国是否要恢复金属本位进行了讨论，恢复金属本位意味着允许把纸币兑换成硬币。"硬通货"的支持者们主张回收流通纸币，或者干脆把纸币兑换成硬币。他们反对增加纸币面值，害怕这样会导致通货膨胀。"纸币"的支持者绿背党人则认为现在流通的货币无法满足经济增长的需要，他们呼吁提高纸币发行量以提高农产品价格并降低利率。

"硬通货"的影响力要更大。1873年，国会废止了银币。1875年，国会又通过了《恢复硬币支付法案》，这样绿背纸币就逐渐退出了流通领域，从而将国家坚定地置于金本位制上。但是，由于西部银矿开采导致白银大量供给，以银币合金加大货币供应的压力又重新开始了。纸币的支持者极力呼吁除了金币以外无限制地制造银币。1878年达成的一份协议中规定，财政部每月要购买200万到400万美元的白银来制作银币。这增加了大量的货币供给，但这段时间却没有发生通货膨胀。物价降低使纸币的支持者非常失望。他们呼吁制造更多的银币，这场争论一直持续到1890年代。

虽然意识到农业债务人呼吁**放开银币**（free silver）供应量，但共和党领袖却害怕这样会损害到他们自己的利益。1890年，国会提出了一个权宜之策，可以满足所有人的利益。《谢尔曼购银法案》规定，财政部每个月购银450万盎司，然后发行中期国库券支付银价。银本位的支持者由于许诺提高货币供应量而得到了满足，反对者由于限制了银币供应量也得到了满足。金本位保持住了它的地位。

这一货币让步决定是1890年前六个月共和党控制参众两院时制定的一系列立法中的一部分。《谢尔曼反托拉斯法案》以只有一票反对得到通过。它规定"任何试图限制贸易的合同、兼并或企图"都是违法的。虽然谢尔曼法案非常含混，并且也不是真正想拆散大的集团，但它却是历史上第一次试图限制大公司兼并的法案。然而，在1895年"美国诉奈特公司案"（*United States v. E. C. Knight*）中，最高法院却判决控制着超过全国90%糖类加工企业的美国蔗糖精炼公司没有触犯谢尔曼法案。

1890年俄亥俄州共和党议员威廉·麦金利（William McKinley）递交了一份关税法案，他建议把关税提高到有史以来的最高值。面对来自外国企业的竞争，共和党人赞成通过高关税来保护美国本土商业。由于农产品有大部分不在关税保护范围之内，麦金利的法案遭到农民的强烈反对，但法案还是在众议院获得通过，并在经过近500次修正后在参议院也得以通过。

为了让《麦金利关税法案》顺利通过，共和党领袖以取消选举法提案

"镀金时代"的主要立法活动

留意表中不同层面上所处理的不同问题：多属国家层面的货币、关税、移民、文官制度，以及州及地方层面的情感、社会和价值观等"热点问题"。若要你从中选出三四个你最关心的问题，你会选哪几个？哪些难题至今犹存？

时　间	国家问题
1871年	国家文官制度创立
1873年	《金属货币法规》禁止银币流通 《加薪法案》（提高议会和主要政府官员的工资）被部分否决
1875年	《恢复硬币支付法案》使纸币退出流通
1878年	《布兰德-埃里森法案》同意限量铸造银币
1882年	《排华法案》 《联邦移民法案》限制一些类型的移民并向移民征收人头税
1883年	整个国家建立了标准时间（四个时区） 《彭德尔顿（文官）法案》
1887年	《州际商业法》建立州际商务委员会 《道威斯法案》将印第安部落的土地分配给部落成员
1890年	《养老金法案》给美国北部同盟军老兵发放养老金 《谢尔曼反托拉斯法案》 《谢尔曼购银法案》使政府购买更多的银币 《麦金利关税法案》设定了高额保护性关税 意在保护南方黑人投票权的《联邦选举法案》在参议院被否决 旨在提供教育支持的《布莱尔法案》被否决
1891年	《移民法》授权联邦政府控制海外移民

1893 年	《谢尔曼购银法案》被废止
1894 年	《威尔逊-戈尔曼关税法案》稍微降低了关税
1900 年	《货币法》使美国实行金本位

时　间	州和地方问题
1850 年代到 1880 年代	州和地方的法案主张限制或禁止酒类消费
1871 年	《伊利诺斯州铁路法》规定设立铁路委员会来固定收费和禁止歧视
1874 年	威斯康星州和爱荷华州出台了《铁路规章法》
1881 年	堪萨斯州颁布遍及全州的禁酒令
1881 年	爱荷华州通过州禁酒令修正案
1880 年代	马萨诸塞、康涅狄格、罗得岛、蒙大拿、密歇根、俄亥俄和密苏里等州都颁布了禁止酒类消费的地方法案 圣达菲集团控制新墨西哥的政治和土地争夺
1889 年	新泽西州废止了 1888 年的选择性禁酒法 威斯康星州和伊利诺斯州通过法律强制学生在英语授课的学校学习 堪萨斯、缅因、密歇根和田纳西等州通过反托拉斯法
1889 年到 1890 年	马萨诸塞州讨论关于英语义务教育的法案
1899 年到 1902 年	11 个前南部邦联州修改州宪法并通过法令限制黑人的投票权
1890 年到 1910 年	11 个前南部邦联州终止种族隔离法案
1891 年	内布拉斯加州通过 8 小时工作制法案
1893 年	科罗拉多州的妇女获得选举权
1894 年到 1896 年	堪萨斯和加利福尼亚州关于妇女选举权的公民复投失败

作为交换条件，该提案由马萨诸塞参议员亨利·洛奇（Henry Lodge）提起，旨在保护美国黑人选民的登记和公平选举。从 1877 年起，民主党通过作假和恫吓支持共和党的黑人选民将南方变为自己的据点。因而，洛奇提出这项立法的初衷是兑现当初许下的"解放黑人"这一承诺和为共和党在南方集聚人气。但这项立法提议被撤回，从而导致直到 1960 年代南部黑人的投票权才真正得以实现。

争取南部黑人权力的第二次失败是：参议院害怕联邦政府拥有教育方面的权力，所以否决了一个关于联邦在南部向黑人学校提供帮助（南部的黑人学校只能得到很少的国家和地方资金）的法案。《纽约先驱报》评论道："事情再清楚不过，北部已经对黑人厌烦了"，这也为 100 多年后共和党争取民权立法的失败做了铺垫。

16.5.3　1892 年人民党的建立

在一个快速工业化的时代，农民们政治行动主义的兴起（上一章中已有描述）导致在 1892 年 2 月**人民党（People's Party/Populist Party）**建立。人民党提名全国农民联盟主席利奥尼达斯·波尔克（Leonidas Polk）为其总统候选人。他大声疾呼："伟大西部、南部和西北部的时刻到来了，让我们手牵手，心连心，一起走到投票站，在政府获得席位，为了人民的利益行使政府的权力。"但到 6 月在奥马哈召开党会时，波尔克已经去世了，人民党又提名来自爱荷华州的北部同盟军老兵詹姆斯·韦弗（James Weaver）竞选总统，以及一个从前的南部邦联军老兵竞选副总统。人民党的韦弗与民主党提名的克利夫兰、共和党提名的哈里森进行总统竞选。

新人民党纲领的导言里充满了进行农民抗议运动的急迫心情，宣称在政治和公司腐败中"人民道德败坏……成千上万的农民辛苦劳动的果实被公然夺走，用来构筑巨大财富……我们养了两大阶级：乞丐和富翁。"为了消除这一鸿沟，人民党认为必须结束"两个党派的控制"。

奥马哈大会上要求扩大1890年的《奥卡拉政纲》。这包括更直接的民主（公民选举参议员，直接初选，立法提案权和公民投票权，无记名投票）和一些以寻求城市劳动者支持的政纲条款（一天8小时工作制，限制移民数量，谴责雇用"平克顿"侦探）。人民党同时也支持累计所得税、按16∶1的银金比价自由地铸造银币，以及由政府控制铁路、电话和电报。纲领宣称："不是铁路公司拥有人民就是人民拥有铁路公司的时刻到来了。"

人民党人试图提出一个新的解决农民问题的激进主义方案并扩大政治讨论范围，但他们也面临着巨大的障碍：减少南部的民主党影响力，鼓励南部白人与黑人一起工作，并劝说两党选民放弃熟悉的党派关系。不过，人民党依旧在压力下奋勇前行。韦弗在南部主动参加竞选，在那里，他面对的是民主党人向他扔来的鸡蛋和石头，民主党人煽动种族畏惧感来抵抗韦弗使黑人加入人民党的努力。尽管有这些充满敌意的举动，韦弗还是赢得了近100万张选民票（在第三党候选人中名列第一），并获得了四个州（堪萨斯、科罗拉多、爱达荷和内华达）的选票和其他两个州（俄勒冈和北达科他）的部分选票，共计有22张选举人票。

对人民党的支持是坚定的，但却也是地区性的，主要来自西部的矿工和矿主（他们支持铸银的主张），此外还来自大平原地区的农民。但是，人民党既没能动摇民主党在南部的根基，也没能吸引东北地区的城市工人，城市工人怀疑该党的反城市口吻和它希望抬高农产品价格的做法（这意味着要花更多钱去购买食物）。可能最致命的一点就是，人民党对中西部农民的吸引力不大，那里的农民与其他地方的农民相比欠债较少且更加富有，他们并没有在奥马哈会议上看到太多的利益。虽然人民党人并未就此认输，但大多数不满的农民在1892年的竞选中还是投了克利夫兰和民主党的票，而不是人民党。

16.5.4 至关重要的1896年大选

1896年总统竞选在经济萧条时举行并就货币问题展开了激烈辩论，这次竞选是美国历史上最重要的竞选之一。在1894年的中期选举中，选民陆续放弃追随民主党人，这让人民党和共和党对赢得总统大选充满信心。虽然克利夫兰因为忽视经济危机的灾难而备受指责，但在两个主要党派中，极少有领导人认为联邦政府有责任减轻人民的苦难。然而，全国各地没有优势、没有技能的失业者却在考虑哪里可以得到救济。哪一个政党可以在经济危机的时候满足这些穷人的需要？人民党会设立一个新的国家计划吗？这些问题被提出并大都在1896年大选中得到了答案。

随着大选的临近，人民党领导人强调了银本位问题，并就是否应在联票问题上同两大党保持一致展开了争论。如果保持一致，就意味着放弃了许多人民党的政治纲领。受银矿矿主影响，许多人民党人都开始确信他们必须在以16：1的比价自由地和没有限制地铸造银币的事情上做出承诺。

在1890年代中期发生的经济危机中，饱受压制的美国人把银当作他们发泄不满的目标。通俗小说描写了银本位运动在乡村道德领域的影响。弗兰克·鲍姆（Frank Baum）1900年出版的《绿野仙踪》（*Wonderful Wizard of Oz*）就是一部关于银本位的道德寓言，展示了农村的价值观（堪萨斯，埃姆姑妈，未受教育但是聪明的稻草人，善良的锡制伐木工）和人民党的态度［一个邪恶的东方巫师，以及有着神奇魔力的银鞋与奥兹国（盎司）黄色砖路之间的和谐关系］。

共和党的候选人是威廉·麦金利。作为国会议员和俄亥俄州州长，他与以他的名字命名的高额保护关税法案画上了等号。共和党人引证了美国的繁荣依靠金本位制和保护性关税这两个熟悉的论调，指责经济危机是由于克利夫兰试图降低关税的做法造成的。

1896年7月民主党大会的热烈场面与共和党大会的死气沉沉和按部就班形成强烈反差。随着克利夫兰被他的党派抛弃，各州相继选出了支持银本位的代表。然而，支持金本位的民主党有足够的力量就货币改革纲领问题打赢这场战斗。让人意外的是，热情而年轻的银本位支持者威廉·布赖恩（William Bryan）获得了民主党的提名，36岁的他是内布拉斯加州前议员。

很少有人看好他，但布赖恩决定凭一己之力就银本位问题大做文章。他那精彩的演讲打动了全场听众并确保他获得提名。布赖恩在演讲的最后攻击了"金甲虫"（goldbugs）并由此结束了美国历史上最著名的政治演说之一：

> 在我们身后到处都是这个国家财富的创造者……和耕耘者，我们将这样回答那些要求金本位的呼声："在这个国家，你们将不能压迫劳动人民，你们将不能把人类钉在金十字架上。"

布赖恩张开他的双臂就像在一个十字架上，会场里爆发出热烈的掌声。

当民主党选出一位支持银本位的候选人后，人民党的计划也就失败了。一些人民党领导者希望与民主党联合（民主党的副总统候选人则是金本位制者），这激怒了反党派联合者。人民党不明智地也提名布赖恩为总统，并提名佐治亚州的人民党人汤姆·沃森（Tom Watson）为副总统。更多的参与竞争的银本位候选人分散了布赖恩的选票。

在竞选过程中，麦金利的家乡俄亥俄州的坎顿有 7.5 万名支持者前来看望他，铁路公司也向他们提供了优惠。共和党付出的努力前所未有，为了接触选民，他们举行了各种老练的媒体宣传活动并获得一些大公司的大力资助。共和党的领导人雇用了上千名说客来支持麦金利，并用 14 种文字给 1 500 万选民散发了 2 亿张传单，赞美麦金利为"富裕的先进代表"。

麦金利所吸引的不仅仅是商人阶级，同时还有无业工人，麦金利向他们保证将会有"丰盛的晚餐"。他警告说，自由铸造银币将会导致通货膨胀和更大的经济危机。复苏依靠的不是货币，而是通过关税改革来刺激工业和提供工作。

布赖恩则把他的议题带到了人民中。他旅行了 1.8 万英里，每天做 30 场演说，27 个州的 300 万美国人都来听他演讲。他的信息很简单：富裕需要自由地铸造银币，政府需要照顾的是劳动者的需要而不是既得利益。

参加投票的人数达到了历史最高峰。在像伊利诺斯、印第安纳和俄亥俄等关键州，95%有资格的投票者都去了投票站。麦金利以271张选举人票对布赖恩的176张选举人票获胜，这是继格兰特在1872年大胜格里利后竞选得票差距最大的一次。百万富翁马克·汉纳（Mark Hanna）高兴地致电给麦金利："苍天在上，世界上的一切都正常了。"

布赖恩赢得了600万张选票（占总数的47%），比以往任何一位民主党竞选人都多，但他却没能赢得中西部或城市中产阶级和工人的选票，他们对民主党能否刺激经济增长或处理工业过热问题缺乏信心。相比之下，麦金利对"丰盛的晚餐"的保证则要更有说服力。北方的工人害怕通货膨胀会导致他们更穷——物价和房租将会比工资涨得更快。天主教移民则不信任人民党的新教教义。运气欠佳也部分地造成了布赖恩的失败。当时印度、澳大利亚和阿根廷的玉米歉收抬高了世界粮食的价格，美国农民的怨气有所下降。

16.5.5　美国政治的新气象

共和党的全面胜利打破了内战后美国死气沉沉的政治。共和党人抛开了他们一直贯彻的虔诚的政治纲领，强调以建立繁荣和伟大的国家为目标的政党形象，这使共和党一直到1930年代都处于主导地位。截至1912年，民主党在布赖恩的带领下一直采取人民党的道德准则，但却被削弱成了一个小党，这反映了南方对货币、种族和国家权力的狭隘看法。1896年大选说明，东北部和五大湖区的几个州已经收纳了极多的移民，是他们现在控制着国家政治的命运。士气受挫的人民党消失了，然而在后来的20年里，人民党提出的许多议题都将由两大主要政党解决。

1896年竞选的另一个结果就是政治参与模式发生了变化。由于共和党在除了南部以外的地区势力很大，而民主党的势力又集中在南部，两党仅在少数几个州会展开针锋相对的攻势，所以也就不用动员那么多的选民去进行投票。由于很多时候结果都是可以预料到的，选民们也就没有什么热情前去投票。19世纪自杰克逊时代以来极高的政治参与率也逐渐下降了。

国会听证

再现历史

历史专业的学生可以通过已经出版的关于美国政治体制的记录找到19世纪令人着迷的生活资料。《国会世界》（*Congressional Globe*）于1833年到1873年私下出版发行，详细记录了参众两院的决策程序，反映出在一国政治活动以辩论为主的时代（如1850年参议院妥协案上的辩论）国会决策的本质。1873年之后，政府则在《国会议事录》（*Congressional Record*）中发表了这些会议记录。这本记录并不是辩论的文字实录，因为与会人员可以修改他们的言论，加入讲话，并添加支持性材料。尽管如此，它仍然出色地反映出参众两院的决策过程。

无论过去还是现在，美国政府中大量严肃的工作都是由国会委员会完成的。一位外国观察家称美国国会"不大像一个立法机构而倒像是一个大的陪审团，而委员会即从中选举产生"。委员会制度几乎与宪法体制同时诞生并植根于宪法授予国会立法权的规定。从一开始国会就分为各类委员会，以搜集信息进而使其成员能够明智地评估立法议案。

参众两院中存在两类委员会。常务委员会长期负责审查关于财政、司法、外交及其他事项的立法议案。截止到1892年，参议院拥有44个常务委员会，众议院拥有50个。特别委员会是临时性的，通常负责调查特殊问题。19世纪后期，国会委员会调查了诸如三K党恐怖主义、"血汗工厂"制度、经济公寓住房条件、劳资关系等案件。对每一个案子都会举行听证会。

近年来，美国国会听证会已经成为越来越重要的历史证据的来源。听证会可以显示出参众两院如何将公众的意志转换成法律。当它们记下在委员会大厅作证的美国民众的声音时，它们也反映出了公众的态度。由于立法性听证会的职能之一是允许有着不同社会和经济背景的群体表达他们的不满和希望，听证会经常包含一些来自社会不同阶层的证词。下面记录了一位马萨诸塞工人的部分证词，他出席了 1883 年关于教育和工作的参议院委员会会议。与这名工人一样的其他劳苦大众通常都是无法留下有关他们经历和思想的记录的。因此，委员会报告和听证会为深入理解普通人的生活和态度提供了宝贵的资料。

听证会也反映出委员会成员的态度和社会价值观。因此，必须谨慎使用听证会资料。证人往往基于既得利益一般都会提前有所准备并表现得出言谨慎。委员会成员的目的并不是阐明问题，而是出于其他原因（主要是政治原因）就问题进行讨论和探究。

尽管有诸多不足，委员会听证记录仍是丰富的信息来源。从这篇节选文章中你能得到关于这位证人生活的哪些信息？委员和证人是如何发生价值冲突的？委员会主席为什么对证人如此苛刻？他们全都铁石心肠吗？你认为发问者为什么会特别强调道德信仰与经济现实之间的关系？文章揭示了哪些社会矛盾？

关于劳资关系的听证会

问：你的日工资是 1 美元？
答：这是一般价。房租太贵了，尤其是在萨摩维尔，工人都住不起房子。
问：你房租要付多少？
答：去年是每个月 10 美元，多数人都付这个价。
问：是整套房子，还是其中几间？
答：其中几间。
问：几间？

答：四五间。

问：你一年有多长时间没工作，比如说去年？

答：三个星期以上。我没工作时常去卖点小东西，如在咖喱店，这样赚点小钱。

问：和上班赚的一样多吗？

答：比工资稍稍多一点，但那是在平均情况下。

问：常喝酒吗？

答：不，先生。

问：常抽烟吗？

答：噢！是的，先生。和其他男人一样多。

主席：我想知道你一年能赚多少，钱又花在哪儿，这样我们就可以了解付给你的工钱是否足够让你生活富足。

证人：好主意。

主席：这正是大家想知道的。你去年赚了多少，300天能平均每天都赚到1美元吗？

证人：比那稍多一点，一年约350～400美元。应该说是一整年的。

问：每月房租10美元，一年120美元，是吗？

答：是的。

主席：我冒昧问你这些问题是因为我想知道你是否把很多钱花在了不必要的事情上。你刚才说你抽烟？

证人：是的，先生。

问：每星期抽烟花多少钱？

答：20美分。

问：一年10.40美元？

答：是的，先生。

问：不常喝酒？

答：是。

问：你回想一下，你是否把很多钱都花在了一些非必需商品上，如啤酒或麦酒或其他此类东西？

答：没有，先生。

问：啤酒什么的一年要花多少？

第16章　工业美国的兴起

答：1到2美元。

问：一整年？

答：是的，先生。

问：这两项总计11.4美元到12.4美元。我们暂且将它列为有害的行为花费12美元。除了这些和养家的花费，还有什么开销？

答：没有了。

问：没有其他不对的地方吗？

答：没有，先生。

问：12美元用于恶习。120美元用于房租。这一共是132美元？

答：是的。

问：你有几个孩子？

答：两个。

问：400美元减去132美元，还剩268美元？

答：是的。

问：你就用这些钱养家？

答：是的，先生。

问：我想你应该很节约吧。

答：是的。

问：能剩多少钱？

答：还欠60美元。

问：怎么会欠钱？

答：我不知道，先生。

问：你有什么浪费奢侈的地方吗？

答：没有，先生，那点钱不够浪费的……

问：你家有四口人？

答：是的，先生。

问：我们谈谈你的家庭一年里的消费品，比如牛排，买的多吗？

答：不超过五磅。

问：猪排呢？

答：昨天我们买了半磅猪排。之前没有买过。

问：你们还买什么肉？

答：哦，我记得我们今年一共吃了两次脆牛肉，是在星期天的晚饭时吃的。

问：一年只吃过两次？

答：是的，还有一些甘蓝。

问：你们都吃什么？

答：主要是面包，有时还要饿肚子。

问：一年中可有吃不上饭的时候？

答：有几天。

问：每次不吃饭的时间都超过一天？

答：不是。

问：那你的妻子和孩子怎么办？他们也没有吃的？

答：我妻子早上出去，从邻居家带回一块面包，孩子们都吵着要吃。

问：孩子们除了那块面包，又吃了什么没有？

答：他们吃了那块面包后要是还吃了别的什么，我就不知道了。

问：家里有存款吗？

答：没有，先生。

问：如果那块面包吃完了，家里还有什么东西吗？

答：什么都没有了，除非我妻子再出去找点东西，但她一出去，孩子们就没人照看了。

反思历史

近来你是否曾在电视上看过美国国会调查委员会举行的听证会？道德与欲望之间的关系仍是美国民众关心的议题吗？当代的富人和穷人间的关系与1883年的工人和委员间的关系有何异同？道德信仰和经济现实仍是划分社会阶级的因素吗？

麦金利曾许诺共和党的政策就意味着繁荣，巧的是，他一就职经济就开始复苏。育空和阿拉斯加克朗代克地区发现的金矿使货币供应量增加，使得对银币的狂热结束了。1898年在考察中西部时，麦金利向朝他欢呼的人群谈到了"从工业萧条到工业复苏"这一转变。

小结：工业资本主义的复杂性

19世纪末，美国迅速崛起为一个世界工业大国。有很多因素促使美国取得"如此巨大的成绩"，其中包括政府对新兴大企业的扶植政策、大批廉价劳动力的出现等。但这也是一个动荡混乱的时期。许多美国人在新增加的财富中的获益都是微不足道。有些人通过加入工会、罢工或开展在职反抗运动以示抗议。有些人则组建了新党派。大多数人都过着平静的生活，也不会有像奥唐奈那样的机会讲述自己的故事。但美国的中产阶级已经开始考虑像奥唐奈这样的人的问题了。这段增长时期也是一段充满冲突和骚乱的时期，尤其是在这个国家那些快速发展的城市中。

思考题

❶ 19世纪晚期美国崛起成为工业强国和经济强国的原因是什么？

❷ 哪些群体能够成功实现美国梦？哪些群体则不能？为什么？

❸ 哪些因素阻碍了工人阶级进行集体行动的努力？哪些因素促进了这一努力？你认为工人运动失败的最重要原因是什么？为什么？

❹ 你认为"镀金时代"政治的特征是什么？它与当代政治相比如何？

❺ 为何1896年大选对美国政党的发展至关重要？

第 17 章

新大都市

17.1 工业城市

17.2 新城市地理

17.3 改革中的城市

小结：被改变的城市

> 美国故事

一位记者对城市扩容的惊叹

朱利安·拉尔夫（Julian Ralph）是一位纽约客，他早已习惯城市的生活节奏，但却还是对他1891年在芝加哥看到的景象感到惊奇不已。每天下午5:30，不早不晚，中心商业区立马变得熙熙攘攘。上班族们走出高楼大厦，涌向街道，人行道上人头攒动。一辆辆缆车、有轨电车交错而过，鸣着笛，将城里的上班族送往市郊住宅区。就连拉尔夫这样的纽约客都会写道："芝加哥的活力、轰鸣和喧嚣让我大为惊叹，但不久就会觉得疲惫不堪。"

拉尔夫当时是《哈珀杂志》的新闻记者，正在进行他横跨美国和加拿大的旅行。1891年到1893年，他坐着火车东奔西走，不仅记下了芝加哥发生的巨变，还记下了包括明尼阿波利斯、圣保罗、丹佛、旧金山在内美洲大陆上其他城市的演变。作为美国主要报纸纽约《太阳报》（Sun）的记者，拉尔夫经验丰富，拥有探究细节的眼光，并对城市化趋势有准确见解。这种资质为他赢得了许多杂志的合约，比如这一次成为《哈珀杂志》的旅行记者就为他的职业开启了一个新方向。拉尔夫1853年生于纽约，他总习惯将所到之处与自己的出生地相对比——到了1890年代，他发现许多美国城市都渐渐开始与纽约不相上下了。

新技术改变了城市人的生活与工作，拉尔夫在旅途中记下了城市居民所经历的种种。比如，奇妙的电梯。他写道："用一个像灯芯草篓似的用钢丝织成的篮子承载，接下来电梯操作员碰一下开关，篮子就向上升去，像被一阵风吹上去一样。"然后是如何下降:"不知什么一松,你就从二十几层的楼上降了下来。有时电梯会有些颠簸,乘客顿时觉得自己的胃好像掉到了地上。不过一般来说,这套装置运行得很是方便轻盈。"在芝加哥,快速的商业节奏催生了特快电梯,为了节约时间,这种电梯并不在每层都停留。

最新的电气化有轨电车也让人惊叹,其速度之快和行程之远是几年前人们做梦都想不到的。在丹佛,拉尔夫注意到电车"以极快的速度呼啸而过,因此人们可以放心地将房子建在离他们的商店或办公室五六英里远的地方,那里配有独立的花园,可以享用宽敞的空间"。他准确地预言道:"美国所有城市都会朝着这个方向发展。长此以往可以促进住宅区的美化,拥有漂亮宅子的人们内心会感到更加骄傲。住宅区新鲜的空气也有利于居民的身体健康。"不过,随之而来的便是日渐增加的市政服务费用,包括修建和维护街道、自来水管道、排水管道和警察系统。

纵观整个西部,从一个城市到另一个城市,几乎每一个都是全新的。拉尔夫发现,龙头商人都是年轻人,街道都是新铺设的,在市中心,一座座新建筑拔地而起。此外,大部分人口也都是新迁入的。大批人口从国外或者美国乡村迁移到城市,城市日益壮大。每个城市都在热切地宣传自己的优势,一切都在快速移动,无论是新修的运输路线,还是在饭馆里忙着上菜的服务生。

拉尔夫的文章后来收入三本书中出版,分别是《在加拿大边境》(*On Canada's Frontier*,1892)、《我们伟大的西部》(*Our Great West*,1893)和《芝加哥与世博会》(*Chicago and the World's Fair*,1893)。后来他又在欧洲做驻外记者,并报道了南非的布尔战争。他为报纸写了许多关于皇位加冕和战争的报道,这些故事成为更引人关注的头条新闻。不过他在1890年代横跨美国大陆之旅,则记下了19世纪末美国城市的快速发展和巨大变革。

就像拉尔夫发现的那样，19世纪末期，美国的城市正在蓬勃发展。外来移民和国内农村移民涌入城市增加了城市人口，在新的建筑和运输技术的帮助下，城市开始向上和向外扩展。结构钢的强度足以被用来建造世界上最早的摩天大楼，电梯则可将商务人士和购物者带到高层的办公室和百货商店，因此市中心竖起了一座座高楼。与此同时，电车轨道从市中心出发向四面辐射从而为中产阶级拓展了新的居住区，尤其是在马力被电力取代的1890年代更是如此。通勤轨道交通的出现，让最富有的美国人可以在时髦的郊区居住，即便那里远离商业及工业中心，后者是他们的财富之源。富人搬走后就剩下工业住宅，移民和新来的乡下人住在那里，他们既为城市注入了活力，同时也要在不断恶化的人口越来越密集的生活环境中挣扎求生。

本章考察了内战后几十年间城市生活这一新景观及其影响。在这一时期，城市是如何快速发展的？原因何在？这些城市给这个国家带来了哪些机遇和挑战？对城里人及其所处环境而言，结果是什么？在中上阶层将他们自身与工业移民居住区的中心隔开之后，城市改革者如何解决城市贫困和城市管理这些问题？通过探究这些问题，我们揭开了19世纪晚期城市的历史，同时也发现了至今仍在困扰城市和郊区社会诸多问题的根源所在。

17.1 工业城市

19世纪末20世纪初，美国的城市快速发展。1870年有25%的美国人生活在城市里，到1900年已有40%的人生活在城市里。随着制造业从以水为能源转向以蒸汽为能源，大部分工厂主也都偏好将城市作为厂址，因为城市可以提供劳动力、专业服务、本地市场，以及连通原材料产地与远方市场的铁路。

国外和美国小镇及农场的新来者们不断涌入各个城市。纽约1880年有

120 万人，1900 年有 340 万人，1920 年达到 560 万人。洛杉矶在 1880 年是一个只有 1.1 万人的小镇，到 1900 年其人口增长了 10 倍，到 1920 年其人口又增长了 5 倍，超过 50 万。规模较小的城市，尤其是中西部工业区和南部的城市，同样在不断扩展；远西地区的城市更是呈现爆发式增长。

17.1.1 增加的人口，扩张的边界

北部工业城市的人口增长，多由来自南欧和东欧的"新移民"构成，这些"新移民"在东海岸各港口登陆，尤其是纽约。1886 年落成的自由女神像成为美国欢迎新移民的象征。艾利斯岛移民站于 1892 年首次开放，成为移民与美国的初次接触。许多欧洲人都留在了东部城市，但也有一部分人搭乘火车去了匹兹堡、圣路易斯、芝加哥，以及美国其他地方的城市和小镇。与此同时，西部新增人口则多来自亚洲和墨西哥移民。中国人在加州遭到当地人的暴力抵制，许多人只好向东迁移，在纽约、费城、芝加哥和其他城市建造了唐人街。

美国农民也加入到了城市的移民行列，农业器械代替手工作业迫使他们离开农场。他们被就业的承诺所引诱。他们在城里找到的活儿经常都是肮脏的、危险的、十分辛苦的，但他们先前所干的农活也没比这好到哪儿去。到 1890 年，制造业工人一年挣的钱要比农民高出数百美元。虽然较高的城市生活成本抵消了一部分城乡之间的工资差，但却并无法全部抵消。"镀金的大都市"还有许多农村所没有的让人惊奇的事物。商场、剧院、饭店、百货公司、棒球赛、熙熙攘攘的人群，让来自小镇和农村的年轻人既惊奇不已，又乐在其中。

城市发展最惊人的实例之一就是芝加哥，1833 年它建立于密歇根湖西南岸。它所处的绝佳地理位置（恰好位于美国的中央腹地）使它成为贸易和铁路的交叉路口。木材、牲畜和谷物从美国的中心地带运往芝加哥，在这里经过加工再予以出售；这是一个将自然资源变为商品的过程，同时也标

志着芝加哥成为一个商业中心。尽管 1871 年的一场大火将芝加哥毁于一旦，但在 19 世纪最后几十年，芝加哥就像一只浴火重生的凤凰，重又站立了起来。1871 年火灾发生时芝加哥有 30 万人口，到 1900 年其人口已经达到 160 万，通过兼并周边土地，它的土地面积从 36 平方英里扩张到 169 平方英里。1893 年，芝加哥成功地向世界展示了其自身，作为美国中部一座城市，它出人意料地承办了**世界哥伦布博览会**（World's Columbian Exposition），这是为了庆祝哥伦布抵达新大陆而举办的一场盛会。

就像朱利安·拉尔夫一样，19 世纪晚期初到芝加哥的人都发现这是一座既让人陶醉又让人目眩的城市。1880 年《哈珀杂志》的一位作者宣称，浴火重生的芝加哥是"世界的一大奇迹"。对建筑师弗兰克·赖特（Frank Wright）来说，1887 年他来芝加哥找工作是他的第一次城市体验。后来他在自传中回忆起他对芝加哥的第一印象："芝加哥！喧嚣的街道，结成巨大的网格。肮脏……车水马龙，川流不息，发出喧腾的噪音……是否所有的美国城市都和这座城市一样，在以如此随意而单调的方式野蛮而暴躁地追求多变？是否所有的美国城市都在用同样的方式争夺同样的东西？再来一场永无胜者可言的毫无意义的竞争？"

在美国西部，可与芝加哥相提并论的城市是旧金山，那里的商业发展和工业化伴随着 1849 年的淘金热而来。采矿获得的财富被再投资到房地产开发、从铁管到毛毯的产品制造、夏威夷产的糖的精炼，以及中央太平洋铁路上。1870 年到 1900 年，旧金山的城市人口翻了一倍多。在西部所有正在发展中的城市里，旧金山是最显眼的一个；铁路推广者在西部小镇城市化（如埃尔帕索、德克萨斯）和建立新城市（如夏延、怀俄明、比灵斯和蒙大拿）的进程中扮演着一个十分重要的角色。

在南部，亚特兰大凭借其铁路枢纽的地理位置被誉为"南部的芝加哥"。但总的来说，南部城市的工业化程度较低，能够吸引的海外移民也较少，其城市人口增加主要还是南方农村人口的流入所致，尤其是那些刚从奴隶制下解放出来想去城市找寻机会开始新生活的非裔美国人。1880 年，铁路的扩

芝加哥的发展

在这则广告中,芝加哥一位制造商对比了1833年到1883年芝加哥的城市发展景象。留意观察画中细节。为什么一家公司会赞助这一类型的广告?这两幅图揭示了芝加哥惊人增长背后的哪些原因?

张触发了新工业,南部的城市化进程开始加快。阿拉巴马州的伯明翰铁矿含量丰富,随着铁路将其铁矿与亚特兰大及其他主要城市连接起来,它立刻成为铁矿和轧钢厂的工业中心。1880年伯明翰的人口只有3 000多一点,到1910年其人口已超过10万。田纳西州的孟菲斯在1880年代新建了七条铁路线,之后短短十年其人口便增加92%。弗吉尼亚州的诺福克,在诺福克和西部铁路(Norfolk and Western Railroad)将港口与弗吉尼亚及西弗吉尼亚的煤矿相连之后,也逐步发展起来。

随着人口增加和扩张,美国许多早些时候建立的城市开始通过吞并周边乡镇来扩张其自身边界。费城从1854年就开始了这一进程,其边界扩展到整个费拉德尔菲亚县,土地面积从2平方英里扩大到130平方英里,人口迅速变为之前的四倍。波士顿通过填埋一部分后湾,在上面建造了时尚的

纽约下东区

这幅图片描绘了位于纽约下东区赫斯特街上的生活。研究一下这幅图片,看看它揭示了城市里怎样的生活条件?凸显了商业活动的哪些特征?为何街上有很多妇女却鲜见男子?孩子们的生活是怎样的?依你图中所见,你认为穷人住宅区的市政服务是什么样的?

联邦大道，并通过吞并周边城市，如多切斯特、查尔斯顿和布赖顿，创造了新的边界。圣路易斯、巴尔的摩和新奥尔良当时也都处于扩张的城市之列。"1891 大合并"将俄勒冈州的东波特兰与阿尔平纳合二为一后，波特兰成为当时西部第二大城市，仅次于旧金山。

19 世纪末期城市边界扩张最惊人的例子非纽约莫属。1898 年，曼哈顿、部分韦斯特切斯特县（即布朗克斯）、布鲁克林、昆斯和斯塔滕岛全被收归纽约，成为大都市的一部分。这一合并让纽约人更加确信自己所在城市的重要性。艾德尔·泽斯罗夫特（Idell Zeisloft）在其 1899 年出版的《新大都市》（*The New Metropolis*）中这样写道："从地形上来考虑，这次合并让纽约成为城市史上最独特的一个。西方世界的大都市变得比以前更为强大、进步，正在开启新一轮的城市历史。"

17.1.2 城市富贾和地方政治

快速发展中的城市经常都是混乱不堪，如何对其进行管理这一问题为正在崛起的职业政客阶层带来了新的挑战和机遇。19 世纪晚期的城市政治掌握在由单方严密控制的"机器"手中，操作"机器"者便是具有克里斯玛典型且多有贪腐行为的富贾老板们，这些人都是白手起家。他们在最中心操控着"支持-回报网络"。在这一系统中，他们在为其成员提供福利的同时，也在为自己谋求更多的权力和财富。

政治组织在城市的每个街区都会举行活动。它们不仅会通过政治诉求，还会通过提供急需的援助（如介绍工作、圣诞节火鸡、为去世者办一场体面的葬礼）来招收拥护者。扩张中的城市迫切需要修建排水管道、电车轨道、公园、道路和桥梁等，政治组织往往会为自己支持的竞选者（有时候选人正是组织领导）拉拢选票以赢得这些油水甚大的市政建设合同。当时纽约政党头领之一乔治·普伦基特（George Plunkitt）曾为政治利益进行辩护，认为借助系统内幕挣得一点点"诚实贿赂"无可厚非。他宣称："我只是瞧见了

政党头领的力量

就像《顽童》(*Puck*)杂志上这幅卡通漫画所描绘的,政党头领对城市生活和政治产生了巨大影响。画中描绘了三位政治头领:纽约城的查尔斯·墨菲(Charles Murphy)、芝加哥的迈克尔·肯纳(Michael Kenna)和费城的伊斯雷尔·德海姆(Israel Durham)。他们产生了哪些积极影响?积极影响超过了消极影响吗?改革者会对此做出怎样的批评,并想做出怎样的改变?

属于我的机会,然后抓住了机会。"他去世时是位百万富翁。

纽约的坦慕尼协会(Tammany Hall)(民主党在纽约城所设立的机构)是最负盛名的政治机构之一。作为一个政治社团,坦慕尼(为纪念印第安伦尼莱纳佩人首领而用其名)从1780年代起就已存在,但直到内战后的几十年它才渐渐成为一个有组织的政治社团。坦慕尼通过一个系统来控制选票、提供服务,该系统由分区首领和选区头领组成,这些人与其管辖地关系紧密。在爱尔兰籍美国人的领导下,坦慕尼民主党操纵着1920年代和1930年代纽约和国家政治的大权。

当时的国家政治对那些争议性问题都是避而不谈,因此为了吸引选民投票,地方政治必须激发人们的兴趣和热情。19世纪晚期,参与投票的合法选民的人数远高于之前任何时期。1880年代,78.5%的美国选民参加了总统选举的投票,与此形成鲜明对比的是,2008年总统大选时,只有56.8%的合法选民参与投票。

纽约坦慕尼头领之一"大个儿蒂姆"沙利文("Big Tim" Sullivan)向我们展示了政治如何与城市文化的舞台表演艺术融合到一起进而培养出忠实的选民。先前他是一家沙龙的老板,后来他投资了一些新兴的娱乐形式,如歌舞剧院、电影院,并和这些娱乐场所的老板结为朋友。在每年夏天成千上万人参加的华丽狂欢会上,他的演技得到充分展现;狂欢会上的活动包括盛大的游行,乘坐东河上的轮船到达野餐地,各种竞赛,音乐和舞蹈,无尽的美食,以及烟花表演等。

美国男性既会为大肆宣传而投票,也会为地方问题而投票。这一点在城市和乡村都是真切无二。艾奥瓦农民会投票支持呼吁控制铁路权力的州代表。但与种族、宗教、民族及酒精有关的情感因素常会优先于个人经济利益。选民对下列问题展现出很高的兴趣:禁酒、反天主教、强迫就学和主日法、教区学校援助、种族问题、移民限制,以及勿忘内战的"血色衬衫"。

禁酒令激起了地方上的不满情绪。许多美国人都认为喝酒是一个严重的社会问题。啤酒的年消费量从1850年每人2.7加仑增加到1880年每人17.9

加仑。城市中酒吧和教堂的数量比是 31∶1。这些统计数字使那些相信饮酒会损害人格，腐化政治，导致贫穷、犯罪和无节制性行为的人感到极度不安。女人们尤其支持禁酒令，因为她们经常是酗酒者的袭击对象。与内战时通过劝说个人放弃饮酒来进行禁酒运动不同，现在许多人都希望通过使饮酒成为非法行为来禁酒。

发生在加州圣何塞的一场较量，说明了禁酒运动所引发的巨大波澜。1870 年代，禁酒运动的拥护者举行了一次关于是否禁止在圣何塞销售酒类的公民投票活动。妇女们以道德捍卫者的身份搭建了一个禁酒帐篷，每天都在那里举行集会。虽然牧师指责她们的这种做法，同时饮酒者也发出质问，但这些妇女们还是不肯回到家中。投票前夕，一大群人出现在禁酒帐篷前，但是反对禁酒运动的人则更多。第二天早上，妇女们上街游行，呼吁人们进行公民投票。孩子们也走进投票站和酒吧高声唱道："父亲，亲爱的父亲，请和我一起回家吧。"到了下午，气氛变得更加紧张，妇女们受到醉汉的骚扰和威胁，最终禁酒法案以 918∶1 430 票未获通过。

党派首领也会利用地方及民族问题来强化党派关系并动员投票者支持他们的国家议程。例如，在新墨西哥，长期以来，圣达菲帮派（这是一个由英国新教共和党的银行家、律师和政治家组成的小集团）不断煽动当地的反墨西哥情绪，抢占土地。这个圈子的人控制着司法、立法和新墨西哥州的商业，同时还控制了许多讲西班牙语的选民。1880 年代晚期，当走投无路的墨西哥裔佃户诉诸武力时，圣达菲帮派借机攫取了墨西哥裔美国人、印第安人和许多擅自占地的白人的大片土地。

在美国城市中，此类政治机构一直存在到 20 世纪。它们对圣路易斯、明尼阿波利斯、匹兹堡和芝加哥这样城市的影响，成为记者林肯·斯蒂芬斯（Lincoln Steffens）城市揭秘的主题。斯蒂芬斯在其 1904 年出版的《城市的耻辱》（*The Shame of the Cities*）一书中，收录了他在《麦克卢尔》（*McClure's*）杂志上发表的文章。造访过费城之后，斯蒂芬斯评论此城"最为腐败也最为自满"。在他看来，城市里问题不断的原因并不全在于富贾们，或者是他们所控制的移民居民区。他认为所有市民都应受到责备，因为他们放弃了控制政治机构，放弃了民主，并对此毫不在乎。

17.1.3　污染和公共卫生

生活在城市中同时也就意味着生活在无处不在的污染里，这是工业时代的一个副产品。19世纪城市的宣传海报和画册上都会将大烟囱作为经济繁荣的象征，但是反过来，烟尘密布的天空也严重影响了环境。例如，在阿拉巴马州的钢铁城伯明翰，生产钢铁所排放的浓烟、煤烟和灰尘，使得那里的空气污浊不堪。钢铁生产过程中的副产品煤焦油被随意倾倒，则使土壤酸性过高，成为不毛之地。

城市污染的影响并不只限于城市内。工厂经常建在水道边，这样生产过程和蒸汽锅炉所需用水都便于汲取。当工业、人类及动物废料都排入河流，就会危及河流生态系统中的鱼类以及其他水生动植物的生命。19世纪末，东部和中西部河流湖泊中的污染状况已经十分严重。

当时的知识理念强调的是增长、发展和快速开发资源，而非环境保护。克利夫兰和哈里森两位总统都预留了森林保护区，社会上对建造国家公园的兴趣也是日渐浓厚。但这些努力都是有限的，并未触及重工业兴起以及随之而来的城市快速发展所产生的各种问题。

在人口密度极大的工业城市住宅区，成堆的垃圾、恶臭味和疾病随处可见。几家共用一个户外厕所再常见不过。生活用水是从户外消防栓中接出来的，人们不得不从外面把水抬进屋子以便做饭、洗漱和打扫卫生。在没有室内管道设施的时候，人们经常都是直接就把垃圾倒在地面未加铺筑的小巷和庭院里，那里的排水系统非常不完善，或者根本就没有排水系统。成堆的垃圾夏天高温发臭，冬天则冷冻成冰。

这些情况加重了妇女的负担，因为对她们来说，做家务就是与灰尘和污垢持续不断地进行斗争。在工厂住宅区，再怎么擦洗，窗户和地板也都无法保持干净,更别说让小孩子保持干净了。即使人们很注意室内卫生,外面的大环境也很差,对身体健康有很大影响。黄热病和伤寒之类的疾病时常爆发,因此城市的高死亡率也就不足为奇了。直到世纪之交,在公共健康运动中开始用化学药品对水资源进行消毒之后,城市生活环境才大为改观。

17.2 新城市地理

19世纪末的工业城市出现了新的物理布局和社会格局,从而引起广泛评论。贫民窟早就不是什么新事物,但因许多人都生活其中,它看上去也就成了一种恼人的现象。不过,城市里也有高楼大厦、美观大气的商业建筑和工业建筑、雄伟的公民纪念碑、公园,以及中产阶级占地数英亩的宅邸。

到19世纪最后四分之一世纪,南北战争发生前的"行走城市"(walking city)彻底消失,其面积和布局因为需要步行上班而受到限制。昔日住宅、商铺、工匠作坊临街而立的地方变成商业中心。银行、商店、剧院、专业事务所和企业公司一应俱全。虽然许多人都在市中心工作、购物,但却极少会有人住在那里。商业中心周边是轻工业制造厂、批发市场和工人住宅区。工人阶级住宅区再向外就是中产阶级居住区。然后是"空气清新、生活平静、环境优美"的郊区地带。整个城市遍布着各种工厂聚集点,其周边则环绕着工人阶级的住所。

这种穷人靠近市中心居住的城市新布局,与19世纪早期的城市形式截然不同,过去市中心则是最抢手的居住地。与前工业化时期的"行走城市"相比,新城市的分布也更多地基于种族和阶层。由此也就出现了社会地位和经济水平同质的社区,与过去相比,贫困的工薪阶层家庭更不可能住在中上阶层家庭周边。

17.2.1　居住区和邻里生活

工人阶级的住房散落在大多数工业化城市的中心。来自美国乡村的人和成群的外国人（移民多留在城市）也都住在这个区域。

同文同种的人通常都会聚居在特定区域，其中多数都是在需要他们劳动力的工业区附近。比如，1880年的底特律，37%的当地居民住在一个地区，40%的爱尔兰移民居住在一个称作"爱尔兰西部区"的地方，另有过半的德国人和75%的波兰人住在市区的东部。尽管这种居住区经常带有民族特色，比如有专门的商店和外国语的标志，但它们却并不是民族居住区。移民和当地的美国人也经常会居住在同一条街上，甚至是生活在同一个屋檐下。不过，在西部城市和纽约兴起的唐人街则是一个例外。白人对中国人的敌视使得他们中的大多数人都居住在唐人街，生活在同胞中间会使他们感到安全。

工人阶级的居住区在今天看来完全可以称作贫民窟。它们既拥挤，又不卫生，还没有足够的公共服务设施。它们以前是中上层阶级居住的房屋，现在则被分成许多更小的屋子，以便住下更多工人，其人数之多远远超出原初建造者的预想。其他人则挤在廉价公寓里，公寓的特殊构造可以容纳下很多家庭。公寓又小又挤，而且大都没有窗户。

当然，并非所有工人都住在这样艰苦的环境里。一些有钱的技术工人就可租住更好一点的房子，甚至还能拥有属于自己的房子。研究人员在调查马萨诸塞州工人的居住情况时发现，有位技术工人住在"一幢有五个房间的公寓里，地方很干净，环境也不错。屋里装修得也很好，客厅还铺着地毯"。他家甚至还有一台缝纫机。但非技术工人和半熟练工人的家庭就没那么幸运了。这项马萨诸塞调查还描述了一位钢铁工人的一家，他们勉强挤在租来的有四个房间的公寓里：

> 在一个极度拥挤的街区，50个人共用两个室外厕所。地下废水横流，臭气熏天，景象真是不堪入目……屋里也很脏，更谈不上

什么装修，这简直就是伍斯特的耻辱。

工人阶级的生活通常都是乏味单调的，但是工人们也创造了一种社区生活，可以让自己暂时忘却居住环境的恶劣。去市区游玩需要花费很多，所以家庭和居民区也就成为人们活动的中心。每天工作时间那么长也意味着宝贵的休闲时光适合花费在离家近的地方。

城市居民区成立了大量的工人协会和社团，证明工人们并不仅仅是被动的牺牲品。这些基于宗教和民族认同的组织，使工人们在城市中也有种在家的安全感。但他们有时也会把属于同一族群的人与当地的美国人分开。立陶宛工人可以在芝加哥的"立陶宛六角风琴俱乐部"和"立陶宛协会"中找到安慰，他们每年都会举办两次野餐和两场球类比赛。爱尔兰人的集体生活则集中在罗马天主教教区教堂、爱尔兰民族组织、基层选区的政治活动和爱尔兰沙龙上。犹太人都集中在犹太教会堂、希伯来语学校和说希伯来语与意第绪语的文学社团里。德国人则有他们自己的家庭沙龙和教育文艺社团。各式各样的中国人团体也提供种种包括教育、健康和宗教等方面在内的服务。尽管这些活动并不利于这些人与美国社会的同化且有碍于社群间的联系，但这种社会性的联系却可以给这些人提供友情、社交网络和精神慰藉，从而在"故土"与美国新生活之间架起了桥梁。

距离工人阶级居住区较远的就是中间阶层的住房了。这里住着中下阶层的城市人：小职员、簿记员、店主、小商人等。他们有足够的薪水可以租下或买下较舒适的房子。房间里有独立的厨房和盥洗室，起居室不会被油烟污染。许多房子还都有较先进的煤气照明和浴室。周围的环境也比市中心要好上很多，洁净而美丽。居民付费处理垃圾、煤气照明，并有能力支付改善生活条件的其他费用。

黑人是所有城市居民中居住环境最差的。在北部，他们经常都是住在被隔离的黑人区。在南部城市，他们则聚集在阴暗狭窄的街道里。大多数人都只能租房子。大部分黑人住宅区都集中在南方城市，在那里，黑人几乎没有从市政服务扩张（如供水、污水管道和有轨电车）的进程中得到任何好处。

丰富的宗教和社团生活缓解了他们的苦楚。黑人教会发展得相当快。传统的黑人新教徒与白人分开，以保持他们宗教上的独立和尊严。黑人卫理公会主教派教会在1856年有教徒2万人，他们在每个城市和较大的城镇里都建立了分教会，到1900年已拥有40万名教徒。美国黑人崇拜继续表达着他们狂热的宗教情感，这是奴隶宗教的特点。激情洋溢的传道和富有表现力的音乐使礼拜成为一次精神上的放松。通常与教会相联系的是帮助社团中贫困成员的福利社会组织和慈善团体。其扩展活动则包括资助传教士前往非洲。

19世纪末，一些城市的黑人上升为中产阶级。尽管遭遇很大阻力，但他们还是在专业领域中站稳了脚跟。牧师、商人、医生、律师成为他们社区生活的领导者。不过，他们在住处上的选择经常都很有限，只能是与其他没那么富有的黑人居住在同样人群密集而贫困的居民区。

杜波依斯在其1899年出版的《费城黑人》（*The Philadelphia Negro*）一书中记述的费城第七区的情况，展示了一座北方城市中黑人生活的趋势和局限。杜波依斯发现，雇佣和住房上存在的种族歧视产生了灾难性的影响，而费城的白人却并不理解这个问题，甚至都未意识到这一问题。他发现，第一座非裔美国人的教堂周围的街区，自1790年代以来一直是黑人生活的活动中心，现已堕落成"这座城市最糟糕的黑人贫民窟"。富有的黑人想要搬到居住区的西边，但是由于后来人口增长过快，他们维护社区体面的尝试也就随之化为泡影。

17.2.2 铁路和有轨电车郊区

城市里也还是有一些专供富人居住的"飞地"的，像旧金山的诺布山和波士顿的灯塔山（又叫"贝肯山"），而且从1870年代起，城市里还修建了雅致的公寓供上层人士居住。但是，搬到农村郊区居住、坐火车进城上班，却是逐渐成为有钱人的主流趋势。到19世纪末，城郊空地随着有轨电车线路的修建而得到开发,因此中产阶级可以脱离城市工业中心。交通方式上的这些变化导致越来越多对阶级和土地使用的区分,这对城市和郊区的发展产生了深远的影响。

在曾经遥远如芝加哥的北岸和曼哈顿北部的韦斯特切斯特县这样的地方,铁路公司推动了供上层人士居住的新城郊的开发。1870年代,在获得了费城西部的土地权后,宾夕法尼亚铁路公司开发了"主干线"郊区,让铁轨直线穿过。铁路公司给通过的城镇赋予了新颖而别致的名字(如将"汉弗莱斯维尔"改名为"布林莫尔"),并劝诱有钱人投资在乡下建造避暑用的时尚酒店。铁路公司的老板们在铁路线周边为自己建造了房子,其他人也跟着那样做。纽约州韦斯特切斯特县也出现了相似的一幕:三条铁路线穿过这里,将曾经的避暑胜地变成城郊的港口,每天都有10万人从那里坐火车前往曼哈顿的大中央车站。

在有铁路的郊区,人们在靠近火车站的地方兴建了新的和更为多元的社区。这是因为上流阶层并非只身搬到郊区,和他们一同到来的还有佣人、园丁,以及维持舒适生活所需的小商贩们。不同于他们那些财大气粗的雇主和顾客(后者负担得起每天坐火车上下班的费用和时间),这些服务人员需要住在靠近他们工作地点的地方。

随着公共交通不断扩展,收入相对一般的人也开始搬离工厂附近。19世纪中期,公共交通的主要形式为轨道车,又叫轨道马车,因为它是由马匹牵拉,在城市街道的轨道上行驶。昂贵的价格使得这种车成为富有阶层的专属,但也使得一些人可以搬到新建成的、位置较远的居住区。

例如,1865年,事业成功的帽子商人罗伯特·沃克(Robert Work)全家搬到费城西部,在这里花了5 500美元买下一幢房子,来回上班要走四英里。15年后,1880年的人口调查显示,沃克一家生活得很舒适。家里居住的人包括两个佣人、两个房客、罗伯特的妻子,以及他们正在读书的儿子。家里有冷热水、室内浴室、暖气和其他当时先进的设施。做工精美的家具、地毯、帷幔、蕾丝窗帘将楼下厅堂装点得十分典雅,楼下是一家人一起消遣时光和用餐的地方。楼上是家里人舒适的卧室，给一家人提供了最大限度的隐私空间。与主人生活在一起的仆人们尽管干了许多家务，但能拥有的空间或隐私却是少之又少。他们只能住在厨房、储物间或阁楼上的小房子里。

1870 年代叮当车的出现，尤其是 1890 年代有轨电车的普及，进一步拓展了郊区的空间。叮当车紧贴地底的移动轨道而行，电车或有轨电车则是通过悬吊在车身上方的电线来获得动力。电车将城市与周边小镇连接起来，小镇人口因中产阶级上班族的入驻而增加。新的**有轨电车郊区（streetcar suburbs）**也沿着电车轨道发展起来，创造了像休斯敦高地、丹佛的柯蒂斯公园、辛辛那提的诺伍德、亚特兰大的柯克伍德这样的居住区。

在平时的工作日，电车载着乘客往返于家与单位之间，但它们也并非一到周末就闲着。为了推动周末出游，电车公司在线路终点开设了如赛马场、啤酒花园和游乐场这样有趣的场所。城市居民纷纷来到这些新场所，进行社交活动，参与嘉年华游戏，参加乐队演唱会。对年轻工人来说，游乐场所是一个花费不多还能避开家人和邻里监控、与异性相处的好地方。到 19 世纪末，像康尼岛这样的游乐城已经装备了如旋转木马和摩天轮这样壮观的电气化和机械化娱乐设施，这两种娱乐设施最早都出现于 1893 年的世界哥伦布博览会上。

17.2.3 中央商业区

随着外围郊区进一步发展，中心城市开始更加专注于工商业。19 世纪最后 30 年，许多美国城市都是第一次形成了专门的商业区。在这些新的市中心，高耸的办公楼为白领政府机构提供办公场所，百货商店则提供世界各地的商品供热切的顾客选购。银行、酒店、剧院、宏大的火车站取代了老旧的住宅。城市里最紧俏的商业中心地带的地价一升再升。

到 19 世纪末，10～20 层高的建筑改变了城市的外观和体验。世界上第一座摩天大楼是十层高的家庭保险大楼，它于 1885 年在芝加哥建成。它由威廉·詹尼（William Jenney）设计建造，是第一座采用钢结构骨架的建筑。城市里这类高层建筑所造成的总体影响就是出现了一个新词"天际线"（skyline），它最早出现在1896年的《哈珀杂志》上，用来描述下曼哈顿。

商业区最有吸引力的地方之一就是百货商场，它是一种新的零售形式，仿照欧洲商场如巴黎的乐蓬马歇百货公司。在旧金山的大百货商场、芝加哥的马歇尔·菲尔德百货、费城的沃纳梅克百货、纽约的梅西百货、波士顿的费林百货，顾客在同一家店里可以找到不同产品的专卖店铺。百货商店里有空调、电梯和滚梯这样奇妙的设备，并会举办节目表演和时装秀。它们从世界各地尤其是欧洲进口商品。精心设计的橱窗能够将顾客从街上吸引进来，就连那些买不起的人也可以一饱眼福，产生憧憬和幻想。百货商场还提供了就业机会，人们认为由中产阶级年轻女性来当店员既体面又合适。

无数的年轻店员和公司员工支撑着商业区的运转，这些人也需要就近的住房，其中许多人发现市中心边缘的公寓楼或公寓旅店可以满足这一需求。这些单身的年轻人离开家人和社区，独自居住，过着在一些人看来无法接受的孤僻生活，甚至可能是不道德的生活。他们在城市里的工作单位、沙龙、舞厅和饭馆寻觅伴侣，而不是在有更多监视背景的家庭中。

17.2.4　工业郊区：普尔曼的模范小镇

大多数工厂都会将其厂址选在城市里靠近劳动力和铁路的地方，好通过铁路将它们的产品运向各地市场。但是，19世纪末期的劳资冲突，加上城市环境日益恶化，使得一些工厂主决定在城市中心外的地方寻找新厂址。城市地价飞升也促使工业家们在城市周边寻找较为便宜的地方办厂。例如，在加利福尼亚，石油工业向洛杉矶周边的埃尔塞贡多和长滩扩张。在匹兹堡，钢铁工业则转移至麦基斯波特、霍姆斯特德和阿勒格尼。

工业郊区由新建厂房、员工住房、社区服务机构（如图书馆和酒店）所组成。虽然这种布局可能提供了更为怡人的环境，但它同时也加深了老板对地方政府和工人生活的掌控程度。

伊利诺斯的普尔曼模范小镇被广泛地赞誉为替代通常密集肮脏的工厂住宅区模式的一种可行选择。小镇位于芝加哥南部，原本是为生产卧铺车厢的普尔曼豪华车厢公司而建造。工人们住在一排排整洁的公寓内，经理的住所稍大，这些住房全为公司所有。所有居住者都要向公司缴纳租金。普尔曼小镇还建有一家高档酒店、几家教堂和几所学校。这种模式在当时显得十分新奇，因此前往芝加哥的游客都会拐去普尔曼转上一圈，亲眼看一看这个工业乌托邦。

尽管在地理位置上普尔曼远离城市，但它却也没能免受社会经济和劳资纠纷的影响。1893 年年末正是经济萧条愈发严重之时，普尔曼公司把工人工资减少 33% 并大批裁员，但是房租和物价却没有下降。工人们的工资根本付不起房租，整个冬天工人家庭都在艰难度日。那些在岗工人被迫提速作业、屡受威胁，而且还经历了进一步的减薪。

1894 年春天，绝望的普尔曼工人加入美国铁路工会（ARU）并开始罢工。随后，工人们向政府委员会阐明了自己的立场，一位工人宣称："普尔曼，我说的既是公司的老板，也是这座镇子，是国家的毒瘤。公寓、学校、上帝的教堂全被他占有……他一手付工资……一手又将钱拿回来。"

6 月末，在普尔曼拒绝将争议诉诸仲裁后，劳工组织者**尤金·德布斯**（**Eugene Debs**）领导美国铁路工会发起了又一场罢工，以示对正在罢工中的普尔曼工人的同情。鉴于 1877 年铁路工人罢工的失败，德布斯建议他的副手"不要使用暴力"，"不要停止火车运行"。相反，他选择在整个西部抵制拖挂普尔曼车厢的火车。随着抵制的蔓延，以芝加哥为中心控制 24 条铁路的总经理协会开始增援普尔曼。他们雇用了 2 500 名罢工破坏者，要求州和联邦政府用武力干涉和法律支持来终止这次罢工。

伊利诺斯州州长理查德·奥尔特盖尔德（Richard Altgeld）十分同情工人，他反对出动联邦军队进行干涉，认为强制执行地方法律就足够了。但曾做过铁路系统律师的联邦司法部长理查德·奥尔尼（Richard Olney）则在 7 月 2 日获得一纸法庭禁止令，以"阴谋阻挠贸易"的罪名命令结束罢工。两天后，克利夫兰总统下令让联邦军队前去镇压罢工者。暴乱迅速蔓延。

工厂试验

  普尔曼模范小镇旨在为工人创造更好的工作环境，但在1893年这里还是爆发了冲突。这张关于工人住处的照片拍摄于1890年代，显示了普尔曼怎样的状况？为什么这一试验最后失败了？

地方及联邦官员雇佣武装警卫，铁路部门则出钱帮助部队。在两天时间内，罢工者与警卫发生了激烈的交战。随着大批军队入驻芝加哥，冲突进一步激化，导致许多工人丧生。

除非德布斯能赢得更多工人支持，否则他的力量就会消耗殆尽。他警告其他劳工集团："资产阶级联合起来奴役工人，我们也必须联合起来，否则等待我们的只有失败。"但美国劳工联合会主席冈珀斯却拒绝支持他，于是罢工运动也就失败了。德布斯和其他领导者因藐视法令而被判有罪。一生都是民主主义者的德布斯很快就转变成为一位坚定的社会主义者。他的被捕和普尔曼罢工的失败对美国铁路工会是一个致命的打击。1895 年，最高法院在"德布斯案"（*In re Debs*）中宣布武力镇压罢工合法，从而给管理者提供了一个强有力的反对工会的武器。

17.3 改革中的城市

尽管许多中产阶级的美国人都反对政治改革，但对城市腐败和劳工暴力行为的恐惧，也使他们中许多人的态度发生了转变。中产阶级积极分子担忧美国城市、工厂和农村的生活水平下降和劳动力流失。1880 年代末和 1890 年代他们最初在城市里实施的改革计划成为"进步主义运动"（参见第 19 章）的一部分，这一运动旨在寻求解决工业时代出现的社会和经济问题。

美国的城市改革者受到以下诸多方面的影响：英国的中产阶级社会主义；马克思、列夫·托尔斯泰和维克多·雨果等欧洲的社会预言家；耶稣的道德训诫。他们的要旨是高度理想主义的、伦理的和基督教的。他们向往一个合作而非竞争的社会，在那里，就像他们希望的那样，人们受到"黄金法则，而非谋金法则的指引"。还有一些人则更愿将他们的目标用世俗语言表述出来，他们谈及彻底改变美国社会。不过，大部分人还是认为应该在现行制度范围内进行改革。作为中产阶级知识分子和职业人士，他们倾向于用教育的方法来解决问题。但他们也非常实际，通过竞选公职、推动立法活动、调解劳资纠纷、生活在穷人中间等方式来寻求切实可行的改革方案。

17.3.1 社区服务中心和社会福音

1889年，29岁的简·亚当斯（Jane Addams）与她的大学好友埃伦·斯塔尔（Ellen Starr）在芝加哥的西区租下了一间旧屋。她们打算在那里住下来——但这远非事情的全部。这对姐妹最近刚刚游览了伦敦，在那里她们初次听闻**社区服务中心（settlement house）**这一事物，在这些服务中心，改革者生活在工人阶级居住区，给穷人提供服务，研究城市情况。在芝加哥，她们仿照这一模式创立了赫尔大厦（Hull House），它并不是美国第一家社区服务中心，但却是最有名和最有影响力的一个。简·亚当斯说，赫尔大厦旨在"帮助解决大城市现代生活环境所引发的社会和工业问题"。

与英国模式相比，美国的社区服务中心有两大不同：女性更多地参与到运营中；它们服务的社区因近来移民增多而变得更为多样化。改革者在工人阶级移民中灌输中产阶级价值观的做法或许是家长式的，但他们还是帮着组织了许多活动来庆祝和保留移民的遗产。他们还记录下他们所在居住区的情况，推动政府制定地方法令和州法律，以改善城市环境。

1890年代，中产阶级改革家把理想主义与现实主义结合起来，把社区服务中心运动推向了高潮。这一运动的主要目的是为了帮助移民家庭，特别是帮助妇女改变欧洲大陆乡村妇女生育、照顾孩子、操持家务的生活方式，以适应美国的城市生活。社区服务中心为女工办了托儿所、幼儿园和食宿的地方；它们提供学习缝纫、做饭、营养学、健康保健和英语的机会；它们还通过建立运动俱乐部和咖啡屋来使年轻人远离酒吧。

社区服务中心运动的第二个目的是：在面临职业壁垒（性别歧视）时，为受过大学教育的妇女提供更有意义的工作，来使她们保留在大学期间形成的姐妹情意。第三个目的则是收集数据以揭示社会贫困并刺激立法改革——发展城市租赁房屋法规,废除童工,提高工厂安全条件。社区服务中心运动既重视科学数据的积累,又重视对精神世界的关怀,它将学术研究与基督教信仰结合到一起并孕育了社会学这一新领域。

睦邻公所（Neighborhood Guild，1886）和大学睦邻之家（College Settlement，1889）是美国最早创立的两家社区服务中心,它们成立于纽约曼哈顿的下东区；随后,赫尔大厦在芝加哥成立。到19世纪结束时,美国已有100多家社区服务中心,其中大都设在大城市。移民中有如此多的天主教徒,以至于天主教女性受到赫尔大厦这类清教机构的影响也建立了天主教福利之家,如芝加哥西区的圣母中心（Madonna Center）和圣路易斯的圣伊丽莎白

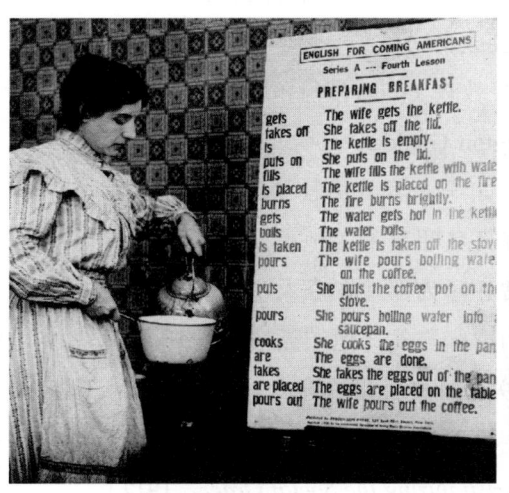
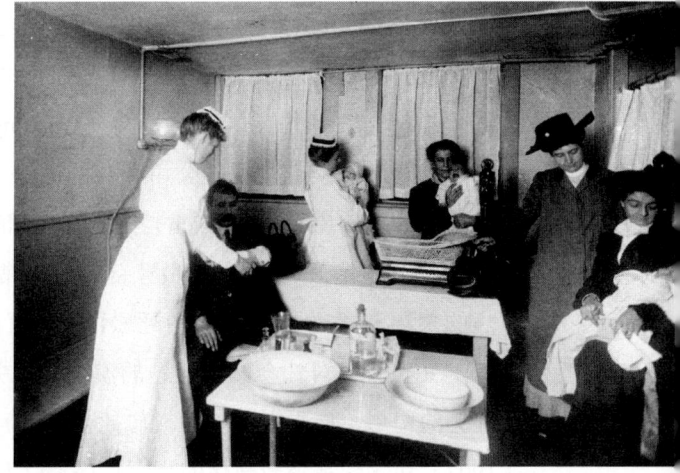

社区服务中心服务

（左图）这张典型的社区服务中心海报在教移民妇女些什么？照片中的诊所（右图）设在波士顿维达·斯卡德（Vida Scudder）的丹尼森之家。斯卡德写道,社区服务中心的工作满足了"女性对男性生活方式的好奇,以及成为他们同伴的渴望"。你从图中看到了哪些跨文化和跨国界的体现？今天你还有机会参与这样的服务学习吗？

第 17 章　新大都市　　713

之家（St. Elizabeth Settlement）。

宗教领袖也在想法解决城市问题。1870年代，德怀特·穆迪（Dwight Moody）带领上百个城市信仰复兴论者，在美国城市呼唤一种更传统的基督教信仰。穆迪在英国为基督教青年会服务时就发现了自己的职责所在，他使布道充满了亲和力，并加入了很多圣经故事和家庭故事；他说，填一张决定卡就可以从罪恶中得到救赎，并强调音乐在皈依过程中所发挥的重要作用。信仰复兴论者吸引了社会下层和既为梦想驱使又因经济破产而被迫来到城市的农民。复兴论者倡导通过个体皈依来消灭原罪，他们得到商人的资助，商人相信宗教可以使工人和移民变得更加温顺。在19世纪最后20年里，信仰复兴主义使基督教新教派的人数翻了将近两番。虽然也有一些城市工人转向了像社会主义这样的世俗信仰，但大多数人还是拥护旧日的信仰。

与穆迪不同，许多新教牧师都偏爱1890年代的**社会福音运动**（Social Gospel movement），这一运动把救赎与社会改良联系在一起。与社区服务中心的工作者一样，这些宗教领袖也想把基督教教义与城市问题联系起来。基督教公理会牧师华盛顿·格拉登（Washington Gladden）拥护劳资双方就工资等问题进行谈判和保护公司利益的做法。年轻的浸礼会牧师沃尔特·劳申布施（Walter Rauschenbusch）则在纽约市臭名昭著的"地狱厨房"（Hell's Kitchen）地区发出了响亮的号召。他经常呼吁为那些在令人窒息和充满疾病的房屋和"血汗工厂"中死去的孩子们举行葬礼，他还无情地批判了资本主义和教会对社会经济问题的漠视。他关于社会公正的进步思想和对福利社会的构想，后来在《基督教与社会危机》（*Christianity and the Social Crisis*，1907）和《受基督教教化的社会秩序》（*Christianizing the Social Order*，1912）这两本具有重大影响的书中得到了阐释。

在提倡社会基督教的书中，最有影响力的可能要数查尔斯·谢尔登（Charles Sheldon）1896年出版的畅销小说《追随他的脚步：耶稣会怎么做？》（*In His Steps: What Would Jesus Do?*）。这部小说描写了一些社会活动家是怎样使世界发生巨大变化的，他们无论做什么事情首先想到的问题就是:"如果是耶稣,他会怎么做?"对一个牧师来说,这意味着试图在"教会与劳动者之间架起一座桥梁"。对那些无所事事的富人来说,这意味着社区服务中心的工作和改良妓女的努力。对地主和工厂主来说,这意味着改善佃户和工人的生活和工作条件。虽然书中充满了社会福音运动天真的感伤主义色彩,但谢尔登的小说还是奠定了中产阶级美国人作为先进的、有影响力的城市领导者的地位。

17.3.2 寻求好政府

19世纪后期的城市政府最需要进行改革,康奈尔大学校长称城市政府是"基督教国家中最差的机构:消费最高,效率最低还最腐败"。一个费城委员会则指责这些年来"管理者低效且浪费,街道崎岖不平且肮脏,水源不健康且带有刺鼻的味道,管理松散而昂贵"。纽约和芝加哥的情况甚至比这还要糟糕。

城市的快速发展增加了对服务设施的新需求,这让城市领导疲于应对。由于难以应对,为了解决问题,城市政府只能提高税收、外借大量贷款,由此则助长了贪污和城市老板的出现。城市老板的专制控制深深地激怒了那些民族中心主义且善意的中产阶级城市改革者。"好改革派"(Goo-goos,城市老板这样称呼"好政府"的倡导者)不仅反对腐败和卖淫,同时还反对剥削无知的移民这种破坏民主的做法。有人认为,移民"盲目追随自己族群的领导者,他们不是通过讨论得出结论,他们根本不能自己做出判断",所以"他们不适合作为选民进行投票"。

在大多数城市,城市改革者的计划都是相似的。他们不仅提倡移民在公立学校被"美国化"(他们反对教区学校),而且组成俱乐部和投票者联盟来讨论政府的缺点。他们喜欢把竞选不公正之处和大规模的腐败现象公之于众。这些揭露导致民众发出尖锐的呼声,要求撤换市长,尤其是信奉爱尔兰天主教的群体,他们建议让盎格鲁-撒克逊清教改革者接任。

所有的改革措施都具有政治倾向性。盎格鲁-撒克逊人赞成禁酒令部分是因为想摆脱少数民族的酒吧老板对政治的影响，他们希望妇女参加投票则部分是为了排除外来移民中的男性投票者，确立中产阶级的政治优势。许多城市改革者都难以掩饰他们对"城市无产阶级暴徒"的厌恶之情。他们建议用城市治理专家来接替城市老板，这些专家将会给城市政府带来诚实的职业作风。他们希望减少政府开支进而降低税收。他们注重成本效率的后果之一便是取消了对穷人提供的服务。另一个意想不到的后果则是劳动阶级和少数民族没有了投票权，因为他们的政治参与受到城市老板体制的控制。

也不是所有的城市改革者都是精英统治论者。以塞缪尔·琼斯（Samuel Jones）为例，他反对城市老板的控制，积极倡导城市移民参与政治。他先前是一个贫穷的威尔士移民，来到宾夕法尼亚的油田后一步步从穷人变成富人，成为几个油田的拥有者，并在俄亥俄州托莱多开办了一家工厂。通过与可怜的失业工人接触并读过社会改革者的作品和《新约圣经》之后，1894年琼斯决定在他的工厂应用"黄金法则作为行为准则"：每天工作8小时，日工资最低为2美元（比当地工作10小时的平均日工资多出50～75美分），一份劳资双方保险计划，以及每年圣诞节付给工人的股息。他雇佣社会上的流浪汉，为工人提供便宜的午餐和娱乐设施，并建立了"黄金法则大厅"，社会预言家都可以在这里进行演讲。

1897年，他成为第一个连任四届的市长。作为一个特立独行的共和党人，琼斯被上层社会所敌视，因为他呼吁公用事业的市政所有权；通过公共建设工程来提供工作机会和为失业者提供住房；修建更多的城市公园和运动场，建立免费职业教育和幼儿园。作为一个和平主义者，他规定警察不得佩带武器和大棒。在法庭上，他经常当场赦免小偷和酗酒者，认为他们是社会不公平待遇的受害者；而且他还经常会向屋内每个男人罚款10美分后释放妓女，他自己也会拿出1美元给妓女作为对她的宽恕。臭名昭著的罪恶之地托莱多在他任职期间犯罪率急剧减少。当"金箴"琼斯在1904年去世时，有近5.5万人为他洒泪送行。

世 博 会

再现历史

在19世纪和20世纪初的世博会上，人们可以看到全世界的珍奇艺术品和工业成就。它竭力突出新奇这一重点，如中场穿插表演，介绍冰激凌蛋卷，展示世界上首部电话。但对历史学家来说，这些定期举办的盛会同样是了解各种课题的丰富资源，如帝国主义、民族主义、种族和性别关系，以及城市规划。它们同时也是主办城市推动当地经济发展的重要方式。

世博会源自1851年的伦敦，水晶宫博览会展示了维多利亚时代大英帝国的各种珍宝和产品。1853年到1854年，纽约也建造了类似的水晶宫，但美国举办的第一次大规模的世博会却是1876年在费城举办的百年世博会。尽管主题是庆祝独立战争胜利100周年，但这次费城的博览会却是突出体现了科技进步，尤其是美国在这方面取得的成就。

1893年在芝加哥举办的世界哥伦布博览会的精心安排可谓世间少有。本次博览会在建筑和城市规划理念方面尤为出众并成为著名案例，契合了1890年代兴起的"美化城市"运动。展览的建筑体现了设计者对未来城市的美好期待。一座城市是否可以从头设计？它会变成什么样？它可以为市民提供怎样的便利？这些理念可以运用到现实的城市中吗？问题的答案便体现在这些建筑中，而这些建筑则与1890年代美国城市的现状形成鲜明对比。

芝加哥的世博会也表达了对甚嚣尘上的种族观念的见解。中场休息时，来自世界各地不同种族的人们呈现了一场"人类学"展出，按照"文明程度"从高到低排列。欧洲人被排在文明程度最高的位置，后面是亚洲和非洲的暗色皮肤人种，排在最后的是印第安原住民。芝加哥和费城的博览会几乎都没有为非裔美国人提供任何展位（或工作）。

　　直到 20 世纪，世博会一直是一项极具人气的活动。博览会主要在欧美举办，赞美科技和进步，并变得越来越商业化。1933 年芝加哥第二次举办世博会，命名为"百年进步博览会"，以纪念这座城市自成立以来所取得的成就。世博会还会以征服新领土及种族为主题，如 1904 年纪念路易斯安那购买案的圣路易斯世博会，以及 1915 年在旧金山举办、纪念巴拿马运河开通的巴拿马-太平洋博览会。世博会也一直都很关注未来。1939 年纽约世博会的主题就是"明日的世界"，它把皇后区的一片灰场改造成法拉盛草原公园。

　　如今，世博会仍在举办，但其吸引力已大不如先。许是这个世界已经变得如此熟悉，或者是旅行已经变得如此简单，以至于就连世博会似乎也变得可有可无。20 世纪晚期，世博会开始更多地关注环境问题——这个问题很重要，但既少了娱乐性，也不再让人惊奇。如今，最接近早期世博会的展览就是位于佛

1893 年，游客俯瞰世界哥伦布博览会的"白色城市"。

在赫尔大厦附近街道上玩耍的孩子们，此处离芝加哥 1893 年博览会不到 1 英里。

1895年，亚特兰大棉花州世博会纪念碑全景。

罗里达州迪士尼主题公园的艾波卡特中心，代表着不同国家的展馆建立在一片咸水湖周围。

世博会的历史记录包括照片、指南、日记和纪念品，其中有很多都已经被图书馆和档案馆转换成数字档案。世博会上的展品可以在博物馆和私人收藏家那里看到。大多数世博会的建筑和展览都是临时的。但它们留下的文件和展品却为我们探索19世纪和20世纪的城市、国家和世界提供了许多契机。

反思历史

这些图片揭示了1890年代城市怎样的条件和诉求？你在1893年芝加哥世博会和1895年亚特兰大世博会之间看到了什么连续性？改进城市生活的想法对城市中的居民，如图中在赫尔大厦附近街道上玩耍的孩子们，产生了哪些影响？查阅一些关于世博会的电子文件和图片，随着时代不同，你觉得世博会之间有哪些异同？你从世博会的主办城市和参加世博会的国家中又能发现些什么？

17.3.3　住房和城市改善

城市的物理环境似乎也需要改革，尤其是对美国中上阶层的人们来说，人口密集的工业城市中不断恶化的无法无天、破败肮脏、卫生奇差的状况让他们感到恐惧。快速扩张的城市中的街道、建筑和住宅区就像私人企业一样增加，毫无统筹规划。19世纪最后几十年，许多旨在改善城市卫生和美化城市的项目，为20世纪城市规划这一新职业的出现做好了准备。

最早的改造项目之一就是纽约城拥挤的出租公寓，在那里，穷人和其他初来者居住在幽深狭窄的公寓楼里，每栋楼高四至六层，每层有四套公寓。里面的房间没有窗户，既不透光，也不透气，卫生设备就是户外空地上的公厕。1897年出台的《出租公寓改革法》规定每个房间都要透光透气，但却由此出现了"哑铃"（dumbbell）公寓，这种公寓除了装上狭窄的换气孔，其他地方并无多大改善。

大多数中上阶层人士都忽视了出租公寓住宅区日渐恶化的卫生条件，因为他们住在离城市较远的地方或城郊。然而，1890年雅各布·里斯（Jacob Riis）所著《另一半人怎样生活》（*How the other Half Lives*）一书的出版，却为改革注入了一股新动力。随后的调查记录了出租房的状况，促使纽约州于1901年立法规定，每间公寓都必须配备天井（而非换气孔）、安全出口和卫生设备。

卫生设施和城市改善成为许多城市的热门事业。在工程师、建筑师和改革者的敦促下，城市安装了自来水管道和下水管道，修建了公园，并在沿街都是高档住宅和公共建筑、拓宽了的马路两边种下树木。这些对城市空间的改造极少触及新移民和农村移民居住的脏乱区域，但是改革者认为这些人在道德上同样会感到振奋并会在视觉上感到悦目。

社区服务中心的工作人员带头建设社区公园和公共运动场。1893年，赫尔大厦建成了芝加哥第一个公共运动场。纽约的亨利街区运动则倡议建设小型公园和在周末开放学校操场。19世纪末，改革者说服13个城市政府开设了受监管的公共运动场。

　　大量的项目鼓励了在 1890 年代兴起的公共艺术和城市美化，尤其是在老牌工业化城市。有些是大型项目，如波士顿科普利广场的设计，以及纽约鼓励公共建筑上出现装饰性艺术、雕塑和壁画的运动。其他规模较小的城镇的城市改善措施相对都比较有限，最简单的就是种植花卉、拆除难看的建筑或标识等。

　　到世纪末最后十年，诸如这些项目计划都变成"城市美化"运动（"City Beautiful" movement）的一部分，该运动推广里程碑式的城市规划和大规模的新古典主义建筑。最重要的案例就是 1893 年为世界哥伦布博览会建造的展览馆群"白色城市"。世博会的建筑大都是临时的，但在 20 世纪早期，随着为丹佛和旧金山建设的市政大厦，以及为费城修建的本杰明·富兰克林公园大道，"城市美化"运动产生了十分深远的影响。美国的艺术家和艺术批评家所用的"城市美化"术语借用自英国的工艺美术运动——这很合适，因为这场运动的理想目标就是欧洲化的，试图模仿伦敦、巴黎和罗马等城市。

小结：被改变的城市

　　如果本章开篇那位向我们介绍城市的记者朱利安·拉尔夫在今天故地重游，他可能会看见许多眼熟的东西。他可能会认出受"城市美化"运动影响而改造的公共建筑和大厦。在 21 世纪的摩天大楼之间，他或许还能找到那栋在他那个年代最高的十层建筑。也许他还能穿过一家过去的百货商场，尽管商场的名字和里面的商品早已改头换面。他当然还会注意到，在新型交通工具让负担得起郊区生活的人得偿所愿后，社会阶层的长期分离所造成的影响。

　　城市以惊人的方式增长，但许多美国人同样发现城市环境令人苦恼。要求改变并不等于真正改变。但在个人行动和社会变革的哲学基础方面，智慧的中产阶级改革者，如简·亚当斯、"金箴"琼斯和其他许多人，都深刻地影响了新世纪的进步主义改革。

19世纪晚期的城市存续至今且影响巨大，它们既属于过去也属于现在。它们也反映出地方的和世界的双重历史，包括移民人口、欧洲文化影响和国际商务。美国作为一个更加城市化的国家进入20世纪，已经准备好在世界舞台上扮演一个更加重要的角色。

思考题

❶ 19世纪晚期进入美国城市的新来者都有谁？他们为什么要搬家？

❷ 政治机构扮演了什么角色？它们是帮助还是伤害了城市和城市居民？

❸ 新的公共交通形式如何改变了城市？这些技术变革如何影响人们生活和工作的地方？

❹ 中产阶级改革者，尤其是女性，在处理社会和政治问题上扮演着什么角色？

❺ 城市人口、改革运动、建筑和城市规划中的趋势这三者如何将美国与世界连到一起？

第 18 章
成长中的世界强国

18.1 迈向帝国之路

18.2 1890 年代的扩张主义

18.3 在古巴和菲律宾的战争

18.4 西奥多·罗斯福的强势外交

小结:大国的责任

美国故事

美国士兵格雷森射杀了一名菲律宾士兵

1899年2月4日晚,在离美国千里之外,内布拉斯加州第一志愿兵团的二连士兵威廉·格雷森(William Grayson)与大卫·米勒(David Miller)正在菲律宾首都马尼拉周边地区巡逻。在中立区圣梅萨,这是一个三面都被菲律宾起义军战壕环绕的马尼拉郊区,美国士兵事先已经得到命令,可以向任何进入中立区的菲律宾士兵开枪。正当这两个美国士兵警惕地走向圣胡安河上的一座桥时,他们听到一声菲律宾人的暗号口哨,还有另一个回应声。跟着就见一个红灯笼在附近的碉堡上闪烁着。

当四个菲律宾人从路前方的黑暗处突然出现时,这两个美国士兵僵住了。格雷森喊道:"站住!"菲军中尉也喊道:"站住!"——或者是出于嘲弄,或者是因为他用的是一样的口令。这两个人相距不足15英尺,再一次重复了他们的命令。犹豫了一会儿,格雷森开了枪,用一颗子弹杀死了对方。当其他几个菲律宾士兵向他俩冲过来时,格雷森与米勒又开了两枪,然后他俩便头也不回地跑回自己人的阵地并大喊着遭到了敌人攻击。一场全面战争随之爆发。

对正在成为一个世界强国的美国来说,此时恰是一个重要时期的关键时刻。直到最近几个星期,美国人与菲律宾人还一直是**美西战争**(Spanish-American War)中的盟友,他们联手击败了西班牙人,解放了菲律宾。1898年5月1日,乔治·杜威(George Dewey)司令率领美国舰队在马尼拉湾击溃了西班牙舰队。三个星期后,一艘美国舰船将被流放的土生土长的菲律宾独立运动领袖埃米利奥·阿吉纳尔多(Emilio Aguinaldo)带回了菲律宾,让他领导陆上抵抗力量,美军炮舰则负责海上巡逻。

菲律宾人一开始把美国人视为解放者。尽管并不清楚美国到底有何居心，但阿吉纳尔多认定，就像在古巴一样，美国人并没有侵占菲律宾领土的野心。只要帮着把西班牙人赶走，他们就会离开。因此，6月，阿吉纳尔多宣布菲律宾独立并开始创立宪制政府。美国官员刻意对这一独立仪式不予理会。8月，一纸停战协定结束了战争，但美国军队并没有给阿吉纳尔多的菲军士兵解放自己首都的机会，而是把他们拦阻在了市郊。停战协定承认美国对"马尼拉的港口、城市和海湾"的所有权，而拟议的《巴黎条约》则把整个菲律宾群岛都给了美国。

这样一来，紧张气氛也就弥漫在马尼拉的大街小巷和隔开美菲两军的14英里长的战壕里。辱骂、脏话、种族歧视话语在中立区两侧飞来飞去。每晚都有酒吧间的小摩擦和暴力冲突事件发生。美国士兵在没有授权的情况下便随意搜查民宅并抢劫商店。他们与1770年代英国士兵在波士顿的所作所为如出一辙。

格雷森的枪声点燃这场混战之际，美国参议院正在进行一场激烈的辩论：是否应该批准《巴黎条约》，该条约终止了最近那场因古巴独立而引起的美西战争。这场冲突的爆发结束了参议院的辩论。第二天，海军准将杜威发电告知华盛顿方面"起义军方面已经宣布全面交战"并希望立即镇压起义军。1899年2月6日参议院批准了《巴黎条约》，这样一来，美国也就正式兼并了菲律宾并点燃了美国与菲律宾民族主义者之间的战火。

与后来在越南、阿富汗和伊拉克进行的那些游击战相似，阿吉纳尔多领导的菲律宾民族主义者也是通过打完就跑的进攻方式来尽力削弱美国人的力量。与此同时，美国士兵则驻守要塞城市并承担着搜查和破坏的任务，以达到剿除起义者和稳定乡村秩序的目的。**菲美战争**（Filipino-American War）一直持续到1902年7月，比导致这场战争的美西战争还要长三年，而且投入了更多的军队，造成了更大的人员伤亡，耗费了更多的金钱，付出了更大的精神代价。

这一切是如何发生的？是什么导致士兵格雷森中途"向我最看不上的人开枪"（格雷森之语）？美国常备军在北美以外地区作战，这在历史上尚属首次。正如阿吉纳尔多所说，"被压迫民族的卫士"自身已经转变成了一个压迫民族，将美国的生活方式和制度强加给远方的民族而不顾及后者的意愿。这种行为在日后将会一再出现。

美菲战争标志着美国在世界上所扮演的角色发生了一个重要变化。美国试图在世界上彰显其自身影响力，而全球事件也影响到美国自身。在世纪之交的几年之内，美国想要把自己建设成为一个世界强国并要求成为一个帝国，尽管依照欧洲的标准还只能算是一个小帝国。本章我们将回顾19世纪晚期当扩张主义蔓延到世界范围之际，美国在世界上所扮演角色的历史困境，尤其是19世纪扩张主义横行时期的情况。美国在1890年代强化扩张主义的动机是什么？这些动机在古巴、菲律宾和其他地区是如何体现出来的？持续至今的美国对拉美、东亚和欧洲的对外政策的基本模式是怎样在20世纪初建立起来的？在探究这些问题的过程中我们将会看到：理想主义与利己主义之间的张力，既渗透进了美国国内历史，也在引导着美国的对外政策。

18.1 迈向帝国之路

促使士兵格雷森和米勒从内布拉斯加州远赴菲律宾的动机深深地扎根于美国历史。早在17世纪清教徒迁徙到北美大陆时，美国人就为如何在一个罪恶世界行善事而忧虑。约翰·温思罗普希冀在新世界建立"山巅之城"，一个可以供世界上其他地区模仿的、具有正当生活的社会。温思罗普说道："让全世界都关注我们！"这一理想在美国革命期间得到重申，从此便成为美国对外政策的永恒目标。

18.1.1 作为一个模范社会的美国

19世纪的美国人继续信奉着他们这一民族在世界上负有特殊使命的信条。1823年出台的"门罗主义"警告欧洲各君主国远离共和制的新世界。之后几十年间,声名卓著的欧洲来访者都来观察这一"伟大的社会革命"。他们在这里发现了广泛的民主,有代议制、反应迅速的政治及司法制度,致力于使人性变得更加完美的清教,无限的活力,利用不受约束的经济活动和创造性的天才取得惊人生产成就(为更多的人生产更多的东西)的能力。

那时的美国人认为并且现在依然这样认为,他们永远代表着这个世界上一心向善的变革力量。但是,一个西半球的国家如何才能实现这一转化呢?一种方式就是鼓励其他国家观察和模仿美国所创立的典范。然而,其他国家通常都会被相互竞争的诸种现代化模式所吸引,如社会主义;或者是更喜欢他们自己的宗教传统,如伊斯兰教。

美国人并未一心只在国内打磨自己的模范体系然后等着其他国家前来效仿,这样做要求耐心和被动,而这两种特质都不是美国人的性格特征。相反,美国人积极宣扬他们的理念和制度,有时还会将这些强加于人。在理想主义和利己主义的驱动下,这些国际性的十字军式的"讨伐运动"业已成为出于善意但却并非总是受欢迎的事情。因此,对他国人民和美国人民来说,将美国模式扩散到有瑕疵的世界上去的努力,既是一种福祉又是一种负担。

18.1.2 早期扩张

美国取得独立的第一个世纪就拉开了扩张的序幕。1803年杰斐逊购买路易斯安那,驱逐印第安人的西进运动,以及19世纪中叶出现的追求"天定命运论"进入墨西哥,开始将美国领土扩张到北美。1850年代,随着1853年海军准将佩里(Perry)叩开日本大门,以及南方寻求在加勒比海地区获得更多的棉花种植地,美国人的目光开始超越自己的大陆。内战结束后，国务卿威廉·西沃德谈到"在世界上拥有发号施令权"的美国注定要对"太平洋及其沿岸岛屿和大陆"行使商业控制权。1867年，他用720万美元从俄罗斯手中购得阿拉斯加，并在夏威夷附近的中途岛获得一个加煤站——美国传教士与商人早已活跃于此。西沃德鼓吹吞并古巴和其他加勒比岛国，尽力想要谈成一项条约好让美国开凿贯通巴拿马的运河，并梦想着"拥有"整个北部和中部美洲大陆进而最终"控制整个世界"。

1870年，格兰特总统的支持者们尽力说服参议院吞并希斯帕尼奥拉岛（即海地岛）上的圣多明各，他们辩称这是基于加勒比地区的战略重要性和圣多明各的经济价值，这也预示了30年后关于菲律宾的辩论。反对者认为兼并违反了美国的**自决原则（principles of self-determination）**和主权在民原则。他们宣称，加勒比地区的土著居民是不会被美国人同化的。而且扩张还会涉及外交纠纷，需要一支庞大且花费颇高的海军、更庞大的政府和更高

山姆大叔的帝国主义大跨步

以门罗主义为由，世纪之交美国的帝国利益将美国的经济、政治及军事影响从阿拉斯加扩展到南美。图中山姆大叔正在注视着西方。为什么？将这幅漫画与本章其他漫画相对比。

的税收；参议院最后否决了吞并论。

美国人虽然不愿意直接增加领土，但却热切地寻求在拉丁美洲和亚洲的商业支配权。美国谈及开凿一条横跨尼加拉瓜的运河，这立即引起尼加拉瓜的猜疑。1881年，国务卿詹姆斯·布莱恩（James Blaine）打算召集一个全由美洲国家参加的会议，以促进西半球的和平与贸易。拉美国家可能会怀疑布莱恩的意图，因为他在1881年分别介入了中美洲和南美洲的三次边界争端，并且每次都使美国的"善意"备受质疑。在1889年一次意外险些引发与智利的战争之后，布莱恩的努力终于促成了举行第一次泛美会议，以加强美洲国家之间的经济联系。

美国的经济影响也扩展到了太平洋。1870年代中期，随着美国对夏威夷群岛蔗糖的需求量日益增加，需要把白人推上影响该君主国政局的位置。1875年他们签署了一份条约，允许夏威夷蔗糖免税进入美国，1877年美国获得了在珍珠港建立海军基地的专有权。夏威夷原住民对美国获取蔗糖利益这一行为所造成的影响十分反感，尤其是在他们运来日本人取代了甘蔗园里的原住民（他们中有许多人都死于白人带来的疾病）之后。1891年，具有民族主义倾向的女王李留奥卡拉尼（Liliuokalani，又译丽柳卡拉尼、莉莉乌库拉妮）继承王位，执行"夏威夷是夏威夷人的"政策。1893年，白人种植园主在美国炮舰和水兵的支持下发动政变并囚禁了女王。在哈里森政府时期，有人向参议院递交了一纸合并夏威夷的条约。然而，克利夫兰再次当选总统后反对带有帝国性质的扩张，他停止了这场运动。甘蔗种植园主只好耐心等待更为合适的合并时机，这一机会最终在1898年的战争期间来临了。

18.1.3 美国在全球背景下的扩张

美国在太平洋和拉美的掠夺导致美国与欧洲国家的联系和冲突增加。随着各国相互竞争权力、自然资源和利润，欧洲帝国扩张到世界上大部分地区成为19世纪的特点。欧洲殖民者经常自称是在将"文明"的益处扩展到

"野蛮人",但结果却经常是毁掉了当地文化。在南亚和东南亚地区,英国人在印度、缅甸、马来亚扩张;法国人在柬埔寨、越南、老挝扩张;荷兰人在新加坡和东印度群岛扩张;西班牙人在菲律宾扩张。这几个国家再加上其他一些殖民强国又趁着清朝因鸦片贸易、内部冲突和欧洲压力而被削弱之际将中国瓜分为几个经济利益范围。俄国人夺取了中国东北地区,日本人通过干涉1894年朝鲜农民起义接管了朝鲜。此外中国还被迫割让台湾和东北地区南部给日本,使之成为日本控制的势力范围。

在非洲,欧洲国家为了获得对沿海和内陆地区的控制权而展开了争夺,英国、法国、德国、葡萄牙和比利时掠夺了大部分土地并剥削非洲人民。19世纪晚期,整个非洲大陆只有两个独立国家:利比里亚(1822年由回非洲定居的美国自由黑人创立)和四分五裂的埃塞俄比亚王国(它在1896年打败了意大利的入侵)。几乎整个非洲大陆都被这几个殖民帝国瓜分了,它们获得更多土地的唯一方式就是相互征伐。因此,1899年在南部非洲爆发了一场英国人与荷兰殖民者后裔布尔人之间的战争;在这场战争中,残暴的欧洲人经常雇佣非洲土著作为后备军。英国人毁坏了布尔人的农场和财产,并把平民驱赶入集中营——估计有两万名妇女和儿童在那里死于饥饿与营养不良。尽管英国人赢得了战争,但却也付出了惊人的代价。

非洲当时并未引起美国的兴趣,但在太平洋和加勒比地区,美国作为一个后起的帝国主义国家,却是不可避免地要与欧洲竞争对手发生碰撞。从夏威夷出发,为了更靠近东亚市场,美国于1878年在萨摩亚群岛获得了一个海军基地和加煤站。1889年美德两国海军在那里险些兵戎相见,好在一场突如其来的台风使两国海军樯橹灰飞烟灭才结束了这场危机。1880年代末期,太平洋地区也陷入麻烦之中,由于在白令海峡猎取海豹皮并捕鱼引发争端,美国人查封了一些加拿大船只;这场争端最后通过英国海军的军事威胁和国际仲裁委员会的调停才得以解决,美国被责令支付赔偿金。

在美洲,美国试图取代英国成为在中美洲和南美洲最有影响力的国家。1895年,在委内瑞拉与英属圭亚那之间的边界争端中,英国威胁委内瑞拉要进行干涉。克利夫兰总统在国内萧条期间正需要一个受欢迎的政治议题,遂命令国务卿奥尔尼传递给英国一个信息。奥尔尼援引"门罗主义",向英国发出了一份比克利夫兰设想的要强硬得多的外交照会,声称美国"实际上统治着这个大陆"并要求采用国际仲裁来解决争端。英国对这一照会置之不理,战争迫在眉睫。最后双方意识到爆发战争将会是一件"荒谬的事",边界争端也就随之解决了。

尽管做出了这些扩张努力,但一直到1895年,美国既没有种种策略,也没有一种一贯的政策来扩大其在世界上的影响。美国的外交部门规模不大,而且相当业余。美国派驻北京的外交官员没有一个人会讲汉语。美国陆军约有2.8万人,比保加利亚的陆军人数都要少。海军在内战结束后即被裁撤,后在阿瑟总统时期才得以部分重建,在世界上的排名更在十名开外,而且还有一些隐患重重的过时舰船。直到1898年,这一情势才得以改观。

18.2　1890年代的扩张主义

1893年,历史学家弗雷德里克·特纳写道,三个世纪以来,"扩张一直是美国人生活中的主导因素"。他认为,"美国的影响范围可以达至邻近的国家和偏远的岛屿",这表明美国仍然可以进一步扩张。特纳拨动了一个容易引起人们共鸣的充满躁动和信心的弦音,这一弦音一直存在于这个国家。随着西部边疆的开拓宣告结束,为了便于迁徙、开拓市场和进行道义及传教活动,美国人毫无疑问将会寻找新的边疆。1890年代晚期扩张主义者的动力,同当初吸引欧洲人前往新世界殖民的力量一样,那就是贪婪、荣耀与上帝。接下来我们就从利润、爱国主义、宗教虔诚和政治这四个角度来考察扩张主义。

18.2.1 利润：寻求海外市场

印第安纳州参议员艾伯特·贝弗里奇（Albert Beveridge）在 1898 年吹嘘道："美国工厂正在制造的产品超出了美国人民的需求；美国土地上生产出来的农产品也超出了国内的消费需求。命运已经为我们制定了政策；世界贸易必须而且也应该是我们的。"像贝弗里奇这样的美国人复苏了一个尘封已久的梦想：在加勒比海和太平洋地区成就美国的商业帝国。美国的商人们从拉美和亚洲庞大的人口数量中看到了巨大而诱人的商业利润，他们想要获得这些市场的份额并获取上述地区盛产的糖、咖啡、水果、石油、橡胶和矿产。

我们知道，商业扩张需要一支强大的海军、加煤站和殖民地，于是商业利益也就开始塑造对外政策及军事战略。但在 1890 年代，并非所有商人都热衷于商业扩张或强有力的对外政策。某些人更喜欢与加拿大和欧洲进行传统贸易，而不愿去亚洲和拉美进行新的冒险。许多人都认为，从萧条中复苏要比兼并岛屿更重要。

尽管有 1890 年代的萧条，国内消费也有所下滑，但美国工厂的产品仍在以惊人的速度向外喷涌。美国在世界制造业中的地位从 1870 年的第四位跃居 1900 年的第一位，工厂数量成倍增长，农产品产值增加两倍。1895 年到 1914 年，美国制造业的产量大约增加了五倍。美国出口总额增加了两倍，从 1866 年的 4.34 亿美元增加到 1900 年的 15 亿美元。到 1914 年，出口额增加到 25 亿美元，从 1900 年以来年均增长达 67%。持续增加的贸易额主要来自欧洲而不是亚洲。例如，1900 年美国对中日两国的出口额仅占其出口总额的 3%～4%。尽管如此，美国对亚洲市场的兴趣却是越来越浓厚，尤其是随着其农产品产量继续增长且价格保持在低水平上。

投资也是遵循类似的模式。1897 年到 1914 年，美国对外直接投资从约 6.34 亿美元增长到 26 亿美元。虽然美国最大的投资活动是在英国、加拿大和墨西哥进行，但其主要注意力则集中于对拉美和东亚的实际和潜在的投资上。从 1897 年到 1914 年，美国对中美洲的投资额从 0.21 亿美元增长到

0.93 亿美元，主要集中于矿山、铁路、香蕉和咖啡种植园。19 世纪与 20 世纪之交，美国最大的几家跨国公司逐渐形成并得以发展起来，其中包括杜邦公司、美国铝业公司、联合水果公司。虽然这些公司对海外投资和市场机会的反应比较慢，但它们却很快就支持起具有侵略性的对外政策。

18.2.2　爱国主义：维护国家权力

1898 年，国务院的一份备忘录中指出："现在我们再也不能漠视国际竞争，我们自己已经成为世界范围内为贸易而奋斗的竞争者。"因而它认为，国家政府应该支持商业利益。

然而，更多的美国人都把扩张视为国家荣耀和强盛的标志。1890 年代晚期，海军部助理部长西奥多·罗斯福（Theodore Roosevelt）和马萨诸塞州参议员亨利·洛奇成为对处于转型中的美国对外政策具有高度影响力的领导人。这群热情高涨的民族主义青年将官方政策改为洛奇所称的"大政策"（large policy）。西奥多·罗斯福认同经济利益应被置于他所称的"国家荣耀"（national honor）问题之后。

海军战略家阿尔弗雷德·马汉（Alfred Mahan）极大地影响了新对外政策的精英。马汉写了许多著作，他在书中争辩道，在一个达尔文式的为生存而竞争的世界里，国家权力有赖于海军霸权、对海上航线的控制，以及对国内资源和外部市场的大力开发。他鼓吹在加勒比地区和太平洋夺取殖民地，认为美国应该修建一条运河将加勒比海与太平洋连接起来并由美国控制这条运河。他认为，在一个持续"竞争"的世界里，美国人开始"向外看"是必要的。

18.2.3　宗教虔诚：传教士的推动

与马汉和西奥多·罗斯福的阐述相一致，一种强有力的责任感和向别人施善的传教士理想也推动了扩张——有时也使剥削和压迫弱者合理化。1885

年,一位传教士说道:"基督教国家正在为解放人类而征服世界。"前国务卿奥尔尼对此深表赞同并于 1898 年说道:"[我们]这个国家的使命就是……不放弃任何合适的机会去推进文明的进步",而这一文明则是由美国的价值观和政治利益所界定的。

乔赛亚·斯特朗(Josiah Strong)是一位出身于基督教公理会的部长,他是另一位热心倡导美国传教扩张的人。他认为,在为生存而奋斗的国家中,美国已经成为盎格鲁-撒克逊特质的中心,并按照"神的委托"将政治自由、新教和文明价值观扩散至全球。他写道:"这个强大的种族将会向墨西哥、中美洲和南美洲、大洋中的岛屿、非洲乃至更加遥远的地方进军!"1899 年,参议员贝弗里奇在一份包含类似思想的声明中更为露骨地说道,上帝已经准备让讲英语的盎格鲁-撒克逊人成为"世界的主要组织者,负责为那些处于未开化和羸弱老迈状态的民族建立和管理政府"。

传教士们将西方价值观传播到世界各地非基督教的土地上,尤其是中国。在中国的美国新教传教士数量从 1874 年的 436 人增加到 1914 年的 5 462 人,据估计,中国皈依基督教的人数从 1870 年的 5 000 人跃升到 1900 年的 10 万人。虽然这一人数远远低于传教士的预期,但这些人中却包括许多年轻的改革派知识分子,他们吸纳了西方的思想,在 1911 年帮助推翻了清朝的统治。中美之间经济联系上的增长率则与传教士活动的增长率相近。

18.2.4 政治:操纵公众舆论

虽然重要性不如前几个因素,但是政治也发挥了作用。同过去一样,公众舆论在国际问题上帮助塑造了总统的政见。1890 年代经济萧条导致的心理压力和经济困难激发了民族自信心。对外冒险提供了一种摆脱内部混乱的情感宣泄方式,并有望激发爱国主义自豪感——甚至可以进而赢得选举。

这一进程得益于具有高度竞争力的大众传媒的增长——便宜的日报将国际问题带到了众多读者面前。当纽约市的报纸,特别是威廉·赫斯特（William Hearst）的《纽约日报》（*Journal*）和约瑟夫·普利策（Joseph Pulitzer）的《纽约世界报》（*World*），竞相煽动公众支持古巴反对西班牙时，政治家们绝对不敢漠视公众的呼声。1896年和1897年报纸上每天都有关于西班牙暴行的报道，是它们在长期维系着公众对西班牙道德上的谴责情绪。

政治，加上利润、爱国主义和宗教虔诚，一起激发了1890年代的扩张主义。这四个动力相互作用引发了美西战争、兼并菲律宾群岛及随后发生的美菲战争，以及西奥多·罗斯福总统的强势对外政策。

18.3 在古巴和菲律宾的战争

半个世纪来，距离佛罗里达只有90英里的古巴一直都是引起美国强烈兴趣的目标。为了获得独立和减轻甘蔗种植园的剥削性劳动，古巴人民进行了坚持不懈的斗争；这一斗争在奴隶制业已废除之后仍在继续，西班牙对此束手无策。一场持续长达10年（1868年到1878年）的起义引发了西班牙与美国之间的紧张状态，这也激发了古巴人民追求完全独立的渴望。

18.3.1 通向战争之路

1895年古巴人民的反抗运动再度爆发，然而马德里政府还是没有推行改革之举。相反，它派出了被美国媒体称为"屠夫"的韦勒（Weyler）将军，率领五万士兵前往古巴镇压骚乱。当韦勒开始把生活在农村的古巴人成群驱赶进"再集中"营的时候，美国人愤怒了。一种自然流露出来的怜悯之情席卷整个美国，而这则主要是因为关于集中营里可怕的苦难和数千人死亡的耸人听闻的报道充斥美国报纸。

古巴人的斗争需要求助于一个可以信赖的国家，这个国家能够扮演弱者保护者和自决权利捍卫者的角色。美国一篇社论谴责西班牙人"无视道义、压迫、强取豪夺且道德败坏",而把古巴人则描绘成英勇的自由主义战士,"极大地被我们的光荣典范所鼓舞,即仁慈的自由制度和成功的自治"。部分受到真正的人道主义关怀和责任感的推动,许多美国人都举行集会募集资金和食品以缓解古巴人的饥馑并呼吁进行土地改革,甚至主张进行武装干涉。但是,克利夫兰总统和麦金利总统都不想诉诸战争。

美国的利己主义也发挥了作用。美国人注意到古巴岛内有利可图的资源及其所处的战略位置已有许多年。美国公司早已在古巴广泛投资甘蔗种植园。到1897年,改革呼声与下述两个因素有很大关系:确保进一步投资和贸易(1897年达到2 700万美元)有一个稳定的环境,以及保护种植甘蔗的田地免遭内战毁坏。

1896年选举只是暂时性地把注意力从古巴转移到白银问题上。马德里新政府做出了虚情假意的让步。但是集中营的情况变得更加糟糕,美国媒体对古巴人民的苦难作了连篇累牍的报道。麦金利总统并不希望干扰从萧条中复苏的努力,从而巧妙地抵制了战争压力。但他却无法控制西班牙的暴政和古巴人民对自由的渴望。

1898年初的事件点燃了双方敌意的导火线。哈瓦那发生的骚乱强化了西班牙的镇压和美国的愤怒。一封来自西班牙驻美公使杜普伊·德洛姆(Dupuy de Lôme)的信被截获并公之于众,他在信中称麦金利总统是一个"懦弱"而伪善的政客。美国人对此怒不可遏。

另一个事件的性质则要更为严重。骚乱爆发时,美国"缅因号"军舰被派往哈瓦那港口保护美国公民。2月15日,一声巨大的爆炸摧毁了"缅因号",造成262人死亡。报纸上宣扬着如下这样的口号:"牢记缅因号!让西班牙见鬼去!"

海军部助理部长西奥多·罗斯福几年来一直都在为这场战争做准备。他说他相信是"西班牙人卑鄙的背信弃义行为"导致"缅因号"沉没,"如果麦金利总统明天下令舰队驶往哈瓦那,我将义无反顾"。当总统并没有这么做时，西奥多·罗斯福私下里断言麦金利"缺乏勇气"并继续让海军为行动做准备。当时的一个调查委员会认为这场灾难是由一枚外部的水下鱼雷所致，但也有可能是锅炉出现问题或者是其他内在问题引起爆炸。后来甚至就连西奥多·罗斯福自己也承认了这种可能性。

"缅因号"被炸沉之后，西奥多·罗斯福利用有一天海军部长约翰·朗（John Long）外出的机会，给在香港的美国太平洋舰队司令官乔治·杜威准将发去了一封电报。他命令杜威给舰只加满煤，"一旦"对西班牙宣战，立刻进攻菲律宾并确保"西班牙舰队无法离开亚洲海岸"。他在当晚的日记中写道："部长不在家，我有很好的借口管理海军。"

西奥多·罗斯福花了一年多时间都在请求谨慎的上司采取强硬措施，现在他自己获得了行动的机会。早在1895年海军就制定了在发生意外时进攻菲律宾的计划。受马汉和洛奇影响，西奥多·罗斯福想要扩大海军。他也认为美国应该建造大洋之间的运河，夺取丹麦人的西印度群岛（意指维京岛），兼并夏威夷并将西班牙赶出古巴。正如西奥多·罗斯福在1897年年末告诉麦金利总统的那样，他正在使美国海军处于"最佳状态"好随时都能应对"开战之日"。

公众对"缅因号"事件的强烈抗议压过了麦金利总统避免战争的努力。随着事态变得更加政治化，麦金利总统开始向马德里政府施加压力，迫使它采取进一步的让步，马德里政府最后也照做了。1898年4月11日，麦金利总统给国会送去了一份模棱两可的信息，似乎是要宣战。两个星期后，国会授权使用武力对抗西班牙并承认古巴独立，国会的行动等于是宣战。在一份附加的决议案也就是《特勒修正案》中，国会重申美国无意吞并古巴。但是一位古巴革命将军说得则要更为现实："我不期望从美国获得任何帮助。我们只能相信自己所做的努力。即使没有外援，胜败未卜也要好过背负一位强邻的感情债。"

18.3.2 "一场辉煌的小规模战争"：各种观点

美西之间爆发的这场战争在欧洲也并非无人问津。德皇威廉二世用讽刺的口吻宣称要与欧洲其他几个君主联手为西班牙助战，以防"美国伙同英国进行国际偷窃……从西班牙手中攫取古巴"。但西班牙还是遭到遗弃而只能只身面对美国，而这则完全是在静候失败。战争爆发时，一位西班牙后方的海军上将说，与美国关系的破裂"无疑将是致命的"。

确实，战争很短暂而且对美国人来说颇为轻松，但对西班牙人来说却是致命的，战争结束时西班牙"只剩下两艘主力战舰"。美国人几乎不用发动反击就赢得了战争的胜利。在两次主要的交战中（一次发生在马尼拉湾，一次发生在古巴的圣地亚哥湾）只有两个美国人死亡，其中一个还是在加煤时因闷热昏倒而死。关岛和波多黎各实际上没费一枪一弹就被接管。整个战争中只有385名美国人死于西班牙人的子弹，但却有超过5 000人死于热带疾病。当持续了四个月的战争即将在8月结束时，国务卿海约翰（John Hay）写信给西奥多·罗斯福说："这是一场辉煌的小规模战争；因最高的动机开始，并以高尚的智力与精神进行着。"

美西战争在其他方面似乎也是辉煌无比，就像美国士兵在书信中表明的那样。一位年轻士兵给朋友写信谈及他的队友因为橙子和椰子很丰富而"处于良好的精神状态""每个骑兵的水壶里都装满了柠檬水"。另一个士兵则在信中告诉他的兄弟，他有"很多有趣的雕镂成西班牙人的玩具"。

但是，战争对其他士兵来说就没多少乐趣可言。一位士兵说道："一个人发烧时很难找到什么恰当的言语来表达痛苦的心情。约有一周时间我觉得体内的每块骨头都很疼痛，我已经不在乎自己是否还活着了。"另一位士兵描写道，他的同伴脑袋上中了一枪，"顿时成了一个血人"。对非裔美国士兵来说，这场战争也并非那么辉煌。他们在与白人士兵相隔离的部队战斗，并注意到他们在美国南部和加勒比群岛受到了截然不同的对待：他们在加勒比群岛受到热烈的欢迎，而在美国南部则受到粗暴的对待。

对西奥多·罗斯福上校而言，战争是令人兴奋的，也是一个难得的政治机遇。美国宣战伊始，他就从海军部辞职并统帅一支骑兵部队。在古巴，西奥多·罗斯福差一点丢掉性命，事后他兴奋地宣称，战斗时喜悦的力量令他激动不已。但具有讽刺意味的是，他需要得到非裔美国士兵的帮助才能实现目标。在圣地亚哥附近的圣胡安山战斗中，黑人士兵首先攻下了山头，然后保护了他的侧翼部队，才使这场著名的冲锋战获胜成为可能。报纸上用三英寸的大字标题报道了他率领骑兵团冲上圣胡安山，并使他当选纽约州州长。他后来说道："我宁愿领导那次冲锋战，也不愿在参议院服务三个任期。"西奥多·罗斯福不仅比任何人都善于利用战争来提升自己的政治地位，还推动了国家扩张主义的荣光。

18.3.3 关于菲律宾的论战和战争

当西奥多·罗斯福命令海军上将杜威向马尼拉开拔时，他制造了一连串事件来实现对菲律宾的兼并。美西战争中最重要的一场战役发生在1898年5月1日，那天杜威在马尼拉湾重创西班牙舰队并发电报给麦金利总统要求派出更多部队。麦金利派出了两倍于杜威所要求的军队数量前往菲律宾，并立即开始煽动公众情绪去接受兼并菲律宾7 000个岛屿的"政治、商业和人道"原因。《巴黎条约》把所有的菲律宾岛屿都割让给了美国，作为交换，美国付给西班牙2 000万美元作为补偿。

1898年到1899年的那个冬季，条约提交参议院批准。参议员们在参议院的地板上踱来踱去地慷慨陈词，而与此同时美军士兵则在马尼拉附近阿吉纳尔多起义军对面的中立区奋力地咒骂和嘲弄对方。正如前文所提到的，士兵格雷森的遭遇导致条约文本在参议院表决通过，并开启了美菲战争和关于应该如何对付菲律宾人的争论。

整个国家都被卷入这场争论。在关键时刻出现了两种截然不同的对外交政策和对美国自身的看法。经过几个月静静地寻求建议和倾听公众观点之后，麦金利最后推荐了吞并方案。许多民主党人都因害怕被贴上"背叛国家"的标签而只好支持总统的意见。在公然的种族主义思想在美国已经到了十分猖獗的地步之际，共和党人重申了总统吞并菲律宾的论调，甚至补充以更具冒犯意味的言论。菲律宾人被形容为"幼稚""肮脏"且"落后"。一位参加过对苏族人战争的堪萨斯州退伍老兵对一位记者说道："这个国家直到黑人像印第安人一样被杀光才会变得安宁下来。"

一个规模很小但却十分惹人注目而活跃的**反帝国主义联盟**（**Anti-Imperialist League**）旗帜鲜明地反对战争和兼并。其中的显要人物包括前总统哈里森和克利夫兰、钢铁大王卡内基、简·亚当斯、马克·吐温。反帝国主义者认为，兼并其他国家与美国的理想相抵触。第一，领土兼并没有直接地或者有计划地成为州地位的步骤，这是史无前例和违背宪法的。第二，没有经过外国人民的同意就占领和统治他们，违背了美国的理想。第三，与对外扩张相比，国内必需的社会改革更需要美国人的精力和金钱。一位作家写道，"在我们试图教会全世界理家之前"，我们必须先"把自己的家安排得井然有序"。

当然，并非所有反帝国主义者的论点都有这么高尚。一位种族主义者宣称，菲律宾人是非白人、天主教徒，在身高尺寸和智商方面较为低下，因此难以同化。另有一种实用主义观点认为，美国一旦拥有了菲律宾就必须防卫它，尽管获得了更多的领土，但是反过来也会要求更高的税收和更大的政府，而且可能还会要求美国军队为远方的亚洲战争而战斗。

当二等兵格雷森的遭遇开启了美菲战端后，最后一种观点成为现实。这场战争于1902年结束，约12.65万名美国士兵在菲律宾服役，4 234人死亡，2 800多人受伤。费用达4亿美元。菲律宾人的伤亡则更为惨重。除了1.8万人在战斗中死亡，据估计还有20万菲律宾人死于饥荒和疾病，这是由于美军烧毁村庄和破坏庄稼及家畜所致。雅各布·史密斯（Jacob Smith）将军告诉他的部下："你们烧杀得越多，我就越高兴。"起义军和阿吉纳尔多都没有能力将战斗扩大到超越种族界线，双方的暴行都增加了这场不断延长的战争的挫折感。美国人的"水疗"（即将大桶的水倒入囚犯喉咙，直到囚犯胃部发生反应，"像喷水井一样"把这些水喷出三尺远。大多数人经过这种折磨以后不久就会死掉）和其他酷刑尤为残忍。

随着美国对待菲律宾人越来越像西班牙对待古巴人，美国人行为的虚伪性也在日益显现出来。对在菲律宾作战的美国黑人士兵来说，这一点则要更为真实。菲律宾人被当作黑皮肤的造反者，在美国黑人士兵看来，这些造反者跟他们一样被固定在土地上，背负沉重的债务负担，忍受贫困的折磨。第24步兵团中的一位中士写道："我对这些深感愧疚，你想象不到美国人在这里对待他们的方式。"

这场战争完全暴露了那些肩负着"白人的负担"（white man's burden）者的伪善，英国诗人吉卜林（Rudyard Kipling）创造了这个术语来指称美国在菲律宾的新责任。在读到一篇关于有 8 000 名菲律宾人在第一年的战争中被杀的报道后，钢铁大王卡内基用充满讽刺的话语写了一封信，祝贺麦金利"使菲律宾人文明化……约有 8 000 人完全文明化并被送进了天堂。我希望你喜欢这样的结果"。一位作家更是写下了一句带有讽刺意味的俏皮话："杜威通过牺牲一个士兵和我们所有的制度接管了马尼拉。"

反帝国主义者在阻止兼并和干涉战争两方面均告失败。他们具有很高的威望，态度也是真诚的，但是他们手上只有很少或者丝毫没有政治权力，与那个时代异常活跃的扩张主义者的民族自豪感、繁荣和希冀相比，他们已经显得很是不合时宜了。

18.3.4　扩张主义的胜利

到 1900 年，美国人已经有了充分的爱国理由。一年之内美国就在太平洋和加勒比海获取了好几个岛屿。但是许多问题也随之出现：如何处理这些新领土？它们是殖民地吗？它们将被准予州的地位还是逐步从殖民地发展成为美国的组成部分？夏威夷、波多黎各、关岛和菲律宾的土著居民是否拥有与美国大陆公民同样的权利？他们受美国宪法的保护吗？

虽然为每个新领土设计的治理体系存在些许差别，但每个新领土的解决方案都是将其界定为介于殖民地与候选州之间的地位。土著居民通常只被允许选择他们自己的立法机构负责内部法律制定，地方长官和司法及行政官员均由美国总统任命。麦金利总统任命威廉·塔夫脱（William Taft）为首任完全意义上的菲律宾总督，要求他帮助菲律宾人实现自治，然而直到1946年菲律宾才最终获得独立。

美国通过决定将夏威夷人与波多黎各人同德克萨斯人和俄勒冈人区别对待，解决了宪法权利问题。在1901年的"海岛案"中，最高法院做出裁决，只有当国会说这些人准备好了，他们才可以获得公民权和宪法权利。

在1900年的选举中，布赖恩再次成为民主党总统候选人，并竭尽全力把帝国主义设置为这场竞选运动中一个"极为重要的议题"。但是他又一次失败了，部分原因是整个国家强烈支持兼并菲律宾。在竞选运动即将结束的几个星期内，布赖恩从帝国主义问题上退缩回来，集中关注国内问题。

但在这些方面布赖恩也是乏善可陈。随着阿拉斯加发现金矿，繁荣再次降临，改革的呼声犹如泥牛入海。反观麦金利阵营则可以名正言顺地声称，四年共和党统治带来了更多的金钱、工作、工厂繁荣、商品制造，以及美国在海外声望的增长。正如人民党领袖汤姆·沃森（Tom Watson）所言，"军号的奏鸣声压过了改革者的声音"。

沃森说得太准了。一年之内，扩张主义者西奥多·罗斯福就从助理海军部长升为第一义勇骑兵团团长，跟着又高升为纽约州州长。对一些共和党的政客而言，精力充沛且又特立独行的西奥多·罗斯福一跃而成为麦金利潜在对手的过程也太快了。消除或者至少减缓其政治影响的一种手段就是让他做副总统，于是1900年他成为副总统。但在麦金利第二个任期刚开始六个月后的第二天，一位无政府主义者就暗杀了他，这是在不到40年的时间里第三位总统被暗杀。反对西奥多·罗斯福登上宝座的党魁马克·汉纳惊呼道："看哪，那个该死的牛仔成了美国总统！"

政治漫画

重现昔日价值观和看法最愉快的方式之一就是通过政治漫画。拉尔夫·爱默生曾经说过："漫画往往是时代最真实的历史。"对一位受欢迎或不受欢迎政客娴熟灵巧的素描，可以及时地为思想和事件留下鲜活的影像，而且比任何重要刊物的专栏流传得都要快，特别是在虚伪和品行不端的时代。当漫画家进行批判时，他们往往极其善于夸大政治形象的自然特征，或者捕捉公众反对政府的情感。

美国政治漫画的历史可以追溯到本杰明·富兰克林时期，1754年一幅"不联合就死亡"的漫画号召殖民地合作反对法国。但是直到安德鲁·杰克逊总统时期，政治漫画还是比较罕见的。即使在诸如1830年代"安德鲁王一世"的漫画出现之后，政治漫画也未声名远播，直到1870年代托马斯·纳斯特的漫画在《哈珀周刊》刊载，这种状况才得以改观。纳斯特通过尖刻的漫画来揭露城市老板特维德的坦慕尼协会，把特维德及其同伙刻画成贪婪而面带微笑的欺诈者。"停止那些该死的图画，"特维德命令道，"我并不在乎报纸上对我的描写，因为我的选民看不懂。但该死的，他们看得懂图画。"特维德派手下人到纳斯特那里，提出给他10万美元去欧洲"学习艺术"。在拒绝特维德开出的价码之前，这位年收入5 000美元的艺术家将其抬高到了50万美元。纳斯特说："不久前我已决定把这些家伙的漫画挂在酒吧间的后面，我会把它们放在那儿的。"他的漫画帮助将特维德赶下了台。

"西班人的兽行由毁坏上升到屠杀",格兰特·汉密尔顿(Grant Hamilton)所画,刊载于《鉴赏家》(Judge),1898年7月9日。

"自由终止了美国人在菲律宾的屠杀",引自1899年的《生活》杂志。

美国作为一个世界强国的崛起和西奥多·罗斯福的地位蹿升给漫画家提供了丰富的绘画素材。与此同时，一些便宜报纸如威廉·赫斯特的《纽约日报》和约瑟夫·普利策的《纽约世界报》的兴起，也给漫画家提供了充足的发表机会，机敏活泼的漫画形象吸引了更多的读者。美西战争爆发时，通过艺术家臆想出来的图画：描述凶悍的西班牙人在海上抽打美国妇女和杀死无助的古巴人的情景，各种报纸都在煽动着公众的情绪。威廉·赫斯特利用这些伎俩使其报纸的日发行量达到了 100 万份。

在那场关于兼并菲律宾的争论中，许多漫画家都站在反帝国主义的立场上指出了美国的伪善。一年之内，漫画家就从刻画"西班牙人的兽行由毁坏上升到屠杀"（1898）转变为"自由中止了美国人在菲律宾的屠杀"（1899），本专栏中的两幅漫画则包含了这一转变。注意这两幅漫画的相似性，即同为谴责对土著人的"屠杀"，只是凶手变了。虽然山姆大叔作为一个凶手在漫画形象上没有西班牙那么险恶（后者是一个丑陋的大猩猩形象），但是两幅漫画均有相似的姿态、沾满鲜血的剑，后面还有少许的尸体。

反思历史

描述一下这两幅漫画。两位作者明确传达了什么样的信息？在这两幅漫画中你看到了哪些象征符号和形象？那个妇女形象是谁，她代表着什么？你如何解释在一年之内血腥的持剑者发生的变化？除了这两幅漫画，再看看本书中其他地方的漫画。这些漫画所运用的形象和象征符号是怎样反映漫画家的观点的？在以西奥多·罗斯福为主题的那幅漫画中，各个不同民族是怎样被刻画进漫画的？查阅一些近期的报纸：看看今天谁是被批判的对象，漫画家又是怎样展现他们的态度与政治立场的？美国帝国主义是否仍是一个主题？

18.4 西奥多·罗斯福的强势外交

在 1905 年白宫举行的一次晚宴上,一位来宾讲述了他造访西奥多·罗斯福家的故事,那时"特迪"(Teedie,西奥多·罗斯福的昵称)还是个小婴儿。"那时候你还在摇篮里就制造出许多混乱和噪音,"他说道,"你父亲把你抱起来并让我抱着你。"国务卿伊莱休·鲁特(Elihu Root)抬起头问道:"他[那时候就]很难缠吗?"不管故事真假,它都能揭示出许多关于西奥多·罗斯福总统在对外事务上的原则和政策。作为任职于 1901 年到 1909 年的总统,作为从 1897 年到 1912 年这 15 年间美国最重要的人物,西奥多·罗斯福认为美国应该在世界上扮演积极的角色,他制造了许多混乱和噪音并且经常表现得"很难缠"。他在拉美、东亚和欧洲推行强有力的对外政策,从而为下一个世纪美国扮演世界强国的重要角色铺平了道路。

18.4.1 达尔文式竞争的对外政策

西奥多·罗斯福既提倡个体的自然适应性,又提倡集体的国家实力。作为一个较普通人个子显小的男孩,他积极参与严酷的健身项目;作为一个在北达科他州自己经营农场的年轻人,他学会了重视"艰辛的生活"。通过阅读达尔文的著作,他学会把生活看作一场持续的生存竞争。作为总统,他的理想是"强者的国家,而不是弱者的国家"。虽然他笃信盎格鲁-撒克逊人的优越性,但他也钦佩并敬畏日本的军事威力。西奥多·罗斯福认为,强大的民族就像个体一样,有义务把精力、力量、勇气和道德责任培养成文明的价值观。用通俗的话来说,这也就意味着开发自然资源、建设强大的海军和随时准备战斗。

虽然有句著名谚语说"言辞温和,但须手持大棒",但西奥多·罗斯福却是经常一边挥舞着大棒一边大声地说话。在 1897 年的一次演说中,他总共 62 次提到"战争"一词,并说"通过战争获得全胜比任何一种和平的胜利都要伟大"。尽管西奥多·罗斯福在说话时气势汹汹,但他在使用武力方面通常还是比较谨慎克制的。由于帮助结束了日俄战争,他于 1906 年获得了诺贝尔和平奖。"大棒"和"大声谈话"意味着维持秩序与和平。

与许多欧洲帝国主义者一样,西奥多·罗斯福也把世界分成文明国家和不文明国家。文明国家有责任"监管"不文明国家,不仅要维持秩序还要传播先进的价值观与制度。为了履行"白人的责任",文明国家有时不得不对不文明国家发动战争——这些战争是无可指责的,因为胜利者赋予了被征服者文化从而使他们成为优秀的种族。两个文明国家之间爆发战争(如德国与英国)则是愚蠢的。首要的是,西奥多·罗斯福信奉均势。强大、先进的国家有义务来维护秩序与和平。随着经济繁盛和人口快速增长,美国人不能再"逃避责任",而是应该在国际事务上扮演更加重要的角色。

当威胁达不到目标时,西奥多·罗斯福就会采用直接的个人干涉。他得到巴拿马的过程就像他后来吹嘘的那样"我直接就拿走了运河区",而不是提供一份长长的"辞藻华丽的国情咨文"交给国会辩论。后来当国会进行辩论时,运河的建设工作已经开始了。西奥多·罗斯福在对外政策上强有力的行动激进主义,影响了从威尔逊到小布什在内的每一任总统。

18.4.2 进占巴拿马运河

为了证明 1906 年 2 600 名美国士兵在洪都拉斯和尼加拉瓜的干涉是正当的,后来的国务卿菲兰德·诺克斯(Philander Knox)说,"由于门罗主义",美国"对中美洲的秩序负起了责任"。他说,运河的狭窄使得"在邻近地区保护和平显得尤为必要"。诺克斯说这话时**巴拿马运河(Panama Canal)**尚未完工,但它已经成为美国政策的一块基石。

为了开掘一条连接大洋的水道,有三个问题不得不解决。首先,1850年的一项条约限定美国要与大不列颠联合开凿一条运河,1901 年英国取消了这一条约，此问题得以解决，但作为回报，美国要保证将运河对所有国家开放。第二个问题是在哪里开挖运河。美国工程师放弃了经过尼加拉瓜的一条较长路线，转而选择了一条更短也更为崎岖的经过巴拿马的线路，而一家法国公司已经开始在那里工作了。这引发了第三个问题，巴拿马是哥伦比亚的一个省，它拒绝了美国提出的条件。此举激怒了西奥多·罗斯福，他把哥伦比亚人称为"拉丁佬"，说他们就像公路强盗那样竭力"阻挡我们"。

西奥多·罗斯福的愤怒，美国将会在背后给予积极支持的暗示，以及对运河开通将会带来的经济利益的渴求，促使几个有钱家族和法国运河公司"菲利浦·比诺-巴里利亚"领导巴拿马的民族主义者在1903年发动了一场革命。一艘美国军舰阻止了哥伦比亚人的干涉，美国还收买了军官并把他们同驻军隔离开来。一场不流血的革命在11月3日发生；次日，巴拿马宣布独立，11月6日，美国予以承认。两周后签署的一份条约确立了美国修建和掌管一条经过巴拿马的运河的权利，同时享有在运河区10英里宽的区域内行使"名义上的主权"。该条约遭到巴拿马政府的抗议，并被一个后来的政府称之为"没有巴拿马人签署的条约"。西奥多·罗斯福后来宣称，这项外交成就和完成于1914年的这项工程成就，将会"……与购买路易斯安那和获得德克萨斯相提并论"。

18.4.3　控制加勒比海

在西奥多·罗斯福看来，迟至1901年，"门罗主义"仍被视为"在南美开放门户的同义词"。对美国而言，这意味着虽然没有哪个国家拥有"领土占有权"，但所有国家在西半球格兰德河以南地区均享有平等的商业权利。但是随着美国人的投资涌入中美洲和加勒比海地区，这项政策也就成了美国支配加勒比海域的声明。

当1902年德国和英国封锁委内瑞拉港口迫使委内瑞拉政府偿还拖欠的债务时，这种变化被证实了。老罗斯福总统特别担忧德国将会取代英国。他

加勒比海警察西奥多·罗斯福

对比本幅漫画与本章中的其他漫画。画中出现了哪些形象？刻画了哪些象征符号和刻板印象？

坚持让欧洲国家接受仲裁，并威胁要"把杜威的舰队开到"委内瑞拉港口。危机得以化解（主要是其他方面原因使然），但他动用武力的威胁则清楚地表明，美国在加勒比海地区拥有独一无二的地位并推行利己主义。

解放古巴后，美国派出了一位军事官员掌管此地并直到1902年古巴人选举出国会和总统才撤离。美国尊重古巴的独立，就像它先前承诺的，但是通过《普拉特修正案》（古巴人在1901年极不情愿地把它加入他们的宪法），美国在古巴获得了许多经济权利，在关塔那摩湾还取得了一个海军基地，并在古巴主权受到威胁时享有干涉的权利。

美国的政策意在使古巴成为一个典范，即一个新独立的国家如何仅仅通过最小限度的指导就能获得有秩序的自治。然而，古巴的自治是不牢固的。当1906年的一场政治危机眼看就要升级为内战时，西奥多·罗斯福表达了他的不满，"这个小小的、可恶的古巴共和国"。他派遣军舰到海岸线巡逻，并向古巴派出特使和军队以"恢复秩序、和平与公众信任"。伴随着古巴的经济发展，主要获益的是美国公司，美国在古巴事务上的政治干涉乃至军事干涉贯穿了整个世纪。

古巴的这种模式在整个加勒比海地区不断重演。例如，多米尼加共和国深受政局不稳和极度贫困之苦。1904年，随着起义爆发，欧洲债权人迫使多米尼加政府偿还拖欠的4 000万美元债券。美国派出军舰阻止了欧洲的干涉并接管了多米尼加共和国的海关税收。两年后，美国又出兵干涉危地马拉和尼加拉瓜，使美国银行家在这两个国家控制了几乎一半的贸易，而这则是20世纪美国在这几个国家数次干涉的滥觞。

在1904年提交给国会的年度咨文中，西奥多·罗斯福阐明了他的政策，这一政策以"门罗主义"之"罗斯福推论"（Roosevelt Corollary）而知名，即文明国家应该"坚持对世界采取适当的监管政策"。他说美国的目标是确保"邻国稳定、有秩序与繁荣"。一个偿还了债务并维持良好秩序的国家根本"不必担心来自美国的干涉"。但"长期做错事"的国家就需要美国作为一种"国际警察力量"进行干涉。"门罗主义"警告欧洲国家不要干涉西半球的事务，而"罗斯福推论"则为美国的干涉提供了合理依据。以保护财产、贷款和投资为出发点，美国加紧支持拥有大部分土地的精英集团的残暴统治，后者压迫穷人、阻挠改革并积极充当美国代理人的角色。

1904年之后，"罗斯福推论"在加勒比海好几个国家都得到了推行。干涉通常都会要求美国海军官兵登陆以消除美国财产所遭受的威胁。在占据了首都与主要海港之后，美国海军官兵、银行家和海关官员通常都还会在那里逗留几年直到他们对重建的稳定感到满意为止。西奥多·罗斯福的继任者威廉·塔夫脱和伍德罗·威尔逊也都寻求同样的干涉政策，甚至就连20世纪晚期的总统们也在这么做：里根干涉格林纳达与尼加拉瓜，老布什干涉巴拿马，克林顿和小布什干涉海地。

18.4.4　打开中国门户与关闭美洲门户

整个19世纪，美国与中国的关系一直被限制在一个很小但却是有利可图的贸易水平上。英国与法德俄三国展开竞争，利用走向崩溃的清朝把条约强加给中国，创造了"条约口岸"这一术语，并获得了在中国各地区独一无二的贸易特权。1898年以后，怀着开发看似无限广大的中国市场的梦想，美国人试图加入到与列强的竞争中来，以扩大他们在中国市场上所占的份额。然而，包括许多传教士在内的那些崇尚道义的势力则唤起了美国人反抗欧洲帝国主义的革命传统。他们反对美国对这样一个弱国进行商业剥削，当其他帝国前来瓜分中国时，他们支持保全中国的政治完整。

虽然有些美国人钦佩中国古代文化，但是大多数美国人都把中国人视为一个异教徒的、怪异的和落后的民族。1882年的《排华法案》禁止中国向美国进一步移民，1870年代和1880年代爆发的反对中国劳工竞争的工人骚乱，这些事件都是这种负面看法的典型反映。反过来，中国人也在用一种混杂着钦佩、好奇、愤恨、怀疑与蔑视的目光看待美国。

1898年和1899年美国先后兼并夏威夷和菲律宾，使国务卿海约翰确信美国应该宣布一项对华政策。他在1899年到1900年间数份"门户开放政策"的外交照会中这么做了，这项政策成为此后半个世纪美国对东亚政策的基石。第一份照会通过向各国宣布进入中国的商业机会平等这一原则，要求对美国贸易进行"门户开放"。第二份照会针对俄国进入中国东北地区，美国号召所有国家尊重中国的"领土与主权完整"。第二个原则宣告了美国将会在亚洲起到更大的作用：为中国提供保护和维持东亚均势。

1900年义和团运动期间，这种新作用就得到了证实。义和团是在反抗清朝和日益增长的西方势力的过程中形成的一个年轻的传统主义者团体。1900年夏天，义和团杀害了242位传教士和其他外国人并包围了西方人在北京的住所。最终，一支1.9万人的国际军队（包括3 000名美国人在内）开进北京，结束了这场围攻。

美国排斥华人移民的政策困扰着中美关系。尽管存在障碍和骚乱，中国劳工仍然源源不断地非法进入美国境内。1905年中国的民族主义者在国内发起了抵制美货运动，要求修改移民政策。曾经鄙视地称呼中国人"落后"的西奥多·罗斯福总统向菲律宾派出军队相威胁。他还毫无诚意地要求国会对移民法案进行修改，但最终也没有结果。

尽管排斥和侮辱华人，但美国却自认为是中国的保护人，这种观念一直持续到20世纪。日本对中国存有野心，引发了美日之间的竞争，考验着美国在中国推行"门户开放"和维持东亚均势的努力。然而，经济动机被证明是微不足道的。在那里的投资增长得非常缓慢，就像关于"中国大市场"对美国谷物和纺织品的需求的梦想一样。对中国的贸易始终停留在理想大于现实的阶段。

18.4.5 从加州到中国东北制衡日本

人口压力、战争和对经济机会的追求，导致世纪之交日本向美国的移民显著增长。一些人来到夏威夷，在那里的甘蔗种植园"像机器一样工作"，其中许多人都死于劳累过度和白种人的疾病。约有20万人为了寻求"巨大的财富梦想……越过大洋",直接来到美国西海岸,他们在铁路和西海岸的罐头厂、矿山、伐木场工作。

其他人则在俄勒冈和加利福尼亚山谷的农场里工作,许多人成功发迹,拥有自己的土地并把贫瘠的农田发展成多产的农业产业。日本农场主拥有的土地暴增,由1900年的4 698亩增长到1910年的194 742亩,此时日本人拥有的农场生产的草莓占加州的70%。例如,牛岛忻治(Kinji Ushijima)在斯托克顿与萨克拉门托之间富饶的三角洲地区,开发和拥有价值50万美元的一万英亩马铃薯田地。1912年,著名的"马铃薯之王"乔治·志满(George Shima)被收入《旧金山年鉴》受到颂扬。但当他想要搬到伯克利附近一个富人区居住时,当地报纸和群起抗议的教授们纷纷抱怨"大学城的黄祸"。志满最后只好放弃搬迁。

由于受到这种颇具竞争性的成功的威胁,本地的白种加利福尼亚人想方设法排斥日本移民,歧视他们并限制他们拥有和租赁土地的权利。日本工人被禁止进入工厂工作。1906年,旧金山学校委员会宣布,鉴于日本孩子"正在把白人孩子挤出学校",决定把他们隔离到单独的学校。加州人通过了一项反对日本人的决议并要求西奥多·罗斯福说服日本停止向美国移民。西奥多·罗斯福谴责了旧金山的反日骚乱,他倾向于限制而不是排斥日本人。在1907年到1908年间关于"君子协定"(Gentlemen's Agreement)的外交照会中,日本人同意限制没有劳动技能的工人向美国移民。作为回报,加州人废除了一些反日决议;但是两国间的紧张关系仍在持续。

在加州压制日本人的实力是一回事,想要在东亚阻止其势力发展则是另一回事,西奥多·罗斯福决心维持东亚均势。1900年义和团运动过后,俄国在中国东北地区留下了五万名驻军,使其成为最强大的地区力量。西奥多·罗斯福赞扬日本人是一个"善战的"民族、"未来文明"中重要的构成因素,与此形成鲜明对比的是,他十分轻视俄国人。随着日本进入朝鲜和俄国进入中国东北地区,他希望它们能够相互检验一下对方日益增长的实力。

令西奥多·罗斯福欣喜的消息是，1904年日本成功地发动了一场奇袭，引发了日俄战争。但是随着日本不断取胜，许多美国人又开始担忧日本的游戏玩得太好了，可能会关闭美国的亚洲市场。西奥多·罗斯福又开始倾向于俄国。当日本表现出结束战争的兴趣时，这位美国总统很高兴地发挥了自己的影响。

西奥多·罗斯福的目标是要获得和平和维持一种均衡状态。没有什么事情能比在新罕布什尔州签署一项和平条约更能象征美国在世界上的地位了，该条约在另一半球结束了日俄在中国东北地区的战争。《朴茨茅斯条约》使日本在中国东北地区（和朝鲜）居于支配地位，并且建立了美国与日本之间的均势。在1908年的《罗德-高平协定》中，作为承认日本扩张的回报，西奥多·罗斯福得到了日本的承诺：日本认可美国在菲律宾的控制并且不再进一步侵犯中国。

18.4.6 阻止欧洲战争

通过向拉美派遣舰队和工程师以及向东亚派遣海军和输出美元，美国已经拓展了"门罗主义"的内涵，并使其成为采取上述行动的正当理由。条约、协定，以及对领土和利益的保护，使美国卷入了从巴拿马、尼加拉瓜到菲律宾、中国的外国事务中。不过，对于欧洲国家，传统的中立仍在发挥作用。

西奥多·罗斯福认为，对世界和平和文明秩序最严重的威胁就是德英法三国之间的关系。他制定了两项基本的对欧政策，这将界定美国在整个20世纪所扮演的角色。首先，与英国建立友好关系成为美国政策的基石。其次，阻止在欧洲列强之间爆发全面战争。为了实现这一目标，西奥多·罗斯福凭借他的个人谈判技巧，开始与主要欧洲国家领导人展开首脑外交。

西奥多·罗斯福支持英国的帝国主义，是因为他赞成"讲英语的种族"在这个世界上占据主导地位，并相信英国正在"打一场文明之战"。而且，英美两国都对德国在世界范围内的实力日益壮大忧心忡忡。就像

1901年西奥多·罗斯福在给洛奇的信中所写，他很清楚英国对美国"毫无威胁"，而德国的野心和军国主义则是对欧洲和平的主要威胁。1909年西奥多·罗斯福卸任时，他最后所采取的行动之一就是宣布美英两国之间有着特殊关系。

英德关系则继续恶化，到1914年，新任美国总统伍德罗·威尔逊将会面临着可怕的现实，而这则正是西奥多·罗斯福曾经巧妙地加以阻止的。当第一次世界大战最终爆发时，没有一个美国人比美西战争中第一义勇骑兵团的领导人更为渴望站在英国这一边对德作战。

小结：大国的责任

1890年代的权力现实带来了日益增长的国际责任。西奥多·罗斯福在1910年曾说，由于"实力和地理位置"的原因，美国使自己"越来越成为整个世界的制衡力量"。这种不祥的责任也提供了一个将美国经济的、政治的、道德的影响力扩展到全球的机会。

作为20世纪最初十年的总统，西奥多·罗斯福确立了美国对世界上其他地区野心勃勃的政策，这为小布什在21世纪最初的十年所模仿。美国支配和管制着中美洲和加勒比海地区，旨在维持秩序，保护它的投资和其他经济利益。在东亚，为了保护新兼并的菲律宾群岛，为了开拓市场、投资和确保均势，美国人通过海约翰的"门户开放"政策，凭借条约、军队、海军、传教士和美元进入其中。在欧洲，美国寻求保持中立且不介入欧洲事务，同时巩固美英关系并阻止"文明"国家陷入战争。

美国既结交了朋友也树立了仇敌，但是一种原教旨主义的矛盾心理依然存在，这具体表现在美国人依然觉得自己是其他人的榜样。就像那些在世界范围内发生的令人质疑的事件所展现出来的——例如，士兵格雷森在美菲战争中的所作所为——对美国而言，既要负责任又要行善事，既要强有力又要受人爱戴，业已变得十分困难。美国人因此体验到了国际责任增加所带来的满足与负担、收益与成本。而且在一百年后，这些体验依然如故。

思考题

1. 美国对外政策中的基本矛盾源自清教的什么思想？你认为它在何种程度上影响到了当今美国的对外关系？
2. 1890年代（而且可能一直延续到今天）美国推行扩张主义的动机是什么？
3. 美西战争和美菲战争的因果有何异同？
4. 列出三到四个支持兼并和反对兼并菲律宾的理由。你认为哪方论点最让人信服？美国能同时做到强权和友善吗？
5. 用具体事例概述西奥多·罗斯福总统在加勒比地区、东亚和欧洲的对外政策。在西奥多·罗斯福那个时代之后的一百年内，这些政策仍在多大程度上发挥其作用？
6. 你认为美国的对外政策使其主要成为一个旨在成为他国救世主的干涉主义者，还是一个插手他国事务的扩张主义者？还是两者兼具？请举例说明。

第 19 章

进步主义者对抗工业资本主义

- 19.1 社会正义运动
- 19.2 进步时代的工人
- 19.3 市政和州政改革
- 19.4 西奥多·罗斯福与公平交易
- 19.5 伍德罗·威尔逊与新自由

小结：进步主义的局限性

美国故事

一位加入进步运动的职业女性

1897年,从小在俄亥俄州和密歇根州长大的年轻女性弗朗西斯·凯勒（Frances Kellor）在康奈尔大学获得法律学位,并成为人数虽少但正在日益增长的训练有素的美国职业女性中的一员。由于她对解决国家的社会问题比对解决实际的法律问题更感兴趣,所以她决定前往芝加哥研究社会学,并将自己培养成为一名社会改良者。她满怀热情地相信,在美国可以消灭贫困和不平等。她也拥有这样的进步信念：如果美国人能够知晓生活在城市贫民窟中数百万人的真实状况,他们就会行动起来去改变这一状况。弗朗西斯·凯勒是这样的专家之一,她能够提供证据来证明,在美国这样工业高度发达的国度里,哪些事情是不公正的。

凯勒与许多进步主义者一样认为,在决定人的能力、成功和幸福方面,环境比遗传更重要。她认为,良好的学校和家庭教育将会造就良好的公民。就连罪犯也是他们生活环境的受害者。她向人们证明,身心发育不良和缺乏教育的童年是罪犯与大学生之间唯一的差异。即使这种认识不能界定一种犯罪类型,它也表明有可能通过改善社会环境来减少犯罪行为。

凯勒是一位精明强干的专业人士。与她同时代的绝大多数职业妇女一样,她也是终身未婚,将她的一生都奉献给了社会研究和社会改良。她在芝加哥的赫尔大厦和纽约的大学社区生活过一段时间,这些地方不仅是社会研究和改良的中心,也是活跃的社区中心。社区中的年轻人充满了奉献精神,经常围着餐桌进行热烈的讨论,社区为他们在核心家庭或单身公寓之外提供了一种新的选择。

在大学社区逗留期间，凯勒调查并写下了揭露职业介绍所丑闻的一部著作——1904年出版的《失业》(*Out of Work*)。她揭露了职业介绍所如何盘剥城市里的移民、黑人和其他初来乍到者。与大多数进步主义者的作品一样，她的书中也充满了道德上的愤慨。然而，她超越了道德主义，并进而建议在州和国家的层面上矫正立法。她成为使移民美国化的运动的领袖之一，这些移民正在以史无前例的规模，川流不息地涌入这个国家。1899年到1920年间来到美国的移民超过800万，他们大多来自南欧和东欧。许多美国人都害怕这股移民洪流会威胁到美国民主的基石。凯勒和她的同事表现出进步主义的一面，即寻求州和联邦的法律来保护新移民免受剥削，并建立各种机构教化这些新移民使之美国化。另一群进步主义者则通常是与有组织的劳工结成同盟，他们试图通过法律来限制移民。凯勒并没有完全摆脱民族优越感，这是她那代人世界观的一部分，但她确信，所有移民都能被塑造成为有用的公民。

凯勒确信需要一场全国性的运动来促进改良运动的立法，她协助建立了"美国全国移民委员会"，该委员会试图通过一项全国性的政策"来使所有移民都成为美国人"，并由一个联邦机构负责统筹协调这一运动。她还协助建立了教育部的移民教育司。由西奥多·罗斯福领导的政治运动让她激情昂扬。这种热情几乎是其他任何人都无法比拟的，凯勒觉得她有责任让西奥多·罗斯福意识到美国城市所面临的移民问题。当西奥多·罗斯福在1912年组建新的进步党时，凯勒是加入其中的众多社会工作者和社会研究者之一。她参加了西奥多·罗斯福领导的运动，并领导和指挥着进步服务组织，她计划等选举结束后在社会公正和福利的各个领域对选民展开教育。1914年西奥多·罗斯福竞选失败和进步党瓦解后，凯勒继续从事着促进移民美国化的工作。她将其余生都奉献给了促进公正、秩序和效率的工作，并试图寻求方法解决有关工业问题和国际问题的争端。

弗朗西斯·凯勒的生命历程表明了现代时期第一次全美范围的改良运动"进步主义"的两个重要方面：一是致力于促进社会正义，确保机会平等和捍卫民主；二是为一个纷繁眩目的世界寻求秩序和效率——这个世界正在经历着快速的工业化、移民浪潮和蔚为壮观的城市发展。与许多进步主义运动领袖一样，凯勒也是直面这些难题的全球性运动的一分子并受到英德美三国作家和改良者的影响。但是，任何一个人都无法展示出一场错综复杂运动的方方面面。进步主义运动从民粹主义中得到借鉴，同时受到1890年代一些改良者和欧洲国家通过的社会福利立法的影响，并于1900年到1914年达到鼎盛时期。与大多数美国改良运动一样，**进步主义运动（progressive movement）**并不是要颠覆政府，而是希望利用政府来改良体制，以确保美国生活方式的延续。

本章描绘出进步主义的诸多重要方面。这些改良者是谁？他们想要帮助谁？他们的动机是什么？改良运动如何努力减少混乱促进社会秩序和民主？那些旨在解决社会问题的自愿行动，如何引领联邦和州通过法律促进社会改革？20世纪早期，西奥多·罗斯福政府和伍德罗·威尔逊执政期间（他们是最初的完全现代意义上的总统），进步主义是政府最高层的一大特征。

19.1 社会正义运动

历史学家书写的是"进步运动"。实际上存在着各种各样的运动，其中某些运动还自相矛盾，但所有的运动都聚焦于由一个迅速扩展的城市和工业化的世界所衍生出来的诸种难题。一些通常来自中产阶级的改良者试图使现代城市人性化：改善住房和教育条件，为移民提供更好的生活。另一些人关心的是工作条件和劳动权。还有一些人则敦促进行政治体制改革以满足公众利益，包括女性权益。进步主义源起于1890年代（参阅第17章），当时许多改良者对 1893 年的经济萧条所引发的凄凉场景震惊不已，他们读到了亨利·乔治（Henry George）的《进步与贫困》（*Progress and Poverty*）和爱德华·贝拉米（Edward Bellamy）的《回顾》（*Looking Backward*）。这些改良者也深受约翰·罗斯金（John Ruskin）的影响，约翰·罗斯金是一位憎恨工业城市的怪异偏执的英国改良者和艺术史学家。如同英国读者的反应一样，一本名为《被遗弃的伦敦的哭泣》（*The Bitter Cry of Outcast London*）的小册子令这些改良者们惊骇不已，这本小册子揭露了伦敦东区贫民窟令人不寒而栗的惨状。改良者们也受到英美两国社会福音运动的影响，社会福音运动试图通过消除贫困和宣扬平等在尘世建立天国。

19.1.1　全球背景下的进步运动

大多数进步主义者都拥有国际视野。许多人都在欧洲的大学里学习过。他们参加关于城市问题的国际研讨会，加入像国际劳工立法联合会这样的组织，阅读英法德三国新近出版的社会学著作。通过对伦敦的托因比服务所（Toynbee Hall）、先锋者社会小区的走访调查，许多人也受到启示；他们还考察了格拉斯哥和德累斯顿由市政主导的住宅试验。

在通过社会立法上，美国落在许多工业化国家之后，可能是因为它缺乏欧洲那样强大的劳工运动和社会主义运动。德国在 1880 年代颁布了疾病、事故和伤残保险方面的法律。英国则在 1890 年代通过了劳工补偿法。但是美国的城市里充斥着来自许多国家的移民，进行文化融合和克服语言障碍的需要优先于进行其他改革。由于与移民相关的议题处于地方和州关注的核心，美国的改革进程也就进行得非常缓慢。

在知性上，进步主义者深受达尔文的进化论影响。他们相信世界处于不断变迁之中，因而他们强烈反对任何领域的墨守成规。进步运动的哲学家约翰·杜威（John Dewey）宣扬观念可以成为变革的工具。威廉·詹姆斯（William James）在他倡导的实用主义哲学里，试图依据结果来解释所有的观念意识。大多数进步主义者都深信，环境在塑造人们的性格上要比遗传重要得多。因此，营造良好的学校和家庭氛围会使每个人都成为对社会有益的人，并会形成一个更加和谐美好的社会。然而，即使思想更为先进的改良者也都会将种族分类考虑进去，他们相信某些族群比另一些族群更易被塑造和改变。因而，进步主义对黑人而言并不意味着进步。

在许多方面，进步主义都是第一次现代改良运动。它试图为业已发生变革的世界带来秩序和效率，这种变革是由经济迅速发展和新技术引发的。然而，怀旧之情也感染了这场运动，例如，改良者试图保存前工业时代的手工业并在城市里发扬小城镇和农场的价值观。进步主义运动的领导人几乎都是来自中产阶级，他们完全自觉地试图将他们的中产阶级价值观传输给移民和工人阶级。通常，进步主义者看上去对控制调节要比对改良更感兴趣；而且他们对那些试图获得帮助的人也时常会显露出家长式作风。

进步主义者是具有几分统计头脑的、现实主义的一代。他们进行调查、收集资料和撰写报告，并且通常确信他们的报告将会带来变革。他们对纪实和记录的强烈愿望在下列这些作品中展现出来：刘易斯·海因（Lewis Hine）拍摄的那些令人难以忘怀的青年工人的照片，约翰·斯隆（John Sloan）创作的那些刻板而又美丽的城市油画，以及西奥多·德莱塞（Theodore Dreiser）和威廉·豪威尔斯（William Howells）所写的现实主义小说。

进步主义者对人性持乐观态度，他们坚信变革是可能的。在今天看来，他们似乎显得天真或固执，但他们与许多社会问题进行了持之不懈的斗争，其中某些问题虽然陈旧古老，但在工业社会却又显得十分危急紧迫。政府与社会之间的适当关系应该是怎样的？在一个充斥着大公司和巨型城市的世界里，政府应该管理和控制到什么程度？社会对照顾穷人和贫困者负有多少责任？尽管进步主义者给出的答案各不相同，但他们在美国历史上却是率先为解决这些问题做出了不懈的努力。

19.1.2 黑幕揭发者

那些揭露腐败和其他社会罪恶的作家被西奥多·罗斯福称为"黑幕揭发者"。并非所有的黑幕揭发者都是改良者,某些黑幕揭发者只是为了金钱而写作,但是改良者却从他们那里学到了揭发的技巧。

某种程度上,黑幕揭发者是1890年代新闻革命的产物。19世纪的杂志以精英人士为受众。新的杂志则采取了灵活的版式,刊登更多的广告并拥有更广的销路。为了争取读者,编辑们绞尽脑汁地刊发文章,告诉公众美国社会中什么地方出了问题。

年轻的加利福尼亚新闻记者林肯·斯蒂芬斯撰写了揭露体面的生意人和腐败的政客相互勾结的文章。当《城市的耻辱》在1904年作为一本书出版时,它成为决心净化城市政府的人们的战斗呐喊。从教师改行为新闻记者的艾达·塔贝尔(Ida Tarbell)揭露了老洛克菲勒的标准石油公司的冷酷无情。戴维·菲利普斯(David Phillips)在《参议院的背叛》(*The Treason of the Senate*, 1906)中揭露了政治与商业的联盟。1904年,年轻的移民工人罗伯特·亨特(Robert Hunter)出版的《贫困》(*Poverty*, 1904)震撼了美国人。厄普顿·辛克莱(Upton Sinclair)在小说《屠场》(*The Jungle*, 1906)里描述了芝加哥肉类加工业令人毛骨悚然的场景。弗兰克·诺利斯(Frank Norris)则在其引人注目的小说《章鱼》(*The Octopus*, 1901)中,惟妙惟肖地刻画了铁路运输对农民的压榨。

19.1.3 妇女和儿童

没有什么事情能比看到那些只有8岁或10岁的儿童在充满危险和阴郁晦暗的工厂里长时间地劳作这一场景,更令那些追求社会公正的进步主义者感到不安的。弗洛伦丝·凯利(Florence Kelley)是反对童工运动最重要的领袖之一。她在费城一个上层家庭长大成人,是美国第一代女大学生中的一员。在一所美国大学以凯利是女性为由而拒绝她的研究生申请后，她前往瑞士苏黎世大学求学并成为一名社会主义者。婚姻破裂后，凯利搬入赫尔大厦，将她的热情都倾注到了反童工运动中。当她发现在芝加哥没有律师为反击某些著名大公司的童工案进行辩护时，她便自己进入法律学校学习法律并通过了律师考试，她开始亲自为童工案进行辩护。

凯利与另一些童工改良者很快就认识到：[要想改变现状]需要得到国家法律的支持。他们收集整理了关于正处于成长阶段的儿童在黑暗潮湿的工厂里长时间劳作的证据，对伊利诺斯州的立法机构施加压力并使其通过了一项反童工法。然而，没过几年，最高法院就宣布这项法律违宪，这使改良者们确信国家层面的行动是必要的。凯利再次冲锋在前。

全美童工委员会是由阿拉巴马州牧师埃德加·墨菲（Edgar Murphy）提议设立的。它的总部设在纽约，它草拟了国家童工法，鼓舞了州和城市的反童工运动，协调了整个美国的反童工运动。1905年到1907年，尽管有2/3的州都通过了某种形式的劳工法，但却依然存在许多漏洞，而且在1906年还有一项全国性法案[禁止工厂和矿山雇用儿童法案]被否决。但是，改良者经过不懈努力，最终还是在1912年说服国会在劳工部下面设立了儿童署。不过，在减少童工数量上，各种强制就学法令要比联邦和州的法律做得更多，而且事实证明，联邦和州的法律很难通过并且也很难执行。

反童工运动是一场典型的追求社会公正的改良努力。这场运动的开始是出于中产阶级改良者的道德义愤。但是，改良者很快就超越了道德上的愤慨；他们收集统计数字，拍摄那些可以证实儿童被虐待的图片，并利用这些证据先是在地方、接着在州、最终则是在华盛顿推动立法。

与其他进步主义改良运动的结果一样，反童工运动也是只取得了部分成功。太多的大大小小的商人都在通过雇佣低工资的儿童来获取利润。太多的政客和法官都不情愿去调整儿童和成年人的工作。而且，某些父母还不顾一切地要求他们的孩子去工厂赚钱，他们反对改良者并违反法律让他们的孩子去工作。

报 童

没有什么能比童工们更能牵动改革者的心弦了，这些孩子们往往矮小瘦弱、表情呆滞，长时间劳作于工厂、农场和煤矿中。但在所有的童工中，可能要属报童引起的关注最多。他们经常必须晚上很晚或早上很早就去取报。有时无家可归，他们只能随便找个地方将就一宿。但更让人担忧的是，他们经常与让人讨厌的性格联系在一起并深受坏习惯之害。这幅图是刘易斯·海因1910年在圣路易斯拍下的三个年轻报童。为什么改良者会为这样的照片所担忧？如果你必须工作，你更喜欢煤矿还是矿山？或者是你想成为一个报童？

改良者也对那些惹上法律麻烦的年轻人忧心忡忡，虽然通常他们在乡村招摇过市似乎并未对社会造成危害。通过组织青少年法庭，进步主义者希望把年轻人与刑事司法体系分开，以防他们在成人监狱里发展成为铁石心肠的罪犯。然而，就像1967年最高法院所承认的那样，青少年违法者所拥有的全部法律程序上的权利经常都会被剥夺掉。

与反童工运动密切相关的是在限定妇女工作时间方面所取得的成就。弗洛伦丝·凯利和全美消费者联盟（NCL）领导了这场运动。他们认为让"孕育下一代的母亲"长时间在危险行业工作是愚蠢和不爱国之举。关于妇女劳动的最重要法院案例在1908年提交给美国最高法院。凯利的朋友约瑟芬·戈德马克（Josephine Goldmark）为"马勒诉俄勒冈州案"（*Muller v. Oregon*）撰写了辩护状，她的妹夫路易斯·布兰代斯（Louis Brandeis）在为该案辩护时使用了这一辩护状。由于戈德马克所进行的社会学意义上的论证详细列举了妇女在工厂里所面对的威胁和疾病，法院在很大程度上支持俄勒冈州的10小时工作日。布兰代斯反对放任主义法律观念，认为政府应该在保护公民健康方面给予特别关注。大多数州都赞成最高法院的决定并通过了旨在保护妇女权益的立法，可是许多公司却是想方设法地规避这些法律。不过，就连法律许可下的劳动也似乎显得时间过长，因为她们回到家还要照顾孩子和做家务。

通过论证"妇女的耐力构成在根本上弱于男性"，改良者为女工赢得了某些保护。但是，他们关于"妇女弱于男性"的观点，日后也被用来强化对劳动力的性别隔离和歧视。

同给予妇女选举权或者保护性立法相比，更具争议性的是节育运动。就连许多思想意识先进的进步主义者都无法想象，他们该如何去教导移民妇女防止怀孕（依照当时的联邦法律，这样做是违法的）。

玛格丽特·桑格（Margaret Sanger）是一个亲眼看到过贫困妇女遭受过度生育的痛苦、甚至因危险的非法堕胎而死亡的护士，她成为现代美国节育运动的奠基者之一。19世纪的美国中产阶级已经通过节欲、堕胎和采用原始的节育措施来限制家庭规模，但即使在中产阶级妇女这个阶层也还残留着许多愚昧信息。桑格获取了最新的欧洲医学和科学的研究成果，并于1914年将这些成果在她的《女反抗者》（*The Woman Rebel*）杂志上加以阐释说明，同时在《家庭节育》（*Family Limitation*）的小册子里指出妇女完全能够将性和生育分开。桑格很快就因违法使用邮政编码而被起诉，她流亡去了欧洲以免被捕。

在当时大多数州，节育仍属违法行为并饱受争议多年。然而桑格却促进了性和避孕话题的公开化。当她于1921年回到美国后，她创建了美国节制生育联盟（American Birth Control League），这一联盟后来又于1942年发展成为美国计划生育联合会（Planned Parenthood Federation）。

19.1.4 争取妇女选举权

从事社会正义运动的进步主义者还投身到争取妇女选举权的运动中去。就像其他进步主义运动一样，这也是一场全球运动的一部分。那些争取妇女选举权的美国领袖们，在国际妇女选举联盟的会议上与他们的国外同行会面。在给予妇女选举权方面，美国还是落在另外几个国家的后面。新西兰于1893年、澳大利亚于1902年、芬兰于1906年、挪威于1913年、丹麦和冰岛于1915年、加拿大和英国（仅限于在地方选举中）于1918年先后给予了妇女选举权。

在美国，1848年塞内卡福尔斯大会之后，争取女性公民政治权利的运动发展非常缓慢。一方面，修改宪法极为困难；另一方面，各州的提案需要逐个争取通过，从而延缓了争取妇女选举权的政治进程。最早的成功来自美国西部：怀俄明州（1869）、犹他州（1870）、科罗拉多州（1893）、爱达荷州（1896）、华盛顿州（1910）、加州（1911）、亚利桑那州和俄勒冈州（1912）、蒙大拿州和内华达州（1914）都给予了妇女某些最起码的选举权利。

再现历史

纪实照片

照片是从视觉上重现往事的一种颇具启示的方式。但当我们翻看一幅照片，尤其是一幅老照片时，很容易假定它是一种对往事的精确描述。然而，摄影家与小说家和历史学家一样拥有观点。他们通常是为了证明某种观点而拍摄照片。正如一位摄影师所评论的那样："照片不会说谎，但说谎者却会拍摄照片。"

为了证明有必要在城市里进行改良，进步主义者收集统计资料，进行社会调查，描述住宅区的生活，甚至撰写小说。但他们发现照片通常能比言词给人留下更深刻的印象。《另一半人怎样生活》的作者、出生于丹麦的雅各布·里斯是城市摄影的一位先驱，他对纽约市贫民区的状况进行了颠覆性的曝光。其他人也曾拍摄过阴湿寒冷的小巷和街头顽童，但里斯却是第一个抱着促进改良的明确目的去拍摄贫民区生活状况的人。最初他只是雇佣摄影师，后来他买了一架照相机并学会了如何使用。为了记录贫民区生活的惨状，他甚至尝试用一种新的德国闪光粉来照亮黑暗的小巷和公寓房间。

里斯将他拍摄的照片制成幻灯片并用它们来图释他关于住房改良的演讲。尽管他是一位富有创造性和革新意识的摄影师，但他的照片却经常远离他的目标。这是因为他的摄影器材笨拙不堪，胶卷曝光慢。在按快门前，他不得不小心翼翼地做好一切准备。他关于犹太人街区住宅和贫困儿童的观点在今天看来似乎已是陈词滥调，但这些观点的本意则是为了使美国人感到愤怒并推动他们起来进行改良。

另一位重要的进步主义摄影师是刘易斯·海因，他与里斯一样也是自学了摄

上图为一廉价公寓的状况,下图为改革者眼中比较理想的一套整洁居室。

影。尽管被训练成为一名社会学家，但海因却用他的相机图释了他在纽约伦理文化学院的演讲。1908 年，全美童工委员会雇用他做专职调查员。他拍摄的那些让人萦绕于怀的工厂里的儿童照片，让大多数美国人都确信应该废除童工。"海因的孩子们"深深地感染着人类。海因展现了孩子们吃饭、奔跑、工作，以及他们凝视着工厂窗外那充满渴望的眼神。他的照片回避了里斯非常喜欢记录的悲悯感伤，但毫无疑问的是，他的照片证明了进行改良的必要性。

凸现前后反差是改良运动的摄影师所采用的另一种技巧。两张展现 20 世纪初期费城一间公寓截然相反的房间布局的照片，图释了进步主义改良者试图教导移民效仿中产阶级的生活方式。"上面"的照片展现了一个堆满洗衣盆、待洗衣物、烹饪用具、衣服、工具、甚至还有一件陈旧的圣诞饰物的杂乱无章的房间。在"下面"的照片中，混乱不堪的景象已经被整理得井然有序。房间里安上了一扇窗，以让阳光和清新的空气进入室内。大概是为了遮掩臭虫和病菌，供人休息的地方被匆匆贴上壁纸。烹饪器具和待洗衣物都已被拿走。木制家具已被重新喷漆，一些宗教礼仪物品也被井然有序地摆放在搁架上。

你还能发现别的什么变化吗？你认为如此精心地整合照片上混乱事物的做法能在多大程度上令人满意？移民家庭会对房间的新气象和环境感到兴奋不已吗？任何人都能生活在这样的房间里并将它保持得如此整洁吗？

反思历史

当你看到这些或者任何其他照片时，不妨问问自己：摄影师的目的和观点是什么？为什么会选择这种特殊角度？为什么会聚焦于这些特殊的人物或事物？摄影师想要揭示的是什么？摄影师无意中揭示的又是什么？数码相机对摄影技术有何改变？具有革新意识的摄影师在今天又将他们的镜头对准了什么样的主题？

美国东部和中西部的许多男人担心，如果给予妇女选举权，她们将会支持禁酒令；而一些妇女则认为，只给予中产阶级妇女选举权会取消男性移民的选举权。但像简·亚当斯这样的进步主义者则支持所有妇女都应享有选举权，她认为，在城市和工业化时代，妇女需要成为城市管家来保护她们的家庭。进步主义者坚决主张所有女性都需要选举权，从而推动了第一次世界大战期间妇女争取选举权的胜利。

1890年代，争取女性投票权的领导者重新审视了他们的处境。在1869年分为两派的女权运动，在1890年又重新合并为"全美妇女选举权协会"。虽然伊丽莎白·斯坦顿和苏珊·安东尼仍然担任协会的主席，但她们都已年逾古稀；领导权随后转移到了更年轻和更稳健的女性手中，后者则主要关注单一投票权问题。

领导权的变更意味着关于选举权的争论开始发生转移。1848年以来，主张妇女参政的人主要争论的问题是"共同的共和制主张，个体的公民身份"。但年轻的一代则把争论的焦点转向了三个权宜性论题。第一个是女性要求参加选举是为了通过保护自身的法案，如防止强奸者和不安全的工厂条件。第二个是简·亚当斯的女性作为城市管家的构想，这一构想指出了那些女性拥有政治投票权后就可以进一步发挥女性清除城市中那些不道德现象和腐败政治现象的职能。第三个权宜性论题反映了城市中产阶级改革者对非新教移民拥有选票所抱有的歧视态度。主张女性参政的人认为，受过教育、在美国出生的女性应该有投票权，以抵消未受教育男性移民带来的不良影响。1894年在爱荷华州的一次演讲中，卡丽·凯特（Carrie Catt，1900年她接替苏珊·安东尼成为全美妇女选举权协会主席）认为："由于城市贫民区中的男性有投票资格，政府受到极大的威胁"，这种威胁只有通过取消他们的选举权，把这一权利给予女性才可以解决。在新的世纪，在像凯特这样新女性的领导下，女性最终获得了选举权，但反移民情绪却仍在继续。

19.1.5　家庭和学校

改良者坚信更好的住宅和教育能够改变穷人的生活和开创一个更加美好的世界。例如，里斯的著作《另一半人怎样生活》就曾令人震撼不已。他用生动的语言和令人难以忘怀的照片记录了纽约贫民窟的悲惨景象。

在20世纪最初的十年里，进步主义者对安居问题采取了新的方式。他们通过收集统计资料、进行调查、组建委员会和举办展览会来展示城市拥挤不堪的景象。当时有几个城市通过了经济公寓住宅法，但这些法律却经常难见成效。1910年，改良者组织了全国住房协会（National Housing Association），某些改良者计划在未来通过制定联邦法律、甚至是由政府资助来提供住房。但是，改良者的想法经常与他们想要帮助的人的价值观发生冲突。

许多尝试教导工人阶级家庭如何在廉价公寓里生活的中产阶级女改良家都是从未组织过自己的家庭。这些中产阶级女改良家住在由慈善团体或大学举办的休闲娱乐、教育及社会中心，从不用为做饭或家务分神。然而，她们中也有人开始意识到：繁重的家务使得各个阶层的妇女都无法在社会工作中全力以赴。夏洛特·吉尔曼（Charlotte Gilman）摒弃了关于"妇女的领域"的传统观点并拟定了替代方案，她建议将母性与职业结合起来。但就大多数美国人而言，尽管分属不同政治派别，但他们却依然把家庭视为一块圣地，母亲居于主导地位。

进步主义者除了强调改善住宅的重要意义外，还着重指出了改善学校的教育条件是培养优秀公民的一个途径。公立学校体系往往古板腐朽，而且似乎还强化了那些保守主义习俗。一位芝加哥教师教导她的学生："不要停下来去想，告诉我你知道什么。"

与进步主义的其他方面如出一辙，进步主义的教育理念反对墨守成规，而赞同教育的灵活性。约翰·杜威是一位重要的、赞同进步主义教育理念的哲学家。他想要在城市里创造出一种他出生地佛蒙特那种天然小型农村社区的感觉。他试验了一套新的教育方法，比如，他替换了原先那些带有门闩、全部面向前方的课桌，使座位可以围成一圈，灵活地组织成小组的形式。

杜威主张学校应以学生为中心而非以课程为中心。教师的职责是教授学生而非教授历史或数学这类课程。当然，他的意思并不是要抛却历史和数学学科，而是指出这些学科必须要与学生的切身体验相结合。学生不应只是从书本上去学习民主制度，学校本身的运行机制就应该做到民主化。

杜威还主张，尽管这一点颇具争议，学校教育应当成为社会变革的有力工具。但与大多数进步主义者一样，他也从未明确表态：学校是应当引导学生适应现存社会，还是应当对世界加以改造。尽管在这一点上徘徊不定，但进步主义教育的灵魂与进步主义总的精神并无本质区别，都是乐观积极的。改良者相信，学校可以培养出更多头脑灵活、素质优良的毕业生，他们最终将会促进社会进步。

19.1.6 对酒吧、妓院、剧场的整饬运动

考虑到改良者们抱有塑造健康有教养公民的信念，大多数秉持社会公正主张的进步主义者都抵制酒类销售也就是合乎理性之举。某些出身于清教徒家庭的进步主义者把嗜酒视为一种罪恶，但大多数人支持禁酒都是出于实用的原因考虑：改良城市和保护人类资源。

美国人消费酒的数量惊人：1900 年以后消费量迅速增长，1911 年到 1915 年达至顶峰。1850 年代以后，只有三个州的禁酒法仍在发挥效力。肇始于 1880 年代和 1890 年代的现代禁酒运动由妇女基督教禁酒联盟发起，1900 年之后反酒吧联盟及由宗教领袖和社会改良家组成的联合组织也参与进来。1906 年到 1912 年，共有七个州通过了禁酒法。

进步主义者还把城市里的舞厅、影剧院视为妨害青年人道德修养的障碍。1889 年诞生的电影只是在 20 世纪的最初十年才发展成为一种重要的娱乐方式，起初它主要是供社会底层和少数民族消遣。

直到第一次世界大战期间，当大卫·格里菲思开始制作电影长片时，电

影才开始为中产阶级所瞩目。最流行的早期电影是大卫·格里菲思的《一个国家的诞生》(1915)，这是一部由一个哗众取宠的种族主义者所拍摄的电影——一部反映了南方重建时期黑人声色犬马生活的被歪曲的史诗。很多早期电影都是引自法国、意大利和德国，由于是无声电影，使用任何语言的字幕都是轻而易举。但是，人们根本不必理会语言、甚至根本没有必要去读字幕，就可以欣赏电影情节。这就是早期电影吸引观众的手段。这些电影描绘了婚前性行为、通奸和暴力；而且不像后期电影，许多电影都攻击了当局并以悲剧收尾。1907年出品的《候选人》(The Candidate)讲述了一个上层社会的改良候选人试图整治城镇时反被弄得里外不是人的故事。在同年出品的电影《打倒女人》(Down with Women)中，穿着考究的男人们指责妇女选举权和"弱势性别"的无能为力，但整部电影里却只描绘了那些强势的妇女。

一些电影的风格偏重于滑稽幽默、浪漫情调和冒险色彩，另一些电影则侧重色情内容。改良者们不仅抵制电影的情节和内容，还对剧院的地理位置（多位于酒吧和剧院附近）和室内的昏暗颇有微词，因为这会激发不道德的行为。改良者们对此十分担心。但对年轻的外来女性移民（她们是影剧院中观众的主体）来说，电影却是为她们的生活带来了难得的开心时刻。

对进步主义者来说，酒吧、舞厅和影剧院都与卖淫这一最深重的罪恶脱不了干系。19世纪的反卖淫运动根本无法与进步主义时期涤荡所谓"社会罪恶"的成果相提并论。所有的大城市和许多小一点的城市都成立了反堕落委员会，它们的报告（经常有几卷厚）都是颇具典型意义的进步主义文献，内含大量翔实的数据调查，同时也饱含着道德上的义愤填膺之情。

进步主义者反对社会邪恶的整饬运动吸引了形形色色的人们，但他们的出发点却是不尽相同。种族歧视者和主张限制移民的人士认为，"低等人"（即黑人和最新的移民群体）是妓女和皮条客的主要来源。关注社会卫生的进步主义者引用鲜活的卖淫记录作为他们运动的一部分来反对性无知。一些妇女改良者倡导男女应实施同样的道德标准。另一些人担心妓女会将性病传给不忠的丈夫，后者再将性病传给妻子和孩子。但大多数进步主义者强调的还是诱发堕落和罪恶的环境因素。他们认定，卖淫问题与童工、贫民窟等问题一样，都可以通过教育和社会变革来克服。

尽管进步主义者做了许多努力，但卖淫活动却仍是屡禁不止，实际上他们在解决作为卖淫根源的贫困问题上也是一无所成。一位卖淫者质问调查者："难道你还指望我回工厂去赚每周五六美元的可怜收入吗？我现在随便一个晚上都能赚那么多，甚至比那还要多呢。"改良者们清除了一批红灯区，关闭了一些妓院，并借助国会通过法案［即《曼恩法案》(Mann Act)］禁止妇女出于不道德目的在州际之间辗转往来。或许，更为重要的是，他们还在若干州内规定了妇女的生育年龄，并在 20 个州内对婚前男女进行了强制性的梅毒检测。

19.2 进步时代的工人

进步主义的改良者们对那些挣扎着为其自身和其家人讨生活的产业工人抱有极大的同情，他们推动立法保护女工和儿童。但通常情况下，他们又对按工时出卖劳动力的经济法则知之甚少。例如，每当劳工势单力薄之时他们就会支持工人联合起来行动，但他们却又经常反对工人用罢工这一斗争手段去反抗资方。无论是参加工会的工人还是改良者们，无论是作为单独的个体还是松散的联盟，在第一次世界大战之前，他们在企业中始终处于弱势。

19.2.1 适应产业工人

由于企业家们延续了 19 世纪末的遗风，唯利是图并继续千方百计地使他们的工厂和劳动力更高效更多产，20 世纪初期劳动的性质继续发生变化。

在某些行业，新机器的启用引发了劳动方式的革命，原有的高酬劳的技术性劳动大大减少。由亨利·福特所改进的流水线作业方式改变了劳动的本质，并使很多技术工人沦为不需要任何技术的机器看护者。

机器的影响是不均衡的，它在一些行业的影响力要高于其他行业。虽然一些拥有技术的纺织工和玻璃吹制工都变成毫无技术性可言的机器操作员，但机器自身也创造出对新的技术工人的需求。例如在汽车行业，新的精英工人是技工，是工具，也是确保流水线正常运转的至关重要的人。但是，机械化的大势不可阻挡，就连最有技能的工人最终也无法再决定如何生产产品。

科学管理（scientific management）原则也对改变工厂工作起了同样重要的作用。这一领域的领军人物是弗雷德里克·泰勒（Frederick Taylor），他出身于费城的一个名门望族。由于年轻时患上了神经衰弱，主治医生建议他多干些体力劳动以利于治疗。于是他就在费城一家钢铁公司做了一名普通工人，他利用晚上的时间进修工程学，并于1880年代升为工厂的总工程师。稍后，他便应用自身经验开始对工厂的组织体制进行反思。

萦绕泰勒脑际的问题是如何能够提高工作效率。他特别强调的是统筹计划、系统分析、详细的操作指令。他用秒表来决定完成一项任务最有效率的方式。尽管他夸大了他的数据，但是很多业主都热情高涨地采用了他的科学管理理念，以期借此增加企业收益，提升他们对车间的控制权。毫不奇怪，许多工人则是都对"泰勒主义"（Taylorism）怨声载道。

19.2.2 工会组织

美国劳工联合会主席冈珀斯很快就意识到，泰勒主义将会使工人退化为"简单的机器"。在他的领导下，美国劳联在进步主义盛行的时代蒸蒸日上。到1914年，劳联自身就已拥有200多万会员。冈珀斯提出的"纯粹而简单的工会主义"理念，在煤矿、铁路和建筑领域的工人当中获得巨大成功。正如我们在第16章中所看到的，冈珀斯忽视了正在日益壮大的非技术工人和移民工人的力量,他只专注于那些要求增加工资和改善工作环境的技术工人,因为这些技术工人都是隶属于美国劳联的工会成员。

冈珀斯的策略方针一度取得了良好的效果。为了避免发生破坏性罢工,一些企业与美国劳联达成了协议。但这种合作只是昙花一现。在一系列损失惨重的大罢工中,工会组织受到了沉重打击,全美制造商协会(National Association of Manufacturers,NAM)借机发起了猛烈的反击。全美制造商协会与其他业主联盟携起手来,通过培植工贼、安插工业间谍和将工会成员列入黑名单等方式,来阻止那些参加罢工的工人在其他行业找到工作。

最高法院通常都会理所当然地站在管理者一边,在1908年的丹伯里制帽工会案即"洛伊诉劳勒案"(*Loewe v. Lawler*)中,法院判决工会应该服从《谢尔曼反托拉斯法案》。因而,公会成员应该自行承担罢工期间的经济损失。各级法院也经常宣布罢工非法并迅速通过了各种限制性法规。

女工及其所面临的问题比男工的处境更能博得进步主义改良者的同情。进步时代,女工外出工作的人数稳步增长,由1900年的500万增至1920年的850万。但她们却很少参加工会,而且到了1910年这一百分比还出现了下降,后因纺织业和制衣业工会的蓬勃发展又使这一比例略有上升。

出于生存所需,妇女继续为维持自身及家庭生活而外出工作。很多处于社会上层的女性改良者都试图帮助女工。尽管改良者与女工之间经常会意外地出现某种紧张和误解,但却存在一个真正的合作性组织"女性工会联盟"(Women's Trade Union League,WTUL)。这一组织始建于1903年,由数名进步主义改良者创立,但它也吸纳了一批来自工人当中的领导人,如玛丽·肯尼(Mary Kenney)和罗丝·施奈德曼(Rose Schneiderman,一名犹太裔制帽工人)。该工会组织在东部和中西部的很多城市设立了很多分支机构,十多年来在帮助妇女组织工会上发挥了重要作用。它还要求美国劳工联合会给予女性更多的关注,同时还在妇女罢工期间提供援助、为被捕者交纳保释金、大力宣扬女工的悲惨处境。

19.2.3 制衣工人和"三角制衣厂"大火

纽约市约有成千上万名制衣女工,其中多为犹太人和意大利人。多数人年龄都在16岁到25岁之间。女工们每周工作6天,共计56个小时,辛苦劳作一周才赚6美元。作为制衣业的中心,纽约拥有600多家衬衫厂和女装工厂,共雇用了3万多名工人。

与其他行业一样,制衣业也发生了很大变化。以前在无数间昏暗潮湿的廉价公寓里所从事的工作,如今全部集中在曼哈顿区宽敞且带有阁楼的大厦之内。尽管相对于那些廉价公寓是一个巨大的进步,但是很多车间还是拥挤不堪,缺乏安全防范设施。大多数女工都不得不租用缝纫机,甚至电费都得自己负担。她们还经常会因一些过错或高声喧哗而受到惩罚,而且通常都会处在一位男性监工的监管之下,因此还不得不忍受他的纠缠乃至性骚扰。

1909年,一些女工举行罢工抗议恶劣的工作条件。国际制衣女工联合会和女性工会联盟对此大力声援。但是,罢工者遭到殴打,甚至有很多女工锒铛入狱。1909年11月22日,在年轻的制衣女工克拉拉·莱姆里奇(Clara Lemlich,她曾在罢工纠察线上遇袭)用意第绪语发表了热情洋溢的讲演之后,参加集会的人们投票赞成举行大罢工。

这场被称为"两万人起义"的行动使整个美国都为之震惊。犹太人和意大利人相互学习了一些对方的语言,以便在罢工中能够相互进行沟通。年轻的州议会议员菲奥雷洛·拉瓜迪亚(Fiorello La Guardia,未来的众议院议员及纽约市市长),也是众多加入牧师、神父和社会改良者行列公开支持罢工的政府官员之一。

制衣女工们取得了罢工的胜利,这也使制衣女工工会成为美国工人联合会中最强大的一个组成部分。但是,仍有一些厂家拒绝接受工会提出的条件,那里的工作环境依然备受压抑并且缺乏安全保障。这一状况在1911年3月25日的一场大火中表现得尤为突出,火灾爆发于纽约华盛顿区附近三角制衣厂十层建筑的第八层车间里。短短几分钟,厂房最高的三层楼就已是

三角制衣厂大火的受害者

三角制衣厂大火震动了整个美国,很多生动的照片(如这幅抢拍的照片记录下一位警察看着废墟和横躺街头的尸体)帮助促进了随后进行的调查。在你的人生中有像这幅照片一样让人震惊的事件吗?

火光冲天。雇主反锁了大部分出口。电梯又停止运行。由于没有火灾逃生出口，46 名女工在跳楼逃生中摔死。在三角制衣厂大火（**Triangle Shirtwaist fire**）中，共有 100 多人丧生。

　　震惊不已的州立法机关立马任命了一个专门负责调查本州工厂工作条件的委员会。年轻的社会工作者弗朗西丝·珀金斯（Frances Perkins，1930 年代的劳工部长）也是该委员会中的一员。她率领那些从政者奔走于昏暗的车间、肮脏的宿舍和危险的厂房之间，并把年轻女工们的生存状态展示给世人。最终，州议会通过立法，把女工的工作时间限制在每周 54 小时以内，禁止使用 14 岁以下的童工，并改善了工厂的安全保障制度。该法案的支持者之一就是年轻的州参议员富兰克林·罗斯福（Franklin Roosevelt）。

　　调查委员会深受进步主义影响，成立于 1912 年的联邦产业关系委员会进行了最为重要的调查。委员会研究了导致工业骚乱和暴力冲突的原因，调查了科罗拉多州一起爆发激烈劳资冲突的名为"拉德洛大屠杀"（Ludlow Massacre）的原因。工人们要求实行 8 小时工作制、采用更先进的安全防范措施和废除武装警卫，然而，洛克菲勒家族控制的公司却拒绝与工人进行谈判。1914 年春天，罢工演变为暴力冲突，破坏罢工者和国民警卫队悍然朝工人开枪，11 名儿童和 2 名妇女惨遭杀害。

　　产业关系委员会让小洛克菲勒前去参加听证，实际上就是在暗示他就是谋杀事件的元凶。委员会在报告中宣称阶级间的暴力冲突很难规避，除非限制武装警卫和侦探的使用，限制垄断并且保障工人享有组织工会的权利，甚至还应通过税收重新分配社会财富。然而，委员会的报告最后却成了聋子的耳朵——摆设，这也是顺理成章的事。与大多数美国人的想法一样，许多进步主义者也都竭力否认委员会关于阶级冲突无法避免的结论。

19.2.4　激进的工人

　　并非所有人都接受进行调查取证和推行保护性劳工立法的进步主义信

念。也并非所有人都赞成冈珀斯的保守主义主张或其为技术工人增加收入的要求。1905 年，约 200 名激进分子在芝加哥集会，宣布成立一个新的工会组织以取代美国劳工联合会，他们将这个组织命名为世界产业工人组织（Industrial Workers of the World，IWW），会议还谈及关于工会组织的相关事宜。像 1880 年代的劳工骑士团一样，世界产业工人组织热忱欢迎所有工人，不分技术水平、性别和种族。

德布斯参加了这次组织集会。他在 1894 年普尔曼大罢工后皈依了社会主义，到 1905 年时他已成长为一名显赫的激进主义领导人。参加这次集会的还有西部矿工联盟主席"大比尔"海伍德（"Big Bill" Haywood）和带有传奇色彩的琼斯"妈妈"（"Mother" Jones），她的穿着宛若上流社会的主妇，但却敢于抨击那些"坐在光滑的毛皮软椅上与压迫工人的剥削者进行谈判"的劳工领袖们。当时她已 60 多岁，先前她则既是一位制衣女工和人民党的成员，也是劳工骑士团的一员。

世界产业工人组织的规模一直不大并饱受内部纷争的困扰。海伍德掌控了世界产业工人组织，该组织在 1912 年的马萨诸塞州劳伦斯纺织工人武装暴动，以及在随后年月里发生的新泽西州帕特森城和俄亥俄州的阿克伦城的武装罢工中，都发挥了重要作用。该组织在组织西北部四处迁徙的伐木工人和农业季节工人方面获得了巨大的成功。而在其他地方，尤其是在失业高峰期间，世界产业工人组织的会员身份也有助于非技术工人对雇主发泄他们的怒火。

但与欧洲工人不同，大多数美国工人都不觉得自己已经卷入了阶级斗争。许多移民工人一心只想赚钱返乡，对这些斗争兴味索然。大多数在美国定居的移民工人通常都怀有对美国梦的美好憧憬。为了得到更稳定的工作并跻身中产阶级，他们对有组织的工人暴动一般都是避之不及。他们明白，即便自己这一代无法实现这一梦想，他们的子孙后代仍会从美国人的生活方式中获益。美国劳工联合会，而非世界产业工人组织，成为工人运动的主导。

19.3 市政和州政改革

进步时代的改良运动通常发轫于地方，然后向州级延伸，最后才到达首都（即在国家层面上实行）。城市和各州的进步主义思想源于1890年代人们普遍存在的沮丧情绪。改革要求获得更多的民主，让人民得到更多的权力，以及制定规范铁路和其他工商业部门的立法。然而，运动的领导者通常都是由专业人士和工商业阶层来充当。他们试图为杂乱无章的社会注入秩序和规则，并致力于在迅速发展的时期里实现城市和州的现代化。

19.3.1 市政改革家

蔚为壮观而又持续不断的城市发展滋长了对住房、交通和市政服务的需求。但最令观察家们担忧的还是那些涌入城市的人群。1910年，40%的纽约人和36%的芝加哥人都是在国外出生的移民；如果再加上移民的后代，这一百分比在某些城市甚至达到了80%。麻省理工学院校长这样描述这些移民："来自失败种族的失败者，代表着生存竞争中最糟糕的失败。"

对城市及其新移民的恐惧促进了进步主义市政改革。20世纪早期的改革家大都出身中产阶级，他们想要规范和控制城市的扩张、恢复民主制度、惩治腐败、限制城市老板和他们与外来移民的同盟的权力。但当这些改革者高谈阔论恢复人民的权力时，他们通常指的都是像他们这样的人民。

各个城市的市政改革运动不尽相同。波士顿的改革家们主张加强市长的权力，削弱市议会的权柄，消除议会腐败。但在1910年，约翰·菲茨杰拉德（John Fitzgerald，日后肯尼迪总统的外祖父和改革的反对者）击败了改革派的候选人。其他城市的改革者们则采取了不同的策略，但他们几乎都会进行深入的调查研究，并发起减少腐败行为的运动。

最惹人注目的改革举措是用一个无党派的行政官员委员会取代了市长和

市议会。1900年9月间一场毁灭性的飓风席卷了德克萨斯州的加尔维斯顿，无意中促成了上述方案的出台。这是美国遭遇的一场史无前例的自然灾难，有超过6 000人遇难。当时的州政府在危机面前束手无策，于是州立法机构便任命了五位委员在紧急状态期间对城市进行管理。

这种新的理念迅速扩展，尤其是在中西部和太平洋海岸的小城市、中等城市更是广受欢迎。俄亥俄州的代顿市甚至走得更远。1913年特大洪灾过后，该城聘用了一位经理人来管理城市并对选举产生的市议会负责。由专家来治理政府是大多数市政改革家心目中完美的象征。

然而，在大多数城市，委员会和专职管理人员并没有取代市长。最风光也是最成功的信奉进步主义的市长是克利夫兰市的汤姆·约翰逊（Tom Johnson），他是一个被亨利·乔治的《进步与贫困》所吸引转而主张进行改良的富有之人。1901年当选克利夫兰市市长后，他在全市范围降低运费，修建公园和公共浴池。他还通过向妓院鸨母和妓女承诺，只要她们不从嫖客那里偷窃、不向警察行贿，就不会干扰她们的正常经营，从而制止了警察与淫娼之间的非法钱权交易。他最具争议性的举措是鼓吹市政府应该拥有街道、铁路和公益设施的所有权。他在1909年的选举中受挫，部分原因是许多强大的工商业势力孤立疏远了他，但他的一位副手牛顿·贝克（Newton Baker）则在1911年当选市长，后者在任期间推行了许多他的政治纲领。

19.3.2 州政改革

各州的进步运动渊源各异，千姿百态。在一些州（尤其是西部某些州），进步主义者规范铁路和公用设施的努力仅仅是人民党主义的扩展。在另一些州，进步主义在市政改良中生气勃勃。而就大多数州而言，都是通过法律以推进民主、给予人民更多权力。公民创制权和复决投票权法案允许公民自创法案和推翻立法会通过的法案，罢免法案则授权民众解除已当选官员的职务。虽然这些"推进民主"的法案大多以理论见长，实际效果并不甚明显，但却表现出美国人要求打破政府特权的切实努力。

大多数州的进步立法措施都促进了秩序和效率，但许多州也通过了社会正义措施。马里兰州于1902年颁布了第一个工人补偿金法案，规定工伤者旷工期间工资照发。伊利诺斯州通过法案资助那些未成年儿童的母亲。还有几个州通过了反童工法案，而俄勒冈州通过的限制使用女工每天10小时工作法案更是成为各州效仿的榜样。

凡是成功实行进步主义改革的州都选举出了敢作敢为、雷厉风行的州长：这些州长包括纽约州的查尔斯·休斯（Charles Hughes）、佐治亚州的霍克·史密斯（Hoke Smith）、新泽西州的伍德罗·威尔逊和威斯康星州的罗伯特·拉富莱特（Robert La Follette）。拉富莱特是继伍德罗·威尔逊之后的风云人物，在很多方面都显现出一名典型的进步主义州长的风范。他出生于威斯康星州的一个小镇，1879年毕业于威斯康星大学，随后以一位铁路律师的身份开始了他的职业生涯，只是在1893年经济萧条后才成为一名改良者。他利用民众不满情绪于1901年顺利当选州长。颇具讽刺意味的是，拉富莱特最大的政绩却是来自对铁路的攻击。但他绝对是一位精明强干的政治家。他任用威斯康星大学教授起草政府报告，进行相应的数据研究。然后他与立法机构合作通过了本州的主要法律和规范铁路运输系统的法案。他的政治宣言是："回归民主的根本原则，回归人民。"记者们把威斯康星州渲染成一个"民主实验场"。拉富莱特本人也开始名扬全国并于1906年当选参议员。

进步运动极大地改善了政府的工作，使其在像威斯康星这样的州对人民更加负责。例如，铁路从此被置于铁路委员会的管辖之下。但到1910年，铁路系统已经不再抱怨政府对其征收的新税和限制。铁路系统业已意识到，改革可以使其自身运作更有效率，而且它们在是否应该提价或放弃无利可图的线路等问题上通常都能说服铁路委员会。与世界上其他任何地方的进步主义一样，美国各州的进步主义也是功过是非难以评说。不过，这股改革浪潮席卷整个美国却是毋庸置疑，这一发端于地方的进步运动最终也不可避免地对首都华盛顿产生了深远影响。

19.4 西奥多·罗斯福与公平交易

早期的进步主义改革者们竭力想法攻克自己所在地区的社会问题，但是他们逐渐明白，有些问题单靠各州和地方的力量不可能得到解决。全国性工业经济的出现引发了需要全国性解决办法的状况。在国家层面上，进步主义者把他们的注意力转向经济体系——铁路和其他大型企业，自然环境的状况，美国工业产品的质量。他们在推动立法以弥补经济缺陷的同时也使联邦政府的权力得到急剧扩大。尽管改良者们并不确定1901年西奥多·罗斯福成为总统会给美国带来怎样的变化，但在他就职期间，进步主义却是重塑了美国的政治议程。

19.4.1 一位强势而备受争议的总统

西奥多·罗斯福就任总统时有着丰富的从政经验。他曾成功当选纽约市市长，担任过一届纽约州议会的议员。他还在美国文官委员会委员的职位上度过了四年光阴，又做了两年纽约市警察局长。美西战争中的英雄行为使他名噪一时，但他也是一位有效率的海军部长助理和革新派州长。担任警察局长和州长期间，他受到了很多进步主义者的影响和熏陶，如他的朋友雅各布·里斯和一群纽约市定居之家工作者。但却无人知晓他当上总统之后将会如何挥舞权杖。他出身上层社会，曾广泛游历欧洲并结识了世界各地很多显要人物。他也曾出版了不少书籍，是继托马斯·杰斐逊以来美国历史上最具学识也是最有全球意识的总统。但是，这些条件无一能够保证他主政期间就会成为一个进步主义者。

西奥多·罗斯福十分热衷于当总统。他把白宫称为"天下最牛讲坛"（bully pulpit），非常乐于跟平民百姓和各类媒体进行交流。他那魅力四射的个性和幽默感，使他成为大众报纸和杂志追捧的对象。美国人民迅速接受和喜爱上了这位新总统。他们在背后都称其为"特迪",意为一只吃饱了的或自命不凡的熊。有时,他的精力旺盛到控制不住的地步。他曾和一位外国外交官在波托马克河里裸泳。有人惊叹道:"你必须理解,总统才只有6岁。"

西奥多·罗斯福当然不是一个活力四射的顽童,他是继林肯之后美国历史上最强有力的总统。他使行政机构焕然一新,改组了军队的政令系统,实现了领事制度的现代化,他在诸多方面使联邦政府的运转更加富有效率。他创建了公司管理署,任命了由专家组成的独立委员会,并向社会公开招募博学多识、训练有素的人为政府工作。西奥多·罗斯福(又被人称为"TR",他名字的首字母缩写)还专门召开白宫会议探讨贫困儿童问题,甚至还于1905年召集大学校长和足球教练到白宫讨论如何限制足球暴力。他因在改革举措上没有走得足够远而激怒了许多主张社会正义的进步主义者。但他也是第一位接受进步主义者建议并邀请他们进入白宫议事的总统。

19.4.2 与大托拉斯的较量

西奥多·罗斯福上台伊始的第一个举措就是试图控制大工业公司。他执政时正值企业兼并联合之风大行其道。1897年到1904年共有4 227家公司联合组成257家大型企业集团。美国钢铁公司(第一个拥有超过10亿资产的企业)成立于1901年,是由卡内基钢铁公司与其他八家主要竞争对手合并而成。新公司控制了全国67%的钢铁市场,摩根从中获利700多万美元。

1890年通过的《谢尔曼反托拉斯法案》在实践中并没有发挥太多限制托拉斯的作用,一些黑幕揭发者和进步主义者继续奔走疾呼要求规范企业运作。更有甚者要求退回到经营规模有限的小型企业时代。西奥多·罗斯福既不反对大托拉斯,又对小商人的盈利权利予以肯定。他说:"我们的目的是反对不正当竞争,而不是反对财富。"

然而令工商界大为震惊的是,西奥多·罗斯福竟指使司法部长提出诉讼要求解散北方证券公司(Northern Securities Company),这是一家由詹姆斯·希尔（James Hill）和金融家摩根联合创建的大型铁路垄断集团。摩根提议："如果我们做错了事情，应该让你的手下直接找我们，大家协商解决。"桀骜不驯的西奥多·罗斯福最终让摩根和其他企业家们领悟到，他们绝对不能像对待另一位业界大亨那样对待总统。这起案件的最终胜出者还是联邦政府，之后政府又陆续对一些大托拉斯集团提出起诉，其中包括新泽西的美孚石油公司和美国烟草公司。

西奥多·罗斯福的反托拉斯政策并没有终结大企业的强权，甚至也没有使它们改变经营方式。它也没有压低煤油、雪茄和火车票的价格。但它却着实给《谢尔曼反托拉斯法案》增添了某些活力，并且强化了联邦政府作为管理者的角色。它还促使大公司（如美国钢铁公司）的投资和经营走向了多样化以避免反托拉斯诉讼。

西奥多·罗斯福还试图强化联邦政府在其他问题上的监管权力。在他的一手策划下，1903年国会通过了《埃尔金斯法案》，1906年又通过了《赫伯恩法案》，这两个法案加强了州际商业委员会的权力。第一个法案废止了托运人为谋特权而付给铁路的回扣；第二个法案则拓展和扩大了州际商业委员会的权力，给予其调查研究和调控价格的权利，尽管国会的反对者们削弱了这两项法案的效力。

西奥多·罗斯福笃信公司资本主义，厌恶社会主义，不愿与劳工领袖相处。然而，他又将自己视为一个仲裁者和调停者。他关于总统权力的看法在1902年无烟煤工人大罢工期间展露无遗。在美国矿工联合会的领导下，煤矿工人举行罢工，抵制低工资、长工时和恶劣的工作条件。1901年共有513名煤矿工人死于矿难。矿主拒绝与工人进行对话，他们雇佣大批罢工破坏者，并动用私人安全警卫对工人进行威逼恐吓。1902年秋天，学校开始因缺乏煤炭而被迫停课，看起来广大市民也将面临冬季无法御寒的问题。尽管矿主们反对与那些"无法无天的工人"进行交涉，但西奥多·罗斯福还是把矿主和工会代表召集到白宫进行谈判，并任命了一个包括劳资双方代表在内的委员会。几周后，矿工复工，他们的工资提高了10%。

19.4.3 肉类检测及纯净食品和药物市场

西奥多·罗斯福的第一次立法革新运动由一偶然事件引发。1904年，26岁的黑幕揭发记者辛克莱开始了对芝加哥屠宰厂的调查。1906年他出版了《屠场》，书中记录了工人遭受的剥削，想要使读者皈依社会主义，但其中关于受污染的肉类的描述让读者再也无法容忍，引发了公众要求规范肉类加工厂的呼声。据说西奥多·罗斯福读过这本书后，从此以后再也没有碰过他的早餐香肠。他下令调查整个肉类加工产业，然后利用调查报告向国会和肉类加工厂业主施压，要求他们接受一项改革法案。

最终于1906年通过的《肉检法》是一个妥协的产物。它强化了联邦政府对所有肉联厂的检查并加强了卫生许可条件。工厂主们否决了所有肉都要标注出产日期的规定。一些大企业为了在与小业主的竞争中占据更有利的位置，也支持该折中法案。但是，法案只是一个开端。法案的通过体现了黑幕揭发者、宣扬社会公正的进步主义者和公众的呼声最终是如何引发立法改良的。它还揭示了西奥多·罗斯福如何利用公众的情绪并操纵政治运作过程使国会通过了法案。事实上，他早已习惯了这种聊胜于无的处理争端的方式。具有讽刺意味的是，《肉检法》的颁布重建了公众对肉类加工厂的信心，反过来也有助于工厂增加利润。

借助于《屠场》所营造的公众影响，联邦政府又对食品和药物销售进行了规范性立法。很多盒装和罐装食品都含有危险的化学物质和杂质。美国人消费了大量成品药；一种普通药物经检验其酒精含量达到44%，很多药物里都含有鸦片成分。1906年通过的《纯净食品和药物法》虽然并非十全十美，但却纠正了一些最严重的滥用药物行径，其中包括剔除可口可乐中的可卡因。

19.4.4 资源与保护

西奥多·罗斯福是一个野外活动爱好者，同时也是一位业余博物学家，他将保护自然资源的措施视为自己最主要的国内政绩。他利用手中的行政权力把国有森林的面积扩展了三倍，使其总面积达到 1.5 亿亩之多。

西奥多·罗斯福具有东部人少有的远见卓识，他很能理解西部各州缺水所引发的问题。1902 年，在他的热情支持下，国会通过了《纽兰兹法案》，把西部 16 个州出售公有土地的收益用于各州的水利灌溉工程。尽管其动机是援助大农场主而不是小生产者，但《纽兰兹法案》却将灌溉系统首次置于联邦政府的管辖之下。

更为重要的是，西奥多·罗斯福提升了民众的自然资源保护意识。他任命了全国自然保护委员会，由其负责对全国自然资源进行详细清查和编目；吉福德·平肖被任命为委员会主席，后者是保护自然资源的最重要鼓吹者。平肖极力宣扬选择性伐木、防火、限制在公共牧场放牧，他逐渐成为西奥多·罗斯福的密友兼顾问。

平肖保护自然资源的政策深受林业和畜牧业人士的欢迎，但却激怒了那些只想开发利用土地的人们。他的政策理念也受到了强烈要求保护荒野的约翰·缪尔的追随者的谴责。缪尔曾于 1862 年创建了峰峦俱乐部，并引领了一场成功的运动，在加州建造了约塞米蒂国家公园。缪尔看上去有些行为古怪，但却有成千上万的人都认同和支持他的看法，他认为，对那些过分开化、过于活跃的城市居民来说，保护荒原是一种精神上和心理上的必需品。缪尔还是世纪之交所谓"回归自然"运动的领导人之一，在这场运动中创建了童子军（Boy Scouts，1910 年创建）和营火少女团（Camp Fire Girls，1912 年创建）等组织。

平肖与缪尔相互抵触的自然保护理念，在关于赫奇赫奇水库的论战上表现得尤为引人注目，赫奇赫奇是约塞米蒂国家公园内一个偏远的峡谷。那是一片原始荒原地带，缪尔及其追随者希望维持其原貌。然而，1901 年旧金山市市长认为大峡谷是修建水坝和水库的理想之地，建成后可以供应城市发展所需的用水。缪尔辩称荒原资源不久将比水资源更加紧缺，它对锻造民族精神的意义更为重大。平肖和其他自然资源保护者则坚持认为，当大多数人的生活和社会福利问题处于生死攸关之际，如此迎合少数人的审美情趣实乃愚蠢之举。最终西奥多·罗斯福和国会站在了自然资源保护者一边，大峡谷摇身变为一个湖泊（今天依然如此）。不过，自然资源保护者与环境保护者之间的争论一直贯穿整个20世纪。

19.4.5 只为白人的进步主义

像他同时代的大多数白人一样，西奥多·罗斯福也认为黑人、印第安人和亚裔人天生就低人一等，并唯恐东南欧的大量移民威胁到盎格鲁－撒克逊人的主导地位。但西奥多·罗斯福首先是一个政客，因此他对大多数团体都表现出友好姿态。他甚至还在1901年邀请布克·华盛顿到白宫做客，尽管此举遭到南方人的恶意攻击；并任命了几个称职的黑人担任一些次要的联邦职位。但他也会对黑人冷漠无情，这在他处理1906年德克萨斯州的布朗斯维尔骚乱事件时表现得尤为突出。驻扎此地的黑人军队为严重的种族歧视所激怒，发动暴乱。当时的具体情形到底如何，谁也说不清，但最终结局则是一名白人被杀，另有数人受伤。1906年中期选举刚一结束，西奥多·罗斯福就以其作乱为由下令遣散了三个连队的167名黑人——这显然是一种不公平的惩罚，因为罪责根本无法证实。直到66年后，陆军部长才宣布这些人属于光荣退役，但到此时其中很多人都已不在人世了。

进步时代也是南方种族隔离最为严重的岁月，但是甚至就连最先进的进步主义者也很少把黑人纳入改良计划中。虽然赫尔大厦也像其他大多数社区一样实行种族隔离，但简·亚当斯为了解决她那个年代的种族歧视态度问题，却是比大多数进步主义者都做出了更多不懈的努力。她在芝加哥创建了一个服务于周围黑人的社区并不断呼吁取消私刑。1909年她还大力支持全国有色人种协进会（NAACP）的创立，这是进步时代致力于争取黑人平等和公正权利的最重要的组织。

全国有色人种协进会的诞生是主张社会公正的白人进步团体和有胆有识

的黑人领袖合作的结果。即使在隔离和私刑甚嚣尘上的时代，全国各地的黑人们也在（通过教堂、俱乐部、学校等途径）为自己谋取更好的生活条件。

最重要的一位为黑人争取平等和机会的黑人领袖就是杜波依斯。他关于黑人在美国社会中地位问题的看法与布克·华盛顿大相径庭。布克·华盛顿鼓吹职业教育，杜波依斯则要求对10%最优秀的黑人尽可能实行最好的精英教育。布克·华盛顿宣扬对白人主流社会要尽量适应和妥协，杜波依斯则强烈要求采取激进行动以确保平等。

1905年谴责过布克·华盛顿所谓"黑人低人一等"的观念之后，杜波依斯召集年轻好战的黑人在加拿大距离尼亚加拉瀑布不远的一个地方举行会议。"尼亚加拉运动"慷慨激昂的宣言中说道："我们相信人应该得到自己能够得到的，但不相信人应该就此满足，也不允许任何人在任何时候认为我们已经满足了。"杜波依斯的小队伍不久就有一些白人自由主义团体加入进来，该团体就针对黑人的暴力给予了极大关注，其中包括简·亚当斯和废奴主义者威廉·加里森的外孙奥斯瓦尔德·维拉德（Oswald Villard）。1910年，尼亚加拉运动与全国有色人种协进会合作，杜波依斯成为其杂志《危机》（*The Crisis*）的主编。他一改以往华丽的风格，着力于推动全体黑人的平等权利。全国有色人种协进会是一个典型的进步主义团体，它试图在美国现有体制许可的范围内推动改良。但是，西奥多·罗斯福及其他一些自称进步主义者的人则认为，它是一个潜藏着一定危险性的激进组织。

19.4.6 威廉·塔夫脱

连任两届总统之后，西奥多·罗斯福决定引退去非洲玩乐狩猎。但他很快就对自己的这一决定后悔不已。他才刚刚50岁，正值年富力强，权力和声望也正处于巅峰。

威廉·塔夫脱（他是西奥多·罗斯福亲自选定的1908年大选共和党的候选人并击败威廉·布赖恩当选总统）是一位名声显赫的律师和联邦法官，

并是菲律宾第一位文职总督和西奥多·罗斯福的陆军部长。在某些方面，塔夫脱要比他的前任进步得多，在其一个总统任期内所提出的反垄断诉讼案，比他的前任两个任期内的都要多。他支持8小时工作制和采矿安全立法。他支持1910年通过的《曼恩－埃尔金斯法案》，该法案强化了州际商业委员会（ICC）的权力。塔夫脱和国会还通过了第一个关于征收企业效益税的法案，并推动了联邦所得税的最终通过（该法案得到《宪法第十六条修正案》的认可并于1913年生效）。

但是，塔夫脱当选总统后很快就遇上了麻烦。他面临的最大问题是他的举止风范。他体重超过300磅，行文冗长沉闷，演讲苍白乏力。他也缺乏他的前任的政治技巧，因而得罪了不少共和党的进步主义者，当他在1909年签署《佩恩－奥尔德里奇关税法案》（Payne-Aldrich Tariff）后，更是激怒了中西部地区由拉富莱特领导的反对派。许多进步主义者都认为，此法案定价过高，仅仅迎合了东部工商业界的利益。

西奥多·罗斯福也对他的这位继任者愈发感到不满，塔夫脱不仅取消了他诸多的自然资源保护政策，还解雇了首席林务官平肖，平肖曾攻击内政部长理查德·巴林杰（Richard Ballinger）为了采矿业的利益而出卖阿拉斯加丰富的矿产资源。西奥多·罗斯福宣布与塔夫脱断交，并放出消息要参加总统竞选。这造就了美国历史上最激动人心也是最重要的一次总统选举。

19.4.7　1912年大选

伍德罗·威尔逊被提名为1912年大选的民主党总统候选人。他出身长老会牧师世家，成长于一个生活安逸的南方知识分子家庭。1879年他从普林斯顿大学毕业，获得博士学位不久便出版了《议会制政府：对美国政治的研究》（*Congressional Government: A Study in American Politics*，1885）一书，从而奠定了其作为一个敏锐的美国政治分析家的地位。他教过一段历史，然后成为一名普林斯顿教授。尽管没有西奥多·罗斯福那样光彩夺目，但他却仍是一位有说服力的公共演讲家。1902 年他被选为普林斯顿大学校长，随后几年他作为教育界的领导人名噪全国。1910 年他欣然接受民主党的邀请竞选新泽西州州长，之后他迅速与助其当选的一些保守派脱离干系，显示出极大的政治勇气。随着改良者联盟的创建，他通过了一项具有指导性的基本法案并进行了其他进步改革。到 1912 年，他已经获得了进步主义者的声名。

西奥多·罗斯福为了争夺共和党总统候选人提名，从 1910 年起便开始就各类问题广泛地发表意见。塔夫脱作为在任总统和本党领袖最终胜出。但是，西奥多·罗斯福接着做出了一件令举国震惊的事情，那就是退出共和党大会，另行组建新政党：进步党（Progressive Party）。进步党吸引了全国各地的进步主义者，这些进步主义者在与两大政党保守的领导层的斗争中曾遭受挫折。进步党的政纲中包含着改良者们为之奋斗多年的目标：8 小时工作制、6 天工作日、废除 16 岁以下童工，以及推行意外事故保险、养老和失业保险等联邦制度；而且与民主党不同，政纲中还支持妇女的选举权利。

在 1912 年，大多数的进步党支持者们都希望能发起一场新的政治运动来取代共和党，就像 1856 年后共和党取代辉格党那样。为了达到这一目的，进步主义领袖弗朗西斯·凯勒计划运用社会调查的原理在竞选中对选民进行教育和培训。

芝加哥的进步主义大会更像是一次宗教奋兴大会或者社会工作讨论会，代表们高唱着"基督战士向前进""共和党战斗之歌"。当简·亚当斯当选为仅次于西奥多·罗斯福的领导人时，一群妇女环绕礼堂举行示威游行，高举着要求"妇女选举权"的横幅。西奥多·罗斯福高声喊道，"进步主义事业"基于永恒的正义原则。

但在表面大团结的背后却也潜藏着诸多不和谐的音符。自卸任总统后，西奥多·罗斯福在很多事情上都已变得更加激进。他甚至攻击金融家"一生的终极目标就是攫取无数永远无法为人知晓的财富，他们完全不在乎通过何种方式获取这些财富"。然而，他却并不像很多代表那样热衷于社会改良。一些主张社会公正的改良者，极力坚持应在党纲中加进支持黑人平等权和给黑人代表设置座位的条款，但西奥多·罗斯福想要获得南方几个州的支持。结果，既没有黑人的席位，党纲中也只字未提黑人平等权。

1912年的大选变成西奥多·罗斯福与伍德罗·威尔逊之间的较量；双方在下面这个问题上展开了激烈的辩论：在现代工业时代，政府与社会的适宜关系究竟应该是怎样的？西奥多·罗斯福积极宣扬**新国家主义（New Nationalism）**，他认为，在一个工业化社会里，大托拉斯是"不可避免的也是必要的"。需要做的是加强总统和联邦政府的权力以规范工商业和企业、保障人民权益。他主张运用汉密尔顿主义的方式来实现杰斐逊派的目标，通过加强中央政府的权力来保障人民权益。

伍德罗·威尔逊迅速做出回应，提出了自己的一套口号和纲领：**新自由（New Freedom）**。他利用路易斯·布兰代斯的作品，强调时代需要的是强调公开竞争下的有限政府的杰斐逊派传统。他极力抨击"大政府"，反对联邦政府拥有过大的权力。伍德罗·威尔逊宣称"我所担心的是一个由专家组成的政府"，这也就暗示了西奥多·罗斯福的新国家主义是要推行受到管控的垄断，甚至是集体主义。

在美国历史上，这样的大选十分鲜见——即几乎将所有重要问题都置于讨论的平台之上。此次大选还成为自由主义者政治思想的一道分水岭，这些自由主义者反对杰斐逊派（一个对强大的中央政府不信任的派别）的主张。人们很容易夸大西奥多·罗斯福与伍德罗·威尔逊之间的分歧。事实上，两人都认为需要对美国体制加以改良，都认为应该捍卫资本主义制度、反对社会主义和激进的劳工组织。两人都希望提高民主的水平和加强那些保守工会的力量。而且，无论在形式上还是实质上，两人都与主要依靠社会主义政党选票的第四候选人尤金·德布斯之间有着本质上的差异。

1912年时的德布斯堪称美国最有影响的社会主义运动领袖。社会主义运动在美国一直都只是一个少数派的运动，但在20世纪最初十年里它还是获得了极大的成功。33个城市都选举出了信仰社会主义的市长，还有两位社会主义者被选入国会。当时最重要的社会主义杂志的发行量由1900年的

3万份左右猛增到1906年的30万份。但当时的社会主义者其实是一个鱼龙混杂的群体。城市里自称为社会主义者的人们往往只对城市轻轨铁路的市政所有权感兴趣。另一些改良家如弗洛伦丝·凯利加入社会主义运动，则是因为他们对改良的缓慢步伐深感失望。许多新移民也加入了社会主义政党，他们大都怀有欧洲式的强烈的阶级忠诚和社会主义信仰。

德布斯是一位伟大的演讲家，魅力非凡，此前他曾连续参加1900年、1904年、1908年的总统竞选，但直到1912年他才在全国很多地方赢得了民众支持。他的施政设想与西奥多·罗斯福和伍德罗·威尔逊相比极为激进。与进步主义改良家相比，社会主义者更希望对美国社会进行一次翻天覆地的变革。在1912年的选举中，德布斯共得到90万张选票，约占总票数的6%，这是社会主义者在美国获得的最大胜利。伍德罗·威尔逊的选民票数为630万张，西奥多·罗斯福的选票略多于400万张，塔夫脱则得到350万张。选举人票方面，伍德罗·威尔逊得到了压倒性的435张，西奥多·罗斯福得到了88张，塔夫脱则只有可怜的8张。

19.5 伍德罗·威尔逊与新自由

威尔逊之所以能够当选，很大程度上得益于西奥多·罗斯福和进步党分散了共和党的选票。但在当选之后，他就变成一位强势和雄心勃勃的总统，他迅速将他关于进步主义政府的理念转化为立法。他是1848年扎卡里·泰勒以来首位当选总统的南方人、内战以来第二位民主党总统。与西奥多·罗斯福一样，他也必然受制于自己的政党，这就使他的进步主义措施大打折扣。同时他还受到自己出身背景和喜好的影响。但同样与西奥多·罗斯福一样，他在其总统任期内也是变得越来越具有进步主义色彩。

19.5.1 关税和银行改革

虽然与西奥多·罗斯福相比，威尔逊在人多时显得不够自如，但他却是一位极具控制力的卓越的演说家。威尔逊仿佛对自己说服别人的能力颇为自负，而且非常相信自己的直觉。在第一任总统任期的前两年中，他在使国会通过立法议程上所表现出的能力，大概只有新政初期的富兰克林·罗斯福和1965年的林登·约翰逊能与之匹敌。但是早期的成功令他自信爆棚，也预示着后面他将会遇上困境。

宣誓就职之后不到一个月，威尔逊就在国会的联席会议上阐述了他的立法方案。他提出削减关税，解除华尔街对银行业的控制，恢复产业之间的竞争。威尔逊亲自前往国会，从而打破了由杰斐逊总统确立的一个先例。

威尔逊的首要政治议程是关税改革。1913年通过的《安德伍德关税法案》尽管不是一个自由贸易法案，但这毕竟是多年以来首次缩短了实现这一目标的时间。伴随《安德伍德关税法案》而来的是少量和递加的所得税，这一点由于《宪法第十六条修正案》的通过而成为可能。所得税的起征点为4 000美元（这样就使大多数人得以幸免），最低税率为1%，最高的超额累进所得税达到6%。所得税可以抵消由于降低关税所产生的损失。但是，看起来威尔逊并不想利用这种税收来重新分配美国的财富。

1907年爆发的金融混乱业已显示出建立一个中央银行的必要性，当时大多数私人银行系统都是由像 J. P. 摩根公司这样的少数公司控制，但却几乎没有人认同这种改革。民主党的进步派主张建立完整的银行系统并由联邦政府控制货币流通。但是，关于银行改革的讨论却使保守的民主党和社会主义、人民党主义的商业团体，以及秉持威廉·布赖恩的货币观念的人们，依稀感到了恐惧。

联邦储备体制（**Federal Reserve System**）作为1913年国会通过的妥协法案的产物，是内战以来建立的第一个改组银行业的管理体系。法案给予联邦政府一些对银行系统的控制权。它还建立了灵活的通货机制，以联邦储备货币为基础，根据形势需要推出相应的膨胀或紧缩措施。虽然后来的发展事实显示，联邦储备体制并非无懈可击，而且它也未能终结东部大银行的势力；但总的来说，这种机制仍然是一个重大改进，而且它也顺应了进步主义运动中寻求秩序和效率的呼声。

威尔逊上任之初推行的一些改革措施还显得跟不上进步主义的步伐。他拒绝支持一项由联邦政府为乡村提供长期信贷的法案。他也反对关于妇女选举权的修正案并拒绝支持一项反对童工的法案。他还要求在某些联邦部门实行种族隔离。他在拒绝全美有色人种协进会的抗议时说："我非常真诚地认为，这种做法是最符合他们［黑人］切身利益的。"

19.5.2 向新国家主义迈进

威尔逊与西奥多·罗斯福［在竞选期间］曾为如何管理美国的大公司进行过广泛而激烈的辩论。威尔逊的解决办法是《克莱顿法案》，该法案提议禁止一系列不公平的贸易行为，宣布联合董事会为非法，并认定以减少竞争为目的购买其他公司股票的行为属于非法。但该法案内容模糊，难以实行，法院将其解释为工会在罢工期间仍然必须服从法院的禁令。

比《克莱顿法案》更重要的是**联邦贸易委员会**（**Federal Trade Commission**）的建立。联邦贸易委员会的设想出自路易斯·布兰代斯，它拥有强大的权力，可以直接处理受到指控的、限制竞争的公司。尽管看起来与新国家主义的哲学非常相近，但威尔逊还是全盘接受了它。

联邦贸易委员会和《克莱顿法案》并没有终结垄断。威尔逊的改良在1914年已初见成效，然而，欧战的爆发和赢得1916年大选的需要，迫使他在未来成为更富进取心的进步主义者。

无论是西奥多·罗斯福还是伍德罗·威尔逊，他们都未能满足进步主义革新派的要求。这两位进步主义总统的主要精力都花费在经济调控上，而非致力于促进社会公正。不过，这两位总统留下的最重要的政治遗产应该是为加强总统和联邦政府行政部门权力所做的努力。在林肯之后，19世纪的美国总统都相对弱势，国会掌控大部分联邦权力。进步时代的两位总统重塑了总统的权威，使行政机构实现了现代化，并开启了创立联邦官僚机构的进程，这些对20世纪美国人的生活都产生了重大影响。

伍德罗·威尔逊和西奥多·罗斯福都利用总统职位来为他们的改革方案进行鼓与吹。西奥多·罗斯福称其为"天下最牛讲坛"。他加强了州际商业委员会的力量，伍德罗·威尔逊则建立了联邦贸易委员会，而这两者均可被视为诸多联邦管理机构的先驱。威尔逊亲自前往国会发表年度咨文，也成为总统权力的一种新象征。

美国政治性质的变化远非只是各种行政机构的权力得到强化。新建立的各种机构和委员会使华盛顿云集了一大批面貌一新的专家，他们在大学、州、地方上或者各种志愿组织里经受过种种历练。朱丽娅·莱思罗普（Julia Lathrop）就是这样一位专家，她原先是简·亚当斯在赫尔大厦的同事。1912年，她被塔夫脱总统任命为新设立的儿童署的负责人，成为第一个获此职位的女性。她在任期间不仅致力于推动更好的童工法的通过，还培养了新一代的妇女专家，这些人将会在1920年代和1930年代的各州、联邦或私营机构中占有一席之地。进步时代出现在华盛顿的一些专家，通过各种巧妙而又重要的途径影响着当时的政策。专家、委员会、统计普查、行政机构权力的增长，所有这些就是进步时代留下的遗产。

小结：进步主义的局限性

进步时代是一个改良的时代，当很多美国人看到移民、城市化和工业主义所引发的贫困、绝望和社会动荡时，他们就开始踏上了革故鼎新之路。但与社会主义者不同，进步主义者未能意识到美国体制的根本弊端。作为规范和控制工业主义这场全球运动的一部分，进步主义很大程度上又是一场试图帮助穷人、外国移民和工人阶级的中产阶级运动。但是穷人却很少能够参与政府决策，很多社会群体尤其是黑人几乎完全被排除在改良计划之外。进步主义者对人性抱有极为乐观的看法，他们对统计数据、调查团和委员会的信赖也有些过度。他们鼓吹要推进民主，但他们自己却经常在不断加强由专家组成的政府和官僚机构的权力。弗朗西斯·凯勒就是这样一位专家，她代表美国逐渐增长的受过良好教育的妇女群体，该群体在进步主义时代新的政府机构和私立组织中扮演着重要角色。

进步主义者认为必须规范工商业、提高效率、推进社会正义，但这些目标经常都是自相矛盾的。结果，他们的规范性法案往往趋向于支持工商业和加强公司资本主义，而社会正义和机会平等的目标则很难实现。相形之下，西欧大多数工业国家（如德国、奥地利、法国和英国）此时都通过了有关养老金、医疗和失业保险的法案。

进步主义是一场广泛的、多元的、甚至有些自相矛盾的运动，它源于1890年代，在20世纪初臻于鼎盛。为了解决由城市工业主义所衍生的各种问题，进步主义最初表现为许多地方性运动和自发行为，后来又相继扩展到州和全国的层面。妇女在组织民众进行改良中充当着重要角色，其中很多人后来都成长为收集数据和撰写报告的专家。最后，她们还在州府及华盛顿的一些新机构中出任要职。西奥多·罗斯福和伍德罗·威尔逊都不是先进的进步主义者，但在他们担任总统期间，进步主义却是获得了一些成功。这两位总统都加强了总统职位的权力，并都强化了这样一种理念：联邦政府有责任进行规范和控制，以及推动社会正义。这些立场观点随着美国卷入第一次世界大战而变得更加明显。

思考题

❶ 进步主义者主要关注什么社会问题？为什么？

❷ 妇女对进步主义运动做出了什么贡献？

❸ 在通过社会立法上，美国为何会落后于一些欧洲国家？

❹ 进步主义如何影响了西奥多·罗斯福和伍德罗·威尔逊的政策？

第 20 章

大　战

20.1　战争初期
20.2　美国卷入战争
20.3　军中经历
20.4　战争对国内的影响
20.5　为和平做准备
小结：大战的遗产

> 美国故事

一名卷入一场伟大冒险的青年

1917年4月7日,也就是美国正式对德宣战后的第二天,威斯康星州大急流城22岁的年轻小伙小埃德蒙·阿尔平(Edmund Arpin Jr.)毅然决定参军。战争的来临似乎为他漫无目标的生活提供了归宿。他之所以参军并不是受到爱国心的驱使,而是因为他渴望冒险和刺激。一个月后,他与几百名怀有同样渴望的年轻人一起到达了伊利诺斯州的谢里登堡,成为一名预备军官。他颇感自豪并踌躇满志,与其他人建立起同志情谊,但是战争距离他们还很遥远。

1917年10月23日,阿尔平跟随他的部队乘坐"利维坦号"邮轮终于到达了利物浦,"利维坦号"是一艘德国豪华邮轮,美国对德宣战后扣留了该邮轮,然后军队将其临时征用为运输工具。英国人并没有把美国兵当作救世主。英国人的这种不友好态度,部分缘于此前到达这里的美国士兵经常酗酒闹事。尽管美国政府付出很大努力来防止美国大兵沾染上欧洲的恶习,但是喝酒似乎已经成了令阿尔平所在部队的士兵们神不守舍的东西。阿尔平也学会了一些关于法国酒和女人的"知识",但他把大部分漫长等待的时间都花在了学打合约桥牌上。

阿尔平在跟随法国军队的一个团抵达前线时目睹了战争的恐怖,但他所在的部队直到1918年10月才投入战斗,而此时战争基本上已经结束了。他参加了血腥的默兹—阿尔贡战役，就是这场战役最终促成了第一次世界大战的结束。但阿尔平发现，这场战争并不像报纸和书上所描述的那样，是经过精心策划的英勇战斗。战争中充斥着哑火失效的枪炮、混战一团的场面和错误百出的进攻局面。阿尔平在进攻一个无名高地时腿部受了伤，并因作战勇敢而被授予一枚荣誉十字勋章。后来阿尔平才知道，在这之前部队早就下令停止进攻，但他却并没有及时收到这一命令。

战争结束时阿尔平正在战地医院养伤。战争结束得如此之快令他深感失望，但他在战斗中的英勇表现使他有机会前往法国参加庆祝战争胜利的大会并流连忘返于巴黎著名的饭店和夜总会。从某种程度上来讲，他的战争经历中最精彩的部分不是参加战斗，也不是他的荣誉勋章，而是他在战争结束后的冒险经历。他悄悄从医院溜走，与一位朋友一起在德国进行了一番探险，他们数次化险为夷，最终又安全回到医院。

小埃德蒙·阿尔平是 4 791 172 名在美国陆军、海军和海军陆战队里服役的官兵中的一员。在派往海外作战的 200 万人中，有 230 074 人受伤，他就是其中一员；有 48 909 人死亡，这其中也包括他的一些朋友们。1919 年 3 月他从部队退役后一度感到无比困惑，因为平淡乏味的老百姓生活根本无法与军旅生涯和国外探险猎奇相媲美。

一段时间之后，阿尔平适应了平静的生活。他成为一名成功的商人并结婚成家。他加入了美国退伍军人协会并定期参加聚会，与老战友们一起追忆在法国那些荒唐不羁的往事。战争在很多方面都改变了他们的生活，但他们中的大多数人却都再也找不到当年那种使命感和冒险精神。一位老兵回忆道："只有在那些日子里，我们才感到自己肩负着上帝和人类赋予的重大使命。"

对小埃德蒙·阿尔平来说，大战是他一生中最重要的经历。战争改变了他的生活，也改变了大多数美国人的生活。联邦政府的权力和影响力进一步增强。战争不仅促进了妇女选举权的实现、禁酒令的颁布和公共住房问题的解决，同时也促进了行政官僚机构的建立。新的行政官僚机构使公与私之间、政府与商业之间的界限变得模糊暧昧——这一趋势贯穿了整个20世纪。

本章我们考察了美国卷入战争的复杂环境，介绍了美国人在国外和国内的战时经历。美国如何及为何要卷入这场欧战？战争如何影响美国国内政策和普通民众的生活？为何这场"捍卫世界民主"的战争却埋下了偏见和怨恨的种子？本章最后则简要介绍了美国战后促进世界和平的理想主义活动以及接踵而来的理想主义的幻灭。不论从哪个角度来说，第一次世界大战都是一场全球性战争。战争将美国推上了战后世界舞台的领导地位，但这是美国人所希望的吗？

20.1 战争初期

多数美国人都没有预料到，1914年夏天在欧洲爆发的那场大战会影响到他们的生活，或者使他们原本安逸的世界发生改变。但是，一个塞尔维亚恐怖分子在萨拉热窝（这是一个很多美国人连听都没听说过的小地方）刺杀了奥匈帝国的斐迪南大公，引发了一连串事件，最终导致一场迄今所知最具破坏性的战争。

20.1.1 战争的原因

究其根源，大战（Great War，当时人对这场战争的称谓）是在贸易、帝国、军事实力这几个方面激烈竞争的结果，尽管在1914年大战似乎也并非不可避免。整个19世纪战争一直持续不断（其中包括美国内战），但多为局部战争。各国在1865年成立的电报业协定、1875年的邮政协定和1880年的版权协定，甚至是1890年的国际时区划分，均已显示了国际合作的征兆。1899年还在荷兰海牙成立了国际法庭以解决国际争端。政治家和外交官们预言：技术进步和各国交往的加强，将会导致永久和平局面的出现。

然而矛盾的是，这个合作不断加强的时代，却也见证了国家间日趋激烈的竞争，尤其是在欧洲。各国民族主义情绪的高涨和以身为法国人或英国人而自豪，加深了世界范围内争夺和维护殖民地的竞争。现代德国是在1871年由众多小国合并而成，此时它开始扩充海军，促使大英帝国建造更多战舰。随着各国军备竞赛加剧，它们开始签订一系列复杂的军事协定：奥匈帝国和德国（**同盟国，Central Powers**）建立了军事同盟，英国、法国和俄国（**协约国，Allied Powers**）则承诺在任何一方受到攻击时都应互相帮助。尽管有各种和平会议和国际协定（其中很多都是美国促成的），但是建立在一纸协定之上的欧洲均势却是风雨飘摇。

萨拉热窝刺杀事件打破了欧洲的均势。奥匈帝国的领导者决定以这次刺杀王位继承人为借口来惩罚塞尔维亚。俄国迅速进行军事动员以援助塞尔维亚。德国则支持奥匈帝国并对法俄宣战。当德国入侵比利时进而进攻法国时，英国立即对德宣战。一场互相厮杀开始了。随后几个月内，奥斯曼帝国（土耳其）和保加利亚加入了同盟国集团。在被秘密许诺战后满足其额外的领土要求后，意大利加入了协约国。日本也对德宣战，为的是获得德国在中国山东省和太平洋岛屿上的权利。西班牙、瑞士、荷兰、丹麦、挪威、瑞典和战争初期的美国则选择了保持中立。

美国人民认为美国绝对不会参与这种野蛮的战争行为，并因认识到美国与欧洲被大西洋隔开而感到十分宽慰，战争在美国产生的震动也开始逐渐减弱。1914年8月4日威尔逊总统宣布美国保持中立，这使得美国人更加放心，他们认为战争的结果不会对美国产生很大影响，美国将会继续保持中立。威尔逊总统督促美国人民"不论在实际上还是在名义上都要保持中立，在思想上和行动上都要不偏不倚"。但是，对欧洲的战争保持中立，至少在感情上来说还是十分困难的。

20.1.2 美国对战争的反应

尽管有许多美国人致力于促进世界和平并有一小部分人希望通过调解的方式结束战争，但是也有很多人则迫不及待地想要卷入这场伟大的冒险。许多美国年轻人志愿参加救护部队，其中大都是在校学生或是即将毕业的大学生。在这些人中，海明威、约翰·帕索斯（John Passos）和卡明斯（e. e. cummings）最为著名，他们后来都将自己的战时经历转化成了文学名著。很多人还志愿加入法国的外国志愿军或拉法耶特飞行队——这支飞行队是一个由在法国部队表现出色的美国飞行员组成的队伍。

许多美国人都将战争视为是对其理想主义和英雄气概的检验，因为他们记忆中的唯一一场战争就是1898年那场"辉煌的小规模战争"。很多美国老人都会回想起南北战争时的情景，只不过当年的恐怖记忆业已褪色，只留下了英雄凯旋的回忆。正如曾在内战中受过伤的最高法院法官奥里弗·霍姆斯（Oliver Holmes）所说："当你置身于战争中时，战争是令人恐惧和厌烦的，但随着岁月的流逝，你就会感到战争是神圣的。"

仅仅是战争前几个月来自战场的报道就已表明，战争一点也不神圣。这是一场现代战争，由于战争技术的提高和战争手段的改进，成千上万的人都惨遭杀戮。

20.1.3 新军事技术

德国的计划是取道比利时对巴黎和法军的后方发动迅速进攻。然而，法国的军队在1914年9月的战役中阻止了德国的进攻，战争陷入胶着状态。双方士兵在各自的阵地上挖掘出长长的壕沟并扯起了铁丝网。数千名士兵用生命换回来的往往是将战线向前推进几码，或者是原地不动。速射步枪、改良型炸弹、燃烧弹、曳光子弹都增强了战争的破坏性。最具杀伤力的武器是一种新式大炮，它能攻击到对方防线内数英里远的目标。机关枪的使用能够很好地压制正面进攻，但是战争双方的指挥官仍然会不顾士兵的死活，命令他们继续向前冲锋。

这是最后一场使用骑兵的战争，也是第一场使用新军事技术的战争。到1918年，飞机已经开始被用于投掷炸弹制造恐慌。坦克于1916年首次亮相，但直到战争的最后时刻，这种新式攻击性武器才开始发挥其压制机关枪的作用。毒气在1914年首次被使用，在**堑壕战**（**trench warfare**）中要数毒气进攻最为可怕和恐怖。

第一次世界大战是一场真正意义上的全球战争。对大部分美国人来说，从比利时一直到法国的西线是战争中最重要的战场；但在整个东线，俄军和意军也在进行激战，潜艇和军舰将战争带到了全世界。欧洲国家在其帝国范围内征集军队和供需。在西线，来自新西兰和澳大利亚的士兵与讲法语的非洲黑人士兵并肩作战。英国和法国在非洲发起了旨在夺取德属非洲殖民地的战争。英国占领了美索不达米亚（伊拉克），与土耳其在黑海沿岸进行了一场血战。土耳其参加战争之后有组织地屠杀了约80万名亚美尼亚人，这是世界历史上最惨绝人寰的种族屠杀之一，然而当时却几乎没有一个国家对此提出抗议。

20.1.4 在一场全球冲突中保持中立

尽管威尔逊总统竭力想要使美国保持中立，但大多数美国人还是偏向协约国。美国约有800万名奥地利和德国人的后裔，他们中有些人支持同盟国。那些具有反英情绪的威尔士裔美国人与其说他们支持德国不如说他们反对英国。许多美国学者、医生和知识分子则天真而又深情地回忆起在德国的学习生活，他们欣赏德国的文化和进步主义社会方案。但对大多数美国人来说，语言和文化上的联系则使他们更倾向于协约国。毕竟，难道不是世界上英语国家的人民负有特殊的义务和责任吗？所有人都记得拉法耶特在美国独立战争期间发挥的重要作用，而且法国人民还将自由女神赠送给美国，这也使得许多美国人都支持法国。

其他诸多原因也使美国真正保持中立几乎不可能。美国与协约国之间的进出口贸易比美国与同盟国之间的贸易重要得多，这使许多美国商人都支持协约国。威尔逊总统的顾问公开表示支持法国和英国。许多报纸的老板和编辑在种族上、文化上或者在经济上都与协约国有着密切的联系。许多报纸上都将德国人描绘成野蛮人，他们相信德国在战场上胡作非为的故事并大肆渲染，其实很多故事都是英国宣传家杜撰的。威尔逊总统和大多数美国人逐渐改变了他们对欧洲的看法，以前他们认为整个欧洲都处于野蛮和颓废之中，现在他们则认为英国和法国为了维护欧洲的文明正在与普鲁士的邪恶势力作斗争。但是美国人民现在还不愿意为了拯救欧洲文明而卷入战争，他们宁愿让法国人和英国人去做那件事。

威尔逊总统不论是出于现实的还是理想主义的考虑都同情协约国。他想使美国置身事外，但他也不反对采用武力的方式来实现外交目标。他希望这场战争能够暴露帝国主义体制的弊端，能够在世界范围内促进商品的自由交换和思想的自由交流，在这个新的世界中美国将会发挥特殊作用。美国既想与交战双方维持贸易又想保持中立，但这却是日益变得困难起来。维持贸易的需要和对维持世界和平的渴望，最终导致美国卷入了这场战争。

20.1.5 世界贸易和中立

某种程度上，1914年的美国已经是世界经济共同体的一部分，它当时所处的国际环境，与它在19世纪时已是迥然不同。1914年夏天的这场战争在美国迅速引起了经济恐慌。1914年7月31日，威尔逊政府宣布中止股票交易。它也阻止美国银行向交战各国提供贷款。美国最大的困难是关于中立贸易问题。威尔逊坚称美国有权与协约国和同盟国及中立国进行贸易，但是英国则开始实行非法的海军封锁，在北海海域布置水雷，并开始扣押美国船只。

非法封锁影响了自由贸易的权利，但威尔逊最终还是认可了英国对海洋的控制。他深信美国与英国的命运息息相关，而且这种认识超越了他关于自由贸易的理想主义信仰，这导致他对德国违背国际法的行为反应更加强烈。1914 年到 1916 年，美国对同盟国的贸易额从 1.69 亿美元减少到只有 100 万美元；而同期美国与协约国的贸易额则从 8.25 亿美元增加到超过 30 亿美元。与此同时，美国政府也放松了私人对交战各国贷款的限制。不论在财政上还是在感情上，美国都开始逐渐放弃中立政策。

德国为了报复英国对海洋的控制采取了潜艇战。国际法规定，交战国的军舰在发动进攻之前有义务对游客和商船发出警告，但是潜艇发出警告意味着它刚一浮出水面就会遭到武装商船的攻击。1915 年 2 月 4 日，德国宣布对不列颠群岛实施潜艇封锁。直到英国放弃对德国的食品封锁，在此期间德国甚至会击沉中立的船只。威尔逊警告说：如果美国船只和人员遭到非法攻击，德国应该承担"严重责任"。

逐渐升级的战争将美国游客置于危险境地。1915 年 3 月，德国潜艇击沉了一艘英国开往非洲的邮轮，造成 103 人死亡，其中包括一名美国人。就在威尔逊的顾问们对这一事件该做出何种反应意见不一时，1915 年 5 月 7 日，德国潜艇又在爱尔兰海面上击沉了英国的豪华邮轮"卢西塔尼亚号"。这艘邮轮没有装备武器，但却携带了许多战争补给品，邮轮遇袭 18 分钟后就沉没了。大约 1 200 人溺死，其中包括 128 名美国人。美国人突然之间意识到，现代战争杀死平民就像杀死士兵一样容易。

一些美国人呼吁对德宣战。威尔逊和大多数美国人都还没有做好参战的准备，但是总统拒绝采纳国务卿布赖恩的建议，后者建议禁止美国人乘坐交战国的船只旅行。相反，威尔逊发出了一系列的抗议照会，要求德国对美国人的死亡做出赔偿，并要求德国保证将停止在没有任何警告的情况下攻击邮轮。

布赖恩辞去国务卿职务，他声称美国并不是想真正保持中立。总统任命罗伯特·兰辛（Robert Lansing）接任布赖恩的职位，兰辛是国务院法律顾问，他更急于对抗德国，甚至甘冒发生战争的危险。

紧张局势在1915年年末有所缓和。当时德国潜艇击沉了英国一艘汽船"阿拉伯号"，有两名美国人在这次事故中丧生，德国驻美大使向美国保证，德国以后在没有发出警告的情况下不会对邮轮发动进攻。但是，"卢西塔尼亚号"事件使美国人看到了参战的可能性。许多著作和文章都强烈呼吁美国应该做好战争的准备，尽管一批进步的改革主义者也组织了"美国反军国主义联盟"。

威尔逊十分赞同国内备战团体的要求，他于1915年11月4日向国会提交议案，要求改组和扩充军队。这一议案遭到强烈反对，特别是遭到了美国南部和西部议员的反对；但是，威尔逊于1916年6月签署的《陆军重组法案》使正规军的人数超过20万，同时也将国民警卫队纳入防务系统。美国很少有人希望年轻人去打仗，但威尔逊很快就在墨西哥和中美洲调动了陆军和海军陆战队。

20.1.6 对墨西哥和中美洲的干涉

在威尔逊眼里，理想中的世界不仅是一个清除了帝国主义和可以进行自由贸易的世界，而且也是一个能够推销美国产品和传播美国理想的世界。威尔逊身上洋溢着基督教传教士的热情，也秉持着大学教授的信念，他声称应该"让美国人的聪明才智为全人类服务"。然而，威尔逊政府要比他的前几任总统都更加有系统地使用了武力。

一开始，威尔逊的对外政策似乎是要纠正"金元外交"在中美洲最为冷酷的方面。国务卿布赖恩在1913年与哥伦比亚签订了一份条约，同意向哥伦比亚支付500万美元以补偿其在巴拿马运河上的损失，并且事实上对西奥多·罗斯福政府在哥伦比亚的所作所为做出了道歉。但是，参议院拒绝批准这份条约。

认为美国的对外政策发生了实质性改变是错误的。多米尼加共和国发生激烈的内战之后，美国于1915年提出要接管多米尼加的财政和警察部队。多米尼加的领导人拒绝签订使他们的国家实际上沦为美国保护国的条约，紧接着威尔逊就发布命令派出了海军陆战队。1916年5月，美国海军陆战队控制了该国政府。尽管美国在多米尼加修建了道路、学校、医院，但是多米尼加人仍然憎恨美国人的存在。美国也在海地进行了干涉活动并产生了同样的后果。威尔逊政府在尼加拉瓜仍然保留着1912年塔夫脱政府时期派去的海军陆战队，维持着一个亲美政权在该地区的统治，并通过签订条约来获得相应的特权，随时都可采取各种措施维护该国的秩序并保护美国人的财产。除了1920年代中期有过短暂的撤兵，海军陆战队一直持续存在到了1933年。

威尔逊的干涉政策在墨西哥遇到了巨大的困难，墨西哥曾被独裁者波菲里奥·迪亚斯（Porfirio Diaz）统治，在其统治时期，他一直欢迎美国的投资者。到1910年，有四万多名美国人住在墨西哥，美国人在墨西哥的投资超过10亿美元。但到了1911年，改革家弗朗西斯科·马德罗（Francisco Madero）推翻了迪亚斯政府并且试图摧毁上层阶级所拥有的特权。两年后，军队首领维克托里亚诺·韦尔塔（Victoriano Huerta）废黜并暗杀了马德罗。

令许多外交家和商人震惊的是，威尔逊拒绝承认韦尔塔政府并准备推翻这个他眼中的"屠夫政府"。一开始，威尔逊向墨西哥施加外交压力，然后以一件小事为借口要求国会授权在必要的时候可以调动美国军队。在墨西哥很少有人喜欢韦尔塔，但是他们更不喜欢美国对墨西哥的干涉，他们聚集在独裁者韦尔塔周围。美国派出军队占领了墨西哥的维拉克鲁斯。愤怒的墨西哥群众将他们所能找到的美国财产毁坏殆尽。威尔逊的行为使得很多欧洲人和拉美各国人民极为愤慨，同时也激怒了很多美国人。

威尔逊的军事干预迫使韦尔塔最终下台，但是内战很快就在卡兰萨

（Venustiano Carranza）和"潘丘"维拉（"Pancho" Villa）将军领导的两股力量之间发生。美国向卡兰萨一方提供了武器，因为美国认为卡兰萨不像维拉那样激进，卡兰萨的军队最终打败了维拉。当维拉率领他的残部袭击了新墨西哥州的哥伦布时，威尔逊派出了一支由约翰·潘兴（John Pershing）准将指挥的远征军，前去追击维拉及其部众。美国的军队深入墨西哥300英里而维拉依然逍遥自在。此时墨西哥人开始怀疑潘兴的军队意欲占领墨西哥北部领土。卡兰萨政府向威尔逊提出了严厉的照会，但是威尔逊拒绝撤军。双方关系骤然紧张。一支美国巡逻队袭击了墨西哥的一个要塞。威尔逊最终同意撤回军队，承认卡兰萨政府。当时是1917年1月，如果不是因为欧洲战争的威胁日益加剧，双方很可能会用战争的方式来解决争端。

20.2 美国卷入战争

1917年时美国国内也有少数重要人物反对卷入战争，而且在1930年代重新审视参战决议时依然存在争论。但是，一旦国家卷入战争，美国政府和人民就将这场战争演变成了一场影响美国生活方方面面的爱国主义运动。

20.2.1 1916年大选

随着1915年的结束，1916年即将到来，威尔逊在考虑备战、潜艇战、对墨西哥进行干涉等问题的同时，也不得不开始考虑连任的问题。乍看起来，威尔逊再次当选总统的可能性十分渺茫。在1912年选举时，如果进步党的支持者重新支持共和党，威尔逊就不会有任何机会。由于进步党在1914年国会选举中表现得十分糟糕，西奥多·罗斯福似乎准备再一次寻求共和党的总统候选人提名。

威尔逊明白，他必须将在1912年选举中支持西奥多·罗斯福的人们争取过来。1916年1月，他任命路易斯·布兰代斯为最高法院法官。作为第一个担任这一职务的犹太人，布兰代斯遭到外界的强烈反对。那些要求社会公正的进步主义者则对这一任命感到非常高兴，因为布兰代斯一直都十分支持改革事业。他们向威尔逊表明，真正的考验是他是否会支持在国会悬而未决的反对童工法和劳工赔偿法。

短短数月，威尔逊迅速改变了他早先奉行的"新自由主义"政策，将联邦政府的精力转向了社会改革方向。1916年8月，威尔逊向国会施加了巨大的压力，使议会通过了《劳工赔偿法》（Workman's Compensation Bill），该法案为联邦雇员提供了一定的保护；和《基廷-欧文童工法》（Keating-Owen Child Labor Bill），该法案禁止在州际贸易中运输由14岁以下童工生产的商品，以及在某些情况下由16岁以下童工生产的产品。反童工法案虽然后来被宣布违宪但却具有深远意义，这是联邦政府首次通过控制州际贸易的方式来对生产者的生产条件做出规定。为了赢得农民的支持，在威尔逊的推动下通过了《联邦农业贷款法案》，对农民实行长期贷款。在劳工组织和进步主义者的推动下，威尔逊又支持通过了《亚当森法案》，该法案规定所有州际铁路工人实行8小时工作制。

1916年年初的一系列立法活动将进步主义运动推向高潮。威尔逊采取的策略似乎也起到了作用，各种进步主义人士都热情地支持他。不过，对于1916年的选举，国外的问题与国内的因素同样重要。共和党最终还是抛弃了西奥多·罗斯福，他们提名保守的查尔斯·休斯为总统候选人，他是前纽约州州长、现任最高法院陪审法官。他们的政治纲领是"公正而诚实地保持中立""适度备战"。休斯攻击威尔逊未能更加有力地维护美国在墨西哥的权益，以及在工人的无理要求下做出让步。威尔逊则暗示选举休斯必然会导致对德国和墨西哥的战争，并暗示休斯不是"百分之百的美国人"。随着竞选活动的深入，和平问题逐渐成为人们关心的主要问题，"他使我们避免战争"的呼声回荡在每次民主党的集会上。这一民主党竞选口号不久就会变得具有讽刺意味。

竞选双方势均力敌。在大选前夜，威尔逊临睡前还在考虑着他已经在这次选举中失败了。选举结果直到民主党赢得加州的选票才最终得到确定（在加州仅仅领先不到4 000张选票）。威尔逊在西部和南部各州的支持下获得了胜利。

20.2.2　做出参战的决定

威尔逊在1916年总统大选中的胜利似乎使美国业已置身欧战之外。但他在竞选时的豪言壮语却令他忐忑不安。他试图强调美国主义而不是中立。

1917年1月，当威尔逊到参议院阐明美国希望通过和平谈判来解决战争问题的立场时，那些支持威尔逊、认为他能够带来和平的人们都为之喝彩。德国政府早就表明它愿意坐到谈判桌旁进行谈判。威尔逊勾画出了一个和平解决方案，这是一种平等国家之间的和平，一个"没有胜利的和平"，方案中既没有赔偿也没有兼并。只有当同盟国和协约国都愿意承认双方势均力敌时，威尔逊的方案才会发挥作用。

然而，1917年初，德国领导人却认为他们能够取得战争的胜利。1917年1月31日，德国宣布：德国潜艇将不经警告击沉驶向法国和英国的一切船只，不管是交战国的还是中立国的。几天之后，美国断绝了与德国的外交关系。一份截获的电报使得美国国内的反德情绪愈加高涨，这封电报是德国外长阿瑟·齐默尔曼（Arthur Zimmermann）拍给德国驻墨西哥公使的。如果德美之间发生战争，德国公使答应帮助墨西哥收回1848年失去的德克萨斯、新墨西哥和亚利桑那。作为回报，墨西哥应该加入德国一方对美国作战。当这封电报在1917年3月1日被公之于众后，许多美国人都要求美国对德宣战。此时威尔逊仍然犹豫不决。

就在整个国家处于战争边缘之时，俄国爆发革命的消息也传到了华盛顿。俄国革命的重要性并不亚于第一次世界大战，1917年3月俄国工人、家庭主妇和士兵自发起义，反对沙皇不适宜的战争行为。当时俄国军队在前线遭受了巨大的损失。国内人民陷入了一种绝望的境地。食品匮乏，铁路和工业濒于崩溃的边缘。起初，威尔逊和其他美国人对俄国这个由亚历山大·克伦斯基（Alexander Kerensky）领导的新共和国充满热情，克伦斯基许诺继续参加对德战争。但在几个月内革命形势就发生了急剧的转变。弗拉基米尔·乌里扬诺夫，也就是人们所熟知的列宁，从瑞士返回俄国，他领导激进的布尔什维克在1917年11月推翻了克伦斯基政府。布尔什维克代替了沙皇俄国，将其分为四个社会主义共和国，并于1922年建立了苏维埃社会主义共和国联盟（苏联）。

列宁是一位杰出的革命战术家，他是马克思的信徒。马克思是一位德国知识分子和激进的哲学家，他描述了在资本主义条件下工人阶级的异化，并预测了无产阶级（没有财产的工人）与资产阶级之间的矛盾将会日益加剧。列宁发展了马克思的观点，他认为资本主义国家最终会因为争夺原料和市场而导致战争。列宁认为资本主义与帝国主义是一丘之貉。他指出，消灭帝国主义的唯一办法就是消灭资本主义。列宁预测共产主义最终会统治全球。俄国革命对威尔逊关于世界的构想及其通过美国参战而"为民主创造一个安全的世界"这一计划构成了威胁。

紧接着，在北大西洋，德国潜艇在1917年3月12日和3月21日之间击沉了美国的五艘船只。4月2日，威尔逊督促国会对德宣战。他最后总结道："将美国这样一个伟大的、热爱和平的民族带入一场战争，带入这场最为惨烈和灾难性的战争，该是多么可怕的一件事啊。"参议院以82票赞同和6票反对，众议院以373票赞同和50票反对，最终同意了美国参战的决议。

20.2.3 爱国运动

一旦美国对德宣战，大部分美国人都开始抛弃他们心中的疑虑。年轻的男士踊跃参军，妇女则志愿充当医护人员或者在其他部门服役。但也并非所有美国人都赞同对德宣战。一些和平主义者和社会主义者就坚决反对这场战争。内布拉斯加州参议员乔治·诺里斯（George Norris）更是在参议员席上质询道："战争究竟会给谁带来幸福？""不是士兵……不是那些伤心欲绝的寡妇……也不是那些为自己勇敢儿子的阵亡而哭泣的母亲们……我认为美国的国旗将会被贴上美元的标签。"

为了使参议员和美国民众认识到战争的紧迫性并使他们了解到美国参战是出于正义目的使然，威尔逊设立了一个宣传委员会，该委员会由记者乔治·克里尔（George Creel）领导。克里尔委员会发起了一场大规模的宣传活动，目的是要说服公众，美国之所以参加这场战争是为了促进民主事业，阻止野蛮人将其统治扩张到整个西半球。

爱国主义运动不久就发展成为反德和反移民运动。大多数学校都禁止教授德语。德国泡菜被改名为"自由卷心菜"。很多家庭也将他们的德国姓氏美国化。一些城市禁止演奏德国作曲家创作的曲子。南达科他州禁止用德语打电话。最为臭名昭著的事件发生在伊利诺斯州的东圣路易斯，那里居住着大量德裔公民。1918年4月，一群暴徒将一个叫罗伯特·普拉格（Robert Prager）的年轻德裔美国人脱光衣服，给他披上美国国旗，迫使他沿着街道游行，最后则又将他私自处决。法院最后判决这伙暴徒的首领无罪，理由是他们私自处死人的行为是一起"爱国的谋杀"。

战争掀起的狂热的爱国主义运动导致非理性的仇恨和恐惧。被怀疑的对象也包括激进分子、和平主义者及任何质疑美国参战行为和政府政策的人。洛杉矶警察对该市墨西哥人所受的迫害置若罔闻，因为他们相信所有墨西哥人都是亲德的。参议员拉富莱特由于投票反对参战决议，威斯康星州立大学的全体教员便烧毁他的丑化像并对他百般刁难。在许多大学，许多教授只因质疑美国参战的道义性和必要性就被开除。

1917年6月15日，国会在威尔逊的要求下通过了《间谍活动法》（Espionage Act），"对那些帮助敌人的人，故意在军队中散布不顺从、不忠诚言论的人，故意煽动武装部队叛乱的人，故意煽动他人拒服兵役的人，判处长达20年的监禁或多达 10 000 美元罚款，或者两罪并罚。"该法还授权邮政部长禁止邮递那些他认为是蛊惑叛乱、谋反或用暴力抵制美国法律的任何邮件。

国会接着又通过了《通敌法》（Trading with the Enemy Act）和《煽动叛乱法》（Sedition Act）。后一个法案禁止对美国政体、国旗或国体进行各种背叛、亵渎或辱骂。该法案甚至不允许公民反对购买战时公债。根据该法案所判决的最著名的案子是德布斯案，德布斯由于反对战争而被判处 10 年徒刑。尽管德布斯并未明确地煽动人们反对征兵法，但在 1919 年最高法院还是维持了对他的这一判决。在 1920 年的总统大选中，虽然他当时仍在牢里，但却仍然得到了将近 100 万张选票。依据上述两个法案，在美国共有 2 168 人被起诉，有大约一半的人被判刑。这些人中尚不包括成千上万非正式地受到迫害、被剥夺人身自由和言论自由的人。一个妇女只因写下"我支持人民而政府则支持奸商"这样一句话就被判入狱。里卡多·米根（Ricardo Magón）是美国西南部墨西哥裔美国劳工的主要组织者和激进分子，他因批评威尔逊政府的墨西哥政策和反对《中立法案》（Neutrality Acts）而被判入狱 20 年。

公民自由署是美国反军国主义联盟的附属机构，它抗议战时明目张胆的对言论自由的剥夺，但是司法部和白宫对这些抗议却是置若罔闻。在所有的战争中，公民享有的权利和自由都可能会被剥夺或被暂时取消，但在这场战争中对公民基本权利的漠视却要比南北战争期间更加严重——尤其具有讽刺意味的是，威尔逊在他的文件和演讲中经常提到维护公民自由和言论自由的必要性，然而在这次战争期间，他却容忍了司法部门采取的社会治安团策略。威尔逊是如此坚信他所进行的事业的正确性，以至于他忽视了那些反对者的权利。

20.3 军中经历

若干年后，那些经历过这场战争的人们还能饱含感情地回想起那场战争对他们来说意味着什么。他们哼唱着战时流行的歌曲，珍藏着战时的照片。对一些人来说，那场战争是一个悲剧性事件，因为他们亲眼看到了战场上的恐怖场面；而对另一些人来说，那则是一段解放的经历和他们一生中最令人激动的时期。

20.3.1 美国大兵

标准的美国士兵身高1.72米，体重128斤，年龄在22岁左右。他们要参加体质测验、智力测验和心理测验，他们可能会观看名为《斗士》(*Fit to Fight*)的电影，该片会警告他们患上性病的危险。大多数美国士兵都没上过高中。美国本土白人的平均受教育年限是6.9年，移民为4.7年，但只有南方的黑人为2.6年。约有31%的新兵是文盲，但测试内容十分老套，它们可能只测试了关于社会等级的问题而不是别的什么内容。总共有29%的新兵因为身体不合格而被军队拒绝，这使得健康问题专家感到十分震惊。

第一次世界大战中大多数士兵的受教育水平都很低，是不谙世事的年轻人，来自农场、小镇、城市郊区，他们属于不同的阶级和不同的族裔群体，但是他们中的大部分都变成了士兵。军旅生涯改变了许多年轻男女的生活和人生态度。妇女也为战争做出了贡献，她们在海军或海军陆战队里充当电话接线员或打字员，充当医护人员，有些人则志愿加入了红十字会这样的组织。但第一次世界大战的主角还是男人。即使走进训练营也是一场全新的、令人心惊胆寒的经历。在巴黎或伦敦，甚至是在纽约或新奥尔良的一次休假都会变成一生中难以忘怀的非凡经历。很多士兵都是在军队里看了人生中第一场电影，第一次接触到卡车和汽车。男人们学会了用新式的安全剃刀刮胡子，佩戴新式腕表。战争使得越来越多的人都开始抽纸烟而不再抽烟斗或雪茄，因为一包纸烟在很短的时间内就会抽完。

在部队服役的士兵，超过 75% 都是征召而来。威尔逊和他的陆军部长牛顿·贝克最初都反对征兵制，但后来两人又都得出这样的结论：征兵制是军事上组织人力最有效的途径。颇具讽刺意味的是，西奥多·罗斯福向威尔逊透露说他支持征兵制。尽管西奥多·罗斯福的健康状况日益恶化，一只眼睛也已失明，但这位粗犷的老骑士还是决定征募一支志愿军并亲自统率这支军队同德国作战。宿敌西奥多·罗斯福叫嚣着要在欧洲采取行动这一做法使威尔逊非常畏惧，因此他支持通过了《义务兵役法》，这至少能在一定程度上阻止西奥多·罗斯福关于征集志愿兵计划的实施。

总共有超过 2 400 万名男子进行了登记，其中有 280 万人应征入伍。也有一些地方爆发了反对征兵的抗议活动，其中最大的抗议活动发生在俄克拉荷马州，一群佃农计划向华盛顿进军，接管政府，结束"富人的战争"。一个地方保安队逮捕了约 900 名造反者并将他们投进了监狱。

有些人侥幸逃脱了兵役。有些人因在军队里从事与战争相关的工作而被延长服役期限，有些人则出于道德原因要求免除兵役。《义务兵役法》的确规定可以免除宗教团体成员的兵役，但是宗教动机很难界定。而非宗教的出于道德原因的抗拒活动则更加复杂。很多出于道德原因要求免除兵役的人也被征召入伍。有些人在非战斗部门服务，有些人则进了监狱。

20.3.2 黑人士兵

在美国的历次战争中都能看到黑人的身影，很多黑人在南北战争中和美西战争中都表现十分勇敢。然而，黑人士兵往往都是从事一些仆役性工作并被隔离在单独的部队里。黑人领袖希望这次能与以往有所不同。杜波依斯号召美国黑人支持这场战争，他预测，战争的经历将会促使"偏见之墙"在"共同意识的冲击下"逐渐倒塌。然而，"偏见之墙"并没有倒塌。

政府宣传

所有政府都会营造舆论宣传。尤其是在战争期间，各国政府都试图让他们的国民相信所从事的战争事业是重要的也是值得的，即使这意味着要付出巨大的牺牲。在美国卷入战争之前，英国和德国都通过报纸、图片以及其他途径来宣传他们战争的正义性。一些历史学家指出，英国的舆论宣传将德国人描述成残杀儿童和天主教修女的野蛮人，这种宣传使美国人确信了协约国进行战争的正义性。

美国在决定参战时成立了由乔治·克里尔领导的特别委员会，委员会竭力说服美国人确信他们所进行的战争是一场反对邪恶的圣战。该委员会组织了一个被称为"四分钟人"的全国性网络，该组织在全国各地发展成员，通过他们来激发群众的爱国热情。这些地方性集会（伴以乐队和游行，显得更有生机）鼓舞各个年龄段的人都来支持战争和购买战争债券。委员会还为在校学生创作了很多文学作品，这些作品大都是大学教授自愿创作的。一本名为《美国为什么与德国作战》（*Why America Fights Germany*）的小册子通过耸人听闻的细节阐述了德国进攻美国的可能。该委员会还使用了新的电影技术，事后证明，电影是最有效的宣传手段。

教育与宣传之间并没有明确的界限。早在1910年，爱迪生就制作了一部影

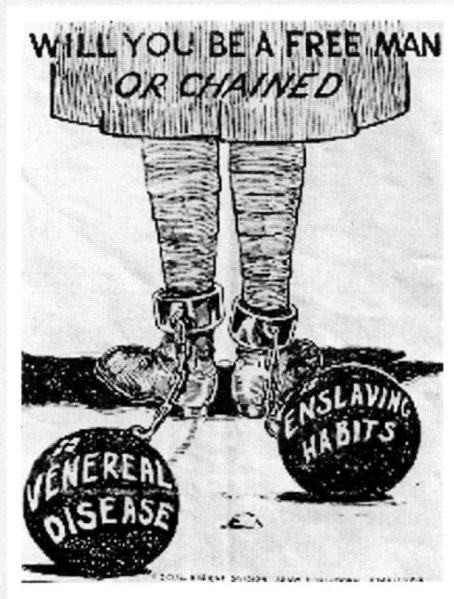 

军事训练营活动委员会刊发的反性病宣传画　《准备战斗》中的一幕

片向公众宣传肺结核的危险性，当时的其他影片还教会人们如何预防从伤寒到龋齿等各种疾病。不过，战争期间，政府很快就认识到了这种新媒体的作用并利用这种手段来教育士兵，向他们灌输爱国主义思想并帮助他们摆脱酒精和性的诱惑。

　　美国参战后，训练营委员会制作了一部名为《准备战斗》的影片，几乎所有士兵都看过。影片长达一个小时，讲述了五名新兵的经历。他们中有四个人由于结识了坏人并且缺乏坚强的毅力而染上了性病。该影片还穿插了那些性病患者的情景，倡导士兵参加足球和拳击之类的体育运动来摆脱性的诱惑，同时也强调了部队保持纯洁和树立爱国主义情感的重要性。在电影的一个片段中，五人中唯一没有染上性病的比尔·黑尔（Bill Hale）驱散和平集会并痛打演讲者。

这位和平主义者的妹妹则在一旁喊道："打得好，很高兴看到比尔打了你。"

《准备战斗》获得了很大的成功，政府又委托制作了另一部电影《路的尽头》(The End of the Road)，这部电影是专门为住在军队旁边的女性制作的。电影中的主人公是维拉和玛丽。这部影片虽然也反映了进步主义立场，但其情节却与《准备战斗》完全不同。故事中，维拉的妈妈对她管教很严并告诉她性是肮脏的东西，这使得维拉走到街上去了解关于性的知识。在"错误信息的诱导"下，她成为第一个出现在她身边有性病男人的牺牲品。相反，玛丽的母亲比较开明，她向女儿解释了婴儿是从哪里来的。当玛丽长大后，她拒绝结婚并成为一位职业女性——一名护士。后来她与一位医生相爱并结了婚。《路的尽头》里也穿插了一些情节，并且向观众展示了许多梅毒病人的痛苦。电影还向观众说明了随意性行为的危险。此外，电影还宣传了科学和性教育的重要性，以及自控的必要性。

反思历史

第一次世界大战期间美国反性病的电影体现出当时美国人对性病持有怎样的态度、观念和偏见？电影向观众展示了关于当时妇女、男人及性别角色怎样的形象？今天是否也出现了类似的道德准则、爱国主义和对性病的恐惧？今天美国人对性的态度发生了怎样的变化？今天美国的学校里会放映性教育的电影吗？这种电影在学校里受欢迎吗？这种活动是由谁发起的？历史学家从这些电影中会得到什么启示？今天的美国政府仍然会制造各种宣传吗？

《义务兵役法》没有涉及种族问题，大多数情况下美国黑人都在征兵册上进行了登记，并未发出抗议。许多白人（特别是南方白人）都担心征兵会使太多的黑人学会使用武器。在一些地区，征兵委员会只免除白人的兵役，而对业已做了父亲的黑人也不予免除。大多数南方白人都很难想象一名黑人身穿美国军服的场景。

白人对待美国黑人的态度有时也会导致双方发生冲突。1917年8月，德克萨斯州的休斯敦爆发了一起暴力事件。这起暴力事件与美国常备军第24步兵师有关，该师全部由黑人组成。这群士兵为了反抗危害黑人利益的《吉姆·克劳法》而发动暴动，杀死了17名白人平民。参与该事件的100多名士兵都被送上军事法庭，其中13人被判处死刑，这些被判处死刑者还没来得及提出任何上诉，就在三天后被执行了绞刑。

也有一些美国黑人被培养成军队的低级军官，他们被派到全由黑人组成的第92师，那里的高级军官均由白人担任。但是，很少有黑人军官或士兵能够参加战斗。大部分黑人士兵，包括约80%被派到法国的黑人士兵，都在部队里充当搬运工和从事其他体力劳动，并且受到白人士兵的指挥。其他黑人则充当白人军官的仆人、司机、门卫。这对一向标榜公正、荣耀和民主的美国政府来说，实际上是一种自我贬抑，同时也充满了讽刺意味。

20.3.3 在欧洲

这场被威尔逊称之为"为民主创造一个安全的世界"的战争，最终却演变成了一场血腥的屠杀竞赛。当美国于1917年春天卷入这场战争时，战争已经持续了将近三年时间。在1916年的一场战斗中，一天内总共有6万名英国士兵伤亡，但是战线依然没有向前推进一步。美国在这场令人恐惧的战争中做出了重要贡献。实际上，如果没有美国的帮助，协约国很可能会输掉这场战争。在战争的最后几个月里，美国所起的作用至关重要。

到1917年春，英国和法国的军队都只剩下最后的预备队，意大利军队几近崩溃。在东方，俄国人正在进行着一场激烈的国内斗争，并且很快列宁就与德国寻求单独媾和，这样一来也就可以使德国将原来在东线作战的部队调到西线发动最后的进攻。协约国迫切需要刚刚参战的美国军队，但是美国军队也需要一定时间进行训练、装备，然后才能派往前线。

1917年夏天，美国象征性地派出了几个团的兵力到达法国，这支军队由潘兴将军指挥，他曾指挥过美国1916年对墨西哥的远征军。当他们于1917年7月4日走过巴黎市区时，法国群众大声欢呼并向他们献上了花环。但是美国的指挥官们担心，很多美国士兵连行军都不会，更不用说打仗了。第一批美国士兵于1917年10月参加了凡尔登战役。到1918年3月，已有30多万美国士兵到达法国。到1918年11月，美国派到海外的士兵超过了200万。

由于美国军队在实战中表现得十分笨拙，所以潘兴将军坚决要求美国军队独立于法军和英军之外。唯一例外的是由黑人士兵组成的四个团被编入法国部队。尽管美国一再提醒法国，允许他们与法国人编在一起会"宠坏这些黑人"，但是由于黑人在战场上表现非常出色，其中三个团被法国授予了"十字勋章"，这是法国军队中最高的团体荣誉。

1918年春，随着俄国退出战争，英国对德国的封锁也越来越有成效，德国准备在美国的军队和工业实力发挥决定性作用之前发动一场全面的、孤注一掷的战役以赢得战争的胜利。5月下旬，德国军队推进到了距离巴黎只有50英里的地方。美国的军队帮助在蒂埃里堡、贝洛森林和康蒂尼阻止了德国的进攻，这些地方后来都被战争的幸存者赋予了神圣的意义。美国人也参加了1918年夏天协约国对德国的进攻。

1918年9月，有50多万美国士兵投入到了在圣米耶尔附近的战斗，这是美军第一次参加大规模战斗。一名士兵这样回忆道："我永远也不会忘记自己在战场上所目睹的情景，放眼望去，双方的阵地上一片火海，重炮一直在不停地撼动着大地。"美国士兵伤亡7 000多名，但是他们却也俘虏了1.6万多名德国士兵。

1918年秋天，英法联军和美军将德国军队赶回默兹河－阿尔贡森林附近并发动了对德最后进攻。面对德国士兵低落的士气、海军的兵变、盟友奥地利的投降，德皇威廉二世于1918年11月8日宣布退位。1918年11月11日，战争双方签订了停战协定。100多万美国士兵参加了这场最后的战斗。很多士兵都没有从军经验，他们中有些人只受过90天的仓促训练，在到达法国前连枪都没摸过。小埃德蒙·阿尔平在一场没有必要的战斗中负了伤。美军在战争中犯了许多错误，有些则是灾难性的。最严重的一次冒进是"消失的军队"，一支美国军队脱离了后援部队，结果被德军切断后路团团包围，有70%的士兵在援军到来之前阵亡。

全部由黑人士兵组成的第92师的表现也存有争议。第92师的人员被故意分散到全美各地，从来没有作为一个整体进行过训练。其最高军事长官是白人并且经常更换。很多士兵都只经过少量训练而且装备还非常差，他们经常被免除军事义务而从事其他体力劳动。在默兹-阿尔贡战役中的最后时刻，第92师被派到前线最为艰苦的阵地上，他们没有地图，也没有剪铁丝网的器械。军队的长官与士兵失去了联系，士兵们在敌人的炮火面前屡次冲锋屡次受挫。这支部队最后被迫撤退。多年来，政治家和军方领导一直借着这一事件批评黑人永远不会成为一个好士兵，但他们却既没有认识到第92师所面临的困难，也没有看到被派往法国的黑人士兵的英勇表现。

战争造就了一批美国英雄。乔克托族的约瑟夫·奥克拉豪姆比（Joseph Oklahombi）突破好几个德国的机枪掩体，俘虏了100多名德国士兵。来自田纳西州的阿尔文·约克（Alvin York）中士曾经出于道德原因反对战争，后来在战场上他只身一人只用手枪和步枪就杀死和俘虏了160名德国士兵，但是他的英雄事迹并不典型。大炮、机枪，以及到最后阶段坦克、卡车和飞机的使用，才最终使战争取得胜利。

除了少数几场战役，美国人在战场上都表现得非常英勇。尽管英国和法国批评美国军队秩序混乱并且没有任何经验，但他们也不得不承认美国军队充满了生机和活力，并具备有效地调动大量军队和装备的能力。有时候，美军似乎仅仅从数量上就足以压倒敌人。美国在默兹-阿尔贡这场战役中就有

12万人以上的伤亡。据一名军官估计，在最后的进攻中，每杀死一名德国士兵就有十名美国士兵付出生命代价。

虽然美国参战很晚，但其阵亡人数仍然达到53 402人。死于意外、疾病和自杀等其他原因者有63 114人。伤员超过20万。相比之下，英国损失了90万人，法国损失了140万人，俄国损失了170万人。美国在战争结束前最后几个月提供了大量的军事人员和物资补给，并且最后打破了战争双方的力量平衡。但与英法两国相比，美国参战时间短，遭受损失小，这将对战后签订的和平协定产生重要影响。

成千上万的美国士兵死于流感，这是一场全球流行病的一部分：1918年秋，一场流感席卷整个世界，造成至少400万人死亡。大多数传染病都是对老人和孩子有致命影响，但这种流感却是专门攻击年轻人中身体最强壮者。没有任何抗生素能够治愈这种疾病，很多城市居民都戴上了消毒面罩，但这并没有起到很好的效果。在一年多的时间里美国就死亡了67.5万人。这场流感的全球传播速度向人们暗示了，现代世界是相互联系的，想要保持孤立隔绝已不可能。

20.4 战争对国内的影响

在美国卷入这场大战之前，关于联邦政府在管制工业和保护弱势群体方面应该发挥什么作用的激烈争论至少已经存在了30年。即使在威尔逊政府内部，顾问们就联邦政府的角色应该如何定位也存在分歧。但是，战争和由战争所引发的各种问题加强了联邦政府的权力。美国的战时经历并没有结束这一争论，但在经历过战争的洗礼后，美国已经变成一个更加现代的国家，华盛顿掌握了更大的权力。

20.4.1 战时财政

一项统计表明,战争使得美国耗费了 330 多亿美元。加上国家公债利息和战后退伍军人补贴,美国在这场战争上的总花销接近 1 120 亿美元。而在早些时候,当一位经济学家指出战争可能使美国花费了 100 亿美元时,却是每个人都在嘲笑他。不过,威尔逊政府的很多成员都知道战争的花费十分高昂,他们试图通过借贷和增加税收的方式来筹集资金。

财政部长威廉·麦卡杜(William McAdoo)承担起了为战争筹集资金的重任。他审视过美国内战期间财政部长蔡斯采取的措施后认为,蔡斯没有激发起美国人民的情感。麦卡杜利用了美国人的忠诚,以很低的利息率向国内的普通公民发行自由公债。一条宣传标语这样写道,"摆脱战争蹂躏,打倒德国皇帝"。许多名人都支持发行公债,童子军也帮着售卖公债,麦卡杜甚至暗示,那些不购买公债的人就是叛国者。

民众热情高涨,但到战争结束后,他们却发现自己手中的公债已经跌到了原来面值的 80%。由于购买公债所得的利益是免税的,那些善于经营的人比普通人从中获得了更多的收益。但是有钱人并不像认同发行公债那样赞同麦卡杜的增税政策。根据 1917 年的《战时岁入法》(War Revenue Act),联邦政府大幅提高了税率,征收超额利息税,提高财产税。第二年,最高收入者的税额增加到了 77%。有钱人提出了强烈的抗议,但是仍有一批激进分子对这一法案不满意,因为他们希望国家没收所有每年超过 10 万美元以上的个人收入。尽管政府发行了自由公债并增加了税收,但是第一次世界大战与美国内战一样在很大程度上是靠通货膨胀来支撑的。例如,食品价格在 1917 年到 1919 年间几乎上涨了一倍。

最初,威尔逊试图通过建立各种政府机构来调动全国的资源。出于对中央控制力和权威的需要,威尔逊政府迅速建立了一系列的联邦机构来处理战争突发事件。首先面临的问题是粮食危机,美国粮食连续两年减产和欧洲对美国粮食需求的增加造成粮食短缺,为了应对这一局面,威尔逊任命赫伯特·胡佛（Herbert Hoover）领导建立一个粮食管理署，胡佛是一位年轻工程师，他在任比利时救济委员会主席期间获得了很高声望，他创立了一系列的"不吃面粉制品"日和"不吃肉"日，并要求家庭主妇予以配合。妇女是战争期间最主要的消费群体。

威尔逊政府利用联邦政府的权力来为战争组织调配资源。战时工业局（War Industrial Board）利用政府授予的权力来控制紧缺物资，并在特殊情况下规定这些物资的价格和优先分配权，该局由伯纳德·巴鲁克（Bernard Baruch）领导，他是一位精明的华尔街经纪人。政府自身也参与了造船业，并参与了组织铁路运输的工作。1917年12月是一个寒冬，由于缺乏协调，美国整个铁路系统几乎崩溃，威尔逊遂将全国铁路置于美国铁路管路局的控制下。联邦政府的权力不断增强，使得一些商人不断抱怨"战时社会主义"和各种规章制度。

20.4.2 战时劳工

战争期间，威尔逊政府试图保护和扩大有组织的劳工的权利，因为动员工人对维持工厂正常运转是必不可少的。全国战时劳工局（The National War Labor Board）坚持给予工人足够的工资和减少劳动时间，并且阻止剥削妇女和儿童。一旦军需品生产厂商拒绝接受战时劳工局的决定，政府就会接管这一企业。但当工人威胁举行罢工，战时劳工局就会做出决定：他们要么工作要么就去当兵。

威尔逊政府支持冈珀斯和美国劳工联合会领导的保守的工人运动。美国司法部则对更为激进的世界产业工人组织的所在地进行了大规模搜捕，并逮捕了该组织的大部分领导人。

冈珀斯利用这次机会巩固了美国劳工联合会在国内的地位。他通过明确声明：反对世界产业工人组织、反对社会主义和共产主义分子，来表达他对政府政策的支持。随着美国劳工联合会赢得国内政策的支持，该组织的成员数从 1916 年的 270 万增加到了 1917 年的 400 多万。然而，他们在战争期间所获得的权利只是暂时的。

战争同样为妇女创造了许多新的就业机会。宣传海报和爱国主义的演讲督促妇女为战争做出她们的贡献。一张宣传海报上展示了一名妇女坐在打字机前，她的背后是一名士兵，下面有一行字："速记员们，华盛顿需要你们。"

很多妇女出于爱国目的都响应了这一号召；同时妇女参加工作也增加了收入，减轻了通货膨胀的影响（通货膨胀使得工人的实际工资减少）。妇女投入到各行各业的生产中。她们在砖厂工作，在工业企业中工作，在火车上充当列车员，在军需工厂里生产炮弹。"妇女土地服务队"则动员妇女投入到农业生产中。尽管妇女证明了她们能够从事那些以前被认为只有男人才能从事的工作，但是战争期间取得的这些进步都是临时的。在战时被雇佣的妇女中，只有 5% 的人是新参加工作的，而且几乎都没有结婚。对她们中的大多数人来说，这意味着职业的变化或者是意味着找到了待遇更好的工作。战争促进了这一趋势进一步发展，增加了对接线员、推销员、秘书和其他白领工作人员的需求，在这些领域妇女很快就成为主要的从业者。1917 年几乎所有接线员都是女性。

总之，战争的确给一些妇女提供了有限的工作机会。但这并未改变人们认为妇女应该待在家里的传统看法。战争一结束，当男人们从战场上回来后，妇女的工作收入也就变得无足轻重。美国在 1910 年的时候就已经有 800 万妇女参加工作，但是到了 1920 年，这一人数也只有 850 万。

20.4.3 大迁徙

随着 400 万人被征入伍和战争阻断了其他国家向美国的移民，美国的工厂主第一次大规模地雇佣黑人。到 1920 年，北方新工业发展带来的机会，鼓励了超过 30 万黑人去追寻一种与南方的歧视、暴力和教育机会有限大为

送冰女工

妇女在战争期间的表现证明她们也能从事"男人的工作"。图中两名青年妇女正在搬运冰块,在电冰箱问世之前这项工作十分辛苦但又十分必要。尽管妇女愿意从事这项工作,但战争却并未改变美国人的传统观点:妇女应该待在家里。自1918年以来这种观念有所改变吗?

不同的生活。大迁徙改变了包括芝加哥、底特律、克利夫兰、匹兹堡、费城和纽约在内的北方工业城市。

北方的劳工机构积极地招募南方来的黑人,但来自北方的用工信息也以口头方式和报载方式(如《芝加哥卫报》《匹兹堡信使》这样的黑人报纸)在南方传播开来。迁往北方需要细致规划,不仅因为要考虑路费,还因为南方当局极力阻止外迁的劳工潮。一些人选择分阶段移民,先从乡村迁入南方的城市,然后再去北方。一些人则是先派家里一个人去北方找工作,然后其他人再跟过去。像教会和1911年成立的全国城市联盟这样的组织,则尽力帮助移民适应城市生活。

大迁徙为1920年代充满文化活力的哈莱姆文艺复兴和北方城市中黑人政治权利的兴起搭建了舞台背景。黑人希望能在北方过上更好的生活,但大部分人都发现他们只能干一些低级工作,这部分是因为黑人被隔绝在代表技术工人的工会之外。他们发现,种族紧张和暴力在北方也像在南方一样存在。1917年密苏里州东圣路易斯发生了一起最严重的暴力事件,当地白人报复一家工厂与黑人签订政府合同雇佣黑人。40名黑人和8名白人在随后的暴乱中丧命,6 000名黑人被赶出家园。

与黑人迁往北方一样,成千上万的墨西哥人也越过边界来到了美国,由于美国西南部的农场和工厂中需要大量的劳动力,美国移民局放宽了对移民的限制。墨西哥人同样也在中西部的钢铁、水泥、汽车和肉类加工行业找到了工作。

20.4.4 进步主义的高潮

许多进步主义者,特别是那些要求社会公正的进步主义者,直到美国宣战之前几个月还在反对美国参加战争。但到1917年4月之后,很多人都开始关注起"战争可能带来的社会问题"。他们为战争造成的人员伤亡和破坏感到悲痛,对限制言论自由表示愤怒,对伴随战争而来的爱国精神表示震惊，但是他们赞同在战争刺激下政府所实行的社会改革计划。他们赞同威尔逊政府通过劳资双方就工资问题谈判、实行 8 小时工作制、在工业生产中保护妇女和儿童。他们欢迎推行国有住房计划。很多人都支持政府在战争期间接管铁路和控制商业经营。对许多支持社会公正的进步主义者来说（他们此前一直都在进行艰难而令人失望的斗争想让城市变得人性化），身居高位者忽然愿意倾听并同意这些举措让他们为之一振。

进步主义对战时活动产生影响的最突出例子之一就是军事训练营活动委员会的建立。该机构成立于战争前期，旨在解决美国在国内外的军人的动员、娱乐和保护问题。他们组织士兵唱歌，打棒球，建立福利社和剧院，甚至还为军人开设了大学进修课程。他们最重要的设想是，军人生涯会将士兵培养成为好公民，一旦他们回归平民生活，他们就会投票支持社会改革。

训练营活动委员会也支持反对酗酒和卖淫的进步主义运动。法律规定：禁止卖酒给军人，禁止在军事基地周围禁区卖淫和酗酒。"准备战斗"成为他们的座右铭。这是一次典型的进步主义运动，它将人们道德上的义愤与最新的科学预防方法结合了起来。

20.4.5 妇女选举权

1918 年秋天，当驻扎在法国的美国士兵被动员参加最后的进攻时，成千上万的妇女正在工厂中紧张地工作着，有的则作为红十字会和救世军的志愿者在军事基地附近工作。威尔逊此时来到参议院，要求参议院支持妇女选举权："妇女选举权对赢得战争至关重要"。而他早期则曾反对妇女选举权。虽然他后来的这一声明并不十分重要，但是他的声音却是增强了修改宪法和要求给予占国家人口半数的妇女选举权的呼声。

许多人则依然强调妇女选举权会使她们少几许娇柔，多几分世故，无法很好地履行作为妻子和母亲的责任。全国反对妇女选举权协会（The National Association Opposed to Woman Suffrage）认为，激进主义、社会主义和女权运动是"社会革命的三个不同方面"。

卡丽·凯特是一名高效的管理者和不知疲倦的组织者，她制定了一种方案，最终保证了妇女享有选举权。1915年，她成为美国妇女选举权协会的主席，很好地协调了各州妇女运动与华盛顿总部的关系并领导了一支忠于这一事业、规模逐渐庞大的队伍。精密的计划逐渐产生了预期的结果，但是一批更加激进的改革者却是不满于这种缓慢的进步，她们从妇女选举权协会中脱离出去并于1916年组建了全国妇女党（The National Women's Party）。这一组织的领导人是艾丽斯·保罗（Alice Paul），她曾参加过英国争取妇女选举权的斗争，保罗和她的团体将白宫包围起来并将自己锁在白宫围栏上，堵住进出白宫的通道。她们举着标语牌，上面写着"总统先生，妇女们还要为她们的自由等待多久？"1917年夏天，政府逮捕了200多名妇女，指控她们"妨碍交通"。这正是激进团体想要追求的公众效应，而她们也充分地利用了这一点。威尔逊对此感到恐惧和不安，他开始寻求与更加温和的改革者进行合作。

战争并没有使议会通过《宪法第十九条修正案》，但是战争的确加速了这一进程。1917年，14个州的立法机构要求国会颁布宪法修正案，1919年这一数目增加到了26个。1919年年初，众议院以304∶90的票数通过了妇女选举权修正案，参议院以56∶25的票数支持了这一决议。14个月后，已有36个州批准了这一修正案，至此妇女终于获得了选举权。

20.5 为和平做准备

威尔逊将美国参加的这场战争视为一场为民主制度创造更加安全的国际环境的斗争。1918年1月8日，为了回击布尔什维克关于这场战争是帝国主义国家之间的战争的指控，威尔逊提出了他的计划。该计划被称为"十四点计划"（Fourteen Points），它呼吁"公开签订和平条约"，主张公海航行绝对自由、平等贸易、民族自决。但他最重要的一个计划是第十四点计划，他呼吁建立"国际联盟"来维持世界和平。

20.5.1 凡尔赛和会

1918年年末，威尔逊宣布他将率领美国代表团参加在巴黎近郊凡尔赛举行的和平会议。1918年12月4日，威尔逊一行踏上了去往巴黎的航程，随行的有大学教授、技术专家和顾问。国务卿兰辛、威尔逊的心腹爱德华·豪斯及其他顾问人员也一同随行。然而，参议院中最有影响力的共和党人亨利·洛奇却没有被邀前往，也没有任何共和党参议员受到邀请。事实证明，在这一点上威尔逊犯了一个严重错误，因为巴黎和会上的协定必须经过由共和党控制的参议院批准。然而，这并不能说明威尔逊缺乏政治洞察力，而是因为他十分不喜欢洛奇并憎恨政治妥协。他对自己的能力信心十足，认为自己能够说服人们遵循他的原则。

当威尔逊在和会召开前参加欧洲胜利游行时，他的信心更是进一步得到增强。普通群众狂热地向他致敬。但是，威尔逊在说服欧洲各国政治领袖接受他的和平方案时却是遇到了很大困难。

尽管威尔逊比起欧洲的各国首脑来说显得天真、更富于理想主义色彩，然而他在谈判桌上却迫使欧洲列强做出了很多让步，有时如果欧洲列强拒绝妥协，他就以回国相威胁。欧洲列强决定惩罚德国，扩大它们自己的帝国版图。威尔逊相信，根据他的"十四点计划"，他可以构建一个新的国际体系。威尔逊关于民族自决的想法被部分接受，他梦想着每个民族都有自己的国家，人们有权决定他们应该在什么样的国家生活。

那些和平的缔造者将奥匈帝国分割为奥地利、匈牙利、南斯拉夫。另外，他们也希望波兰、捷克斯洛伐克、芬兰、爱沙尼亚、拉脱维亚和立陶宛这些国家的建立，能在一定程度上起到在东欧遏制布尔什维克的作用。法国占领德国的萨尔工业区 15 年，它的最终归属权将由该地区的居民投票决定。意大利占领了的里亚斯特港。重新绘制欧洲版图是十分困难的，而威尔逊和其他主要领导者最大的失误就是在谈判桌上给予小国的权力太少，并且完全将苏联排除在外。

威尔逊在和会上不得不在很多重大问题上做出让步。他被迫同意德国赔款的数额（后来确定的赔款数额为 560 亿美元），德国割让产煤区和产油区给协约国，承认发动战争的罪行等问题。他接受了委任统治制度，该制度允许法国和英国接管德国在中东的殖民地，允许日本接管德国在太平洋和中国山东的殖民地。当协约国将德属非洲殖民地以委任统治的形式据为己有时，威尔逊也只得默认，因为协约国都不想让曾经属于它们的非洲殖民地实现民族自决。

威尔逊从来就没有想要在全球范围内建立一种新的种族关系。他反对并最终挫败了日本的提议——国联盟约应该包含支持全球种族平等的条款。杜波依斯此时正在巴黎，他作为美国代表出席了第一次泛非大会，并支持日本关于种族平等的决议，攻击殖民主义。但是，威尔逊和出席巴黎和会的其他领导人并没有理会杜波依斯。

《凡尔赛和约》并没有像威尔逊希望的那样建立起"没有胜利的和平"；德国人民感觉他们被出卖了，这种怨恨日后将会造成更严重的后果。威尔逊提出的公海航行自由和废除贸易壁垒的要求也没有获得通过，但他的确建立了**国联**（League of Nations），他希望国联可以阻止以后战争的发生。最重要的条款是国联盟约第十条中关于集体安全的条款，该条款要求所有会员国保证"尊重和维护各成员国领土完整，反对任何对外侵略行为"。

20.5.2　威尔逊梦想的破灭

就在政治家们云集凡尔赛签订和平条约并重绘欧洲政治版图时，一群杰出妇女（其中很多都来自同盟国）则在瑞士苏黎世集会。简·亚当斯率领美国代表团出席了会议，代表团成员包括蒙大拿州女议员珍妮特·兰金（Jeannette Rankin），她曾在 1917 年反对美国参战。她们组成了**国际妇女争取和平与自由联盟**（Women's International League for Peace and Freedom），选举简·亚当斯为该组织主席，她们谴责苛刻的和平条约，因为该条约呼吁单方面裁军，并对同盟国进行严厉的经济惩罚。

仇恨和褊狭是战争的遗产。法国总理克列孟梭一心想羞辱德国。布尔什维克在俄国的胜利也成为笼罩在和会上空挥之不去的阴影。革命的威胁如此巨大，以至于威尔逊和协约国于 1919 年将美国和日本的军队派到了西伯利亚，他们试图打败布尔什维克，在俄国建立一个符合他们要求的共和国。然而到 1920 年，协约国的武装干涉活动最终还是失败了。虽然军队撤走了，但是俄国人永远也不会忘记美国的干涉；布尔什维克的威胁依然存在。

1919 年夏天，大部分美国人都支持建立国联的想法，然而参议院却是拒不批准这一计划。正如一位评论员所言：国际联盟条约是被它的朋友而非敌人给扼杀了。

最难对付的是洛奇，他早先也支持建立一个维持世界和平的国际性组织。但他反对国联盟约中的第十条，该条款要求所有会员国在其中一方受到进攻时要采取共同防御措施，他指出，这将会使美国卷入国外的战争。作为参议院外交委员会主席，洛奇与威尔逊一样既是一名律师兼学者，同时又是一位政治家。他讨厌所有的民主党人，尤其是威尔逊，后者的理想主义及其宗教式的热情让他十分恼火。

对威尔逊来说，他能够让参议院通过国联盟约唯一的希望就是进行妥协，将参议院中温和的参议员拉到他这边来。但是，威尔逊拒绝妥协并反对修改国联盟约第十条。威尔逊对他的政敌们利用这种意见不统一来攫取政治优势的行为大为光火，为了向人民表达他的计划的正确性，他开始在全国进行巡回演讲。人们并不需要被说服，他们热烈欢迎总统，其热烈程度超出了威尔逊在法国所受的欢迎。威尔逊乘坐火车在三周之内跑完全国 29 个城市进行了 37 场演讲。他讲述了美国士兵在法国的重要性并宣布美国的孩子们将永远不会再次被派到国外战场,人们给予威尔逊热烈的掌声。

在科罗拉多州普韦布洛发表过最为重要的演讲之后,威尔逊病倒了。他的健康状况几个月来一直在不断恶化,旅途劳累更是加重了他的病情。总统的列车迅速开到华盛顿,几天后他患上重度中风。在接下来一年半的时间里,他都无法正常主持政府工作,而且再也不能领导一场争取加入国联的斗争。

参议院最终于1920年3月扼杀了国联盟约。然而,即便美国加入国联,可能也不会对1920年代和1930年代所发生的一系列事件产生多大影响,而且也不大可能阻止第二次世界大战的爆发。美国并没有从外交和贸易领域退出,也没有因为未签订那一纸条约就被孤立于世界之外。但拒绝签订国联盟约也表明,许多美国人都拒绝承认:自1914年以来,整个世界已经发生了变化,美国在全球地位上也发生了改变。

小结:大战的遗产

对像小埃德蒙·阿尔平和他的朋友那样离开小镇和城市参加了军队的人来说,战争是一场伟大的冒险。在随后十年里,他们在美国退伍军人协会和停战日游行活动里继续庆祝着自己的光辉岁月。对其他军人来说,战争的结果则是非常悲惨的。很多人都死在战场上。一些人在战场上受伤,被毒气致残,他们回到家中,面对复杂的世界感到茫然无措。

某种意义上,对美国人民而言,战争既是一场胜利也是一个悲剧。战争创造了很多机会,使美国黑人能向北方迁徙,使妇女可以找到更多有酬工作,而对农民来说,他们则突然发现,市场对农产品有巨大需求。然而,事实证明,很多的承诺和希望都是暂时的。

战争促进了进步主义运动的高涨。妇女选举权修正案的通过,以及通过联邦政府的权力来维护社会公正和社会秩序,使得很多改革者都感到满意,因为他们已经为这些目标坚持不懈地奋斗了许多年。然而,结果却是往往令人失望。一旦战争结束，联邦的许多立法就被废除或是效力逐渐萎缩，妇女赢得选举权对社会立法几乎没有产生什么影响。

大战标志着美国作为世界强国时代的到来，但美国似乎还不太情愿接受这一新的责任。战争激发了国内的爱国主义情绪和自豪感，但也增长了偏执情绪。带着战争留下的复杂遗产，美国进入了一个崭新的时代——1920年代。

> **思考题**
>
> ❶ 为何美国在1914年非常坚决地远离战争后来却又在1917年积极加入协约国行列？
> ❷ 为何战争会导致仇恨、偏见和公民自由的减少？
> ❸ 战争如何影响美国的妇女和少数族裔群体？
> ❹ 为何威尔逊的理想主义和平方案会失败？
> ❺ 第一次世界大战的长远后果是什么？对美国来说又是什么？对世界来说呢？

第 21 章

富庶与焦灼

21.1　战后问题

21.2　欣欣向荣的经济

21.3　价值观的冲突

21.4　在希望中沉浮

21.5　政治商业化

小结：繁荣与问题并存的新时代

> 美国故事

汽车城的梦想和挫折

  与许多南方黑人一样，约翰·帕克（John Parker）和他的妻子莉齐·帕克（Lizzie Parker）也在第一次世界大战期间前往北方寻求更好的生活，1920 年代他们来到底特律。他们远离了在阿拉巴马州中部做佃农的生活，在那里他们住在"小山上一座年久失修的小屋"里。他们先去了西弗吉尼亚州，在那里约翰与一家采矿公司签订了合同，公司答应将他们全家免费送到北方。但这份工作又脏又危险，他们住的房子与他们在阿拉巴马州的房子也没什么两样。

  约翰漂泊到了底特律，在那里的一家汽车制造公司找到了工作。当时是 1918 年，工资报酬很可观，比他此前所赚的要多很多。几周以后，他租了一套公寓，把家人都接了过来。莉齐第一次用上了煤气炉和室内卫生间，他们 7 岁的女儿萨莉（Sally）也开始在当地学校上学。他们的梦想似乎真的实现了。

  然而，底特律并不是他们理想的居所。那里满是来自各地的移民，很多人都是奔着战时福特汽车公司和其他公司提供的工作而来。新移民使城市中本就紧张的种族关系变得愈发紧张。萨莉也在学校里被一帮白人少年打了。在他们居住的社区（先前居民全是犹太人），店主和老居民明确表示不欢迎黑人迁入该社区。三 K 党在底特律发展了很多新成员，他们的活动使得那些到北方寻找工作和机会的黑人更加举步维艰。

  几乎是战争刚一结束约翰就失去了工作。房主提高了房租，帕克一家被迫搬离公寓，他们在城郊"八里路"附近找到了一个临时居所。黑人聚居区周围的地区有整齐的道路、宽阔的草坪和漂亮的住宅，但是黑人聚居区却只有肮脏的街道和小屋，这使帕克一家想起了他们在西弗吉尼亚矿场生活的场景。莉齐不得不适应没有浴室的日子。屋子里没有水管和电，只在院子里有一个水泵和一个厕所。

1921年到1922年的冬天十分难熬。汽车工业和其他工厂裁减了大部分工人。约翰只能打些零工，莉齐则给白人家庭充当佣人。由于黑人聚居区与周围的郊区之间不通公交，她经常要在雪地里跋涉上好几英里。他们简陋的小屋简直能冻死人，而且还很挤，因为他们已婚的女儿和女婿也来到了底特律。

然而，莉齐并没有放弃她的梦想。她用自己的力量、决心和几分幽默感将全家紧紧团结在一起。1924年，萨莉升入高中。在迁居北方十年后，萨莉高中毕业，帕克一家终于又用上了电，屋里也通上了自来水管，只是街道还没有修好。这些年久失修的街道成为他们还没有实现梦想的标志。与1920年代迁居北方的许多美国黑人一样，帕克一家已经改变了他们的命运，但他们仍然生活在底特律的边缘，而且在很大程度上也仍然生活在美国社会的边缘。

与1920年代大部分美国人一样，帕克一家也在追寻着他们的美国梦。对他们来说，一幢舒适的房子、一份稳定的工作、一间新浴室和小女儿能够接受教育就是他们的全部梦想。而对那十年中的其他人来说，他们成功的标志则是一辆崭新的汽车，在市郊住宅区置下一套房子，或者在股票市场上发一笔大财。1920年代，即从第一次世界大战结束到股票市场崩溃这十年，经常被人们称为"爵士时代"。在此期间，美国人好像参加了一场长长的社交聚会：**时髦女郎**（**flappers**）、地下酒吧和非法私酿的仿杜松子酒充斥其中，年轻人经常跳查尔斯顿舞（一种流行于1920年代的快节奏的4/4拍舞厅舞）一跳就到深夜。虽然这种轻浮的场景也反映了当时的一部分事实，但大部分美国人都没有参加这场聚会，因为他们仍在为自己的生计而奔波。

本章我们将探讨在这令人兴奋的十年里发生的一系列冲突事件。首先，我们将考察宗教不宽容——这种社会思潮影响了当时所有的事件和社会运动。为什么在战时浓厚的爱国主义热情之后会出现这种偏见？我们还将考察繁荣的经济和技术的发展，特别是汽车的普及，这几乎改变了1920年代所有美国人的生活。20世纪早期的剧变如何导致文化分歧？哪些人分享到了1920年代的繁荣？这个时代激起了哪些人的希望却最终没有实现？最后，我们将考察这个时代的政治。总统加尔文·柯立芝说"美国人民的首要问题就是贸易问题"，这意味着什么？

21.1 战后问题

到1919年，社会进步主义的热情消退了。罢工、暴力和对布尔什维克、黑人、外国人及其他人正在破坏美国生活方式的恐惧，给战后这一年打上了深深的烙印。某些焦虑源自战时的爱国主义情绪；另一些焦虑则是由战后的经济及政治混乱所致，这种混乱迫使美国人去面对和解决一种全新的巨大困境。

21.1.1 红色恐惧

美国人向来都是将激进分子和异议分子视为美国生活方式的威胁而对其十分恐惧。20世纪初无政府主义者曾被视为最大的威胁，但是1917年俄国革命却突然让布尔什维克成为最危险的激进分子，并在一定程度上与德国被混为一谈。1919年春，布尔什维克支持全球范围内的革命，很多美国人都担心共产党分子会占领美国。

第一次世界大战结束之后，美国约有2.5万到4万名共产党员，但他们从未威胁到美国。他们中有一些是像约翰·里德（John Reed）那样的理想主义者，里德是一位富商的儿子，他在纽约的格林威治村转变成一名社会主义者。资本主义国家之间的大屠杀行为令里德震惊不已，1917年他去俄国做了一名记者。他关于布尔什维克起义的目击实录《震撼世界的十天》（*Ten Days That Shook the World*），乐观地预测了一场世界范围的革命。然而，当他看到战后美国发生革命的希望非常渺茫时，他又回到了苏联，并于1920年死在那里，俄国新生政权的独裁主义性质让他感到非常失望。

尽管人数不多，但在1919年，特别是在全国爆发了一系列具有破坏性的罢工后，共产主义似乎成了一种威胁。美国工人在战时饱受通货膨胀之苦，1914年到1919年的物价上涨了一倍，但大部分工人的工资却都是停滞不前。1919年共有400多万工人参加了4000次罢工。他们中很少有人想要推翻政府；他们只想增加工资，减少工时，在生产中享有更多自由。

从一开始，工厂主就指责罢工者是布尔什维克，"扔炸弹的激进分子"几乎成了老生常谈。1919年4月28日，在送往西雅图市市长家里的邮包中发现了一枚炸弹。第二天，一位前参议员家里的一名女仆拆包裹时双手被炸掉。同年7月又发生了几起爆炸事件，其中一起爆炸事件发生在司法部长米歇尔·帕尔默（Mitchell Palmer）寓所门前。这些爆炸事件好像是那些思想上被误导的激进分子所为，他们认为这样做可以煽动起一场革命。但他们这样做的现实影响却是，使很多人相信社会主义革命是一种真正的和迫在眉睫的威胁。

没有人比帕尔默更坚信这一点。1919年夏天，他决心破坏美国共产党组织。他在司法部内设立了一个反对激进组织特别委员会，并任命了一个年轻人埃德加·胡佛（Edgar Hoover）来负责搜集国内激进分子活动的消息。由于受到"红色威胁"的困扰，帕尔默发动了一系列搜捕行动以围捕激进的外国工人。同年12月，包括最著名的无政府主义者艾玛·戈德曼（Emma Goldman）在内的249名外国侨民被驱逐出境，尽管他们中很少有人想要推翻美国政府。

帕尔默搜捕（Palmer raids）是美国历史上最严重的践踏公民自由权的运动之一，它并没有发现多少激进分子，但在美国国内却是掀起了恐惧和偏执的狂潮。帕尔默因为查处了共产主义分子而成了民族英雄，尽管在5 000多名被逮捕的外国侨民中只有大约600名被驱逐出美国。到了1920年代末，"红色恐惧"最为严重的时期已经结束，但对激进分子的恐惧却是几乎影响了整个1920年代生活的方方面面。

"红色恐惧"使美国国内产生了很多爱国主义组织和团体，它们决心将共产主义从美国生活中清除出去。这些组织认为共产主义者、社会主义者、激进主义者和自由主义者没有任何区别，认为到处都是布尔什维克党人。最有名的狂热爱国主义组织是美国退伍军人协会（American Legion），但所有这些团体都通过攻击激进分子和宣扬爱国主义，为人们提供了一种使命感和归属感。

21.1.2　不宽容思想的增长

在第一次世界大战中看似如此团结的美国，在战后却因民族、信仰和种族不同而产生了分裂和仇恨。"红色恐惧"和对外国激进分子的担心所造成的一个结果就是，对两名意大利裔无政府主义者尼古拉·萨科（Nicola Sacco）和巴托洛米奥·万泽蒂（Bartolomeo Vanzetti）的审判和定罪。1920年他们因被指控在马萨诸塞州的一次抢劫事件中杀死了一名门卫而被捕，虽然很多自由主义者都认为他们的罪证并不充分，但他们还是于1921年被判处死刑。事实上，在很多人看来，这两个说着蹩脚英语并被认定为是无政府主义者的意大利人之所以会受到这种惩罚，主要是因为他们的激进主义思想和外国人的相貌。

这个案子具有标志性的意义，因为欧美有很多知识分子举行集会来为这两个人进行辩护。尽管整个国家举行了大规模抗议活动并有很多人在午夜里为他们祈祷，但在一次次上诉都以失败告终之后，这两个人还是于1927

年 8 月 23 日被处以电刑。包括弹道测试在内的最新证据表明他们可能有罪，但是审讯及其结果却都指向了美国社会中的民族偏见和分裂。

萨科-万泽蒂案（Sacco-Vanzetti case）只影响了很少的美国人，但这种不宽容情绪却是影响了千百万美国人。亨利·福特发表了抨击犹太人的言论。由于不能出入高级旅馆，犹太人在纽约州的卡茨基尔及其他地方建立了自己的旅馆。许多大学、私立学院和医学院都规定了犹太学生的最高限额。有些住宅区也明确限制犹太人在"基督教区"居住。许多组织也禁止天主教徒入内，甚至也不许他们进入名牌大学。尽管美国一直存在着偏见和宗教不宽容，但在 1920 年代这十年间，很多宗教不宽容情绪都被当成约定俗成的标准，在一些情况下还被变成法律。

在种族关系上，不宽容情绪更是升级为暴力。在战时黑人向北方的大迁徙过后，1919 年，种族摩擦在芝加哥、奥马哈和其他 20 多个城市引发了一场"红色夏天"的暴乱。在芝加哥，暴乱始于 7 月中的一个大热天，一名年轻黑人男子在白人的游泳区溺水而亡——很多黑人都声称该男子遭到白人石头袭击，但是警察却拒绝逮捕任何白人。一群黑人袭击了警察，冲突一直持续了四天。结果造成几十人死亡，数百人受伤。

1921 年，在俄克拉荷马州的塔尔萨，一名黑人男子被指控袭击一名白人妇女，随后发生了一场相似的暴乱。城市监狱附近黑人与白人的持续对抗不断蔓延，造成不少伤亡，财产损失超过 100 万美元。

此起彼伏的暴力冲突和种族主义使杜波依斯十分气愤和大失所望，因为他曾号召美国黑人在战争期间支持美国的事业。他在《危机》杂志上发表了一篇义愤填膺的社论，号召美国黑人"在我们自己的土地上进行一场艰苦的、持久的、不屈不挠的反对邪恶势力的斗争。我们刚从战场上归来。为了实现民主，我们需要重返战场；我们拯救了法国民主，看在圣主耶和华的份儿上，我们也将拯救美国的民主，并且要明白为什么要拯救民主。"

21.1.3 三 K 党

在声称要维护美国生活方式的极端爱国主义组织中，三 K 党这一组织可以说是最为极端的。战后的恐惧和迷惘，加以激进的招募方式，使其呈现爆炸性增长。

三 K 党骑士团是由威廉·西蒙斯（William Simmons）在佐治亚州建立起来的，西蒙斯是一位世俗传教士，他做过推销员并是好几个兄弟会社团的成员。他采用了三 K 党的名称和统一的白色长袍，这源于南方重建时期一个反对黑人的组织，1915 年一部颇为流行但却是充满了种族主义色彩的电影《一个国家的诞生》为该组织赢得了赞誉。西蒙斯自命为新三 K 党骑士团的首领（帝国巫师），新组织成员全部是新教徒，该组织明确反对外国人、犹太人和天主教徒。他们反对讲授进化论思想，赞美古老的宗教，支持对移民的限制；谴责穿短袖衫，谴责男女间的亲密接触和"邪恶的朗姆酒"，支持爱国主义，要求维持妇女的纯洁。三 K 党还采取暴力反对黑人，把让黑人"安于其位"作为他们特殊的使命。他们通常都是采取和平手段来实现他们的目标，但若和平手段失灵他们就会诉诸暴力、绑架和私刑。三 K 党在战争结束前一直处于缓慢发展状态，但在 1920 年一年时间内其成员就增长到了 10 万人以上。

三 K 党的势力在南部农村和小镇兴起，但它很快就蔓延到了全国。它的势力在底特律、印第安纳波利斯、亚特兰大、芝加哥的工人阶级社区尤为强大，那里是黑人和其他族群居住的地方。在其势力最大时，其成员发展到几百万，其中许多成员都是女性，她们致力于参加为所有白人女新教徒获得更多权利的运动。在某些州，特别是在印第安纳州、俄勒冈州、俄克拉荷马州、路易斯安那州和德克萨斯州，三 K 党的势力也渗透到政治领域。1924 年以后，三 K 党的势力开始衰落，但对一切"非美国化"事物的恐惧却是依然存在。

21.2 欣欣向荣的经济

战后十年也是美国工业扩张的十年。经历过 1921 年和 1922 年的战后萧条，美国经济开始起飞。在新兴技术、高效管理体制的推动下，工业生产在十年内几乎增加了一倍，但是经济繁荣带来的利益并没有被平均分配。建筑业的繁荣促进了美国城市周边的开发，新的摩天大楼改变了城市旧貌。但在美国经济繁荣的同时，世界上其他国家都还没有从战争的阴影中摆脱出来。作为全球经济体的重要组成部分，美国经济最终也会受到世界上其他地区经济不景气的影响。

21.2.1 生活水平的提高

美国经济繁荣表现在各个方面。美国新建了几百万套住宅和公寓并配备了最先进的生活用具。或许美国经济繁荣最显著的标志就是现代化的浴室。直到 1920 年代早期，搪瓷浴缸、抽水马桶和洗脸盆才开始成为标配。浴室里随时都有源源不断的热水供应，不受外界干扰，并且配备了洁净的浴具，这些都是美国富足的标志，但在美国乡村，许多人仍在使用户外厕所。

许多美国人现在拥有更多的休闲时间，美国工会通过持续不断的努力将每周工作时间从 19 世纪晚期的 60 个小时缩短到 45 个小时。19 世纪还不为人所知的带薪休假在 20 世纪已是一种普遍现象。美国人的饮食也发生了很大变化，燕麦片和土豆的消费量下降，新鲜蔬菜的销售量则增加了 45%。美国人的健康状况日益改善并越来越长寿。但也并非所有美国人都有好的健康状况和更多的休闲时间。1900 年出生的白人男性的预期寿命是 48 岁，同年出生的白人女性的预期寿命是 51 岁。到了 1930 年，两者的预期寿命已增至 59 岁和 63 岁。但 1900 年出生的黑人男性的预期寿命则只有 33 岁，黑人女性为 35 岁。1930 年，黑人男性和女性的预期寿命分别增至 48 岁和 47 岁，但他们与白人之间的差异却是依然存在。

然而，几乎所有美国人都或多或少地从新繁荣中获得了益处。一些人受教育的机会越来越多。1900年时的高中入学比例是1∶10。到了1930年，这一比例增加到6∶10，这在很大程度上都要得益于1920年代教育状况的改善。大学入学人数也在增加，但在这十年间，大学入学比例很少超过高中入学比例。

21.2.2 现代企业的兴起

1920年代美国商业的结构和经营方式都发生了转型。1920年到1922年的经济衰退所造成的危机过后，商业就开始繁荣并一直持续到1929年经济危机爆发。在这十年间，企业兼并是自1890年以来发展最快的时期。出现的不是一般的垄断，而是寡头垄断（工业支配权掌握在几家大公司手中）。到1930年，美国200家最大的企业（它们正在变得多样化）几乎控制了美国一半的财富。

这十年间，美国经济中最重要的发展趋势就是出现了一个新的经理阶层。工程师小阿尔弗雷德·斯隆（Alfred Sloan Jr.）重组了美国通用电气公司，并使得开拓市场和广告宣传变得与生产同等重要，他被认为是新兴经理阶层的代表。为了使企业雇员的工作更有效率，新一代企业经理人沿用了泰勒早前发展的生产模式，同时还引进了退休金制度、娱乐设施、自助餐厅，并开始推行带薪休假和利润共享计划。这些"**福利资本主义**"（**welfare capitalism**）计划主要是为了消除工人的不满，遏制劳工组织的活动。

制定计划是新兴企业组织的关键部分，通常也是在第一次世界大战期间发展起来的企业-政府合作的派生物。尽管所有的经济计划和新式管理者都未能摆脱1929年经济崩溃的厄运，但经历了大萧条的现代企业对1930年代以后美国人的生活却是将会产生越来越大的影响。

21.2.3 工人分享到的繁荣成果

1920 年代有成千上万的工人都提高了其生活水平，但是分配不均也在增长。1923 年到 1929 年，工人实际工资收入增长 21%，而企业利润则增长近 66%。占人口 5% 的最富有阶层所占的财富份额从 25% 增至 33%，最富有的 1% 的人口支配着 19% 的收入。工人们并没有从他们的增产中获得收益。

甚至在工人中间也存在巨大差距。汽车生产线上的工人工资逐渐增长，工时不断缩短。然而，大多数美国工人阶级家庭的收入却都只够解决温饱问题。一份调查显示，一个美国家庭在 1924 年时需要 2 000～2 400 美元来维持"美国标准的生活"，而在那一年则有 1 600 万工人家庭的年收入低于 2 000 美元。

尽管一些工人的生活在 1920 年代变得富裕，但工人组织的情况却不是这样。工会成员从 1921 年的 500 万人减少到 1929 年的 350 万人。全国制造商协会发动了一场轰轰烈烈的恢复自由雇佣企业的运动，许多企业主都通过增加养老金和成立公司工会来吸引工人脱离工会。

在 1920 年代，不仅是保守的美国劳工联合会处境艰难，而且像美国矿工联合会（United Mine Workers）这样更加积极进取的工会组织也是身陷困境，其领导者是夸夸其谈的约翰·刘易斯（John Lewis）。工会内部的冲突也削弱了工会组织，在 1927 年的谈判中，刘易斯被迫同意接受降低工资。与许多其他团体一样，在这十年间，工人组织为了分享经济繁荣的成果而奋起抗争。但是，富足和美国梦都远非大多数工人所能企及。

21.2.4 全球汽车文化

汽车制造业在 1920 年代实现了飞速发展。汽车是战后经济繁荣的重要因素。它推动并转变了石油、钢铁和橡胶等行业的发展；它促使政府改善道路状况，修筑公路，为此政府投资数百万美元来雇佣工人和购买建材。美国人从一开始就对汽车情有独钟。1912年登记在册的汽车有近100万辆,1920年代汽车开始进入中产阶级家庭。1929年,美国人购买了450万辆车;到了1929年年末,登记在册的汽车已达近2 700万辆。大部分由州和地方政府养护的道路都非常破旧,有时甚至无法通行。相比之下,欧洲的道路由国家养护,状况要更好一些,但在1920年代欧洲的汽车要比美国少上很多。

汽车促生了新式郊区,使得家庭可以远离工作场所。加油站、餐厅和旅店(汽车旅馆的前身)成为美国社会中熟悉的路标。但是,汽车也给环境带来了负面影响:石油和汽油污染了河流,堆积如山的旧轮胎和锈迹斑斑的废弃汽车的外壳成为公路沿线常见的景观,由几千台增长至几百万台的内燃机排出的气体则在不停地污染着空气。

汽车也从其他方面改变了美国人的生活。路边的小商店和许多小教堂都消失了,因为生活在农村的家庭可以驱车前往市镇。卡车和拖拉机则改变了农业耕作方式。公共汽车的使用使小规模学校逐渐消失,农村小教堂也开始消失。汽车的普及使得年轻人首次摆脱父母的监护,并改变了美国年轻一代的恋爱方式。

随着时间推移,汽车也不再只是一种交通工具,而是成为地位的象征。广告宣传给人留下这样一种印象:汽车是幸福生活、性爱、自由和速度的标志。汽车业反过来也改变了广告业和设计业,甚至影响到了人们的消费方式。1926年,75%的汽车都是通过延期付款方式售出。分期还款信贷方式首先是在1915年由俄亥俄州托莱多市的一群商人试行,其目的是想提高汽车销量,但没过多久它就被广泛用于提高缝纫机、冰箱和其他消费品的销量。"现在购物,以后付款"成了美国的消费方式。

与当时的其他工业一样,美国的汽车工业也经历了兼并时期。1908年美国的汽车公司超过250家,到1929年只剩下44家。但有一个名字却成了汽车的同义词,那就是亨利·福特。福特是信仰进步主义的工业领袖和普通民众心中的偶像。但就像所有成为象征符号的名人一样,事实远没有传说中那样神奇。例如,福特有名的流水线生产方式是由一个工程技术人员团队发明的。这种生产方式在 1913 年被福特采用，使生产一辆车的时间由 14 小时减少到 1.5 小时。T 型轿车就是这种生产方式的产物，它是廉价家用轿车的原型。相比之下，欧洲汽车则多是定制的。

1914 年，福特宣布将工作在生产线上的工人的最低工资增加到每天 5 美元（这一数字几乎是当时美国产业工人平均工资的两倍），这一消息震惊了整个美国。福特并不是什么慈善家。他这样做是想得到稳定可靠的劳动力，他深知只要待遇够好，熟练工人就很少会跳槽。福特也最先认识到了工人既是生产者也是消费者，他们也有可能购买 T 型福特轿车。尽管工资高，但装配线上的工作很枯燥；当生产线停产时，工人就会被解雇，而且没有任何补偿。

T 型轿车在 1912 年时售价 600 美元，到了 1924 年价格降到 290 美元。除去增加了自动起动装置、将汽车设计成封闭式的、在外观上做了一些改进外，T 型轿车直到 1927 年仍然保留着大部分 1909 年刚刚投产时的设计。到 1927 年，T 型轿车的名气已是大打折扣，人们开始追求更加时髦靓丽以及他们心目中更加知名的汽车（它们是由与福特相竞争的公司推出的）。结果，福特公司工人的工资一下子就跌到了美国产业工人平均工资以下。

与其他工业化国家相比，美国的汽车拥有量增加得要更加迅速。莫里斯汽车公司是英国最重要的汽车公司，直到 1934 年该公司才引进了流水线生产方式。法国、德国和英国出于军事目的都向汽车行业提供大量补贴，从而延缓了廉价汽车的发展。但是由于这些国家的中央政府权力强大，欧洲国家都采纳了安全标准，并要求每辆汽车都必须有国家颁发的执照，这类做法要早于美国。最终在美国的带领下，汽车文化改变了世界上大多数国家，尽管这种现象在许多国家都是直到第二次世界大战之后才出现。

21.2.5 密切联系的电气化国家

1920 年代标志着"第二次工业革命"的高潮，这次工业革命的动力是电力，它生产出了更多的消费品。到 1929 年，工业生产动力的 80% 都来自电力。1907 年，只有不到 10% 的美国家庭用上了电；到 1929 年，这一比例已经超过 67%，美国的劳动生产率是十年前的两倍。

通信业日新月异的发展改变了美国人的生活方式，同时也改变了美国工商业的经营方式。1876 年问世的电话到 1899 年已有超过 100 万部投入使用。1920 年代安装电话的家庭从 900 万增长到 1 300 万。然而，即使到 1920 年代末，仍有半数美国家庭没有用上电话。

无线电甚至比电话更能代表 1920 年代的变化。1920 年夏天出现了第一家用于商业广播的电台，同年秋天第一次播报总统大选。第二年，纽华克市一家电台广播了世界职业棒球大赛，由此开启了改变美国体育运动的进程。1922 年，纽约一家电台第一次开始播放商业广告。

早期的广播都是播放一些古典音乐，但是不久以后就开始播放新闻分析和其他重大事件。系列节目和情景喜剧则使广播电台成为一个全国性的媒体，数百万人收听着同样的节目。唱片业也得到快速发展。到 1920 年代末，全国各地的人们都在哼着同样的流行歌曲，演员和播音员都成了名人。

更引人注目的是电影创造的奇迹。1922 年每周都有超过 4 000 万人去看电影，到了 1929 年这一数字超过了一亿。对千百万美国人而言，电影明星要比大多数政府官员都更为有名和重要。第一次世界大战前电影业主要吸引的是工人阶级，但此时它的吸引力已经超越了阶级、地区和年龄的差别。许多父母都担心电影会支配孩子们对性和生活的看法。一个年轻女大学生承认，电影教会了她如何抽烟，一些影片中"有很多场面使我激动不已、难以释怀"。

体育明星如巴斯·鲁斯（Bath Ruth）和杰克·登普西（Jack Dempsey）与电影明星一样家喻户晓。这十年来举办了许多吸引观众的大型体育比赛，这要归功于人们闲暇时间的增多、汽车行业的发展、无线电广播和发行量巨大的报纸。数千人驱车前往大学城观看橄榄球比赛，几百万人通过广播收听或第二天看报纸来了解比赛结果。体育运动的流行，就像电影和广播一样，在某种程度上也是技术进步的产物。

电力使得许多节约劳力的机器设备都走入了千家万户。但是，新机器并未减少一般家庭主妇做家务的时间。从很多方面来看，电力革命的成功反而使美国人生活的差异变得更加明显。城市中"富裕白人的生活"显示了社会的进步，同时也使得贫民窟和农村社区显得更加落后。对贫困妇女（尤其是农村地区的）来说，她们依然在重复着几个世纪以来一直都在从事的那些家务活，提水，洗衣，烧火，做饭等。

1927年标志着机械化和进步这一新时代的开端。这一年，亨利·福特制造出了第1 500万辆汽车并引进了A型车。无线电话服务系统在旧金山与马尼拉之间建立了起来。美国组建了第一家无线电广播网（哥伦比亚广播公司），拍摄了第一部有声电影《爵士歌手》（*The Jazz Singer*）。第一条水下隧道荷兰隧道（Holland Tunnel）建成通车，连通纽约和新泽西；查尔斯·林德伯格（Charles Lindbergh）驾着他的单引擎飞机从纽约飞到了巴黎，这激发了全世界人们的想象力。当美国人为林德伯格欢呼时，他们更加坚定了自己的美国梦，以及对个人创新精神和科学技术的信心。

21.2.6 城市的扩张和农村的挑战

汽车业的发展既使许多城市进一步向郊区扩展，也将工业带到了郊区。郊区人口的大规模膨胀发生在1920年代。克利夫兰市郊的夏克海茨（Shake Heights）是当时发展的典型。这个新郊区是在原有的夏克社区的基础上建立起来的，由两个商人规划和开发。黑人不许住在该区。这里蜿蜒曲折的道路与景观交相辉映，宛若公园一般。该地区的人口从1919年的1 700人增加到1929年的15 000人，这里的地价在这十年间增长了十倍。其他郊区的人口也以同样的方式在增长，但没有一个地区的增长速度超过加州的贝弗利山，贝弗利山在这十年间人口增长了2 458%。最大的地产热潮发生在佛罗里达州，在那里，迈阿密市人口从1920年的3万人增加到1925年的7.5万人。西棕榈滩的一块地1923年售价80万美元，两年后便攀升到400万美元。

汽车改变了每个城市，但人口增长最快的两个城市实际上却是汽车工业发展的结果。底特律的人口从1900年的30万增长到1930年的183.7万，洛杉矶的人口则从1900年的11.4万增加到1930年的177.8万。1900年时美国50万以上人口的大城市只有52个，而到1930年时已增至115个。

在1920年代，城市呈水平扩张态势，将边界推进至郊区，但是城市中心区则呈纵向扩展趋势。建筑热在1920年代末达到高潮，许多城市中心区都建起了大量新的高楼大厦。这一时期最有名的摩天大楼是纽约帝国大厦，这座楼高102层，1931年完工，但是直到第二次世界大战结束后才完全投入使用。

与此同时，在美国农村，大多数农民都没有分享到这十年繁荣的成果。第一次世界大战期间，农民通过投资土地和设备来应对世界范围内对农产品的需求和持续上升的农产品价格。战后，农产品价格下降，农民收入迅速下跌。许多农民由于没有钱款赎回抵押，最终也就失去了他们的农场。

农业生产环境的变化也是个问题。化肥和新型杂交良种的使用增加了亩产量。农业生产变得更加机械化和高效化。然而，在农产品数量增加的同时，世界范围内对美国农产品的需求却在减少。

很少有农民能够负担得起新技术产品。尽管城市里很多中产阶级家庭的生活都要比以往更加富裕，但在1920年代，只有10%的农村家庭用上了电。许多农民妻子的生活方式，几个世纪来都没有发生任何改变。

农民尝试通过集体行动来解决这些问题。他们的努力促成了《麦克纳里-霍根农业救济法》的颁布，该法案规定，政府应为主要农产品提供价格保护。政府应以一个"公平收购价格"购买粮食，然后以较低的价格把多余的粮食在国际市场上卖出。这部法律于1927年和1928年两次被国会通过，但却又两次被柯立芝总统否决。不过，在此过程中全国各地的农业组织也学会了如何团结起来对国会施加影响，这对未来具有重要意义。

农民在自然的力量面前显得十分脆弱，这方面最显著的例子就是1927年的春天，当时美国历史上最严重的洪灾摧毁了密西西比河谷。尽管政府努力提高征税以募集救济资金，但却仍有超过 2.7 万平方英里的土地被淹没。近百万人无家可归。财产损失超过 10 亿美元，并有 246 人丧生。居住在河流附近的黑人佃农们在洪灾中损失惨重。柯立芝总统派遣商务部长赫伯特·胡佛前去协调救济问题。胡佛信任志愿的救援活动，寻求红十字协会、美国退伍军人协会和其他组织的帮助；但是，这种救济行动不过是杯水车薪。第二年，柯立芝总统签署了一个洪灾控制议案，该议案首次要求联邦政府采取措施来治理密西西比河。然而，在什么是控制自然灾害的最佳方案，以及如何解决农民问题上，却是始终争议不断。

21.3 价值观的冲突

在 1920 年代的美国，收音机、电影、广告和大量发行的杂志，促进了全国性的世俗文化的形成。但是，这种新型文化强调消费、娱乐、向上流动和性爱，这些观念与努力工作、节俭、宗教、亲情和家庭这样的传统价值观发生了冲突。这并非只是一场简单的城乡文化冲突，因为许多坚持传统生活方式的人也迁到了城里。尽管如此，相当多的美国人还是担心新的文化价值观、科学新突破，以及如布尔什维克主义、相对主义、弗洛伊德主义和圣经批判主义这样的新思想，会威胁到他们原有的生活方式。其他人则发现传统价值观很是沉闷并开始寻找新的替代物。

21.3.1 传统与现代价值观的试验

1925 年，在田纳西州一个名为代顿的小镇上，一位高中老师因为在课堂上讲授进化论思想而受到了审判，这一事件最能说明（甚至夸大了）传统与现代、城市与农村价值观之间的冲突。

科学团体和很多受过良好教育的人早就接受了达尔文进化论。但因进化论是对传统信仰的挑战，故在一些州，讲授进化论思想是非法的。约翰·斯科普斯（John Scopes）是位年轻老师，他违反了该州的法律，田纳西州遂对他进行了审判。在影响深远的**斯科普斯审判**（Scopes trial）中，著名律师克拉伦斯·达罗（Clarence Darrow）为他进行辩护，世界基督原教旨主义联合会（World Christian Fundamentalist Association）则派出威廉·布赖恩来协助起诉，他曾是美国前总统候选人和国务卿。布赖恩此时已退休多年而且年迈多病（审判结束没过几天他就去世了），但他仍旧雄辩滔滔，而且是一位虔诚的基督徒。在交叉询问中，达罗将布赖恩的陈述贬为"知识的废墟"。尽管如此，法院陪审团依然宣判斯科普斯有罪。

全国各地媒体都报道了这场审判并支持科学与学术自由。记者门肯（H. L. Menken）一直都在嘲讽布赖恩和原教旨主义者。门肯写道："而今，几乎在美国的任何地方，你只要向火车窗户外扔出一个鸡蛋都会砸到一个原教旨主义者……他们遍布美国各地，满脑子都是陈腐思想，学习新思想对他们来说是一种沉重的负担。"

许多把圣经视为真理的福音派教徒都把 1920 年代的急剧变化视为一大精神危机。越来越多的美国人都开始信奉宗教原教旨主义。整个 1920 年代和 1930 年代，基督教神学院的入学人数和原教旨主义期刊和报纸的发行量迅速增加，像比利·桑戴（Billy Sunday）和麦艾美（Aimee McPherson）这样深受欢迎的布道家，更是通过收音机吸引了大批信徒。

21.3.2 节制——成功但短暂

1920 年代是十年**禁酒令**时期，《宪法第十八条修正案》禁止酒的生产、销售和运输。禁酒变成 1840 年代以来美国的一场社会运动和一个政治问题，因为许多问题都是因过量饮酒而起，包括家暴、犯罪和贫困。作为一个道德问题，禁酒令引起了中产阶级改良者的注意，他们要求国家通过法律控制或禁止酒的销售。到 1917 年，已有超过 75% 的美国人生活在实施禁酒令的州或县。第一次世界大战中，禁酒主义者把禁酒令与爱国主义联系起来。起初，啤酒制造商们赞同有限制的禁酒令，但到最后激进的爱国者则禁止所有酒精饮料的销售。一位禁酒主义者宣称："大西洋的彼岸有德寇等着我们，我们国内也有德寇。其中最奸诈最险恶的人物有帕布斯特（Pabst）、喜力滋（Schlitz）、伯莱兹（Blatz）和米勒（Miller）。"[1]

1919 年 6 月，议会批准了《宪法第十八条修正案》，跟着又通过了《沃尔斯特德法》，禁止酿造和出售任何酒精含量超过 0.5% 的饮料。一位社会工作者预言，《宪法第十八条修正案》可以减少贫困，在很大程度上消除卖淫和犯罪，提高劳工的生活水平，并可"通过释放巨大的受束缚的人类潜能，来持续增加我们国家的资源"。

禁酒实验或许确实减少了这个国家对酒的消费，尤其是在农村地区和城市工人社区。几乎没有人因酗酒而被捕。因酗酒而造成的死亡也明显减少。但是，该项立法同时也表明了通过法律途径来促进道德改革的困难。大多数在"高尚实验"期间想喝酒的人都找到了其他途径。秘密酒吧代替了公开酒馆，人们品尝了许多闻所未闻而又危险的家酿混合物。酒吧人员发明了鸡尾酒会来兜售劣质酒，中上阶层社会的妇女则开始首次在公开场合下饮酒。

禁酒也滋生出了许多走私组织，这些组织又与许多城市有组织的犯罪联系在一起。芝加哥的阿尔·卡彭（Al Capone）是最著名的地下组织头目，他的权力和财富就是靠走私酒获得的。他的组织在 1927 年的总收入超过 6 000 万美元。很多禁酒运动的支持者都逐渐倾向于废除禁酒令，因为它滋生了太多的犯罪活动。禁酒给社会和政治造成了重大损失。反对禁酒令的运动在 1920 年代慢慢占据优势，最终 1933 年《宪法第二十一条修正案》取消了禁酒令。

---

[1] 这四座酒厂都位于"酒城"密尔沃基，那里也是号称美国醉鬼最多的城市，曾拥有世界上最大的四座酿酒厂，是世界上生产啤酒最多的城市。——译注

21.3.3 不赞同的声音

1920 年代，许多知识分子、作家和艺术家都感到他们与当时美国狭隘的物质主义生活格格不入。包括菲茨杰拉德、海明威、卡明斯、艾略特在内的许多作家都移居欧洲，在那里写着关于美国的剧本、小说和诗歌。他们与其他时期的知识分子一样，对自己的国家也是爱恨交加。由于他们对社会的疏远，他们被称为"**迷惘的一代**"（**Lost Generation**）。

对很多作家来说，对美国幻想的破灭源于战争本身。海明威志愿前往欧洲战场充当救护车司机。但当他在意大利前线受伤后，他重新认识了战争的目的和所有大屠杀的意义。他的小说《太阳照常升起》（1920），就讲述了一群美国人漫无目标的欧洲之行的故事。同样的经历也发生在杰克·巴恩斯（Jack Barnes）身上，战争造成的伤残使他身心交瘁，他用战争中"无端的创伤"（unreasonable wound）象征了战后生活的徒劳无功。菲茨杰拉德是 1920 年代的名人，他经常光顾巴黎的酒馆和聚会。他概括了他们那一代人的失望，这些人"逐渐发现了所有神话的破灭，所有战争的爆发，所有人信仰的动摇"。他最为著名的小说《了不起的盖茨比》（1925）则对美国的成功神话进行了抨击。

众多美国作家云集巴黎，但住在法国并不必然就会导致对美国社会的批评。舍伍德·安德森（Sherwood Anderson）在《小城畸人》（1919）中创造了一个虚构的、具有中西部特色的小镇，描述了阴暗、狭窄、充满偏见的生活，这似乎是在暗示美国文化。另一名美国中西部作家辛克莱·刘易斯则在《大街》（1920）和《巴比特》（1922）中描述了中产阶级和小城镇的生活。然而，没有人比门肯更会嘲讽中产阶级，他在巴尔的摩担任《美国水星》杂志的编辑，他公开抨击了他眼中的"愚民阶级"。他嘲笑道，哈定总统的散文使他想起了"一团潮湿的海绵，学院中啦啦队助威的叫喊声，变质的豆汤，狗在漫漫长夜里傻傻地狂吠"。

可笑的是，当很多知识分子对美国社会感到绝望并抱怨艺术在商业主宰的文明中无法生存时,文学艺术却繁荣起来。1920 年代是美国文学史上最有创造力的十年。

21.4 在希望中沉浮

1920 年代似乎是所有愿望都能实现的时代。一则广告这样宣传道:"不要嫉妒那些成功的推销员——你也应成为其中一员!"买一辆汽车。建一栋房子。开创一番事业。投资土地或股票。发一笔财。当然,并非所有美国人都决心在华尔街股市上大赚一笔。一些人只希望在这个社会中维持那些似乎正在受到挑战的传统价值观。其他人则希望得到稳定的工作和一点尊重。但许多人都发现,不管他们的希望有多么一般,却都是遥不可及。

21.4.1 移民限制

移民和那些所谓"不忠实于美国的人"似乎对美国的传统生活方式构成了威胁。战争期间及战后的恐惧和宗教偏执则导致主要的限制移民法案的产生。

美国此前已经限制了中国人移民美国(1882 年《排华法案》)和日本人移民美国(1907 年"君子协议"),但现在美国人将注意力转到了近来由东欧和南欧涌来的移民身上。1917 年的一项法案要求禁止激进分子入境并要求对移民进行文化测试,但在 1920 年到 1921 年仍有超过 100 万移民涌入美国。在国会听证会上,这些新来的移民,尤其是意大利人和犹太人,被称为威胁国家种族纯洁的低等"堕落者"。

1921 年和 1924 年,国会对欧洲移民实施了配额制。1924 年,在大批南欧和东欧的移民到达美国之前,国会将欧洲移民的总数限定在 1890 年在美国的外籍出生人口的2%。禁止亚洲移民。1927年，美国将欧洲每年移民美国的人口限制在15万，在这些移民中，60%以上都来自英国和德国，来自意大利的人口低于4%。

1921年、1924年和1927年的移民法也阻断了美国廉价劳动力的来源，这些劳动力一直是19世纪以来美国工业化的中坚力量。同时，因为禁止了来自西半球的移民，新法案向墨西哥劳动力敞开了国门，这些想要摆脱贫困的人急于到加州和美国西南部的土地和农场工作。墨西哥人很快就成为最大的第一代移民群体。来自墨西哥的农场工人通常都是住在简陋的帐篷里，卫生条件非常差，并且没有任何医疗护理。

墨西哥人也移民到美国的一些工业城市，北方的一些公司招募他们并付给他们交通费。1920年代，埃尔帕索城的居民超过一半都是墨西哥人。1929年，加州的墨西哥移民达到36.8万，其中洛杉矶约有20%的居民都是墨西哥人。与美国黑人一样，墨西哥人也想通过移民来寻找机遇，但是他们同样无法摆脱偏见和困境。

21.4.2 马库斯·加维：黑人的弥赛亚

29岁来到纽约的马库斯·加维（Marcus Garvey）是一名杰出的牙买加人，也是这一时期黑人的骄傲。他从未放弃过布克·华盛顿关于自助的思想，但他又对这一思想进行了彻底的改造。华盛顿主要倡导通过自助来改善经济状况；加维则将自助当作一种政治手段，通过这种手段使非洲人能够从欧洲列强手中收复他们的家园。

加维在牙买加创建了世界黑人进步协会（Universal Negro Improvement Association）。到1919年，他已在美国和加勒比国家设立了30多个分支机构，他还创办了一家黑人报纸、黑十字护士组织，以及众多的百货商店、帽子店和餐馆。他最大的计划是"黑星轮船公司"，该公司将由美国黑人所拥有和经营。他极力鼓吹美国黑人重返非洲并自封为"非洲帝国临时总统"。

黑人的弥赛亚

穿着他最喜欢的衣服的马库斯·加维是众多美国黑人心中的英雄。他与其他非裔美国领袖看起来有何不同？

加维卓越的演讲才能和个人魅力，尤其是他指出的黑人应该以黑为荣，为他赢得了众多的追随者。加维大声疾呼："站起来吧，伟大的民族，你将会实现任何目标。"当他领导的身穿红蓝制服的世界非洲军团从大街上经过时，成千上万的黑人都挥舞起红色、黑色、绿色的旗帜尽情欢呼。很多人都将他们的钱投资到了"黑星轮船公司"，但是该公司很快就倒闭了，倒闭的部分原因是白人业主向加维出售劣质船只。加维因利用邮件欺骗股东的罪名而被捕并被判处五年监禁。柯立芝总统减轻了他的罪行。但他还是被当作不受欢迎的外国侨民于 1927 年被逐出美国。虽然加维最终失败了，但他却鼓舞了成千上万的美国黑人，特别是那些刚从南部移民过来的穷困潦倒者和意志消沉者，使得他们能够团结起来实现某种目标，并对他们的过去充满骄傲。

第 21 章　富庶与焦灼　861

21.4.3　哈莱姆文艺复兴

战后，一群黑人作家、艺术家和知识分子（他们住在纽约城一个黑人居住区）领导了一场类似于加维式的但最终则是具有更为重要意义的黑人民族主义运动。他们研究人类学、艺术、历史和音乐，并在他们的小说、诗歌、舞蹈和音乐中探讨了黑人在美洲大陆的尴尬处境。与加维一样，他们也表达了黑人的骄傲，并追寻美国黑人的非洲之根和民族传统。但与加维不同的是，他们想要使自己既是黑人又是美国人；他们没有重返非洲的意愿。

阿兰·洛克（Alain Locke）是第一个获得罗兹奖学金的黑人，也是**哈莱姆文艺复兴**（**Harlem Renaissance**）之父。他的《新黑人》（*New Negro*, 1925）向外界宣告了这场运动，并概括了黑人对美国文化和文明的贡献。兰斯顿·休斯（Langston Hughes）是一名诗人和小说家，所写的诗既饱含辛酸又不乏幽默，他用黑人语言来描述美国黑人的痛苦和骄傲。在《疲惫的布鲁斯》（*Weary Blues*）里，他采用了爵士乐和蓝调的韵律。

1920年代，爵士乐在哈莱姆区是一股非常重要的力量，许多富足的美国白人都赶来听路易斯·阿姆斯特朗（Louis Armstrong）、杜克·埃灵顿（Duke Ellington）和其他黑人音乐家的演奏。哈莱姆区充满原始情感和色情的氛围，对很多在维多利亚式环境中长大的白人来说充满了诱惑。美国的爵士乐也被传播到了欧洲。在巴黎，爵士歌手约瑟芬·贝克（Josephine Baker）（他是《黑人活报剧》的主角）成为炙手可热的人物。许多欧洲人都批评美国的物质主义。他们并不欣赏美国的文学作品和美术，但却痴迷于美国爵士乐。爵士乐是美国大众文化向外输出的滥觞，这种文化将会在第二次世界大战后影响全球。

牙买加人克劳德·麦凯（Claude McKay）在《回到哈莱姆》（*Home to Harlem*, 1925）中揭示了哈莱姆区生活的内幕，该书是最为流行的"新黑人"（"new Negro"）小说之一。麦凯描述了两个黑人：一个叫杰克，他在纽约黑人住宅区的酒店中流连，过着放荡不羁的简单生活；另一个人物是位知识分子，他无法在一个十分简单的问题上做出选择，他这样悲叹道："我所接受的令人讨厌的白人式教育，使我丧失了原有的活力、毅力，以及作为黑人最起码的坚强意志。"如何使自己既是一名黑人又是一名知识分子，是许多哈莱姆区作家们的共同困境。他们担心自己会依赖于白人赞助人（后者要求黑人作家遵从白人精英阶层对黑人的看法），但他们也知道这是他们得到承认的唯一希望。

与"迷惘的一代"的白人作家一样，许多黑人作家同样感到他们置身于美国社会之外。他们希望住在巴黎或格林威治村，但他们中的大部分人还是十分不情愿地住在了哈莱姆区，该地区在1920年代迅速成为纽约黑人的中心。在这十年里，超过11.7万白人离开了这一地区，同时又有8.7万以上的黑人迁入这一地区。康提·卡伦（Countee Cullen）这样评论道："不管怎样，我自己还是感到了强烈的种族自觉意识。"同样的情感也发生在佐拉·赫斯顿（Zora Hurston）身上，她到纽约的巴纳德学院学习，在哥伦比亚大学获得人类学高级学位，并出于自己对民间传说的兴趣，写了很多关于生活在农村的强壮而热诚的黑人的故事。哈莱姆区作家的大量作品都只有少数读者，但1960年代的那代黑人年轻知识分子将会重新发现它们。

21.4.4 妇女争取平等权的斗争

1920年代一个无法抹去的形象就是时髦女郎：一名年轻女子穿着短袖衫，留着短发，像男孩子一样跳查尔斯顿舞、抽烟、喝酒，在性方面十分随便。菲茨杰拉德的小说如《人间天堂》（*This Side of Paradise*，1920）和《了不起的盖茨比》中的女主人翁为年轻人提供了效仿对象，电影明星克拉拉·鲍（Clara Bow）和格洛丽亚·斯旺森（Gloria Swanson）在银幕上魅力四射的表演，也为生活中轻浮和挑逗的行为提供了更为生动的模仿对象。

毫无疑问，1920年代妇女得到了更多的性自由。菲茨杰拉德这样写道："没有一个维多利亚时代的母亲会想到她们的女儿如何习惯于随便的接吻。"

1920 年代工作的妇女

尽管在 1920 年代的工作场所可以看到穿着短袖、留着短发的时髦女郎,但对那个时代的大部分职业女性来说,她们则从事着书记员、打字员和接线员等低薪工作,时髦女郎那种追求自由平等的生活方式只是一种幻想。这种工作环境看上去是增强了还是抑制了个人自由?

然而，要想知道女儿（以及她们的母亲）如何习惯于接吻和享受其他性行为可能是十分困难的。避孕用具变得随处可见，玛格丽特·桑格（她曾在1914年被指控通过散发小册子来宣传节育知识）在1921年组织了美国第一次节育大会。但是，节育用品和小册子仍然经常被视为非法。

家庭规模在这十年里逐渐变小（从1900年的平均每个家庭3.6个孩子降到1930年的2.5个），年轻人显然更加倾向于为爱情而结婚而不是为寻求生活保障而结婚。更多的妇女都希望在婚姻中得到性满足（一份调查中有近60%的妇女这样认为）并认为离婚是解决不和谐婚姻的最好方式。在另外一项调查中，近85%的人赞同性行为是爱和感情的流露，而不仅仅是为了生育。但这些调查更多都是倾向于城市里中产阶级的观点。虽说妇女获得了更多的自由，但双重标准却是依然存在。

像电、自来水及其他节约劳动的家电方面的创新也影响了中产阶级妇女的生活。但是，随着卫生标准进一步提高，她们在做家务上却是花费了更多的时间；而铺天盖地的广告则敦促她们在成为优秀家庭主妇的同时又能保持自身的美丽。年轻人很快就接受了新流行的款式，并开始学习游泳、打网球和骑自行车。

有更多妇女走出家门参加工作：1890年只有17%的妇女外出工作，到1933年这一比例升至22%。然而，从1900年到1930年，她们从事生产性工作的比例却从19%降到16%。工作岗位上最大的扩展出现在白领职业，后者逐渐都带有明显的女性特征，如秘书、图书管理员、职员、接线员。尽管有更多已婚妇女获得了工作（十年间增长了25%），但她们的工资待遇却大都非常低，而且大部分单身妇女都认为婚姻会结束她们的工作生涯。

对一些从事秘书或教师这样工作的妇女来说，结婚经常意味着被解雇。然而，办公室是找到如意郎君的好场所，而当秘书则可学会忍耐、谦逊和顺从——许多人都认为这些特质会使她们将来成为好妻子。考虑到这些观点，这十年里男女两性之间的工资差距加大也就不足为奇了。到1930年，妇女工资仅仅相当于男人实际工资的57%。

在1920年代，与实际生活中的妇女相比，时髦女郎的形象被赋予了更多的自由与平等。时髦女郎年轻白皙，婀娜苗条，出生于上层阶级，但大部分妇女都不符合这些要求。这十年间女医生和女律师所占的比例略有增长，但增长率却在下降。女医生和女科学家的数量也在下降。

战前女权主义者和妇女选举权鼓吹者的期望依然没有实现。在许多州，妇女必须征得丈夫的同意才能去担任公职、经营商业或签订合同。通常都是女性为非法生育负责，而离婚法也几乎总是偏袒男性。

艾丽斯·保罗曾在1916年领导了激进的全国妇女党，现在她再次将自己锁在白宫栏杆上，来保证男女平等权利宪法修正案的通过。该修正案得到了几个州的支持，但却遭到很多妇女的反对，她们害怕该法案的通过将会取消工业领域保护妇女的特殊立法。关于如何采取适当措施来促进男女平等和实现妇女的权利，1920年代的女权主义者还没有达成一致意见，而当时的政治和社会环境也不利于女权主义事业。

21.5 政治商业化

一位著名作家在1921年这样写道："在当今世界上所有国家中，美国代表着一种理念：商业。"美国最大的广告公司老总布鲁斯·巴顿出版了这十年间最畅销的非虚构类图书之一。在《无人知晓的人》(*The Man Nobody Knows*，1925)里，他将耶稣基督描绘成"现代商业的奠基者"。基督从社会最底层挑选了12个人，将他们融入一个成功的组织。

商业（尤其是大型商业）在1920年代欣欣向荣。政府减少了限制商业的规章制度，降低了税收，并且支持和帮助商业在国内外扩张。在这十年里，总是纠缠在一起的商业与政治，更加紧密地结合在一起。富有的金融家对美国内外政策的制定有着极大的影响力。更重要的是，一位新型商人在

1928 年当选总统。赫伯特·胡佛是一位国际知名的工程师和效率专家，他是现代商业技术和实践的象征。

21.5.1 哈定和柯立芝

由于美国国内对威尔逊的强烈反对，共和党在 1920 年的总统大选中几乎可以说是稳操胜券；共和党可能更愿提名党内领袖西奥多·罗斯福作为总统候选人，但他已于一年前逝世。沃伦·哈定曾是俄亥俄州一家报社编辑，他在芝加哥的一家旅馆中与共和党内几位大人物进行了一夜会晤之后，最终被提名为共和党总统候选人。为了平衡党内各种势力，共和党选择了马萨诸塞州的柯立芝作为副总统候选人。与此同时，经过 44 轮投票，民主党则提名俄亥俄州的詹姆斯·考克斯州长作为总统候选人，提名海军部长助理富兰克林·罗斯福为副总统候选人。

哈定以绝对优势赢得大选。他获得 60.04% 的选票，至今还保持着历届总统得票最高纪录。更重要的是，只有不足 50% 的选民参加了投票。刚刚获得选举权的妇女，尤其是工人阶级中的女性并没有参加投票。同样的情况也发生在男性选民身上。对很多人来说，他们并不关心谁来当总统。

与具有改革意识的总统西奥多·罗斯福和伍德罗·威尔逊相比，哈定代表了 1920 年代的保守主义倾向。一名参观过白宫的人发现，哈定和他的团队讨论问题时："空气中弥漫着浓郁的烟草味，托盘里放着好几瓶名牌威士忌酒。"在离白宫几个街区远的地方，哈定的司法部长也就是他的老朋友哈里·多尔蒂（Harry Dougherty）正在做着兴隆的生意：一边密谋着向某些人出售特权，一边收受贿赂，一边策划其他非法的计划。

然而，哈定本人并不腐败。国家商界的领袖们对他的高关税、低税收政策十分认同。他从来不会花时间和他的亲信一起喝酒。他曾召开过一次关于裁军的会议和一次讨论失业问题的会议。哈定曾经说过，他也许不会被看作美国最伟大的总统之一，但他却有可能是"最受爱戴的总统之一"。当他于

1923 年 8 月突然去世时，美国人民真诚地为他哀悼。

只有在柯立芝成为总统后，哈定政府的丑闻才浮出水面。参议院委员会发现内政部长艾伯特·福尔（Albert Fall）把怀俄明州蒂波特山的国有油田非法租给私人以牟取商业利益并收受 30 万美元贿赂。在退伍军人管理局和其他政府部门也发现了违法活动。哈定的司法部长非常不体面地宣告辞职，海军部长差点锒铛入狱，哈定的两名顾问自杀，福尔则被捕入狱。

柯立芝是一个古板、沉默寡言但却十分诚实正直之人。他出生在佛蒙特州一个小镇，他的父亲是名治安官员，他在老家时传来了哈定去世的消息，当着父亲的面他举行了继任总统的宣誓仪式。对很多人来说，柯立芝代表着守旧的价值观、朴素的宗教信仰和个人的正直廉洁。但柯立芝却并不情愿向摄影师摆出手拿草叉的姿势，他更愿被一群商界巨头前呼后拥。

柯立芝于 1924 年再次竞选总统，他的竞选搭档是金融家查尔斯·道威斯（Charles Dawes）。这场胜利毫无悬念。民主党内部分裂为势均力敌的两派：北方城市的天主教徒和南方农村的新教徒，民主党经过 103 轮投票提名约翰·戴维斯为候选人，戴维斯是一位和蔼可亲的公司律师。

一群主要代表农民和工人阶级利益的持不同政见者不同意两党的提名并组织了一个新的进步党。他们采用了 1912 年西奥多·罗斯福党的名称，但在其他方面则鲜有采纳。他们提名威斯康星州的罗伯特·拉富莱特作为总统候选人，他们通过宣传来呼吁铁路国有和批准童工修正案。拉富莱特批评"私人垄断集团控制了政府和工业"。他获得了近 500 万张选票，仅比戴维斯少了 350 万张。但是，柯立芝的个人魅力和他领导下美国经济的繁荣，使他轻而易举地赢得了大选的胜利。

与哈定一样，柯立芝也是一位颇受欢迎的总统。在其政府内最具代表性的人物就是那位富有的财政部长安德鲁·梅隆（Andrew Mellon）。1922 年，在梅隆的支持下，国会废止了战时超额利润所得税。联邦收入税通过给予每人 2 500 美元的免税额再加上每位受抚养者 400 美元的免税额，免去了大部分家庭的税收。1928 年，议会进一步降低税率，废除了大部分消费税并削减了公司税。在这十年间，200家最大公司的资产从430亿美元增加到810亿美元。柯立芝曾宣称："美国人的事业就是做生意。"柯立芝认为，政府的主要任务就是要尽可能少地干涉商业和人民生活的正常运转。一名白宫总统的服务生这样回忆道："在我有生之年所见过的总统中，没有谁比柯立芝睡觉的时间更长。"然而，当时的大部分美国人都认同他这种无为政策。

21.5.2 赫伯特·胡佛

在枯燥乏味的哈定和柯立芝政府中，最耀眼的明星当数商务部长胡佛。1914年以前，胡佛作为国际上著名的矿业工程师就已十分富有；第一次世界大战期间，他领导了比利时救济委员会和粮食署，从而获得了伟大的人道主义者的赞誉。在1920年总统大选时，许多进步主义者都提议让他作为总统候选人。

胡佛精力充沛，办事效率极高。他扩大商务部的职能来规范航空、无线电和其他新兴产业。胡佛领导的标准局（Bureau of Standard）几乎将美国的每样产品（小到灯泡大到床垫）都予以标准化。他支持城市分区制度，支持主要工业领域实施8小时工作制、为儿童提供更好的营养和保护自然环境。他推动制定了1924年《污染法案》（Pollution Act of 1924），该法案是在美国沿海控制石油污染的首次尝试。

在出任商务部长时，胡佛利用联邦政府的力量来规范、刺激和促进美国经济发展，但他认为，在美国，自由企业和地方积极主动的行为是解决问题的关键。1921年，他使哈定相信，在战后萧条时期，政府应该采取一些措施解决失业问题。总统于1921年9月召开了解决失业问题会议，这标志着政府首次承认对失业问题负有责任。这次会议（由胡佛组织的许多会议中的第一个）受到媒体关注，并引起了专家的强烈反响。会议报告敦促州和地方政府以及商业组织在志愿的基础上进行合作以促进问题的解决。胡佛认为，联邦政府的主要职责是教育和引导，而不是进行改革。

21.5.3 进步主义的余波

1920 年代是反对改革的十年,但是进步主义并没有销声匿迹。这十年间,尽管追求效率和秩序的进步主义者或许比那些要求社会正义的改革者更受欢迎,但是那些反对贫困以及要求改善居住环境和保护儿童的运动也依然存在。

社会正义运动最大的成就是 1921 年《舍帕德-汤纳育婴法案》的通过,它既是联邦社会福利立法的重要组成部分,也是长期以来进步主义运动的结晶。法案要求政府每年拿出 100 万美元来帮助各州建立医疗援助,选派护士指导那些育龄妇女如何照顾自己和她们的孩子。该法案从一开始就引起了争议。美国医药联合会批评该法案将会导致社会主义,那些反对妇女享有选举权的机构则指出,该法案得到了那些极端女权主义者和共产主义者的支持。但是,议会仍然通过了该法案并由哈定总统于 1921 年签署生效。不过,该法案仅仅实行了六年,反对者又一次采用了"女权主义-社会主义-共产主义"的伎俩并于 1929 年废除了这项法案。尽管如此,这项法案却是一批进步主义妇女提倡和抗争的结果,它表明在哈定和柯立芝时期人们对社会的关注并未销声匿迹。

21.5.4 全球扩张

1920 年代常被称为孤立主义年代。但是,美国在这十年间也参与了不少国际事务,而且其参与程度也在逐渐加强。尽管美国从未加入国联,而且始终都有一批积极的孤立主义分子在极力阻止美国成为国际法院的成员,但是美国与国联的很多机构都在进行合作。而且在处理裁减海军及由战争导致的国际财政问题上,它还扮演了领导者的角色。

当时也存在着一些不祥的预兆。德国陷入了经济和政治混乱之中。日本和意大利对和平协定愤愤不平。殖民帝国仍然控制着非洲。法西斯主义在西班牙和意大利已站稳脚跟,苏维埃主义也在俄国进一步得到巩固。中东在经济上和政治上则是进一步分裂,这一地区的问题贯穿了整个 20 世纪并一直延续到现在。

美国公司的海外投资在这十年里增长了七倍,使美国由一个债务国变成债权国。商业、贸易和金融的扩张是美国在这十年里国际扩张的标志,而且美国在电缆通信、无线电报及电影等方面也增强了其国际地位。1926 年,在英国和加拿大放映的电影有 95%、在法国放映的电影则有 70% 都是由美国制作而成。但是,由于一些矛盾和痛楚的回忆,美国政府还是不愿担当起国际大国的角色。

哈定在他的就职演说中宣称:"我们不会寻求对世界命运的支配",但他发现国际问题始终存在。其中迫在眉睫的就是海军军备竞赛问题;为了解决这一问题,美国在 1921 年 9 月倡导召开了裁减海军的华盛顿会议,这是第一次国际裁军会议。

美国国务卿查尔斯·休斯做出了令与会者震惊的决定,他建议各国十年内不再生产战列舰,并承诺击沉或销毁 84.5 万吨位的美国军舰,这其中包括 30 艘战列舰。他要求英国和日本也做出类似承诺。与会者对休斯的发言报以热烈掌声:他们沉掉的舰艇比全世界的海军将领在一个世纪里沉掉的舰艇还要多。这次会议的参加者最终达成一致,他们确定了各国海军主力舰吨位的比例,美国、英国、日本、法国和意大利的比例为 5∶5∶3∶1.67∶1.67。日本不同意这一决议,但当美国承诺不在其占领的太平洋诸岛设防时,日本也只好做出让步。

鉴于 1941 年所发生的珍珠港事件,华盛顿海军会议经常受到批评,但在 1921 年该会议却是备受赞誉,这是历史上第一次由世界上几个主要大国举行的裁军会议。这次会议并没有导致第二次世界大战的爆发,同时也没能阻止第二次世界大战的爆发。但是,这次会议对于缓和国际紧张局势,迎接现代军备竞赛的挑战,却是一种创造性的尝试。

1920 年代的美国对外政策就是:尽量不卷入国际冲突,抵制革命,为贸易和投资创造一个安全的国际环境。在共和党政府中，没有一个成员认为美国应该孤立于拉美之外。美国外交官支持在中国贸易中实行"门户开放"政策。但在拉美，美国一直认为自己应该发挥特殊作用。在这十年里，美国在西半球的投资迅速增长。拉美各国60%的出口都流向美国，但其近50%的进口也来自美国。到这十年末，美国已经控制了10个拉美国家的财政。

从1920年代中期开始墨西哥就将外国公司控制的油田和矿山收归国有，这令美国商人感到十分恐慌。由于担心进一步采取激进措施将会"损害美国利益"，商人和银行家劝说柯立芝总统采取和谈的方法。柯立芝听从了，他委派的大使采取调和态度，促使两国达成了保护美国投资的协定。

美国促进和平、稳定和贸易的政策也并不总是连贯一致，这一点在与欧洲的关系上表现得尤为明显。欧洲国家欠下美国的战争债务超过100亿美元，英国和法国的欠债额占债务总额的75%。英法两国的经济在战后陷入了危机，它们要求美国减免债务，并指出它们在战争期间遭受了惨重的人员伤亡和财产损失。美国调整了借款利息和还款期限但却拒绝减免债务。柯立芝总统煞有介事地说："是他们借了这些钱，难道不是吗？"

欧洲各国唯一能够采取的还款方式就是向美国出口其产品，但美国国会却在支持高关税。1930年出台的《霍利－斯姆斯关税法》，不顾很多经济学家的反对，更是进一步提高了关税税率。美国的高关税政策（对债权国来说这会阻碍其生产发展）导致其他国家对美国的贸易实行限制和打击，而美国的公司则想要增加贸易。

与德国签订的赔偿协定也导致欧洲各国无力向美国出口产品和偿还借贷。德国经济在第一次世界大战后因通货膨胀日益严重而混乱不堪，其工业生产则受到和平条约的压制。到1921年，德国已经开始拒绝履行赔款责任。美国认为维持世界贸易稳定极为重要，于是推出了"道威斯计划"，该计划延长了德国的赔款期限，同时美国银行和美国政府则向德国提供大量贷款。这样德国就可以偿还英法两国的赔款，而英法等国也就可以继续支付拖欠美国的贷款。

尽管美国已经取代英国成为国际金融领域的主导者，但它却是一个不太情愿和自相矛盾的世界领袖。美国仍然置身于国联之外，并在签署多边国际协定时往往表现得犹豫不决。然而，《凯洛格-白里安公约》看起来很有必要签署。法国外长阿里斯蒂德·白里安（Aristide Briand）提出签订一项法美条约，其目的主要是为了纪念两国之间的长久友谊，但是美国国务卿弗兰克·凯洛格（Frank Kellogg）则在1928年将其扩展成为宣布战争为非法的多边条约。一开始有14个国家同意签订此项条约，最后签约的则有62个国家，但是条约背后唯一的约束力是道德制裁，而这显然并不能阻止第二次世界大战的爆发。

21.5.5　1928 年大选

1927年8月2日，柯立芝总统宣布："我不再参与1928年的总统竞选。"胡佛很快就成为共和党最合适的总统候选人并轻松地赢得了提名。当时美国的繁荣似乎会永久地持续下去，没有人质疑胡佛会当选总统。民主党提名阿尔弗雷德·史密斯（Alfred Smith）为总统候选人，他是一位华而不实的、反对禁酒令的天主教徒纽约州州长，其作风与胡佛形成鲜明对比。反天主教运动在这次竞选中起了重要作用。但是，这两名候选人之间的差别实在是微乎其微。他们都是靠自己的努力而功成名就，都是进步主义者。他们都试图赢得妇女的选票，都赞同工人组织工会，都捍卫资本主义制度，都有百万富翁和企业老板做他们的顾问。

胡佛以绝对优势赢得大选，他获得了444张选举人票，史密斯只获得了76张。但是，这次大选却使民主党获得了新生。史密斯在这次大选中所获的选票约是1924年大选中民主党候选人戴维斯所获选票的两倍，并且是民主党首次赢得了12个主要大城市的选票。

再现历史

广 告

你是否已经注意到,电视商业广告往往比电视节目更具吸引力和创造性?一位权威人士指出:外国游客了解美国特性及其大众文化的最好途径就是研究电视商业广告。此人指出,电视广告是美国文化的主要载体。广告的性质不仅向历史学家揭示了当时人们的偏见、忧虑、价值观和渴望,而且对历史本身的发展也产生了重要影响,影响到品位和购物习惯的模式。一位现代批评家将广告称为"美国的一种特殊力量,它的社会影响力可以与美国社会中一直存在的学校和教堂相提并论"。

当生产是地方性的活动且生产能力有限时,广告也就没有存在的必要。例如,在美国内战之前,地方就可以消费其所生产的产品;在地方报纸上刊登一则简单的通知,消费者就能了解到产品的详细情况。但当工厂开始生产出超过地方消费能力的更多产品时,广告就可以起到开拓市场的作用。

尽管在19世纪末伴随着广告出现了很多"名牌商标",但直到1920年代广告才发挥了像今天这样的重要作用。1918年,全美的杂志广告总收入是5 850万美元。到1920年,该收入翻了一番还多,达到了1.295亿美元;到了1929年,已经接近2亿美元。在那个将广告与宗教相提并论的年代里,这个数字一点都不会让人感到惊奇。圣经里的摩西被称为"上帝的广告创作人",在当时的一本畅销书《无人知晓的人》里，麦迪逊大街的广告商布鲁斯·巴顿将"无人知晓"的耶稣重新阐释为一位高超的推销员。巴顿在书中写道："如果他生活在今天，他肯定会是一位全国知名的广告商。"

汽车广告

广告创作人开始通过研究心理学来了解是哪些有意识或无意识的动机在影响着消费者。一位心理学家总结道：如果能够迎合人们"追求社会地位"的本能需要，就能卖出最多的商品。很多人都了解到，另一种推销商品的方法就是充分利用消费者对自己身上的异味、口臭、头发油腻、头皮屑、青春痘及其他疾病的恐惧心理。1921年，兰伯特公司（Lambert Company）在它的漱口水广告中用"口臭"一词来形容口气难闻。六年内，该产品的销量就从10万瓶迅速增加到400多万瓶。

广告商很快就发现，与人们对新款式、新产品的追求一样，对性感的渴望也促进了产品的销量。广告商最为强调的东西就是青春。一位化妆品推销员在1926年这样写道："我们准备向消费者出售任何人造物品，但最重要的是使消费者变得越来越年轻！我们要让妇女们感到年轻。"很多广告都是针对女性的。正如一家贸易杂志指出的那样："对人类的研究是针对男人……对市场的研究则是针对女人。"

牙膏广告

刮胡刀片广告

反思历史

仔细观察这些广告。它们向我们揭示了 1920 年代美国文化的哪些东西？对待妇女的态度如何？它们有没有揭示出当时人们特殊的渴望？它们与当今广告有何异同？

21.5.6 股市暴跌

胡佛只有六个月的时间来推行他治理国家的进步和高效的方针。1929年秋天,似乎可以永远繁荣的美国经济戛然而止。在1928年和1929年,猖獗的投机活动使得股票市场变得十分繁荣。人们随处都可以赚到钱——通过地产和商业投机,特别是通过股票投机。1929年年初,史密斯的竞选顾问在《妇女家庭杂志》(*Ladies' Home Journal*)上发表的一篇文章中指出:"每个人都可以成为富翁。"到了1920年代后期,已有一大批人开始投资股票,因为投资股票看起来是一种安全可靠的赚钱途径。1924年,《纽约时报》25种工业股票指数是100点,到1925年时达到了181点,1926年略有下降,但到1927年年末又攀升到了245点。

然后,疯狂的时期开始了。1928年年中,股票指数攀升到331点。很多投资者和投机家都开始通过借贷投资股票。人们将用于购买房子、汽车和其他物品的钱全都投进股票市场。但即使在股票投资最繁荣的时期,可能也只有1 500万美国人拥有股票。

1929年9月初,《纽约时报》股票指数达到最高点452点后便急转直下。10月23日,股票指数下跌了31点。第二天(即"黑色星期四")一开盘,人们就拼命抛售自己手里的股票;当天收盘时,恐惧似乎笼罩了整个交易所。然而,这种恐惧并没有结束。11月中旬,股票指数下跌到224点,只有两个月前股票指数的一半,这意味着损失超过了260亿美元。然而,一个月后就有一些商人重新又将资金投入股市,他们认为股票已经跌到了最低点。但是,股票指数仍在继续下跌。数以万计的投资者都失去了一切。美国充满了恐慌和绝望,但是关于很多公司执行官跳楼自杀的故事则确实是夸大其词了。

小结:繁荣与问题并存的新时代

回顾历史,1920年代似乎是一个黄金时代——一个充满时髦女郎、走私酒、持续不断的聚会、文学名著、体育名星、快速致富的年代。然而,事实真相要比这复杂得多。与其他时期相比,1920年代是一个矛盾重重的年代。1920年代是一个繁华的年代,但是包括农民、黑人和其他普通美国人在内的很多人都未分享到繁荣的果实。这是一个进步的时代,当时几乎每年都有技术上的新突破,但这也是一个充满怨恨和宗教不宽容的时代。

股市危机结束了1920年代的繁华。股市暴跌并未造成经济大危机,但股票市场的崩溃却暴露了经济的脆弱性。经济大萧条与第一次世界大战及和平协定所带来的全球金融趋势和经济问题息息相关。经济扩张所带来的成果在美国人中的分配始终是不均衡的。黑人佃农家庭,就像我们在本章开篇提到的帕克一家,并没有从这十年经济繁荣中受益。许多其他美国人,包括许多工人和农民,也都买不起工厂里生产的汽车、冰箱和其他产品。经济繁荣的经济基础并不牢固,当这一基础在1929年崩溃时,整个国家也就陷入了大萧条之中。

思考题

1. 什么是哈莱姆文艺复兴运动?
2. 《禁酒令》是成功还是失败了?为什么?
3. 在1920年代的对外政策中,美国为什么要孤立于世界之外?
4. 哪些群体并未享受到1920年代持续了十年的繁荣?
5. 为什么哈定和柯立芝常被认为是最糟糕的总统?

第 22 章

大萧条与新政

22.1 大萧条
22.2 经济衰退
22.3 罗斯福和第一次新政
22.4 "百日新政"
22.5 第二次新政
22.6 新政的尾声
22.7 1930 年代的另一面
小结：大萧条和新政的多重遗产

> 美国故事

在大萧条中成长和搭乘火车

大萧条最严重的时候，西雅图一家影院的荧幕上一闪一闪，13岁的罗伯特·西蒙兹（Robert Symmonds）正在着迷地观看好莱坞电影《路边的野孩子》(*Wild Boys of the Road*)。这部1933年出品的影片讲述了一群孩子免费搭乘火车周游全国的故事。影片原本是想警告十多岁的孩子们免费坐火车旅行的危险，但对一些孩子来说它却起到了相反的效果。罗伯特出身于一个中产阶级家庭，早就向往去过一种流浪的生活。他曾见过有时一些过往旅客敲他家的后门，他的妈妈便会递给他们三明治。他也常去国王街火车站南边的"胡佛村"贫民区玩耍，坐在火堆旁听人讲那些逃票人的趣事。1934年学校停课，热衷冒险的罗伯特就和同校的一位小伙伴跳上了一辆驶向城外的棚车。当他们被拉上车时，里面已经有20个人了。这两个男孩先是往北跑到华盛顿州的温哥华，之后又回到西雅图。这段旅程既惊心动魄又激动人心。

1938年，在大萧条的重压下，从事证券交易的西蒙兹一家破产。多年后，罗伯特回想起了此事对父亲的影响："他破产时所有朋友都离他远去，这对他是一个很大的打击。他竭尽所能但却始终没能挽回他的自尊和骄傲。"因为没钱，罗伯特一家只能接受一位亲戚的施舍，住在一间没有通电的三室山间小屋。因为要搬家，罗伯特无法继续留在西雅图念高中。迫不得已之下，他不得不再次搭上免费火车，离开了他的父母和三位姊妹。

罗伯特面临着在艰难时刻生存下去的个人挑战，而他也是困扰富兰克林·罗斯福总统的迫切需要解决的问题的一部分。数以千计的高中生和辍学者很难找到工作。据估计,在冒险搭乘火车在全国四处漂泊的流浪汉中,年轻人达到25万。夏天,罗伯特靠搭乘火车在西海岸一带以帮人收获水果为生。1939年他来到蒙大拿州,遇见了**民间资源保护队**(Civilian Conservation Corps,CCC),这是罗斯福政府旨在扶助青年的一项举措。当罗伯特加入保护队后,他成为1933年到1942年间近300万17岁以上青年在政府援助的保护项目中找到工作的人之一。作为工作的报偿,他们每月可以挣得25美元家用和5美元的私用。

民间资源保护队种植了200多万英亩树木,将森林面积扩大至400多万英亩,并积极防治森林火灾。除此之外,保护队还在一个存在着滥砍滥伐、水土流失、干旱、沙尘暴等环境问题的国家中组织开展了涉及方方面面的保护项目。保护队队员修复了内战时期被破坏的公园、娱乐场所乃至一些历史遗址,其中包括佐治亚州臭名远扬的安德森维尔监狱。保护队在很多方面都实行类军事化管理,队员们身着第一次世界大战剩余的制服,娱乐和工作都严格按照时间表进行,每天早上6:00由号兵叫醒。很多老兵都将从男孩到男人的转变归功于保护队,尽管也有一些人对保护队的管理过严表示不满。

作为美国历史上最伟大的和平时期动员,民间资源保护队为不久之后的战时动员铺平了道路。当罗伯特在1939年加入保护队时,欧洲的战事已是迫在眉睫。与许多队员一样,罗伯特之后也服役于军队。他加入了海军,战争结束后成为一名商船船员。时过境迁,就像他那一代中的许多人,罗伯特回首大萧条时虽然心有余悸却也不免留存思念之情。他甚至在退休之后又跑去搭乘火车,当然这次并非出自迫不得已,而只为找寻冒险的乐趣。罗伯特解释道:"它早已融入我的血液,我想这就叫自由。"

大萧条改变了所有美国人的命运，一个巨大的分水岭从此横亘于两代美国人之间。对安全感的过分需求、对失败的恐惧、挥之不去的罪恶感，以及对一切不幸会再次重演的担忧，使大萧条一代与 1940 年以后出生的一代产生了重重隔阂。与罗伯特·西蒙兹一样，大多数美国人都对那个灰暗的年代难以忘怀。

本章主要探究大萧条的起因和影响，并解决如下问题：胡佛的反危机措施成效如何？富兰克林·罗斯福如何重塑信心？新政（罗斯福的各种救济、复兴和改革计划）收效如何？随着科技日新月异，无线电技术、电影产业和汽车工业的革新对大多数美国人的生活产生了怎样的影响？

22.1 大萧条

美国历史上曾经出现过多次经济衰退和萧条，尤其是 1830 年代、1870 年代和 1890 年代发生的三次危机，但最具毁灭性的还是要数 1930 年代的经济崩溃。大萧条令人倍感震惊，因为此前美国经历了持续十年的空前繁荣，大多数专家都认为美国能够摆脱经济周期中的衰退期。大萧条给美国人的生活造成了全方位的冲击，它所带来的最严重后果就是摧毁了美国人对未来的信心。

22.1.1 大萧条开始

几乎没有人预见到 1929 年秋天股市的崩盘。而且即使在股市崩盘后，也没有人预料到美国经济会完全陷入失控状态。通用电气公司的股票 1929 年曾以 396 美元的高价卖出，到 1932 年却仅售 34 美元。到 1932 年，收入中位数已跌至 1929 年的一半，建筑支出则仅为 1929 年的 16%。到 1932 年，总人口接近 1.32 亿人，大面积失业导致至少 25% 的家庭丧失收入来源，由于许多人都只能打零工，工业产量也降至原来的一半。

美国究竟为什么会在大萧条的泥沼中越陷越深？1920年代的经济繁荣只是一种虚假的表面现象。实际上，产品价格过低问题由来已久，农民、矿工和纺织工人早在1920年代就苦不堪言，农民是1930年代第一批卷入大萧条的阶层。但是，经济中的其他方面也陷入了失衡状态。占总人口2%的高收入阶层攫取了国民收入总量的28%，而60%的低收入者则仅仅占有24%的国民收入。企业依赖削减工人工资和压低原料价格来牟取暴利。这种经济模式严重损害了消费者的购买力。与农民一样，工人也无力购买他们所生产的产品。购买力的相对下降在1920年代末期就已初见端倪，某些工业领域出现了高失业率，而房地产和汽车制造业也早在大危机之前就开始萎缩。

有产者还把大量资本用于股市投机。他们对"永久繁荣"的幻想助长了1920年代的虚假繁荣，他们的悲观情绪和缺乏信心则又夸大了1931年和1932年间的大萧条。

但是，大萧条的产生还涉及其他因素。股市崩溃也暴露出金融和银行体系内部的结构性痼疾。银行大都是独立的，只要一家银行失去客户的信心走向倒闭，因为它没有足够的钱去支付想要取走他们存款的储户，就没有机制可以阻止同样的事情在其他银行身上发生。美国联邦储备委员会曾出于对通货膨胀的疑惧采取了紧缩通货的措施——这恰恰与抑制购买力水平下降所应采取的措施背道而驰。但是，大萧条也是全球性经济问题的产物。美国1920年代的高关税政策使其国际贸易骤减。1928年到1929年美国又放慢了对欧洲的资本输出，欧洲经济开始衰退。当欧洲的金融环境发生恶化时，美国经济也开始了螺旋式下降。

倘若联邦政府当时采取更为审慎的措施，加强对商业和股市的规范，华尔街股市崩盘和大萧条或许就可得以避免。中央计划或许也可确保收入分配更加公平。但是，1920年代的大多数人还不具备推出这样新政策的远见卓识。这需要不同的人掌握权力，但却肯定不是民主党——即使在民主党的控制之下，政府的政策也不会有什么根本性改变。

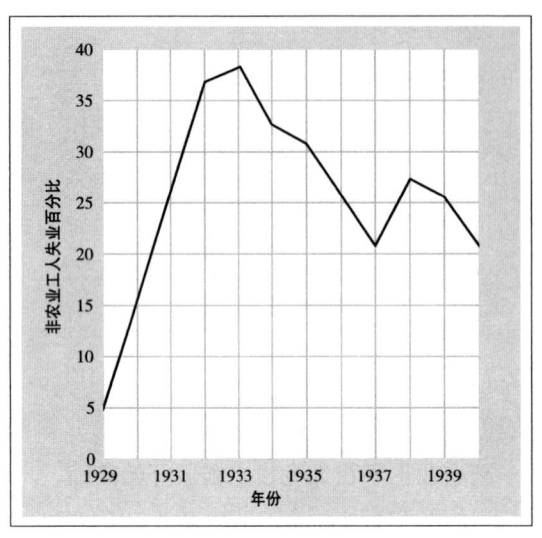

1929 年到 1940 年的失业率

尽管新政时期失业率有所下降，但失业人员总数却是居高不下；直到第二次世界大战爆发实现充分就业后，这一困境才告结束。

22.1.2 胡佛与大萧条

最初，商界和政府对股市崩盘的反应极为乐观。胡佛预言，"所有迹象都表明，这次股市崩溃对失业最严重的冲击在 60 天内就会消失"，但他从未坐视整个国家堕入无序状态。

他的行动积极果断。他的权力令此前的总统望尘莫及，他利用联邦政府和总统的权力积极应对危机，表面上看这场危机不过是另一次周期性经济不景气而已。胡佛召集有商界代表和劳工领袖共同参加的专门会议，督促市长和州长加快公共工程项目建设。他还创设了一些专门机构和管理委员会，如国家信贷公司、紧急就业委员会等，以期通过自愿联合行动来解决问题。他甚至还支持减税议案，并推动该议案于 1929 年 12 月在国会获得通过，只是这一措施对刺激消费作用甚微。

22.2　经济衰退

自愿行动和情绪动员并不能终止大萧条。部分由于欧洲经济崩溃导致国际金融和国际贸易额骤减，股市在1930年到1931年的冬天跌入谷底后仍在持续下跌。当然，在股市的跌宕起落中也不乏很多幸运的弄潮儿。约瑟夫·肯尼迪（Joseph Kennedy，电影大亨、企业家、肯尼迪总统的父亲）和其他一些人就是趁着股价跌落迅速卖空而获利数百万美元的大赢家。

22.2.1　螺旋式下降/恶性循环

除了股市崩溃，还有很多其他因素引发了当时的经济动荡。1930年有1 300多家银行倒闭。还有很多工厂不顾胡佛的请求擅自削减工业产量，甚至直接关闭。1930年共有400多万美国人失业，到了1932年这一统计数字至少达到1 200万。赎取权的取消和房主对住户的驱逐又造成了成千上万人的悲剧。当中产阶级的生活储蓄和梦想都化为乌有时，他们惶恐地观望着；而富人们则日益关心政府公债价格的不断下跌（政府债券是生活安全的象征）。他们开始囤积黄金和恐惧革命。

美国从未真正有过发生革命的危险。一些农场主自发组织起来倾倒牛奶以抗议农产品价格过低；当邻居的农场遭到拍卖，他们也会联合起来举办所谓"一美分拍卖"，集体压低售价，出价几美分就把设备买到手，然后将其归还给被剥夺所有权的邻居。但是眼看到了1931年和1932年大萧条依然未见好转，人们开始陷入绝望。大萧条对失业黑人和租佃农来说并无太多直接影响，他们的生活本就困顿不堪。对大多数从未注意到股市崩溃的美国人（98%的美国人都未持有股票）来说，大萧条意味着失业或者无法赎回银行抵押品。虽然大萧条中并非人人都在挨饿、排队等待领取面包或者失业，但却是几乎所有人都受到了沉重打击，而且多数受害者都把责任揽于己身。

大萧条中等待分配救济食物的队伍

　　数百万美国人在无法维持生存时站在等待分配救济食物的队伍中,希望可以得到一碗免费汤、一杯免费咖啡甚或是一顿免费餐饭。你认为照片中这些男人有着什么样的情绪?为什么排队者全是男性而非女性?面对经济危机,救济处是否提供了什么长远解决之道?

在大萧条中，男性所受的冲击可能远远超过女性。男人们一旦失业，他们作为家庭经济支柱的认同感和意志力就会瓦解。一些男人也会帮助做一些家务琐事，但却是心不甘情不愿。而对女性来说，即便经济再拮据都会有一大堆事情要做，她们在家庭中的传统地位是牢固不变的。当然也有很多妇女被迫去做兼职，或者进洗衣房打工，或者租房子给寄宿生，或者自己动手缝衣服。她们也承受了巨大的心理压力：丈夫失业，孩子挨饿，债台高筑等。不少家庭被迫去亲戚家借住。在这十年间，结婚率和出生率都有所下降，由此制造出的紧张状态使得婚姻经常走向分裂。

22.2.2 全球性大萧条

面对日益恶化的经济局面，胡佛的做法是继续促进自愿联合行动。他坚持实行金本位不动摇，认为这是唯一可靠的汇率制度，并且是一种稳定的预算平衡；大家对这一政策几乎众口一词。胡佛仍然继续把大萧条归咎到世界性的大危机上，当然这一说法也有可取之处。第一次世界大战的遗产和1920年代的全球经济政策确实是美国经济陷入低迷的一大诱因。一旦美国经济陷入大萧条的泥沼，整个世界也就步其后尘。1931年5月，第一奥地利银行倒闭；6月，德国金融体系陷入混乱；9月，英国宣布放弃金本位。不久，包括阿根廷、巴西和日本在内的大多数工业化国家都被卷入大萧条之中。尽管这是一场世界性的大萧条，但美国人还是将造成某些灾难的责任归咎于胡佛。在一个广为流传的笑话中，总统和他的财政部长走在街上，向后者要五分镍币，打算给一个朋友打个电话，部长答道："我这里有十分硬币，给你所有的朋友都打一遍吧。"当时所有大城市附近都建起一片简陋棚屋区，被人们称为"胡佛村"（Hoovervilles）。这位总统成了孤家寡人。由于未能及时纠正谬误并另辟新径，胡佛自然也就无法博得贫困失业人口的好感。

胡佛的确尝试了很多革新性的计划。他在职期间，公共建设工程的数量超过了过去30年的总和。1931年夏天，他还组织了一个私人基金会以拯救濒临倒闭的银行和企业。当私人努力失败之后，尽管心怀不甘，他还是转而求助于国会；1932年，国会授权成立复兴金融公司（Reconstruction Finance Corporation，RFC）。该公司为银行、保险公司、农场抵押公司和铁路公司提供贷款。一些批评家指责这不过是"自然受惠理论"的又一变种，失业工人的利益反被边缘化。但有一点无法否认，胡佛准确地把握住了经济危机的脉搏，即一旦银行和抵押公司倒闭，任何个人和实体都将随之付出惨重代价。复兴金融公司确实支撑住了相当一批岌岌可危的金融组织，而且还作为一个重要的政府金融机构一直保留到第二次世界大战爆发。

胡佛还要求国会成立一个家庭信贷公司，旨在方便人们赎回抵押品。1932年的《联邦家庭信贷银行法案》（Federal Home Loan Bank Act）为新政时期联邦住房管理局的建立奠定了根基。他也推动通过了1932年《格拉斯-斯蒂格尔银行法案》（Glass-Steagall Banking Act），这一法案扩大了信贷资金，保证了商业实体和个人可以享有更多贷款。

但对任何要求联邦政府限制生产以提高农产品价格的提议，胡佛都一律拒绝——因为他觉得如果这样做，联邦政府对经济的干涉就太多了。他坚决反对直接津贴救助，仅仅支持政府信用贷款——他认为，直接救济失业者和贫困者，是各州、地方政府和私人慈善机构的职责所在。

22.2.3 军役补贴大军

1930年，许多在大萧条期间失业的第一次世界大战退伍老兵开始四处奔走游说，呼吁政府立即支付退役补贴（这笔退伍军人补贴只有等到1945年才能领取）。1932年5月，大约1.7万名老兵向华盛顿进军，向国会施加压力，以尽快支付他们费用。一些人在华盛顿市中心扎营，其他人则在城外的安纳科斯蒂亚洼地，即所谓"军役补贴城"（Bonus City）的简易窝棚区长期扎营。

6月中旬，参议院否决了补助金法案，大多数老兵无奈妥协，接受了政府的遣散费并打道回府。但仍有好几千人携家带口滞留下来，住在肮脏的简易木屋里，忍受着炎夏的酷热。他们中有一小部分是共产主义分子，还有个别激进主义者。胡佛显然夸大了这些长驻华盛顿的危险分子的杀伤力，他拒绝与老兵领袖谈判并最终动用了联邦军队。

美国陆军参谋长道格拉斯·麦克阿瑟（Douglas MacArthur）将军命令部队驱散老兵，他把这些老兵描绘成一群"受到革命气息鼓舞的……暴徒"。实施镇压的军队装备着坦克、枪支和催泪瓦斯，老兵们在 15 年前也跟他们穿着同样的制服，但此时却成为被攻击者。两名游行者死于非命。军队所击溃的不是华盛顿街头的反动分子，而是因失业而对前途丧失希望、迷茫困惑的人们，他们所憧憬的美国梦已然幻灭。

"军役补贴大军"遭镇压、等待救济的长队和所谓的"胡佛村"，成为胡佛任期内的象征。他理应得到更好的评价，因为他曾努力运用联邦政府的权力来解决不断增多的错综复杂的经济问题。但他最终还是为自己的个性和背景所累。他始终无法理解，为什么退役老兵宁可跑到华盛顿游行示威、讨食，也不愿意回家勤勉工作、自力更生，共同"改变面临的僵局"。他认为，困扰美国人的根本问题是自信心的缺失。然而，他却未能与这些人进行沟通，或者去激发人们的信念。他寄希望于运用政府的力量去支持实业界，却无法接受政府直接参与对失业人口的救助。他唯恐预算不平衡，总是担心一个过分强大的联邦官僚机构会干涉所谓的"美国道路"（American Way）。具有讽刺意味的是，胡佛的有为和无为，很快就在接下来的岁月里导致联邦政府权力的扩大和联邦官僚机构的膨胀。

22.3 罗斯福和第一次新政

第一次新政从 1933 年一直持续到 1935 年年初，主要内容是经济复兴和对失业贫困人口的救济。有些举措效仿了胡佛政府的反危机措施，也有一些源于进步时代。另一些措施则是从第一次世界大战时期全民动员的经验中获得的启发。并没有一个单一的意识形态立场将所有这些举措糅合在一起，因为罗斯福是一个勇于尝试各种举措的实用主义者。然而，与胡佛有所不同的是，罗斯福更加相信通过经济计划和政府去帮助穷人。

罗斯福的谨慎和保守奠定了第一次新政的基调。他并没有大张旗鼓地去搞社会主义。新政基于这样一种设想，即在坚持以追求利益为社会发展动力的根本前提下，将福利国家的理念融入资本主义制度，创建一个正义社会。罗斯福相信，通过与工商业界的合作就能达到他的目标。尽管后来转向了改革，但他主要关心的仍然是救济和复兴。

22.3.1　罗斯福

罗斯福有一个安逸的上层阶级背景。他是曾在20世纪初期当过总统的老罗斯福的远房亲戚，他梦想着能够追随他的远亲的足迹。作为一个民主党人，而非像老罗斯福那样是一个共和党人，他赢得了纽约州议会选举，成为海军助理部长，这是他梦想的高位。但是，1920年代早期的脊髓灰质炎险些毁掉了他的政治生涯，1920年代末（尽管他仍然不能走路，绝大多数时间都要坐在轮椅上）他谋求并赢得了纽约州州长选举。

罗斯福是一个老练的政治家。他那极富节奏、抑扬顿挫的语言天赋，使他进行广播演说时能给听众一种言传面授般的亲切感。他有一种急切的时间感，一种顺利完成每样事情的协调能力。首要的是，他身上洋溢着一种自信感，在胡佛任期让人压抑的数年之后，就像一股清新的空气扑面而来。

22.3.2　1932年总统大选

1932年夏天，共和党人继续提名胡佛连任，但时逢大萧条且胡佛声名狼藉，于是民主党也就获得了取胜的机会。罗斯福赢得民主党提名。尽管阅历丰富，但在 1932 年他还不为普通大众所熟知。不过他有着吸引人的业绩记录。在担任州长期间，他就曾采取措施降低电价、节约能源、保证老年人的抚恤金正常发放。但是，罗斯福在总统竞选期间的真正立场并不明朗。模糊性或许是 1932 年总统竞选的最佳策略，但事实真相是，罗斯福的确还未来得及勾勒出一个挽救国家的总体框架。他最终凭借超过 57% 的公众支持率，以压倒性优势赢得总统选举。

竞选期间罗斯福曾允诺"誓为美国人民实行新政"。但在当选后，新政却迟到了四个月，因为按照宪法，新总统要在第二年 3 月 4 日宣誓就职（在 1933 年通过的《宪法第二十条修正案》中这一日期又更改为 1 月 20 日）。在新总统宣誓就职前的空位时期，国家状况急剧恶化。银行系统近乎崩溃，困难加剧。竞选惨败的胡佛既曾试图与新当选的总统进行沟通，也曾努力与做出敌对姿态的国会合作，但都收效甚微。举国上下都在一心期待着新总统早日入主白宫，力挽狂澜。

在就职演说中，罗斯福颇为自信地宣称"我们唯一恐惧的事情就是恐惧本身"。这番话对于这个正在遭受内战以来最惨痛重创的国家来说显然有些失真。但是罗斯福高度自信，极善于同普通老百姓沟通、交流，尤其是他在广播中进行的一系列所谓"炉边谈话"，不懈地鼓励民众要相信，每样事情都会好起来的。

22.3.3 罗斯福的顾问们

在新总统宣誓就职前的空位时期，罗斯福的身边就不乏一些才华横溢的革新谋士。他的内阁由一群有着不同背景的人组成，他们经常会因政见不同而争得面红耳赤。内务部长哈罗德·伊克斯（Harold Ickes）是一位来自芝加哥的律师兼共和党人，曾是老罗斯福总统的铁杆支持者。另一位共和党人，来自爱荷华州的亨利·华莱士（Henry Wallace）被委任为农业部长，他是一位植物遗传学家和农业统计学家。劳工部长弗朗西丝·珀金斯是美国历史上

残疾的总统

这是一张罕见的摄于非公开场合的照片。照片上的罗斯福坐在轮椅上,跟他在一起的是一位小朋友和他的小狗法拉。一般情况下,罗斯福的顾问都会很谨慎地安排总统在落座之后或者是支撑在讲台后面时再拍照。尽管腰部以下完全瘫痪,但罗斯福始终都以健康、活力四射的形象出现在世人面前直至逝世。身体上的残疾是否阻碍了总统在事业上的发展?

第一位当选为内阁成员的女性,她是简·亚当斯和弗洛伦丝·凯利的忠实崇拜者,她曾是社区服务中心的居民,曾担任过纽约州消费者协会会长和阿尔弗雷德·史密斯的顾问。

除了正式内阁,罗斯福还任命了一个非正式的"**智囊团**"(**Brain Trust**),其成员包括小阿道夫·伯利(Adolph Berle, Jr.)——一位年轻的公司法专家;雷克斯福特·特格韦尔(Rexford Tugwell)——哥伦比亚大学研究农业经济的权威,并且还是一位国家计划经济的信奉者。还有雷蒙德·莫利(Raymond Moley),莫利也是哥伦比亚大学教授,但后来他又摇身变成罗斯福及其新政的激烈批评者;哈里·霍普金斯(Harry Hopkins)则是一位精力充沛的社会工作者,喜欢赌马,他对贫困失业人口热忱有加。

埃莉诺·罗斯福(Eleanor Roosevelt)是一位颇具争议的第一夫人。埃莉诺曾为报纸专栏撰稿,并发表了大量演说和广播讲话;她还奔走各地频繁听取妇女、少数民族和普通民众的心声,了解人民疾苦。批评者攻击她有"越俎代庖"之嫌,但她勇气依旧,继续支持社会正义和民权事业,帮助罗斯福推动了社会改革运动。

罗斯福非常善于利用他的顾问。他并非博览群书之人,经济学方面的著作更少涉猎,但事实表明他很会向顾问求教,并且自有见地,不会为他人所左右。他能够博采众长并为我所用。一位顾问认为,总统更像是橄榄球场上的一个四分卫,开局后如果运作不力就重开一局。他是一个天生的乐观派,一位笃信试验和行动的总统。

22.4 "百日新政"

由于罗斯福是在大危机愈演愈烈之时上台,所以民主党人占据主导地位的国会尽可能给予其最大配合,他的所有提案几乎都畅通无阻。三个月内,谁也搞不清到底有多少法案草草出台；某些法案未经深思熟虑就匆忙起草，还有一些法案则与另一些法案自相矛盾。但是，第一个百日内抛出的所有法案对于改善日益恶化的政府与社会关系却是影响深远。与胡佛不同，罗斯福是一个机会主义者，他更希望用政府的力量来解决大萧条和失业问题。实践证明，虽然"百日新政"期间推出的法案无力治愈大萧条的痼疾，但它们却共同缔造出美国政治发展史上一个改革时代。

22.4.1 银行危机

罗斯福面临的最迫切的问题就是银行的糟糕状况。总统宣誓就任日，38个州有众多银行倒闭，美国人不再相信金融制度并开始兑换黄金、囤积资财。罗斯福当机立断，宣布银行歇业整顿四天。三天后，国会召开紧急会议，宣布同意罗斯福的决定，并在几个小时内赋予总统处理金融事务的广泛权力，包括禁止囤积黄金、允许财政上充实的银行重新营业，甚至连向复兴金融公司借贷权也涵盖在内。

在随后的年月里，国会又给予联邦政府更多制定规章的权力，用以规范股票市场和公司发行股票的程序。《1933年银行法》强化了联邦储备体系，同时还建立了联邦储蓄保险公司，确保了个人储蓄总额要达到5 000美元。尽管全美银行家协会反对这一计划，但银行却是从此就被置于联邦政府保险计划的卵翼之下，这一事实一经昭告天下便迅速吸引了一大批储户。

1932年，民主党的党纲要求削减政府经费，解除禁酒令。罗斯福在这两方面的动作都可谓迅捷。《节俭法》很快就在国会通过并付诸实施，它要求削减政府行政人员薪金的15%，并进行联邦机构改组以节省经费。法案还不顾退伍军人协会的反对，削减了退伍老兵的退休金，尽管其他法案则要求在这上面增加支出。《酒类税收法案》使软性酒类（不超过3.2度的啤酒和低度葡萄酒）销售合法化并对其征税。1933年12月5日，国会又批准通过《宪法第二十一条修正案》，宣告《宪法第十八条修正案》无效，从而正式终止了禁酒令。

在国会的授权下,总统还获得了宣布美元贬值和通货膨胀的巨大权力。银行家和实业家对通货膨胀心存疑惧,而农场主和债务人则赞成通货膨胀政策,并乘机哄抬物价、大发横财。罗斯福驳回了许多来自农业州的国会议员提出的极端通货膨胀政策,但他还是宣布放弃了金本位政策。纸币价格不再与黄金挂钩。这一举措引起了某些保守派实业界人士的恐慌,甚至罗斯福的预算署长都郑重声明,退出金本位"意味着西方文明的终结"。

货币贬值并没有导致西方文明的终结,但它同样也没有使经济萧条获得新生。罗斯福和他的顾问们在1934年1月使黄金的价格在每盎司35美元的价位上固定下来(之前仅为每盎司20.63美元),这一举措促使美元价格膨胀了约40%。国家不久便维持在一种轻度通货膨胀和美元价格由黄金与白银共同决定的状态。

22.4.2 社会救济

罗斯福信奉政府节约开支和预算平衡政策,但他也希望解决失业者和无家可归者的问题。1933年的一项调查显示,有近150万美国人处于颠沛流离之中。一位男子和他的妻子及六个孩子因无力支付房租而惨遭驱逐,他控诉道:"只给我十天时间去另找房子,我又没工作,哪儿来的钱付租金?这让我怎么对家人负责,可能吗?我还能做什么?只有出门流浪了,这是唯一的出路。"

罗斯福的解决方案就是成立联邦紧急救济署(Federal Emergency Relief Administration),由国会划拨五亿美元款项专门资助各州、市。几个月后,罗斯福又创设了土木工程署,依靠各州、市和联邦政府的工程建设项目解决了400多万人的就业问题。霍普金斯是这两个机构的总负责人,他坚信以工代赈乃最佳救济之道。就当时人们的心态而言,他所说的确实不假。

土木工程署虽说效率不佳,但在短短一年多的时间里,这一机构就组织新建和修复了50万英里道路、四万多所学校和1 000座机场。它雇用了五万名教师去农村支教,另又雇人在城市里教授成人教育课程。土木工程署帮助数百万人顺利度过了 1933 年到 1934 年的严冬,同时还为整个经济发展注入了 10 亿美元以上的购买力。然而,罗斯福始终担心这项计划耗资太大,也唯恐造就一个专门等靠救济的惰性群落,后来他也确实因为赤字开支而受到非难。1934 年春天,总统下令中止土木工程署的运作。

公共工程署(Public Works Administration)由哈罗德·伊克斯负责,其持续时间要稍长一些。1933 年到 1939 年,公共工程署大力兴建医院、法院、学校等项目。它的项目包括德克萨斯州布朗斯维尔市的港口、两艘航空母舰、提供给难民的廉价住宅。公共工程署的宗旨之一就是"为泵的启动注水",即通过政府投资来刺激经济增长。但是,伊克斯始终对官僚系统的徇私舞弊有所忌惮,这导致政府投资过于谨慎小心。因而公共工程署的大多数项目虽然非常值得去做,但对经济发展的刺激作用却也较为有限。

22.4.3 《农业调整法》

到 1933 年,生产过剩和农产品价格骤跌使得农场主大都陷入悲观绝望之中。中西部农民甚至口口声声要闹"革命"。但是,观察家普遍认为这种言论仅仅是农民失望沮丧的表现,因为他们辛勤耕耘却依然失去了农场。

为了应对农业危机,国会于 1933 年和 1934 年通过了一系列法案,包括强行驱赶农民和撤销抵押品的赎回权。但新政的主要解决方法是《**农业调整法**》,目的是通过限制生产过剩使农民重享第一次世界大战之前的高水平购买力。为了确保"平价"(即 1909 年到 1914 年的平均价格),政府将限制主要农业区的小麦、棉花、玉米、生猪、大米、烟草和牛奶的产量,并通过给予农场主补偿的方式来削减土地耕种面积。《农业调整法》通过征税来为此筹措补偿金。

这项法案引起了农场管理者和经济学家的极大不满,但最强烈的民众抗议则出现在 1933 年夏天,当时为了抬高物价,农业调整管理局居然下令铲除 1 000 万亩棉花并宰杀超过 600 万头猪。正当数百万人饱受缺衣少食的煎熬之际，屠宰生猪和铲除棉花这种行为显然是不道德的。

《农业调整法》的实施确实提高了某些农产品的价格。但它却仅使大农场主获益，小土地租用者和小佃农则面临灭顶之灾。土地所有者在削减耕种面积时通常都会解雇一些佃农。许多人因此而走投无路，不得不露宿街头。大农场主虽然削减了垦殖面积，但依靠小规模密集型操作仍可勉强维持产量。结果，1934 年那场旷日持久的大干旱反倒比《农业调整法》更为有效。旱灾的侵袭使得西南诸州农业产量骤减，价格急速回升。但是，《农业调整法》的长远影响（同时也是它后来被宣布违宪的原因）在于，它确立了一种新的理念，即联邦政府有责任对农场主给予休耕补偿。

22.4.4　工业复兴

罗斯福政府在其上任初期内颁布的立法几乎涵盖了社会各个阶层。《国家工业复兴法》旨在帮助实业界抬高物价，控制生产和实行再就业。它的主要目的是限制恶性竞争，消除非法营利，推动劳工－管理阶层之间的和谐。在法案的授权下成立了**国家复兴署**（**National Recovery Administration，NRA**），其职责是为整个实业界设定公平竞争规则。人们一度遗忘了《反托拉斯法》，满口谈论的都是合作。一时间，各种游行、集会、邮票、"人尽其责"的海报上全都打上了"蓝鹰"的烙印，都在宣扬行业间的合作。但是，结果却并不尽如人意。

《国家工业复兴法》的第七条包括了组织劳工的主张，保障工人的工会组织权和集体谈判权。然而，问题在于，大实业家们对劳动契约条款享有自由解释权。另外，小企业主则纷纷抱怨说《国家工业复兴法》践踏了他们的权益。任何想要预设价格的企图都会招致争议。

一些消费者怀疑这种规范和协议是在有意抬高物价，另一些人则唯恐行业垄断死灰复燃。当最高法院于 1935 年宣布《国家工业复兴法》"违宪"

时，几乎没有人去抱怨。尽管如此，客观地说，《国家工业复兴法》为曾经混乱不堪的经济状况注入了秩序和规范，不失为一种雄心勃勃的尝试，而且其中所涉及的劳工条款后来还被《国家劳资关系法》所采用。

22.4.5 民间资源保护队

民间资源保护队（CCC）称得上是新政中最受欢迎也是最成功的一项举措，它将失业救济与自然资源保护融为一体。一批18岁到25岁的白人青年男性（250万人）在政府的发动下植树造林，修筑道路，建造公园和修防洪堤。就像本章开篇提到的罗伯特，这些人都住在劳动营中，每月可以赚取30美元，其中25美元必须寄回家。

保护队还为年轻黑人男性设立了隔离的黑人小组，后来又设立了一批特殊营地，专门吸纳妇女，而最初设计这个项目则是旨在帮助失业的年轻男性。一些人抱怨这些营地由联邦军队监管，军事化色彩过重。尽管存有这些争议，但总的说来，民间资源保护队确实是最为成功、引发争议最少的一项新政措施。

22.4.6 田纳西河流域管理局

与他那位远亲共和党人西奥多·罗斯福一样，富兰克林·罗斯福也奉行自然资源保护政策。他大搞防洪工程建设，新增了数百万亩土地作为国家森林和野生动物保护区，并兴建了鱼塘和许多游乐设施。但最为人津津乐道的新政自然保护工程当数**田纳西河流域管理局（Tennessee Valley Authority，TVA）**，不过，这一杰作并非罗斯福的创意，而应归功于来自内布拉斯加州一位具有进步主义色彩的共和党议员乔治·诺里斯。

早在第一次世界大战期间，联邦政府就在阿拉巴马州田纳西河上的马斯尔肖尔斯修建了一座水电站和两家军工厂。战后政府试图将这些设施拍卖给私人企业却未获成功；但在整个 1920 年代，诺里斯却是一直在奔走活动，希望政府参与工程运作以造福一方。两届共和党政府都否决了这一提案，只有罗斯福独具慧眼，将其纳入了区域性经济发展规划之中。

经国会授权，田纳西河流域管理局作为独立的公共机构开始在田纳西河流域进行电力和肥料销售、防洪工程建设及对土地进行垦荒改造。1933 年到 1934 年，管理局共主持修建了九座大型水坝和数量众多的小型水坝，惠及的地区包括弗吉尼亚州、北卡罗来纳州、佐治亚州、阿拉巴马州、密西西比州、田纳西州和肯塔基州的部分地区。一些业主质疑管理局的存在对私营企业意味着不公平竞争，但这其实不过是区域计划经济的一次开创性实验罢了。它给当地居民带来了廉价的电力和崭新的生活方式。这是联邦最大规模的建设工程，仅修筑大坝就创造了成千上万个就业机会。但是，那些害怕这

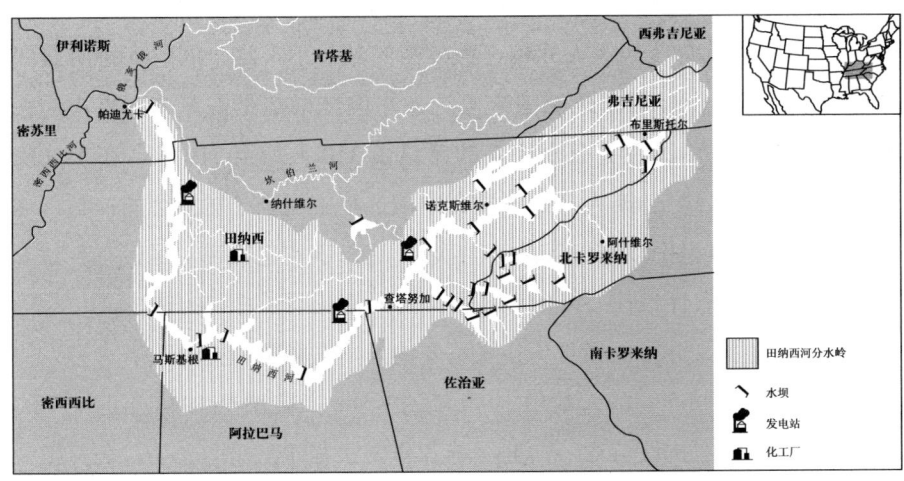

田纳西河流域管理局

田纳西河流域管理局改变了田纳西河流域的地貌，原本时常泛滥的河道被一系列的防洪堤坝和水电站所代替，大坝建成后还因此形成了不少湖泊。这一工程并未像有些人期待的那样协调区域经济的发展。但它仍是新政最重要的工程之一，因为它惠及七个州的发展。

种尝试将会引发社会主义的政府官员和实业家们，却在不时地干扰田纳西河流域管理局的区域性计划。

22.4.7 新政的批评者

"百日新政"期间，疾风暴雨般的立法活动有助于缓解笼罩在整个国家上空的悲观绝望情绪。到 1933 年底，股票价格有所起色，工业产量也增长了 11%。但是，整个国家仍然深陷于大萧条之中，有近 1 200 万人失业。

普通百姓对罗斯福充满期待和幻想，但保守主义者却是变得日益愤怒。许多实业家虽然也曾为新政所打动、对工业复兴法附和赞同，但他们也日益担心罗斯福正在将整个国家引向社会主义。

1934 年夏天国会选举临近之时，保守主义分子开始站出来反对罗斯福。一批心怀不满的政客和实业家组成了"自由联盟"。在阿尔弗雷德·史密斯和 1924 年共和党总统候选人约翰·戴维斯的领导下，这一联盟支持所有保守主义的或者至少反对新政的国会候选人，但结果却是雷声大雨点小。在 1934 年的选举中，民主党在众议院的席位由 310 人增至 319 人，在参议院的议席也由 60 人增至 69 人（执政党在中期选举中加强了对国会的控制，这一现象自进入 20 世纪以来仅仅是第二次）。这一事实也表明，尽管有少数人对"白宫里那厮"怀恨在心，但大多数美国人都认同了总统的做法。

比起保守主义分子的指责更让人不安的是，右翼势力批评政府对穷人的救助不够彻底。共产党的人数由 1930 年的 7 500 人陡增至 1938 年的 75 000 人。他们不断组织抗议游行，向被压迫者和失业者伸出援助之手。在美国梦破灭的年代，共产党的影响范围也不再局限于普通工人，一些落魄的作家、知识分子和大学生同样为其所吸引。

然而，另一些允诺可以轻易消除贫困和失业的运动也吸引了为数不少的美国人。在明尼苏达州，州长弗洛伊德·奥尔森（Floyd Olson）指斥现行的资本主义制度就是大萧条的罪魁祸首；他还高呼："让现行的政府制度见鬼去吧！"在加州，曾从事黑幕揭发运动的社会活动家厄普顿·辛克莱（《屠场》的作者）则打着"消灭加利福尼亚的贫困"的旗号竞选州长。他许诺超过60岁的老年人每人每月享有50美元的养老津贴，津贴来源是高收入所得税和遗产税。这一口号使他在初选时遥遥领先，但他最终还是败走加州，全盘计划亦付之东流。

加州还出现了一位弗朗西斯·汤森博士（Dr. Francis Townsend），他赢得了号称达500万的追随者。他的追随者支持他提出的计划：给予所有超过60岁的失业者每月200美元补助，附加条件是他们必须在当月全部花光。经济学家都嘲笑这种乌托邦式的计划，但其追随者却在全国各地组织了成千上万个"汤森养老金俱乐部"。

对罗斯福和新政来说，更大的威胁来自查尔斯·库格林神父（Charles Coughlin）和参议员休伊·朗（Huey Long）所领导的抗议运动。库格林是底特律市郊一位罗马天主教神父，他依靠其面向全国的广播节目秀吸引了3 000万～4 500万听众。库格林起初力捧新政，但到后来他则疯狂攻击罗斯福为商业巨头效力。他还从宗教文化角度出发，倡导建立一个完全抛弃银行家和实业巨头的社会决策圈，这激起了他的追随者们强烈的反犹太情绪。

休伊·朗与库格林一样也是一位具有超凡魅力的领袖人物，他赢得了数百万仍在大萧条中挣扎的人的拥护。1928年当选路易斯安那州州长之后，朗推出了"财富共享"纲要计划。他向炼油厂征税，建造医院、学校和数千公里的铁路。到1934年，他演变成其所在州名副其实的独裁者。朗大肆鼓吹要保证所有美国家庭年收入达到2 000～3 000美元（实际上，1936年有1 830万美国家庭的年收入都不足1 000美元），他还许诺要为老年人颁发养老金，为年轻人提供免费大学教育，他将通过向富人征税和清算巨额资产来为这些计划筹集资金。如果不是因为1935年9月暗杀者的子弹，他或许会组织一个第三党对罗斯福发起挑战。

22.5 第二次新政

面对下层中产阶级的不满和铺天盖地的乌托邦方案所造成的威胁,1935年罗斯福将他的改革计划转向了社会改革和社会正义。与此同时,罗斯福也背离了与实业界合作的初衷。在1935年1月提交的年度国会咨文中,他宣称:"尽管我们付出了话语和行动的努力,但是特权阶层尚未铲除,社会下层依然没能得到有效救助。"1936年他再次参选并大获全胜,他通过宣布"他们对我真可谓同仇敌忾——我欢迎他们对我的仇恨"来反击他在政治上的敌人。

22.5.1 公共救济和社会保险

旨在帮助数百万美国人摆脱失业和消除失业让人丧失斗志这一负面影响的**公共事业振兴署(Works Progress Administration,WPA)**于1935年4月由国会授权成立,这是一次前所未有的宏大的再就业尝试。公共事业振兴署每年都要雇用近300万人投入各项公益事业,包括从修建桥梁到排演话剧等。但其雇工工资则要少于私营企业员工。它兴建了6 000多所学校、2 500多家医院、1.3万多个游乐场,另外还专门挪出部分资金赞助作家、艺术家、演员和音乐家。

公共事业振兴署只给每个家庭一个招工名额,作为一家之主的男人成为首选,只有担负养家责任的妇女才能获得招工资格。但结果有点出乎意料,13%的公共事业振兴署成员都是女性,尽管她们所能从事的不外乎制衣翻新之类工作。一名官员就此评论道:"对于没有特殊技能的男人,我们递给他们铁铲,对于没有特殊技能的妇女,我们只好给她们缝衣针。"

公共事业振兴署从一开始就充满争议。批评家们指责"WPA"三个大写字母代表"我们四处闲荡"(We Putter Around)。然而,公共事业振兴署确实开展了很多有意义的工作，更重要的是，它使上百万失业人口重新拾起了生活的勇气和信心。

全国青年总署是公共事业振兴署的补充机构，其目的是协调那些16岁到25岁的青年人，其中包括正在杜克大学读法学专业的理查德·尼克松（Richard Nixon）；林登·约翰逊（Lyndon Johnson）担任全国青年总署德克萨斯州分署主任，其政治生涯由此发端。

至此，最持久的改革措施还要数1935年通过的**《社会保障法》**。自从进步主义年代以来，一批革新人士就奔走呼告，致力于国家健康保险制度、老年人养老金和失业保险制度的建设。到1930年代，美国依然是几个主要工业国中唯一缺乏此类制度的国家。劳工部长弗朗西丝·珀金斯早就建议实行社会保险，而罗斯福也想挫败像"汤森计划"这样漫天飞舞的各种老年人救助方案。

1935年通过的《社会保障法》是一种妥协。由于医药界的反对，政府果断地放弃了一项联邦健康保险计划。法案中最重要的一款是规定老年人及遗属的保险金来源，即向所有雇主及雇员征收1%的收入所得税。法案还建立了一种针对失业进行补偿的合作性的联邦政府制度，授权政府给予各州一定补贴，帮助残疾人和失明者，为尚未独立的孩子提供救助，最后面这一条款在多年后最终发展成为联邦政府规模最大的一项福利措施。

保守分子抨击社会保险制度约束个人，破坏了个体的自力更生意识。但是，美国的保险基金有一部分直接来源于工人工资的递减税，这在世界上其他国家绝无仅有。对此，罗斯福后来的解释是："有了这些税款，任何该死的政治家都找不到借口废除社会保险制度了。"因为从道德角度来看，工人是自己所缴税款的合法获益者。但是，法案却把农场工人和家仆拒之门外。法案也歧视自食其力的已婚妇女，并把疾病保险排除在外。尽管存在上述缺点，但《社会保障法》无疑是一项意义重大的新政措施；它是美国社会立法史上的一个里程碑，标志着第二次世界大战后在全球范围扩展的福利国家的开端。

22.5.2　救助农民

《社会保障法》和公共事业振兴署只是罗斯福社会改革实践中的两大标志。1935 年到 1936 年年初之间疾风骤雨式的立法活动常被称为"第二次新政",其中就包括了为农民提供救助的努力与尝试。在所谓杰斐逊理念(即自耕农自给自足理念)的推动下,政府重新安居署(RA)开始帮助广大佃农在政府出面购买的土地上安家。然而,由于资金匮乏和对罗斯福建立苏联模式集体农庄的恐惧,重新安居方案的实施受到很大限制。

在提高农户生活水平上做得更为成功的是成立农村电气化管理局(REA)。1935 年,国会授权该机构向农村合作社提供贷款,用于偏僻农村的发电及电力配给事业。1936 年,全国仅有 10% 的农场拥有电力。当电气化管理局架设的电线最后接通时,它们极大地改变了数百万农民的生活,此前他们早就通过杂志广告了解到了无线电、收音机、洗衣机和其他农机设备并产生了无限的憧憬。

22.5.3　尘暴区:生态灾难

在中部大平原上繁衍生息的人们沦为了干旱和沙尘暴的牺牲者。1930 年代,史无前例的热浪和低于平均水平的降水量,使得从俄克拉荷马州狭长地带到堪萨斯州西部之间的广大地区成为一个巨大的"尘暴区"。上千人死于"沙尘肺炎"。到 1930 年代末,一万家农户不得不舍弃土地,举家迁徙,有 900 万亩农田从此沦为荒漠,有 350 万人加入浩浩荡荡的移民大军去寻求新的生活。许多佃农和雇农都惨遭驱逐,约翰·斯坦贝克(John Steinbeck)的小说《愤怒的葡萄》(*The Grapes of Wrath*, 1939)中就详述了这些旅行者的悲惨遭遇,他们的遭际因为此书的出版而成为不朽。

沙尘暴是一种自然灾害,但人类自身的行为不当也会助长和加剧它所造成的危害。这些平原位于西经 98°以西,并不适合发展劳动密集型农业,60

尘暴区的家庭

成千上万户家庭开着破旧的汽车逃离尘暴区前往加州。由于无处安寝,他们就用床单和毛毯把汽车改造成帐篷。约翰·斯坦贝克在《愤怒的葡萄》中描写了这些移民的生活。尘暴区的移民是否象征着美国梦的破碎?

多年来对土地的不当利用早已使得贫瘠的土壤裸露于地表之上,一旦大风来袭,也就极易形成沙尘暴。最后,它还是以下因素所致:政府对土地的计划和规范少之又少,农民为牟取暴利采用新技术自行开发资源。罗斯福政府确实想根治这一难题。1934 年颁布的《泰勒牧场法案》限制公共牧场的使用,确立了如下原则:剩下的公共土地收归联邦政府所有,不予出售。民间自然资源保护队加紧植树造林,推动进行土壤保护,然而,所有这些行动都为时已晚。

更糟糕的是,一些权威资料显示,1930 年代危机过后,政府重又鼓励农民种植小麦和其他不适宜的农作物,这直接导致在 1950 年代和 1970 年代出现了更多的沙尘暴危机。

22.5.4　新政与西部

新政对西部的资助可能远远超过了其他地区。民间资源保护队、《农业调整法》、旱灾救济和各个联邦机构的其他救助，与西部的人口数量极不相称。最值得一提的还是大量水利工程的兴建，如科罗拉多河上修建的顽石坝（后改叫胡佛坝）和哥伦比亚河上的大古力水坝。这些大坝供应了巨大的电力，总投资额达数百万美元，给城市和乡村提供了丰富的水源。

整个联邦倾力资助西部地区，但许多西部人仍然强烈抨击伴随救济而来的种种规定和统治。怀俄明州、科罗拉多州和蒙大拿州的牧场主们急需援助，但即便他们接受了救济，也还是在继续诋毁罗斯福新政。

22.5.5　限制公司权力和向富人征税

1935 年夏天，罗斯福开始加强对大型有限公司的控制，甚至还以极端主义手腕向有产者课以重税，试图在美国重新分配财富。1935 年国会通过了《公用事业控股公司法》，旨在限制巨型公用事业公司的权力，因为全国 12 家规模最大的公用事业公司几乎控制了一半以上的国家权力。它给予各企业五年期限以证明其有效性，否则政府就可能让公司解体。这是美国历史上为控制企业所采取的最极端的措施之一。

同年，罗斯福还建议加大对富有者个人所得税以及遗产税的征收力度。但当国会删减遗产税法案的条款时，罗斯福并没有继续据理力争。尽管这个法案被削弱了，但它还是激怒了实业界的巨头们，他们认为罗斯福正在贩卖休伊·朗的"财富共享"计划。

22.5.6　新政与劳工

与进步时代的许多改革家一样，罗斯福也不热衷于加强工会的力量，而是认为社会立法才是改善工人状况的有效途径。然而,当他看到劳工联合能够有效牵制资方后,就听从了顾问们,尤其是一直认为组织劳工是必要的弗朗西丝·珀金斯和纽约州参议员罗伯特·瓦格纳(Robert Wagner)的建议。

罗斯福支持《瓦格纳法》(其正式名称为《国家劳资关系法》),该法案宣布黑名单和其他惯例为非法,并重新确认了劳工的组织工会权和集体谈判权。法案还设立了劳资关系委员会(Labor Relations Board),以保证工会谈判组织的合法性。法案没有硬性规定工人必须加入工会,但它却使联邦政府成为劳资关系的协调者,或者说至少是作为一股中立势力存在。仅凭这一点,就可以把该法案视为新政改革最具实际意义的举措之一。

由于罗斯福政府不断示好,工会人数剧增,由 1933 年的 300 万增至 1935 年的 450 万。然而,也有许多团体被忽视了,其中包括农业工人联盟、非熟练工人联盟和妇女联盟。只有 3% 的就业妇女加入了工会组织,而且同工不同酬,妇女赚取的工资仅为成年男子的 60%。尽管如此,还是有许多人抱怨妇女根本就不应该外出工作。美国劳工联合会一直对组织非熟练工人不感兴趣,但在 1930 年代出现了一批热血沸腾、富有斗争精神的劳工领袖:联合矿工工会主席约翰·刘易斯,国际女服工人联合会的领导戴维·杜宾斯基(David Dubinsky)和美国制衣工人联合会主席锡德尼·希尔曼(Sidney Hillman),开始承担起这一使命。杜宾斯基和希尔曼都是信仰计划经济的社会主义者,但他们同时又与信奉社会正义的进步主义者合作密切。这些新进步主义工人领袖在劳工联合会内部又成立了产业工会联合会,着手组织钢铁、汽车和橡胶产业的工人联合。他们没有像劳联那样把工人按照技术或手艺进行分类,而是组织所有人参加产业联盟。

1936 年,俄亥俄州阿克伦城的三大橡胶工厂爆发了未经批准的工人罢工。工人们没有在户外示威抗议,而是直接接管了工厂。"静坐罢工"成为一种新的抗议方式,尽管扰乱治安但却基本是非暴力的(1960 年代的民权运动经常采用这一方式进行抗议)。先后发生过数次静坐罢工之后,通用汽车公司最终承认联合汽车工会为雇员谈判的代理机构。通用汽车工人大罢工是工运时代浓墨重彩的一笔。自此以后，在企业决策层中，一个长期被漠视的声音［劳工的声音］开始响起；劳工的声音也有助于提升隶属工会的工人在美国人心目中的地位。

除了静坐罢工，工人暴动也泛滥开来。克莱斯勒汽车公司被迫屈服，但福特汽车公司却是专门雇用了武装打手进行镇压，直到发生了流血冲突之后，福特公司才接受了联合汽车工会作为谈判代表。甚至就连反工会态度最强硬的美国钢铁公司也同意实行每天 8 小时每周 40 小时工作制，但其他钢铁公司却是拒绝追随其后。1937 年阵亡将士纪念日那天，芝加哥警方朝正在进行和平示威游行的共和钢铁公司工人及其家人开枪。结果造成 10 名工人死于非命——这 10 人后经证实都是被子弹击中了背部。

产联的进攻性策略为它赢得了很多新成员，这引起了劳联领导人的恐慌。他们一度把产联领袖开除会籍，但却发现后者又成立了一个独立组织：**产业组织委员会**（**Congress of Industrial Organizations，CIO**）（组织名称的首字母仍是一样的）。产联吸收了非熟练工人、非裔美国人和那些遭到其他工会组织排斥的劳工，为工人运动注入了一种乐观主义的新精神。

22.5.7　1930 年代的少数民族

1930 年代有近 50 万非裔美国人加入产联，并有许多黑人得到各种新政机构的援助。但是，各种司空见惯的种族歧视、低薪低酬、暴力恐吓也仍在继续。在实施新政的岁月里，南方的"私刑"案件居然有增无减。在危机年代，黑人最后被雇佣却最先被开除更是常有之事。

1930 年代在阿拉巴马州发生的"斯科茨伯勒男孩"案件（"Scottsboro Boys" case），戏剧性地展现了当时非裔美国人遭受歧视的情景。1931 年，两位年轻白人妇女起诉九名黑人青年施行强奸。全部由白人组成的陪审团一致认定九名黑人青年有罪并将他们判处死刑，但是美国最高法院 1933 年决定重新开庭审理此案，理由是这些被告当年没有依法享有辩护权。自由主义者和激进分子（包括共产党）奔走疾呼，捍卫九位黑人青年的公民权，但在许多南方人眼中，此案却有损白人妇女的尊严。证实强奸罪的证据始终没有呈诸公堂，而且最后关头竟有一位妇女提出撤诉。在新的审判中，有五人被宣告有罪，判处长期监禁；四人于1937年被撤销指控。服罪的五人中又有四人于1946年获得假释，一人则在服刑期间越狱逃往密歇根。

黑人逃往北方的事件层出不穷；第一次世界大战时黑人移民就有所增加，到了1930年代更是有增无减。棉花价格暴跌迫使黑人农民和农场工人逃往北方谋生。但因黑人文化水平低，他们很快就被限制在北方的黑人聚居区中从事卑微的工作。黑人失业率在当时相当于白人的三倍，而且每个黑人领到的福利金也是少得可怜。

黑人领袖指责罗斯福政府支持或者允许在政府资助的机构中实行种族隔离。罗斯福因担心得罪南方议员会丧失其支持而拒绝采纳两项关于南方的民权法案：一项是反私刑法案，另一项是废除人头税法案。哈罗德·伊克斯和亨利·霍普金斯则一直辩称，黑人在新政中也获得了许多机会。截至1941年，联邦政府的黑人雇工已达15万人，是胡佛政府时期的三倍。他们大多工作于社会底层；但也有一些人成为律师、建筑师、业务经理和工程师等。

黑人就业形势有所改善，"黑人内阁"功不可没。这个组织包括50多名在新政各部门就职的黑人，由出身佃农的玛丽·贝休恩（Mary Bethune）主持筹建。贝休恩对新政决策颇有影响力——为了替黑人谋取更多的公民权和就业机会，她充分发挥聪明才智，奔走疾呼，示威抗议。

罗斯福虽然任命了许多黑人进入政府任职，但却从未表现出对改善公民权的热切诚意。不过他面临着妻子埃莉诺给他施加的极大压力，埃莉诺深受贝休恩的影响。1939年，美国革命女儿团体拒绝黑人音乐家玛利安·安德森（Marian Anderson）登台演出，第一夫人公开抗议并毅然宣布退出该协会。之后，她又专门安排安德森到林肯纪念堂举办露天演唱会，7.5万人前往捧场。

1920年代一度被招徕至美国工作的墨西哥人在大萧条中也饱受失业困

扰。他们被迫流落到西南各州和西班牙语聚集区，然而迎接他们的却是诸如"黑鬼、墨西哥人与狗禁止入内"的招牌。一些新政机构向贫困的墨西哥人提供资助，但作为外来者和移民，他们并不具备领取救济的资格。政府更偏爱的解决办法是将墨西哥人非法监禁后再引渡回国。据估计，仅1932年就有20万人被遣送回国，数千名国内流浪者也夹杂其中。不过，也有一些墨西哥工人通过激进手段获取了公平待遇。

亚洲人（包括中国人、日本人及一小部分朝鲜人和印度人）在大萧条时期的生活也很艰难。他们大多同族聚居，被视为外国人——不是黑人，但也不是白人。在美国出生的亚洲人都感到陷入了两种文化的夹缝中。他们因出生在美国而成为美国公民，但他们的父母又要求他们保留与母国的联系。不过在大多数美国人眼中，他们视所有亚洲人都为异族，甚至把中国人、朝鲜人和日本人混为一谈。

大萧条中的本土印第安人也在经历着饥饿、疾病和沮丧的痛苦，他们的处境因为白人多年来的剥削和掠夺而变得愈发艰难。1887年颁布的《道威斯法案》（参见第17章）允诺给予印第安人1.38亿英亩土地，但几经变迁之后，印第安人反而丧失了60%以上的土地；当时在保留地耕作的印第安人甚至连美国公民的身份都不具备。直到1924年，政府才给予每位出生于美国的印第安人公民资格，但他们的苦难却还远未终结。

罗斯福通过任命约翰·科利尔（John Collier）担任印第安事务委员会主任一职，为美国政府的印第安政策注入了一种新的理念。科利尔在任期内着力推动了1934年《印第安人重组法案》的通过。这项法案肯定了印第安部落的政治独立性，废除了《道威斯法案》以来的土地分配政策，并鼓励民众"研究印第安文明"。有人怀疑决策者受到了共产主义的鼓动，有人担心与此政策相伴而生的将是官僚机构的臃肿不堪，而传教士们则断定政府是在鼓励异教发展。并非所有印第安人都欢迎这些新政策。一些人更是对下面这一点感到不安：法案减缓了侵占印第安人土地的进程，但它在归还已被抢占的土地上却是什么也没做。

政府对印第安人的政策一直摇摆不定并且自相矛盾,这在处理纳瓦霍人的问题上表现得尤为明显。纳瓦霍人的定居点与西部大部分地区别无二致,由于过度放牧水土流失严重,上游形成的新湖面临泥沙淤塞的危险,胡佛大坝的安全受到直接威胁。因此,科利尔不得不以保护水土流失为名削减印第安人的牧群,这直接导致纳瓦霍人的生活方式发生改变,结束了他们原本的自给自足状态——而维护这种状态恰恰又是科利尔一直为之奋斗的目标。

22.5.8 妇女与新政

1930年代的女性也取得了不少成果,占据政府要职的女性人数已远远超过此前历届政府。一些人曾致力于社会工作,现在则进入政府部门继续为社会正义事业服务。但是,通常女性获取的职位只限于那些不会威胁男性特权的部门。尽管取得了一些发展,但早期新政项目并未改变14万无家可归妇女的命运。已婚妇女依然大面积失业,依然被视为应该在家做家务而不该剥夺男人的就业机会。

政府招收了更多的女工,但女权运动却在1930年代逐渐衰弱。一批老运动者相继卸任或离世,导致青黄不接,后继无人。在这一时期,除了为数不多的几位女性在工作上大放异彩外,女性最适宜的角色仍是主妇和母亲。

22.6 新政的尾声

从危机救治和社会重构的角度来讲,新政缺乏连续性和组织性。罗斯福是一位讲求实用的政客,他把精力主要用在如何有效地解决当下问题上,因而其治理方针也在不断调整。如果说1933年到1934年新政旨在进行社会救济和社会复兴,那么到了1935年和1936年,它又扛起了社会改革的大旗。

1936年，罗斯福获得连任，其权力和威望已达极致。1937年后，部分因为战争威胁日益加剧，加之国会的反对增强，社会立法步伐渐缓。但1937年到1938年还是有若干意义深远的措施出台，从而构筑了历史学家所谓的"第三次新政"。

22.6.1　1936年大选

1936年，共和党提名一位中间派——堪萨斯州州长阿尔弗雷德·兰登（Alfred Landon）竞选总统。此人一味抨击新政，认为现任政府赤字巨大、官僚机构膨胀，但他的改革方案却是老一套，不过是提高了效率。《美国文学文摘》杂志甚至搞了一次自认为"科学"的电话民意测验，预言他胜局已定。

罗斯福的优势显而易见：国民经济方兴未艾，包括南方民主力量、工会工人、农民和城市选民在内的社会各个阶层也都鼎力支持，所以他能连任也在情理之中。就连很多黑人也破天荒地抛弃了"林肯所属的共和党"，新政的救济措施是他们倒戈的决定性因素。没有哪位候选人敌得过新政带给人们的实实在在的东西。除了缅因和佛蒙特外，罗斯福赢得了几乎所有州的支持，一人囊括1 000万张选票。连任后，总统又开始了新一轮的新政改革。

22.6.2　最高法院内的硝烟

罗斯福在第二次就职演说中痛陈美国的现状，"我看见有1/3的同胞缺衣少食、无家可归"，并誓言要救人民于水火。然而他在1937年采取的第一个行动却是拿最高法院和司法制度开刀，因为法院那"九个老头子"否决了很多重要的新政法案，包括那些旨在解决商业和农业问题的法案。

为了打造一个更有同情心的最高法院和不让新政遭到破坏，罗斯福希望获权任命助理法官，辅佐六个70岁以上的最高法官。他还计划全方位改革司法制度，但是这一旨在让法院"改头换面"的设想，却在公众的抗议中失败了。

罗斯福的削弱之计很快就宣布破产。共和党人指责他意欲颠覆宪法。来自他自己政党的很多国会议员也弃他而去。在来自德克萨斯州的副总统约翰·加纳（John Garner）的领导下，南方部分民主党人士与总统决裂，并与共和党人结成了一个持续30年之久的联盟。罗斯福最终还是败下阵来，宣告撤销提案。总统似乎是对自己的权限有些误解，低估了美国人对最高法院的那种尊重乃至崇拜。具有讽刺意味的是，罗斯福尽管在与最高法院的交锋中失利了，但却赢得了全盘战争的胜利。到1937年春天，最高法院改变了立场，以5票对4票认同了《国家劳资关系法》。在一名持保守主义态度的法官退休后，罗斯福得以首次任命自己心仪的最高法官，从此以后自由主义就开始在法院中占据微弱优势。但罗斯福也为胜利付出巨大代价。他一直专注于最高法院的重组改革，社会立法方面的工作便耽搁下来。这被视为其任期内最不得人心之举。面对来自新政反对者的四面夹攻，他自己也有些无力招架；就连他的一些支持者都沮丧至极，认为他不该把矛头指向三权分立。

1936年年底到1937年年初，经济有所好转。但在8月，脆弱的繁荣又突然垮掉。当罗斯福削减政府支出后失业问题卷土重来，工业产量锐减，股市再次狂跌。新一轮经济衰退使人们质疑新政是否已彻底失败，在英国经济学家凯恩斯的建议下，罗斯福宣布实行"赤字财政"。按照凯恩斯的理论，在私营部门不花钱的情况下，若想摆脱萧条，政府必须斥巨资于商品和劳务，以刺激消费和生产。但是，经济疲软依旧，全面恢复更是遥遥无期，因为消费从未达到凯恩斯建议的水平；直到始于1940年的大批军事定购刺激了生产，缓解了就业压力，美国才真正走出经济低迷的困境。

22.6.3 新政结束

尽管敌意日增，但在1937年到1938年国会还是通过了许多重要法案，完成了新政的立法改革。1937年，政府通过了《班克黑德－琼斯农场租赁法》，决定成立农业安全署（Farm Security Administration，FSA）来帮助那些失去土地的佃农、雇佣农和土地所有者。农业安全署负责向合作农场发放贷款，并为无家可归者修建营房。但是，农业安全署因财力有限而无力进行实质性的革新。

1938年，国会又通过一项新的《农业调整法》，旨在通过限制产量来解决农产品过剩问题。新法案直接从国库拨款补给农户。它还出台了一个水土保护措施，并对剩余农产品的销售也给予了相应的法律支持。但是，农产品剩余危机只有在第二次世界大战爆发后才有望暂时根除。

城市住房短缺一直是一个问题。第一次世界大战期间首次试验联邦住宅改革的社会改革家，极力说服罗斯福在新政中采纳联邦廉价住宅方案。1937年《国家住宅法》获得通过，法案提出由联邦政府出资铲除贫民窟，建造廉价住房。然而，到1939年，政府仅修建了11.7万套住房，其中大多数都是阴冷潮湿如火柴盒般大小。

新政住宅法案对中产阶级的住房政策和模式产生了更为深远的影响。早在"百日新政"时期，国会就在罗斯福的敦促下建立了户主借贷公司（Home Owners Loan Corporation），短短两年内便投资30亿美元，以低息贷款形式帮助上百万人赎回了抵押住房。该信贷公司还最早引入了长期固定利率抵押贷款的理念（此前的所有抵押都有时限，最长不能超过五年，而且谈判程序相当烦琐复杂）。户主借贷公司拥有一套统一的评估体系，为市区住宅划分等级优劣，老龄人聚居区、闹市区和种族杂居区普遍不受欢迎。郊区由于没有"犹太佬的渗透"且与其他"劣等人群"绝缘而身价百倍。这套评估实际上也是后来所谓"借贷歧视"的发端，这一歧视意味着，在借贷机构划分的区域内，买主若种族背景特殊就无权享有借贷权。

1934年《国家住宅法》推动成立的联邦住房管理局（Federal Housing Administration）则进一步拓宽了户主借贷公司的住房政策。住宅署为借贷者提供25年到30年的抵押保险，并将预付定金额由原来的30%削减至10%。结果，1934年到1972年，1 100多万美国家庭都具备了认购住房的能力。

人们掀起了购买郊区新建住房的浪潮，而不愿花钱去修缮城区老宅。

与住房立法同样重要的是 1938 年 6 月生效的《公平劳动标准法》。罗斯福的法案建议，所有参与州际贸易的企业必须把最低工资调至每小时 40 美分，把最高工时减至 40 小时。尽管国会稍加改动，但法案一经实施，立刻有 75 万工人直接受益，到 1940 年约有 1 200 万人享受到了提薪待遇。法案还规定在州际贸易中禁用童工；从此以后，禁用 16 岁以下未成年童工，成为联邦法制史上第一个恒久不变的法令。法令没有特别强调男女差别问题，从而减少了专门为妇女立法的必要性。

新政有许多缺陷，但它的确使联邦政府对贫困人口的救助达到了空前的规模。1913 年，各地方、州和联邦政府用于公共救助的投资加起来还不到 2 100 万。而到 1932 年这一数字已猛增至 2.18 亿，到 1939 年竟达 49 亿之多。

22.7　1930年代的另一面

大萧条与新政在整个 1930 年代一直贯穿始终，由此很容易得出结论：这十年来只有排队领面包的队伍和救济机构。但实际上这十年也有它不同的一面。通信革命改变了美国中产阶级的生活。1930 年代，收音机的销量和电影观众不断增多，文学艺术大放光彩。这十年，美国人着迷于技术进步，尤其是汽车。很多人都开始出门旅行，人们憧憬着一种由流线型的电器装置引领的更加精彩的未来。

22.7.1　汽车上路了

大萧条期间，印第安纳州曼西的一位银行家曾感慨："人们什么都不要了，却唯独留下了汽车。"实际上，全美国都是如此。1929 年之后，汽车工业一度萎缩，直到 1930 年代末才有所恢复；但是汽车的登记数量却是起伏不大，仅由 1930 年的 2 670 万下降为 1933 年的 2 400 多万；而且到 1940 年，这一数字又增至 3 200 多万。就连"俄克佬"（Okie）逃离尘暴区时也是用汽车开路——当然那都是废弃的二手车，但也的确是汽车。

美国中产阶级在 1932 年到 1933 年的低迷期过后开始频繁出游。1938 年，旅游业跻身美国前三大产业，仅次于钢铁业和汽车制造业。

22.7.2 家庭电气化

1920 年代浴室曾风靡一时，现代厨房则成为 1930 年代的标志。1930 年，冰箱产量首次超过冰柜，1937 年已接近 230 万台。最初的电冰箱也是柜式，顶上放置一台发动机。但到 1935 年，与其他电器产品一样，电冰箱的生产也引进了流线型设计理念。希尔斯百货公司推出的新款冰箱追求圆润、平滑的现代风格，这很快就影响到所有其他产品的外观设计。流线型成为 1930 年代现代文明的象征。在这个时代的末期，1939 年，纽约世博会的主题就是未来的流线型科技。

具有讽刺意味的是，尽管有种种新的便利设施，但很多中产阶级家庭却依然维持着他们的生活标准，只因为家庭主妇仍然固守着旧有的生活方式，尽量节俭；而且大多数妇女做家务的时间也仍像从前一样多，并未从烦琐的家务活中解放出来。当然，也有一些妇女为了保证家庭正常开支而外出求职。这导致这十年间已婚妇女的就业人数猛增。

22.7.3 休闲时代

大萧条时期，不少中产阶级无所事事就开始寻求消遣。1920 年代，人们一度热衷于观看体育竞赛。人们对体育的热忱一直持续到 1930 年代，只是由于收入锐减，观众也跟着锐减。垒球、迷你高尔夫这类低消费体育项

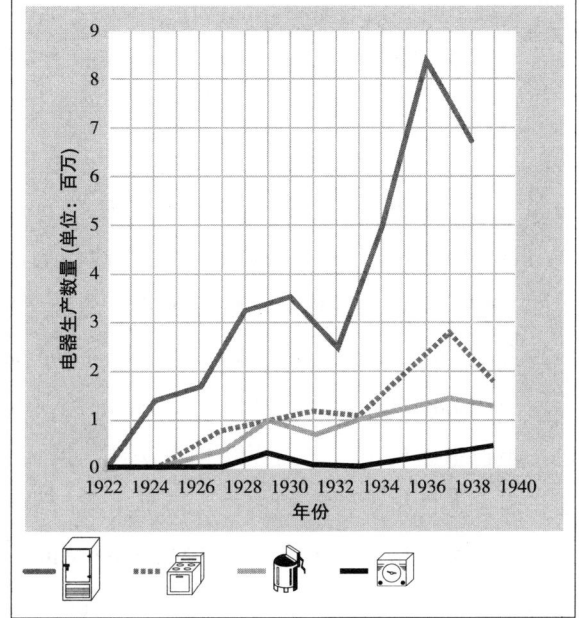

1922年到1939年家用电器的产量

1930年代,家用电器改变了很多美国中产阶级家庭的生活。其中电冰箱取代老式冰柜尤为引人注目。这些电器如何改变购买者的生活方式?

目相继风行。不过,在1930年代,休闲也吸引了专业人士,旨在助人排解"休闲问题"的书籍更是应运而生,竟有450本之多。

当时很多流行的游戏都有详尽的规则。"合约桥牌"一度风行全国。但最受欢迎的还是"大富翁",美国人热衷于在虚拟世界里开发地产,垄断设施,甚至迫使对手破产。

22.7.4　1930年代的文学反思

尽管大萧条的伤痕也永久地烙在了1930年代的文学作品中,但阅读仍是人们喜爱的一种廉价消遣。小说家约翰·斯坦贝克在他所著的《托蒂亚平地》(*Tortilla Flat*,1935)中,描绘了一幅墨西哥人四处漂泊的悲惨画卷;而在《愤怒的葡萄》中,他则接着讲述了一个长途跋涉前往加州的"俄克佬"家庭不断恶化的命运。他的作品表达了他的信念：美国人的生活中"潜藏着不受谴责的罪恶"——只能甘受苦难和不公的罪恶。

与此同时还有很多作家也向美国梦发出了质问。约翰·帕索斯的《美国》三部曲（1930—1936）把知识分子共有的对资本主义制度前所未有的悲观情绪展露无遗。托马斯·沃尔夫（Thomas Wolfe）和威廉·福克纳（William Faulkner）的小说则很少牵涉政治问题，他们更善于挖掘平民阶层的辛酸和现代化过程中人们的困惑，悲悯之情满溢。福克纳的代表作有1929年到1932年出版的《喧嚣与骚动》（The Sound and Fury）、《我弥留之际》（As I Lay Dying）、《圣殿》（Sanctuary）、《八月之光》（Light in August），他在小说中虚构出一个约克纳帕塔法镇，揭示了美国南部的种族、贫困问题和南方人性格中特有的偏执。但那十年间最畅销的讲述南方故事的小说则是女作家玛格丽特·米切尔（Margaret Mitchell）的《飘》（Gone with the Wind, 1936），这部小说要比其他作品乐观得多也简单得多。它的成功表明，多数美国人根本不愿探寻现实问题，逃避现实才是他们的真实用意。

22.7.5 收听广播的幸福时光

1930年代，收音机的销量仍在稳步上升。1929年拥有收音机的家庭才1 000多万，短短十年之内就增至2 750万。1930年代，芝加哥的工人居住区里平均两三户人家才有一台收音机，但人们乐于聚在一起共同欣赏钟爱的节目。当时的收音机是卧室装饰的一个亮点。他们白天收听肥皂剧，到了晚上则被杰克·本尼（Jack Benny）的幽默风趣逗得哈哈大笑。收音机能让人感到亲临其境，觉得节目中的人物似曾相识。这种魔力实在不可小觑，甚至还曾引发过一次大规模社会恐慌。1938年11月，奥逊·威尔斯（Orson Welles）突然发表广播讲话，宣布"世界大战"已然临近，他的语气确凿得不容辩驳，以至于数千名听众都相信：火星人已经在新泽西州登陆了。如果有人想要找寻广播影响力的证据，那台节目足以验证这一点。

电　影

再现历史

就像一些历史学家用虚构作品来阐释一个时代的文化特征，20世纪的其他研究者则通过电影来探讨某种"时代精神"。在基本层面上，电影既可帮助我们把握特定时代的服饰、器具和汽车等流行时尚，也可使我们了解特定年代对所谓"靓女""帅男"的不同诠释，以及各民族的风俗和对性别与阶级的看法。

1930年代有时也被誉为"电影的黄金时代"。在好莱坞每年制作的约500部电影中仔细挑选——从黑帮片、牛仔片到马科斯兄弟的搞笑片，从历史冒险剧到荒诞剧，我们都会发现大萧条时代人们臆造的神话和幻想。电影不仅在灾难恐慌年代供人娱乐消遣，还帮助许多试图摆脱1930年代大萧条困境的美国人创立了崭新的文化。

1934年是电影业的分水岭。在大萧条的冲击下，电影业与其他行业一样萎靡不振；1933年票房一度跌至历史最低点，超过33%的影院倒闭。但是到了1934年，观众再度活跃起来，宣告了电影市场的复兴并一直持续到1946年。同样是在1934年，在天主教良风团（Catholic Legion of Decency）和其他宗教团体的游说下，电影行业引入了新的行规。新规定禁止电影中出现诸如"性变态、种族间性交、堕胎、乱伦、吸毒、亵渎"之类的镜头，并规定就是夫妻也不能拍床上戏。当然，电影也可以演绎很多不道德的行为；但是法规明确规定，恶人必定不能善终，"正邪必须两立"。

该法规颁布之前，好莱坞确实拍了很多生动的电影，如《国民公敌》（The

Public Enemy，1931）和《疤面煞星》（Scarface，1932），里面暴力画面迭出；一些音乐喜剧如《淘金二人组》（Gold Diggers，1933）则充斥着衣着暴露的年轻女性；还有专门演绎妓女生活的，如吉恩·哈洛（Jean Harlow）主演的《滚滚红尘》（Red Dust），以及玛琳·黛德丽（Marlene Dietrich）主演的《金发维纳斯》（Blond Venus）；当然也拍了一些反映现实问题的电影。但在1934年之后，好莱坞开始致力于开辟一个完美无邪的电影世界。其中，善有善果，恶有恶报，家庭伦理观受到肯定，爱国主义和美国式民主不容置疑。该法规后来虽然也屡经修订，但却直到1966年一套新的电影评估体系出台，它才宣告退出历史舞台。

电影《一夜风流》中的一幕

1939年的电影《铁血金戈》中的一幕

《一夜风流》(It Happened One Night, 1934)和《铁血金戈》(Drums Along the Mohawk, 1939)作为数千部电影的代表,生动地演绎了好莱坞所开创并延续的电影神话。《一夜风流》是由好莱坞当之无愧的幽默大师弗兰克·卡普拉(Frank Capra)执导的一部浪漫喜剧。电影讲述了一个富家女孩(克劳黛·考尔白饰演)偷偷逃离父亲的游艇,乘车从佛罗里达海岸抵达纽约。途中她碰到了一位报社记者(克拉克·盖博饰演),两人经历了一系列令人啼笑皆非的冒险之后坠入爱河。但在混乱和误解中,女孩似乎又要嫁给她的前任男友。当然,结局是完美的,一对璧人重修旧好并举行了盛大隆重的露天婚礼。之后他们就幸福地生活在一起了。这部电影幽默风趣,以"穷小子娶了美公主"为主题演绎了一段传奇。但与此同时，《一夜风流》也深深地打上了时代的烙印，故事宣扬了女人只要找到了合适的另一半就称得上是功德圆满。

克劳黛·考尔白接着又与亨利·方达联袂主演了《铁血金戈》。这部电影由1936年沃尔特·埃德蒙（Walter Edmonds）出版的一部小说改编而来，是一部凄美而浪漫的个人奋斗史。故事发生在美国独立战争期间，一个小伙子在荒郊野外安家落户。他先是迎娶了漂亮的妻子，跟着又击退了印第安人的进攻，之后就与纯朴的乡民一同过着幸福的生活。这种历史题材的好莱坞影片在第二次世界大战前不止一部。还有《弗吉尼亚州的霍华德》（*The Howards of Virginia*，1940）、《神枪游侠》（*Northwest Passage*，1939）和当时最合观众口味的《乱世佳人》（1939）等。其实很早之前这种题材的电影就曾风靡一时，但在整个世界都挣扎于战争边缘的年代，那种展现荒郊野外的人们万众一心保家卫土、奋勇抗击印第安人（野蛮人的象征）的场面震撼了千千万万的美国人，既催人奋进，又不失娱乐性。

反思历史

历史学家们可否借助电影来界定某一特定时代的价值观和梦想？或者说，电影本身作为一种抒发情怀的手段是否太过复杂和太夸张了？备受推崇和备受责难的电影是否也恰恰最能反映时代的精神？现如今，为观众所喜闻乐见的电影中，哪一类最能体现我们的时代特征？今天的电影是否充斥了太多色情与暴力？政府到底该不该插手对电影语言、主题和价值观的规范？在阐释和影响一个民族的神话和价值观方面，今天的电影对我们来说是否依然重要，和美国1930年代相比又如何？

22.7.6　电影银幕

1930年代无疑是电影产业的"黄金时代"。每周都有6 000万到9 000万人出入影院。即使在最艰难的时期，对很多家庭而言，看电影依然和吃饭一样重要。城市居民可以在豪华影院制造出一种与世隔绝的幻境，让人们暂时远离大萧条的苦恼。而在乡村小镇，每周花25美分（12岁以下的儿童仅需10美分）就可以看至少四场电影。有时不同类型的电影也会交叉放映，另外还有一些主题片、卡通片和新闻短片。周六通常都是放映系列电影，往往在男女主角生死攸关之时戛然而止，观众不得不在下周继续观看。电影界天才沃尔特·迪士尼（Walt Disney）创造的活灵活现的卡通形象广受欢迎，人们对米老鼠的熟知和喜爱甚至超过了当时大部分政客。

小结：大萧条和新政的多重遗产

新政疾风骤雨般的立法措施并没能力挽狂澜，萧条之状依旧，失业的阴霾也不曾散尽。很多美国人，就像本章开篇中罗伯特·西蒙兹的父亲，都将铭记那个年代失业的耻辱和负疚感、生意败落的绝望和流离失所的恐惧。经历过大萧条的父母会敦促他们的孩子找份稳定工作，娶妻生子，安居乐业。

新政立法并未使国家从大危机的泥沼中脱身，但它却加强了政府权力尤其是行政部门的权力。以联邦储蓄保险公司为代表的联邦机构和以社会保险为代表的一系列计划，以及农村电气化工程、公共事业振兴署和民间资源保护队，使成千上万人的生活为之改变。新政还确立了政府确保经济健康发展的原则，首创福利国家理念，千方百计加大政府对贫困的救济力度。住房补贴、最低工资立法、对减产农场的补助，这些制度也深深影响了美国人。首要的是，新政反映了这一假设：联邦政府有责任帮助那些不能帮助自身的人。

新政在某些问题上的无所作为同样意义深远。它没有推行社会主义，也没有重新分配收入。它推进了社会正义和社会改革，但社会底层依然获益甚微。从长远角度来看，新政或许加强了公司资本主义的力量。

凭借鲜明的个性和举世瞩目的反危机措施，罗斯福主宰着他的时代，令历届总统都望尘莫及。被大多数人拥戴和少部分人憎恶的罗斯福留下了大量的遗产。在接下来的岁月里，甚至是到了21世纪，美国的政治生活仍然集中在保留抑或废止、扩充抑或修订大萧条时通过的种种法律上。但是，大萧条并非只是美国的问题。它的影响和作用是全球性的。这场1930年代世界范围的经济灾难，使得1930年代的国际和平分崩离析，并成为后来第二次世界大战爆发的原因之一。

思考题

1. 解释大萧条的起源。美国的经济萧条如何与世界经济因素相连？
2. 解释新政的主要阶段。各个阶段分别出台了什么计划？这些计划的目的是什么？
3. 批评新政的人都有哪些？他们为什么会批评新政？
4. 1930年代的通信技术和大众文化发生了怎样的变化？
5. 为什么大萧条和新政都留下了多重遗产？

第 23 章

第二次世界大战

23.1 通向战争的曲折道路

23.2 战役与策略

23.3 战争的影响

23.4 战士与国内少数民族

小结：和平、繁荣与国际责任

美国故事

一个印第安男孩与第二次世界大战

斯科特·莫马迪（Scott Momaday）是一个基奥瓦族印第安人，1934年他出生在俄克拉荷马州一个名为洛顿的印第安人保留地。第二次世界大战结束时他年仅11岁，但战争还是改变了他的生活。美国参战不久，莫马迪全家就迁至新墨西哥州，他的父亲在一家石油公司谋职，他的母亲则在国家空军基地从事办公室文职工作。之前他们也像大多数美国家庭一样苦苦挣扎于大萧条之中。战争的爆发创造了就业机会。

莫马迪最好的朋友是比尔·约翰逊（Billy Johnson）。他们经常搭伴玩战争游戏，一起挖战壕，匍匐前进穿越想象中的雷区。他们模拟扔手榴弹，用假想的手枪射击；两人乐此不疲，只有在喝他们小食堂里的"酷爱"牌饮料时才肯稍稍停歇。在学校里，他们被灌输民族自豪感和同仇敌忾的信念。他们不断地向国旗宣誓效忠，一遍又一遍地高唱"上帝保佑美国""星条旗永不落""不忘珍珠港"等歌曲。像大多数美国人一样，他们都坚信第二次世界大战是一场反击邪恶帝国的正义之战。美国总是对的，敌人永远错误。这种强烈的爱憎深深影响了莫马迪那一代美国人的生活。

莫马迪当时唯一的苦恼就是自己那副"印第安面孔"太像亚洲人。几乎每次去操场都会有人在背后冲他大叫"嘿，日本佬"，一场恶斗也就由此开始。每逢此时比尔总是会挺身相助，但被当成敌人让莫马迪很不安。父亲经常给莫马迪讲古基奥瓦人的故事，莫马迪为自己是印第安人而感到无比骄傲，但更以自己是美国人为荣。到了星期六，每当看到电影中日本零式飞机或者德国ME-109 战机被击落，他和他的伙伴们便会兴高采烈地一同庆贺。

战争临近尾声之际，为了找到更好的工作，与其他许多人家一样，莫马迪一家再次辗转迁徙。这次他们刚好住在一个空军基地附近，莫马迪疯狂地迷恋上了 B-17（空中堡垒）——这是一种军事战略家认为可以在太平洋战争和欧战中出奇制胜的新式轰炸机。

回首那段岁月，莫马迪这样描述战争对他的成长造成的影响："我现在明白了，人的一生会经历许多琐碎平常的事情，这些事情在时间的长河里留下了相似的投影，但是限于自己的年龄，人们对事情的体味总是有限的。"尽管莫马迪战时的生活不同于那些已到参军年龄的男孩子，但却自有别样的经历，使他对战争的回忆清晰且真实。

相对于大多数印第安人而言，莫马迪一家的境遇已经算得上是很不错了。尽管他们自从 1924 年国会通过的一项法案之后就获得了公民身份，但与所有居住在亚利桑那州和新墨西哥州的印第安人一样，他们都被本州法律剥夺了选举权。很多人就是在战时也很难找到工作。印第安军人退伍返乡后依然被视为"印第安土著"，在很多州都受到公然的歧视。但莫马迪仍然觉得自己首先是个美国人，而后才是印第安人，而且其同龄人的想法也莫不如此。但在长大成人之后，他成为一位著名作家，摇身变为本民族的代言人。1969 年，他因小说《日诞之地》(*House of Dawn*) 而赢得普利策奖。他的作品着力表现印第安人强烈的土地情结。在描述自己的祖母时他写道："内陆那片广阔的风景，就像回忆一样流淌在她的血液里。"莫马迪的自我意识，有一部分也是来源于他在战争年代的经历。

第二次世界大战中所有的轰炸和占领都与美国本土无关，但战争却影响到美国社会的方方面面。第二次世界大战的爆发结束了持续已久的大萧条。就业机会激增，即使工作场所的偏见和歧视犹在，黑人、西班牙裔人、妇女和其他少数民族（如印第安人）依然从中获益良多。与第一次世界大战的结局相同，第二次世界大战也大大加强了政府与实业界之间的合作，使得国家对社会的影响深入到各个层面。孤立主义者的最后一丝幻想也在战争中被涤荡一空。到1945年战争结束时，美国已崛起为最强大也是最富庶的超级大国。

本章追溯了美国如何一步步卷入1930年代的国际事务并最终加入这场史无前例的人类浩劫中的过程。本章考察了以下问题：美国是怎样应对触发战争的危机的？战时的外交和军事争斗如何对寻求和平产生影响？战争如何对美国普通民众、爱国态度、生活方式，以及美国与世界的联系——产生作用？对像莫马迪一样在战争中长大并要接受出现在他们面前的新世界的人而言，战争产生了怎样深远的影响？

23.1 通向战争的曲折道路

美国不仅面临着大萧条带来的灾难，在对外事务上它也遭遇重重危机。全球范围的经济危机导致欧洲金融体系几近崩溃。德国延期支付战争赔款，大多数欧洲国家根本无力偿还美国债务。动荡滋生了意大利和德国的独裁势力。与此同时，太平洋岛国日本也在加快其侵略其他国家的步伐，以便为其发展谋求必不可少的原料。

23.1.1 全球化时代的对外政策

罗斯福的对外政策与其国内政策一样没有系统的总体规划。在第一届任期内，他在解决国际问题上自相矛盾。比如，最初他接受了将要在伦敦进行商谈的某些关税利率协议。但随后他却对国际协议表现出抗拒的姿态，想要由他自己一手掌控经济问题。他相信，根除国内经济危机远比国际经济合作来得重要。当然，他也确实改变了一些前任政府的外交理念。他授权正式在外交上承认了1919年掌权的苏联。通过改变1920年代的不承认政策（主要基于反共情绪），他希望可以借此为美国剩余谷物找到一个市场，只是这一举措并未实现期待中的贸易繁荣。但是，这种外交上的相互认可却是极大地加强了两个超级新兴大国间的交流与合作。

对于那些允诺保持社会稳定、维护美国经济利益的独裁者，尤其是在中美洲地区，美国还是一如既往地给予支持。但是，罗斯福把胡佛开创的睦邻政策继续发扬光大，于1934年完成了从海地和尼加拉瓜的撤军。在一系列泛美会议上，罗斯福与各国首脑共同保证，在整个西半球，任何国家都不得干涉他国的"内政外交"。

美国新外交政策的第一个试验场便是古巴，那里的革命威胁着美国超过10亿美元的投资。但是，美国并未选择直接派遣军队。相反，罗斯福派出了一个外交使团寻求签署一份妥协协议。不久，富尔亨西奥·巴蒂斯塔（Fulgencio Batista）领导的叛军推翻了革命政府，美国立刻承认巴蒂斯塔政权并为其提供大量经济贷款。美国还同意废除《普拉特修正案》（该修正案曾使古巴沦为美国的保护国），前提是古巴必须允许美国在关塔那摩湾修建海军基地。

1934年出台的《贸易协定法案》授权总统降低关税税率50%。国务卿柯德尔·赫尔（Cordell Hull）通过谈判与各国签订了大量增加海外贸易的协定。到1935年，美国一半的棉花和其他许多产品都出口到了拉丁美洲。尽管睦邻政策同样使美国受益，但是海外贸易的增长并未解决拉美各国和美国的经济问题。

对美国的拉美外交政策的另一次检验发生在1938年，当时墨西哥政府宣布把一些美国石油公司收归国有。美国国务院拒绝了商人要求武力干涉的请求，谨慎地与墨西哥政府达成协议，其中包括对企业进行赔偿。如果不是1938年欧战造成的恐惧使美国意识到终有一天整个西半球必须通力合作共同抵御外敌进攻，美国对这件事的态度可能会完全不同。在当年的泛美会议上，美国和大多数拉美国家达成协议，共同抵制针对西半球的所有外来干涉。

23.1.2 战争边缘的欧洲

与拉美相比，欧洲才是美国外交事务中更为棘手的问题。1933年1月30日，就在罗斯福就职前两个月，纳粹头领阿道夫·希特勒成为德国总理。希特勒1889年出生于奥地利，第一次世界大战期间曾在德国军队服役。他同多数德国人一样被《凡尔赛和约》中的苛刻条款所激怒。但是，希特勒将德国战败的原因归结于犹太人和共产党人。凭着超凡的魅力和缜密的计划，他获得了众多追随者的支持。担任总理后不久他便宣布宪法无效，并正式当选国家元首，成为名副其实的大独裁者，妄图征服欧洲。他迈出的第一步就是于1934年宣布德国重整军备，悍然违背《凡尔赛和约》。同年，意大利法西斯独裁者墨索里尼（十年前便已掌权）威胁要入侵东非国家埃塞俄比亚。欧洲日趋恶化的局势令美国人惊恐万分，当时他们正在为1917年是否应当参加第一次世界大战而争论不休，并发誓绝对不会再次卷入欧战。

北达科他州议员杰拉尔德·奈（Gerald Nye）怀疑美国参加第一次世界大战与某些利益集团的怂恿有关。为此，以他为首的调查委员会举行了公开听证。结果显示，很多金融家都与美国陆军部有着千丝万缕的联系。尽管调查委员会最终并未找到可靠的证据，但人们却很容易相信美国之所以参战，是因为有人想要从中牟取暴利。

在许多大学校园，学生的反战运动也正风起云涌。他们自发加入"未来战争退伍军人"之类的组织，并极力抵制校园里普遍存在的预备役军官训练团。所有的组织都声称，绝对不会再支持外来的战争。而此时在地球另一端的欧洲、亚洲和非洲，一场新的世界大战已经迫在眉睫。

23.1.3 埃塞俄比亚和西班牙

1935年5月，意大利不顾国联的调解，公然出兵埃塞俄比亚并将此举视为其重建帝国行动的一部分。这场遥远的战争惊动了国会，《中立法案》应运而生，该法案授权总统对交战国实行武器禁运，并告诫所有美国公民不得冒险乘坐交战双方的船只。国会竭力想要避免美国再次卷入战争。

国联谴责意大利为侵略者，而罗斯福则利用《中立法案》赋予的权力宣布实行武器禁运。但因当时的美国深陷经济危机之中，所以他既不愿把石油列入禁运范围，也不希望自己的军队卷入战争。结果，武器禁运没有对意大利产生丝毫影响，但对贫困的埃塞俄比亚来说却是如同雪上加霜。迅速击败埃塞俄比亚之后，墨索里尼与德国结为同盟，并于1936年创建了"柏林-罗马轴心"。

1936年，罗斯福宣称："我们拒绝履行任何可能会把美国引向战争的政治义务。"但当西班牙内战爆发后，孤立主义便难以继续维持。得到天主教会、大地主和反动势力大力支持的西班牙将军佛朗哥（Francisco Franco）试图推翻共和政府，建立个人独裁。德国和意大利给予佛朗哥大量飞机和武器装备上的援助，苏联则大力支持西班牙共和国的忠诚派。

美国人在对待西班牙内战的态度上出现了两极分化。大多数天主教徒和反共分子都支持佛朗哥。但是，曾经竭力叫嚣反对一切战争的极端分子和自由人士此时却认为，共和国的事业值得为之献身。3 000多名美国人加入"林肯纵队"奔赴西班牙，上百人在这场反法西斯战争中牺牲。

美国政府的选择依然是保持中立。1936年再次修订后的《中立法案》有所延伸，加入了禁止向交战国借贷的条款。尽管法案并不适用于西班牙内战，但罗斯福却立即要求国会将禁运范围扩大至西班牙。由于美英法全都谨小慎微，严守中立，佛朗哥在德意的协助下迅速巩固了其独裁地位。1937年美国又通过了另一项《中立法案》，再次对前两项法案进行补充，允许与交战国进行非军用物资买卖，但买卖只能使用现金且需交战国自运。

美国显然是在千方百计地想要避免犯下同样的错误，以免再次被诱入战争。但不幸的是，日益临近的第二次世界大战是一场截然不同的战争，美国恪守的第一次世界大战教训对此毫无用处。

23.1.4 欧战

罗斯福并非一个孤立主义者，但他想要避免让美国卷入欧洲的冲突。他宣称"我痛恨战争"，因为他认为战争解决不了任何问题。与他那位远亲老罗斯福不同，他从未把战争看成是对人类意志的考验。虽然他在对外政策中就像在国内政策中一样一如既往地积极应对，但他还是怀着极不情愿的态度被一步步拖入战争。

1938年5月，希特勒吞并了奥地利；9月，他又占领了捷克斯洛伐克的苏台德地区。六个月之后，希特勒攫取了捷克斯洛伐克剩余地区。对于上述举动美国政府没有发出任何抗议。大多数美国人都对希特勒侵略下的受害者表示同情，最终一些人听到上万名犹太人被杀的传言，惊愕不已。但是，当时的美国媒体都极力避免集中报道这类证据确凿却又令人不快的事件，很多美国人都是直到战争接近尾声才对1940年代初的反犹太人大屠杀逐渐有所了解。

最初，美国人都盼望战争各方能迅速达成妥协。但1939年8月23日**《苏德互不侵犯协定》**的签订使这一幻想破灭了。很多美国人都希望一直以来在政治意识形态上根本对立的纳粹德国能与苏联一决雌雄，共同毁灭。但现在意识形态上的死敌却签订了合约。一周之后，在与苏联串通一气之下，希特勒的军队开始进攻波兰，这标志着第二次世界大战正式爆发。英法迅速支援波兰。罗斯福则宣布："美国继续保持中立，但我不能要求每个美国人都在思想上也保持中立。"

罗斯福要求国会取消《中立法案》中的禁运条款，并要求以现款自运的方式出售军火给英法。他还在私下里做了一些冒险尝试。1939年8月，德国犹太移民物理学家爱因斯坦向罗斯福发出警告：德国科学家正在试验一种新的潜在威力巨大的原子弹！罗斯福唯恐这种强大的新式武器落入希特勒之手，也开始投资研制原子弹。这项后来被命名为"**曼哈顿计划**"（**Manhattan Project**）的高级机密改变了人类历史的进程。

1939 年波兰沦陷后，战争暂时进入休眠状态。英国曾派遣部队援助法国以防德国袭击，但一连数月都不见有任何风吹草动。1940 年 4 月 9 日，德国进攻挪威和丹麦，"假战争"（"phony war"）戏剧性地结束了。5 月初，德国又对比利时、卢森堡和挪威这几个低地国家发动"闪电战"（"lightning war"）。一周之后，德国的机械化部队又向法国发起进攻，横扫"马其诺防线"。法国于 6 月战败，同时英军则渡过英吉利海峡回撤。

面对如此惨烈的欧洲新战局，美国人会作何反应呢？一些具有忧患意识的美国人组成了"援助盟军拯救美国联合会"；还有一些人，包括飞行员查尔斯·林德伯格在内，组织了名为"美国第一"的协会。他们辩称美国应该让英国自己去抵挡德国的进攻，集中精力以保护美洲为己任。罗斯福政府的政策则依然谨慎，他同意把 50 艘陈旧的驱逐舰运往英国；作为回报，美国获得了在纽芬兰岛、百慕大和英属圭亚那地区建立海军和空军基地的权利。尽管英国首相丘吉尔对美国的表现并不满足，但罗斯福仍在迟疑观望中，此时他仍然不想将美国卷入一场真枪实弹的热战中。1940 年 7 月，总统签署命令投入 40 亿美元增加海军战舰数量。9 月，国会通过了《义务兵役法》，这是美国第一次在和平年代通过此类法案。按照规定，100 多万美国人都必须在军队服役——不过服役范围仅限于西半球。

23.1.5　1940 年大选

罗斯福不愿援助英国，一方面是因为他确实不想让美国卷入战争，另一方面则是希望在 1940 年的总统竞选中再次连任。罗斯福打破了总统只能连任两届的传统。他选择了来自爱荷华州的自由派农业经济学家亨利·华莱士作为竞选伙伴，从而赢得了大量民主党自由派成员的支持。

共和党提名的候选人是精力充沛的印第安纳州的温德尔·威尔基（Wendell Willkie）。威尔基与实业界关系密切，但却支持新政立法并竭力主张援助英国。他是老罗斯福以来最善于游说的共和党候选人。但是在世界性大危机的形势下，罗斯福最终以 2 700 万对 2 200 万的票数获胜。他在 48 个州中赢得了 38 个州的支持。

23.1.6 《租借法案》

再次当选之后，罗斯福提出了一项无偿援助英国的计划："**租借法案**"（**Lend-Lease**）。他把这一法案形容为把浇花用的水管借给房子着火的邻居。但是，俄亥俄州议员罗伯特·塔夫脱（Robert Taft）却认为，这场交易更像是借给朋友口香糖，"一旦放进嘴里，就别想指望还了"。

1941 年 3 月国会通过的《租借法案》摧毁了美国中立的幻想。当时，德国潜艇每月在大西洋上击沉的美国船舶吨数高达 50 万吨。6 月，罗斯福宣布全国处于紧急状态。6 月 22 日，德国进攻苏联。

当 1941 年 11 月罗斯福把《租借法案》的援助对象扩大至此前的共产主义敌人苏联时，很多美国人都为之震惊。不过，大多数人还是迅速就接受了苏联由敌人变为朋友的事实。

到 1941 年秋天，美国实际上已经介入大西洋战场。9 月 11 日，罗斯福命令大西洋航线的所有美国船只实行"格杀令"；10 月 30 日，德国潜艇击沉一艘美国驱逐舰。但当时美国并未宣战，因为多数美国人对此都持反对态度。

23.1.7 通向珍珠港之路

对美国参战起到助推作用的不是德国，而是日本。一心想成为世界大国的日本，面临着本国自然资源尤其是石油紧缺的难题，为了获取资源，不惜冒着交战的危险。1931年，日本侵略中国东北，并于1937年发动了对中国的全面战争。但是，日本领导者不愿贸然进攻美国的领地菲律宾。他们认为美国出于对东西两线作战的顾虑，可能会等到德国的威胁消除之后再来对付自己。因而，1938年到1941年，美日双方都在暗中进行着外交上的博弈。与此同时，太平洋双方的官员则认为，他们正在走向冲突的道路上。

1939年7月，美国不断向日本施加经济压力，通知日本将在六个月后取消双方1911年签订的通商条约。1940年9月，罗斯福政府又宣布禁止向日本运送航空燃料和金属废料。到1941年春天，除石油外，其他一些物资也开始列入禁运之列。美国希望削减物资能够威胁日本通过谈判转移危机。日本确实被逼无奈坐到了谈判桌前，但双方之间几乎没有妥协的余地。日本绝对不会从中国撤军，而且又占领了法属中南半岛。1941年7月，罗斯福宣布冻结日本在美国的所有资产，从而有效地禁止了对日贸易。

罗斯福在对日谈判中占据着有利地位，因为美国早已破解了日本的外电密码。但就截获的信息来看，日本的意图很难捉摸。美国领导人只知道日本计划发动攻击，但具体地点指代不明。1941年9月，日本做出决定——除非美国真正做出让步，否则将于11月之后的某一时间发起进攻。他们推算，发动突袭会摧毁大部分美国海军舰队，这可以帮助日本在美国恢复元气之前就打赢战争。他们也意识到此举的风险所在，但却依然愿意通过残酷的突袭占得先机。

1941年12月7日凌晨，日本轰炸机从航空母舰上升空，目标直指美国位于夏威夷州的**珍珠港**（**Pearl Harbor**）海军舰队。这次突如其来的袭击使美国19艘战舰遭受不同程度的重创（其中包括五艘战列舰），150架飞机被毁，2 335名士兵和海员遇难，另有68名无辜平民丧生。这是美国至此遭受的最沉重打击。同一天，日本还发动了对菲律宾、关岛、中途岛，以及英属殖民地香港和马来西亚的袭击。罗斯福告诉国会和国民，1941年12月7日对美国来说将永远是一个"耻辱"的日子，并要求对日宣战。国会支持宣战，众议院一致通过，参议院只有一票反对。出其不意的打击使整个国家产生了空前的凝聚力，甚至于孤立主义者和"美国第一"协会的鼓动者们也都纷纷联合起来支持开战。数十年来，数百万美国人都清楚地记得听闻珍珠港事件时他们身在何方。这场袭击不仅将美国带入战争，同时它也是美国对外政策的重要转折点，是美国对世界态度彻底转变的分水岭。

　　震惊和愤怒平息之后，美国人开始寻找珍珠港遇袭事件的罪魁祸首。有些人认为此事罪在罗斯福——他可能已经知道日本就要来袭但却拒绝警告军队，目的是借此机会进行针对德国的全民动员。但实际上，罗斯福自己也被蒙在鼓里，当时并没有任何警告显示日本发动袭击的目标就是珍珠港。而且，当时美国解读日本电码的技术也无从发挥，因为日本舰队切断了所有无线电联系，一切都进行得悄无声息。

　　美国人由于种族偏见而大大低估了日本人的实力。他们的确忽视了很多警报信息，因为他们都对日本的能力表示怀疑，认为日本根本无力进攻远在夏威夷的军事目标。很多专家包括罗斯福在内都误认为日本会攻击菲律宾或泰国。他们显然是大错特错，但整个事件中却也并无任何阴谋成分。

　　从长远来说，"珍珠港事件"对美国的军事和政治领导人产生了巨大影响。珍珠港成为"毫无准备"的代名词。所有经历过这次无耻袭击的美国人都目瞪口呆，他们得到的教训就是：无论何时都必须在敌人未发动进攻之前就做好防御准备。

23.2　战役与策略

　　"珍珠港事件"把美国拉进了与日本的战争。1941年12月11日，希特勒也对美国宣战。至于宣战原因，希特勒从未全面地解释过；德日协定其实并未要求德国对美作战，因此如果没有希特勒的卷入，美国或许会集中精力对付日本。但希特勒的宣战却迫使美国不得不在欧亚两线与轴心国作战。

23.2.1 战争的目标和重点

美国此时参战的目的何在？外敌的攻击确实是一个最有说服力的理由，但是除此之外还有其他优先考虑的因素。1941 年 1 月罗斯福在国会讲话中提出了"四大自由"（**Four Freedoms**）：言论和表达的自由，信仰的自由，免于匮乏的自由和免于恐惧的自由。罗斯福也含糊地提出要扩大民主，建立战后维和组织；但与伍德罗·威尔逊相反，他从未对作战的政治目的做出任何详尽周密的解释。倒是其他一些声音明确地表达了美国人的心声。《生活》杂志主编亨利·卢斯（Henry Luce）在"珍珠港事件"前曾写过一篇题为"美国时代"的文章，他在文章中认为，美国有责任把自己的生活方式推广到全世界。

罗斯福和他的顾问们决定在太平洋战场实行拖延牵制战术，把精力集中在形势相对危急的欧洲战场。但是，美国并不是孤军作战。美苏英结成的反纳粹联盟（称作"大联盟"）尽管存在很多分歧，但却十分有效。罗斯福与丘吉尔虽然在战略战术上意见相左，但总体上还是合作愉快的。罗斯福与斯大林的关系有些紧张，不过他对斯大林的作战方针基本持赞同态度。斯大林杀害了成千上万名真实或潜在的反对者，他既不相信英国人也不相信美国人。但他又迫切需要美英，正如美英也需要他一样。没有 1941 年到 1942 年苏联军民做出的巨大牺牲，可能早在美国的军事和工业力量大规模介入之前德国就宣告胜利了。战争的轻重缓急将同盟国紧紧地联系到了一起。

23.2.2 1942 年——灾难年

1942 年上半年对盟军来说是一个灾难年。在太平洋战场，日本人攻占了资源丰富的荷属东印度群岛，接着又横扫缅甸，占领威克岛和关岛并入侵阿拉斯加的阿留申群岛。就连美国驻菲律宾守军也一度退至巴丹半岛，最后甚至被逼上一个小岛：柯雷吉多尔岛，在那里，美国将军乔纳森·温莱特

（Jonathan Wainwright）率领 1.1 万多名士兵投降日本。美国媒体对这些灾难轻描淡写，而把注意力都集中在宣扬士兵在实力悬殊时的英勇壮举上。

在欧洲战场，德国继续向苏联推进，扬言要夺取沿线的工业中心和油田基地，甚至是莫斯科。在北非，隆美尔将军率领的机械化部队"非洲军团"直接威胁到苏伊士运河。德国潜艇不断击沉美英军舰，盟军根本来不及派出新的舰队。1942 年那几个黑暗的月份里，在美国还没有做好迎战准备之前，轴心国似乎已经胜利在望了。

盟军在对德战略上一直存在分歧。丘吉尔力主缩紧包围圈，用狂轰滥炸的方式削弱敌人并支持沦陷区的抵抗运动。他想避免直接反攻欧洲大陆，除非确信胜券在握，并坚持主张打击轴心国"柔软的腹部"，先进入北非，再进入意大利，最后攻入中欧。斯大林则要求开辟第二战场，即于 1942 年反攻欧洲大陆，以缓解苏联红军同德军 200 个师在 2 000 多英里长的战线上作战的巨大压力。罗斯福一开始也同意在 1942 年发动反攻，但在丘吉尔的强烈反对下，他又改变主意，决定推迟反攻。同年这一反攻的发起地出人意料地定在了北非，而不是法国。这一策略从军事角度来讲可能是正确的，但却也使得斯大林对美英两国心生嫌隙。

1942 年 11 月，美英联军登陆北非，希望与在埃及以西苦战的英军会合。热情高涨但缺乏经验的美军起初并未遇到什么抵抗，但在前进到突尼斯的凯赛林隧道时却遭到德军大规模袭击，几乎全军覆灭，5 000 多人伤亡。罗斯福组织这次反攻的部分用意在于，用胜利冲淡一下远东战场的愁云，但结果却发现，胜利是要用长长的阵亡将士名单交换的。

为了征服法属北非，罗斯福必须进行不情愿的政治妥协。为了实现停火，美国宣布承认法国海军上将让·达尔朗（Jean Darlan）作为临时政府的首脑。达尔朗曾与纳粹有过密切合作，这是否意味着美国会同墨索里尼甚至希特勒和谈呢？总之，这次妥协加深了苏联对美国的不信任，同时也触怒了很多美国人。斯大林担心他的盟友并不关心苏联在东线战场的牺牲，为了安抚斯大林，也是为了让世人放心他们不会与独裁者做交易，罗斯福与丘吉尔在卡萨布兰卡会议上宣称，他们将会抗战到底，直到轴心国无条件投降。

罗斯福发现自己必须处处小心行事。当然，他从未与希特勒进行过交易，不过他的确帮助了西班牙的法西斯头目，为的是让美国船只能够安全进入地中海。美国还同时为法国左翼抵抗派、南斯拉夫共产主义分子铁托和越南反法领袖胡志明提供了武器赞助。罗斯福还通过《租借法案》大规模援助苏联。自由主义者抨击罗斯福支持独裁，事实上，他为了确保战争获胜确实有点不择手段。军事上的利弊权衡经常导致他在政治决策上的权宜之计。

即使在纳粹占领下的欧洲的犹太人处境这一问题上，罗斯福也是从尽快赢得战争的角度来考虑的。到1942年11月，美国得到确切消息——纳粹正在系统性地灭绝犹太人。但主要受到国务院内部反闪族人势力的强力牵制，罗斯福政府在一年多的时间里毫无作为，而且即使在那之后它也极少有什么举措，这一点令人愤慨。在三年半的时间里，只有2.1万名犹太难民被允许进入美国境内，而且仅有10%能享受移民配额。陆军部拒绝任何轰炸奥斯维辛毒气室的计划和营救方案。罗斯福的这一政策显然与1940年代极度泛滥的反犹主义和对犹太人大量移民的恐惧直接相关。尽管当时的媒体、基督教领袖甚至是美国犹太人都没能向政府施加有效的压力，但这仍然不能成为罗斯福对数百万人被大屠杀漠不关心的理由。即使他无法阻止这种暴行，但他若是采取积极行动，原本也可以拯救成千上万人的生命。

23.2.3 结束战争的策略

盟军在北非战场上的军事指挥官德怀特·艾森豪威尔（Dwight Eisenhower）显示出高超的指挥才能。艾森豪威尔别名艾克，出生于德克萨斯州，在堪萨斯州的艾比利尼长大。小镇背景使他很容易被媒体塑造成一位美国英雄。但是，他的英雄之路却是充满坎坷。第一次世界大战中，他在德克萨斯训练士兵。第二次世界大战爆发时他只是个陆军中校。但是，1939年9月成为陆军上校的乔治·马歇尔（George Marshall），早在战前就发现了艾森豪威尔的军事天赋。艾克迅速被提升为将军，并作为老练的军事指挥家和组织者而声名远扬。艾克热情和善又擅长交际，他的笑容很快就博得人们的喜爱。艾森豪威尔其实并不是一位杰出的指挥家，甚至在北非战场上错误百出，但他能够协调各色人等，这种能力在美英联军急需通力合作的关头是非常重要的。

美军穿越北非的速度非常缓慢，美英联军会合之后于1943年占领了西西里岛，同年9月开始轰炸意大利的海岸。在意大利的战斗艰苦又漫长。尽管意大利人1943年9月推翻了墨索里尼政府并宣布投降，但德国人很快又卷土重来，此后几个月美国军队陷入困境。直到1944年6月盟军才进入罗马，但实际上他们从未控制过整个意大利。

尽管美国一直奉行"先欧后亚"的政策，但在1942年春，美国的舰艇和飞机也阻止了日本人的进攻。日本人原本期望珍珠港突袭可以有效地阻止美国打赢战争，但他们却没能预见到美国的航母可以行驶到海上从而可以在攻击中不被损害。太平洋上的战争越来越多地围绕着飞机和航母进行，形势慢慢地开始发生转变。在1942年5月的珊瑚海海战中，美国的舰载战斗机给日本舰队以重创，阻止了日本企图侵略澳大利亚的步伐。这是历史上第一次两国舰队一枪未发的海战；所有的伤亡和打击皆由空战引起。第二次世界大战充分证明，航空母舰的重要性远远超过战列舰。在一个月后的中途岛海战中，美国飞机又击沉了四艘日本航空母舰，摧毁了近300架战斗机。这是战争爆发以来日本的首次大败，它在某种程度上恢复了太平洋地区的力量均势，同时也解除了日军对夏威夷的威胁。形势已经开始逆转。

1943年，美国的海军和陆军在各个岛屿间交替作战，收复了很多失地，并且修建了专门进攻菲律宾和日本的军事基地。但是，胜利必然意味着要付出惨重的代价。1943年11月，5 000名美国水兵在塔拉瓦岛的珊瑚海岸登陆。尽管海军火力密集并有数百架飞机鼎力援助，但水兵们还是遭到敌军的顽强抵抗。四天的鏖战使1 000多名美国士兵丧生，另有3 000多人受伤。

太平洋战争中惨无人道的事件时有发生。美国士兵经常收集日本人的耳朵和头颅，这些恶行在欧洲战场闻所未闻。战地记者厄尼·派尔（Ernie Pyle）曾评价说，美国士兵认为日本人是低等生物，像"蟑螂和老鼠"一样令人生厌。

23.2.4 占领法国

1944年6月6日，一场代号为"霸王行动"（Operation Overload）的军事反攻开始了，这比斯大林的提议晚了两年之久。用丘吉尔的话来说，"这是一场空前艰苦而复杂的行动"。最初的袭击目标是诺曼底60英里长的海岸，由17.5万名士兵在600艘军舰和1.1万架飞机的掩护下进行。一个月内有超过100万人的部队和17万辆以上的战车成功登陆。为了保住阵地，2 245名士兵牺牲，另有1 670人受伤。一位观察家评论说："这个数字比人们预计的要少得多；但你不能光看数字，如果去看看伤亡名单上那一个个活生生的面孔，你就会了解这些数字背后所代表的沉重了。"

盟军倾泻到欧洲的炸弹有150多万吨。尽管造成巨大破坏，但这些打击给德国军事工业造成的破坏，远没有盟军战略家们估算的那样严重。通常，工厂和铁路枢纽遭遇轰炸几天或数小时后便又重新开工，而且轰炸城市反而激发了德国人将战争进行到底的决心。与此同时，盟军付出的代价也是极为惨重。德国的战斗机和高射炮击落了上千架美英联军的飞机。

1945年2月13日至14日夜间，美英联合针对德累斯顿发动了一次最具破坏性的袭击，这次袭击没有任何战略目的，只是为了向斯大林证明美英助其反攻的诚意。德累斯顿是一个拥有63万人口的中心城市，当时战斗机先后三次轮番轰炸，65万枚燃烧弹从天而降，火势蔓延至市区周围八平方英里，所到之处皆灰飞烟灭，10万名无辜百姓惨遭灭顶之灾。

之后，沉静自若的奥马尔·布莱德利（Omar Bradley）将军出任总指挥，同时在偏执古怪的乔治·巴顿（George Patton）将军的率领下，1944年7月美军突破了诺曼底防线，开始横扫法国。强大的工业生产能力和机械化部队是美军获胜的根本原因。但是，美国也并不是在所有装备上都占优势。美国的 P-40 战斗机在战争早期根本无法与德国的 ME-109 相匹敌，而且火箭技术的发展也远远落后于德国，但是上述方面的差距还不像下面这一情况那么重要：美国的坦克直到战争临近尾声也没能在装备和火力上赶超德国。不过美国拥有更加优秀的炮兵部队，这在一定程度上弥补了坦克上的不足。或许做出卓越贡献的恰恰是大多数美国士兵从小就会修理汽车和收音机。作为机器时代的孩子，他们能够让坦克、卡车和机枪在恶劣的环境下依然发挥作用，这种灵活性使美军略胜一筹。

截至 1944 年年底，美英联军已经解放了整个法国；与此同时苏联也把德国军队赶出了东欧。战争似乎步入了尾声。但就在 1944 年圣诞节前夕，德国却向西线发起大规模反攻，这一战线由兵力分散、毫无经验的美国军队防守。德国人以迅雷不及掩耳之势朝美军的势力范围内推进了 50 英里。在突出部之役（Battle of the Bulge，又叫"坦克大决战"）中，艾森豪威尔急于增加步兵，甚至提出要赦免所有欧洲军事罪犯，只要他们愿意扛起步枪参加战斗。但是这一提议遭到大多数犯人的拒绝。艾森豪威尔还提议把黑人融入白人的步兵营中，只是军衔应该稍低。这遭到了参谋长的强烈反对，他认为这是"处理种族关系最危险的做法"。艾森豪威尔随即放弃了自己的主张，他并不想因此而引发一场社会革命。

23.2.5 决胜时期的政治

1945 年冬春之际，美英联军向德国推进，此时军事考虑开始让位于政治外交博弈。苏联与其他盟国的关系本就极度紧张，眼看胜利在望，这种紧张也就愈发凸显出来。尽管美国媒体极力美化斯大林和苏联人民，但很多高层外交家和政府顾问却是对其心存忌惮。他们预测美苏战后必会走向对峙，因此督促罗斯福尽早勾勒针对战后政治形势的军事策略。

1945 年春天，盟军的注意力都集中在对德国首都柏林的占领问题上。

英国希望阻止苏联进入德国首都,但艾森豪威尔担心德国人会在阿尔卑斯山负隅顽抗,遂命令军队绕过柏林向南部挺进。同时他也希望尽量减少不必要的伤亡,因而计划在醒目的地点与苏军会合以避免遭遇任何突发事件。艾森豪威尔的这一举动在战后引起广泛非议,但实际上,当时美英军队想要赶在苏军之前进入柏林根本就不可能。美苏军队于 1945 年 4 月 25 日在易北河胜利会师。5 月 2 日,苏军占领柏林,希特勒饮弹自尽。欧洲漫长的战事终于在 1945 年 5 月 8 日宣告终结。

与此同时,1944 年美国也加紧了扼制日本的步伐。B-29 远程轰炸机于 6 月开始对日本本土进行持续打击,到 11 月它们开始向东京投掷火焰弹。一系列海空作战,尤其是在莱特湾战役之后,美国摧毁了日本残余的海军。到 1944 年底,美国在太平洋战场获胜已成定局。第二年年初,美国又重新占领了菲律宾。不过他们认为,想要征服日本本土仍需时日。

太平洋战争和欧洲战争如火如荼之际,罗斯福又抽身准备他的第四次连任。他同意放弃副总统亨利·华莱士的选票,原因是有人批评华莱士过于激进和冲动。民主党大会决定从密苏里州挑选一位相对不为人知的参议员取而代之,此人就是哈里·杜鲁门(Harry Truman)。他唯一一次崭露头角的机会就是在参议院内领导了关于战争合同的调查计划。

共和党候选人是毫无个性的中间派——纽约州州长托马斯·杜威(Thomas Dewey),当时他费尽心思,既要指责罗斯福,但又不能被民众视为不爱国。罗斯福在整个竞选过程中都显得憔悴不堪,但他还是轻松获胜。他必须全力以赴应对结束战争的政治难题,同时拟订一个和平发展计划。

23.2.6 雅尔塔三巨头

1945 年 2 月,罗斯福、丘吉尔和斯大林在克里米亚的雅尔塔举行会晤,共同探讨战后和平问题。这是战争期间第三次高层会谈。1943 年初期罗斯福与丘吉尔曾在摩洛哥的卡萨布兰卡会晤,同年晚些时候罗斯福、丘吉尔与斯大林又在伊朗德黑兰会晤。雅尔塔的大多数协议都是秘密通过的，而且在即将到来的"冷战"里都显得颇有争议。罗斯福希望苏联参加太平洋战争以避免美军在对日作战中发生不必要的伤亡。苏联答应在欧战结束后三个月内对日宣战，作为回报，苏联获得了在千岛群岛、库页岛南部，以及在朝鲜、中国东北和蒙古建设铁路和港口的权利。后来美国人觉得这一代价实在太大，但当时苏联已经控制了这些地区，再想用和平手段实行驱逐着实很难。

后来，当秘密协议的条款公之于世后，很多美国人都谴责罗斯福过于相信苏联人。但是，罗斯福当时意在继续保持同苏联的合作关系以维护和平，而且在战后联合国问题上美国也可以得到苏联的支持。

雅尔塔协议中关于欧洲的条款更是充满争议。外交官们决定瓜分德国并对柏林实行分区占领。关于波兰的协议更加让人难以接受。斯大林要求波兰东部归于苏联。丘吉尔和罗斯福最终同意了苏联的要求，但又通过补充条款将部分德国领土划入波兰西部边界作为补偿。波兰在伦敦的流亡政府强烈反对共产主义，希望战后重返波兰。斯大林也做出妥协，同意在波兰新的亲苏政府中包含一些流亡伦敦的波兰官员，并许诺将会"尽快组织自由的、不受约束的选举"。

但是，战后波兰的解决方案却导致各方分裂，因为局势很快就变得无比明朗，英美对战后东欧的期望与苏联截然相反。但在当时英美急需苏联参加太平洋战争，而且事实上，苏联军队在 1945 年就已控制了东欧大部分地区。

雅尔塔会议最有价值的决策就是斯大林同意 1945 年 4 月参加在旧金山举办的联合国宪章起草大会。宪章规定，安理会将承担起维护世界和平的主要职责，安理会由五大常任理事国（美苏英法中）组成，另外六个成员国每两年选举一次。

同雅尔塔会议作用不相上下的，是 1944 年夏天在新罕布什尔州举行的布雷顿森林会议。会议创建了世界银行和国际货币基金组织，决定美元成为标准兑换货币并在国际货币业务中实行固定汇率，此举使美国而非英国成为战后世界的经济主导大国。

23.2.7 原子时代的来临

雅尔塔会议结束两个月后，1945年4月12日，罗斯福突发脑溢血与世长辞。人们对他的爱戴和憎恨从此皆成往事，一位更加让人爱恨交织的总统杜鲁门走马上任。杜鲁门缺少罗斯福身上那种魅力和能力去激发人们对他的信任。上任之初，杜鲁门显得迟疑不决，缺乏自信。但是，时代的重任要求这位新总统必需做出一些艰难的抉择。

制造原子弹的"曼哈顿计划"是战时保密最好的计划之一。分散在美国和加拿大37处研究场所的科学家们必须抢先德国一步制造出一颗原子弹。但到1945年7月16日原子弹在新墨西哥沙漠试验成功时，欧战早已结束。

致力于这项研究的科学家们原本只是将其视为一项军事武器研发。但当他们亲眼看到原子弹爆炸的恐怖威力时，一位主要负责人罗伯特·奥本海默（Robert Oppenheimer）这样形容，"一些人哭了，几个人在欢呼，大多数人都沉默不语"。他们意识到了原子弹的威力，担心美国会因使用这一新式武器而名誉扫地。但由科学家、军事首脑和政客组成的总统委员会却主张尽快将这一武器用于日本的军事目标。

杜鲁门后来回忆道："轰炸时间和轰炸地点的决定权最后都落到了我的头上。这是毋庸置疑的事情，我一向都把原子弹视为军用武器，对使用它我从来都没有怀疑过。"但是这一决定显然产生了难以预料的军事和政治影响。1945年夏天，日本已经丧失了帝国领土的大部分，但却还残存着几百万人的军队和几千架神风队自杀飞机，神风队飞行员曾驾驶着装满弹药的飞机与美军舰船直接相撞，同归于尽。美军对这种狂热行为束手无策。

即使苏联保证对日宣战，美国也急需在日本本土施行两栖登陆。但是长达一个月的硫磺岛（距离东京700英里）战役就使美国损失了7 000多名士兵，另有两万人受伤，冲绳战役的损失则更为惨重，想要进攻日本本土可谓难上加难。因而很多人都希望用原子弹速战速决以免去军队伤亡之苦，还有一些决策者则希望借此洗雪珍珠港之耻，当然也不乏很多需要为这项耗资

20多亿的研制工程寻求正当借口的支持者。同时，原子弹爆炸也是美国向苏联示威的绝佳时机，警告他们少插手远东事务。杜鲁门最终毅然决然地下令投放了原子弹，因为它绝对不是美国人制造出来的一件摆设。

人们至今还在争论对日本投掷原子弹是否必要，但对成千上万支原地待命准备攻入日本的美国部队来说，这一决策无疑是极其英明的。他们坚信原子弹拯救了他们的生命。士兵波·福塞尔（Pau Fussell）回忆道："感谢上帝有了原子弹！"1945年8月6日，就在苏联答应对日宣战前两天，一架B-29型"埃诺拉-盖伊号"轰炸机向日本广岛投放了一颗原子弹。14万平民因此丧生或严重受伤，市区四平方英里土地沦为废墟。8月8日，苏联参战。日本仍然拒绝投降，美国又于8月9日在长崎投放了另一颗原子弹。五天后日本终于缴械投降。战争宣告结束，但是原子时代才刚刚拉开帷幕，而战后的一系列新问题也将接踵而至。

23.3 战争的影响

战争所包含的远非只是首领、大战略和精心策划的战役。战争对所有人都造成了影响：奔赴战场的士兵，留守在家的妇女、儿童和男子。第二次世界大战尤其深刻地影响了包括经济、娱乐，乃至对待妇女和黑人的态度在内的社会各个层面。对很多人来说，战争意味着机遇，意味着大萧条的终结。而对另一些人来说，战争给他们留下的却是难以抹平的创伤。

23.3.1 战争动员

如何让美国工业转向战时军工生产是一道难题。"珍珠港事件"发生后不久，罗斯福就创立了战时生产委员会（War Production Board），授命希尔斯百货公司的执行副总裁唐纳德·纳尔逊（Donald Nelson）动员全国资源进行全面战争。罗斯福政府为了谋求与商界巨头合作进行了多种尝试，他们中有许多人此前都被新政政策排斥在外。他任命了很多商界人士担任政府要职并放弃了所有与战争关系不大的行业中的反托拉斯行动。他也允许他们保留公司职位，每年支付他们象征性的工资以证明他们作为政府雇员的身份。

这些政策对经济发展起到了显著作用。美国战时工业产值和企业净利润均翻了一番。大的商业农场主也获益不少。战争加速了农场机械化的步伐，大规模普及了化肥的使用，但在1940年到1945年间，农场人口却是锐减17%。

除了战时生产委员会，其他部门的运作也保证着战争的有效进行。物价管理局（OPA）为物资定价，抑制了通货膨胀；不过由于物价管理局的决定直接影响到普通老百姓的生活，很多人都视其为一个统治性机构。国家战时劳工署（NWLB）的建立则旨在设定工资工时，监督工作环境，而且它还有权查封拒绝合作的工厂。

得益于政府政策，工会人数也在战时飞速上涨。作为对"杜绝罢工保证"的回应，国家战时劳工署允许工人通过合同重新获得工会资格。但是，劳工领袖仍然对工资限制满腹怨言，最终劳工署规定增加生活费用15%，但不包括加班工资。

除了控制工资和物价、实行产品定量配给之外，政府还试图通过发放战时债券和增加税收来抑制通货膨胀。1942年的《税收法案》规定提高税率、扩大税收来源，将企业税增至40%，超额利润税则增至90%。另外还规定扣除部分薪水，这使大多数美国人平生第一次缴纳所得税。

尽管战时美国经济存在很多不公平竞争以及市场混乱的弊端，但是各种企业却是生产出了大量设备和产品，保证了战争的胜利。美国企业共制造了30万架飞机，88 140辆坦克，以及3 000艘商用船只。仅1944年就生产了80万吨合成橡胶，取代了必须从日本进口的天然橡胶。战争结束时，美国经济生产出惊人的产量，50%的全球商品都来自美国制造。

尽管当时国债激增，一度从1943年的1 430亿美元涨至1945年的2 600亿美元，但政府税收却是确保了40%左右的军费开支。同时，就业的充分实现、双职工家庭的增加，以及强制储蓄政策的实施，都为战后的经济复兴提供了必要的资本累积。税收政策也在有限的范围内重新分配了财富，实现了新政从未达到的目标。1939年，5%的高收入者控制了23%的可支配收入；而到1945年，这一比例已下降至17%。

战争还刺激了政府官僚机构的膨胀。第一次世界大战时期政府在经济发展中的核心地位便已显现并于1920年代和1930年代有所加强，到了第二次世界大战，这一趋势更是进一步得到巩固。战争还加强了企业与政府间的合作，产生了后来所谓的"军工复合体"（military-industrial complex）。对大多数美国人而言，尽管他们对物价管理局和所得税颇有微词，但战争却意味着大萧条的结束。

23.3.2 战时的机遇

第二次世界大战当中共有1 500多万名美国人辗转迁徙。像莫马迪家一样，很多人离家的目的只为找到更好的工作。战争为很多人（如印第安人）创造了定居城市的机遇。单是加州就接纳了200多万名外来移民。移民潮从南方乡村流入北方城市，仅有少数逆向流动。底特律、洛杉矶和莫比尔分别接纳了20万、50万和10万移民大军。

西部地区在战争期间发生了翻天覆地的变化，战时经济繁荣对这一地区的改变引人注目，超过了19世纪铁路和采矿业在这一地区引发的经济革命。联邦政府在加州投入了700多亿美元（占全国总投资的10%）用于修建军事基地、造船厂、物资仓库和试验基地。私营企业也兴建了很多设施，西部地区一跃成为全国的军事工业中心。例如，圣地亚哥由一个默默无闻的港口发展成为一个迅速扩张的大都市。这种空前繁荣也引发了住房紧缺、学校爆满、医院和市政设施无法满足增长需求的问题。犯罪、卖淫和种族冲突也是就此泛滥开来。

此时的美国人第一次感到手头宽裕了，但是他们却面临着有钱没处花的难题。1942 年 2 月，汽车生产线送走了最后一辆新车。洗衣机、电冰箱和收音机永远缺货；汽车和轮胎也都供应不足。人们空闲时间只能待在家中，出去看电影，或者听广播。

战争也要求人们的家庭生活方式做出巨大调整。数百万男性要么在军中服役，要么远在他乡从事防御工作，越来越多的女性成为一家之主。结婚率也迅速上涨。战争初期，需要抚养他人（例如妻子）的男性可以推迟兵役。后来，很多士兵也都结了婚，对象通常是不相识的女孩，他们既是为了寻求一点刺激，也可能是希望自己能够有所牵挂。随着越来越多的年轻人闪婚，1940 年婴儿出生率也有所上升，扭转了殖民时代的下降趋势。大萧条时期婴儿出生率极低，因而这样的转变意义深远。私生子越来越多，离婚率也急剧攀升。但是大多数战时婚姻还是维持了下来，很多独守空房的妻子都盼着战争早日结束，能尽快过上正常人的生活。

23.3.3 爱国狂热

战争在全球肆虐，但却与美国本土相距甚远，除去数千户收到官方电报告知亲人已经战死的家庭。1943 年进行的一项调查显示：十个美国人中有七个人说，他们在战争中不用做出任何真正的牺牲。所以政府力图使人们记住战争，同时在应对战争的努力中保持国家的团结。**战争信息处（Office of War Information）** 宣传爱国主义并控制了公众获取战争消息的来源。同时，政府还向全国发行战时债券，不仅是为战争筹集资金、降低国内通货膨胀，同时也为把战争推销给美国人民。学生们大量购买战争邮票，在集邮册中，攒够了价值 18.75 美元的邮票之后就能换取 25 美元的债券（10 年后偿还）。他们坚信这些国债会被用来购买杀死日本佬和德国鬼子的子弹或飞机。工人通过工资扣除方案购买国债，他们希望将这笔钱留到战后使用。最终，政府

为自由而战

著名插画家诺曼·罗克韦尔（Norman Rockwell）创作了四幅图画阐释罗斯福在1941年演说中提到的四大自由：言论和表达的自由，信仰的自由，免于匮乏的自由和免于恐惧的自由。经由《星期六晚邮报》授权后，这些图画被印成海报用于声援战时债券的发行。该图表现出哪种自由？

在第二次世界大战期间出售的债券超过 1 350 亿美元。通货膨胀的确因此得到遏制,但更重要的是国债让数百万美国人因能为战争尽一份力而自豪。

没有机会参军的老人和小孩也可以为战争效力,他们或者监控空袭,或者负责平民防务,或者做红十字会的志愿者。他们修建战时菜园,拆卸汽车发动机,千方百计地为战争服务。反抗者常会听到一句再流行不过的批评:"难道你不知道发生战争了吗?"

23.3.4 战时的娱乐

一项调查显示,战争期间美国人平均每天收听 4.5 小时广播。主要广播公司都相应地延长了新闻播报时间,由占过去节目总量的 4% 上升到 30% 左右。在德军对英国实行"闪电"空袭时,美国人可以听到爱德华·默罗(Edward Murrow)在伦敦进行报道时的空袭警报。尽管时常受到静电波影响造成收听困难,但是现场直播却能带给听众前所未有的身临其境之感。

几乎所有节目都深受战争影响。作为日间广播重头戏的连播节目,时刻不忘提醒人们战争的存在。占据半壁江山的流行音乐节目表现的也都是战争主题,例如"再见,妈妈(我要到横滨去)"(Goodbye, Mama—I'm Off to Yokohama),但数量最多的还是浪漫情歌、表达离愁别绪和对战后美好生活向往的歌曲。格伦·米勒(Glenn Miller)和汤米·多尔西(Tommy Dorsey)的舞曲也是风靡一时,与配给票证和远方战场一同成为人们战时记忆的一部分。

电影成为很多美国人战时最重要的休闲活动。每周都有一亿人次观看电影。由于汽油短缺,大家可能会取消周末出行,但是全家前往电影院的热情却是丝毫未减。就连服役军人也在甲板上和前哨阵地上看起了电影。军队所到之处,包括营房、坦克甚至飞机上,好莱坞明星的画报随处可见。

就连好莱坞也不可避免地打上了战争的烙印。新闻短片对战争新闻进行概括,加之乐观向上的主题和对人们兴趣点的准确把握,其受欢迎程度远在其他影片之上。它们的主题都是"美国将赢得战争",即使在战争之初形势尚未明朗之际也是如此。很多故事片也是战争题材，例如讲述太平洋战争的影片，都会出现恶毒狞笑的日本暴徒（通常由中国或韩国演员扮演）。反映欧战的影片则与上述电影有所不同。敌后的英国和美国英雄总能在关键时刻智胜德国纳粹，或者破坏其重要军事设施，或者大胆越狱逃亡。很多战时电影都描绘了不同文化背景的士兵组合而成的杂牌军，一般都由经验老到的中士带领，士兵中有清教徒、天主教徒、犹太人、黑人、农民和城市居民。电影中传递的信息无外乎团结互助，共同抗击侵略。但在现实生活中，黑人在军队中却是被单独隔离。

23.3.5 战争与宗教

战争侵犯了罗斯福所言的四大自由之一"信仰的自由"。一项民意测验显示，30%的美国人认为战争加强了他们的宗教信仰。很多人都认为美国是一个"基督教国家"，准确地说是一个新教国家。战争加深了宗教宽容，但反犹主义和反天主教主义却仍未见消退。军人服役时必须表明自己信奉新教、天主教还是犹太教。印度教徒、佛教徒、穆斯林和无神论者在军队中都无一席之地。七万多名教徒因宗教原因要求免除兵役。约有一半请求得到政府认可，他们被委以非战斗性职位。

许多有着各种信仰的神职人员都自愿充当牧师。不少人仍然恪守和平主义思想，只是人数要比第一次世界大战时少得多。主张与邪恶势力进行武力斗争且最具影响力的牧师是莱茵霍尔德·尼布尔（Reinhold Niebuhr）。在其著作《光明之子和黑暗之子》（*Children of Light and Children of Darkness*，1944）中，他反对单纯地信仰人之所善，这种信仰曾经影响了社会福音运动、进步主义运动和新政。他还认定这个疯狂世界里的所有人都有罪；与此同时，他也支持使用武力结束罪恶。尼布尔的基督教现实主义引发了1930年代、1940年代和1950年代持续不断的争论——美国该如何应对世界各地的恶行。

23.4 战士与国内少数民族

数百万美国人都在前线浴血奋战，一些人还付出了生命的代价。但与此同时仍有数百万人留守国内，应对他们自己的问题；而那些被视为二等公民的弱势群体也在大灾难中苦苦挣扎，尽力向上攀升。

23.4.1 美国大兵与战争

"GI"是"美国军人"（Government Issue）的缩写，对第二次世界大战中的普通士兵而言，这是一个颇具人性化的称呼。美国大兵来自各个族群。他们有的被迫服役，有的则满腔热情。战争把一些人塑造成了真正的英雄，而媒体和大众则视所有士兵为英雄。战地记者厄尼·派尔翔实地记载了普通美国大兵的事迹，士兵们"毫无安全舒适可言，极度思念家乡。他们就是在这种无聊而危险的环境中，日复一日地打发着艰难的时光"。但是他们所干的活儿则有所不同。

一旦真正拼杀起来，战争便毫无乐趣可言；但却只有12%的士兵亲身经历过战斗；对大部分人而言，战争只不过是一次冒险（与第一次世界大战一样）。小说《教父》（The Godfather）的作者马里奥·普佐（Mario Puzo）回忆道："战争爆发时我兴奋不已，因为祖国正在召唤我。"参军成为一项光荣的事业。年轻人纷纷踏上了保家卫国的光荣之旅。

多数士兵，不论他们服务于哪个部门，都梦想着能够早日回到家乡。战地记者约翰·赫西（John Hersey）在报道瓜达康纳尔岛上一个海军小分队的活动时，曾问过一位年轻战士他在为什么而战。那个小伙子停顿了片刻，然后答道："上帝，我想要的是一块蓝莓馅饼。"对赫西来说，那一评论很有启发性。年轻的海军战士想的不是四大自由，或者是轴心国的活动，而是在家中最重要的事情。

由于第二次世界大战比第一次世界大战持续时间更长,所以其影响也要更为深远。1 600多万名美国人在军中服役。约有32.2万人在战争中丧生,80多万人受伤,1.2万人失踪。这些数字远远超过了第一次世界大战,也是自内战以来美国遭受的最为惨重的损失。但是由于青霉素、血浆、磺胺药的大量使用和快速撤离战地,第二次世界大战中伤员的存活比率却是第一次世界大战的两倍。青霉素还将性病的威胁降至最低,当然,所有军人都观看过反性病的电影。

23.4.2 战争中的女性

就像在过去的战争中一样,女性主要从事后勤支持工作。一些人充当护士和厨师。1943年4月,女医生获准加入海军和陆军医疗队。尽管有人对此提出质疑,但是鉴于参战士兵严重紧缺,国会规定她们有权加入任何战时组织(除了直接参战),以便解放男性劳动力。第二次世界大战成为女性第一次被正式授予军衔的美国参与的战争。当时约有35万女兵入伍,其中大都被分配到女子陆战队和美国海军女兵预备队,但也有一些人充当海洋巡逻队员和水兵,或在飞行队服役。

然而,男女之间的地位依然不平等。女性不能上前线打仗;而且,由于男性军官对女性的认识很难超越传统角色分工,女性的才干并未得到充分发挥。被授予军官头衔的护士是不允许同士兵约会的。尽管压力重重,但妇女们仍在战时发挥了自身独特的作用,并且在退役后也能享受到与男兵一样的权利。尽管女性参军并未永久地改变军队和公众对女性传统角色的偏见,但这却至少使人们的认识有所改观;军队生活也改变了很多女性的命运,极大地开阔了她们的眼界。

战时也有上千名妇女在传统上"非男人莫属"的重工业部门工作。她们也在参与制造坦克、飞机和轮船,但其所得报酬却不及男工。在欧战使美国经济走出低谷之初,失业男性抢走了大量新增的工作机会,女性依旧

《铆工露斯》

就像此处所示，政府利用海报来说服妇女加入劳动力大军。它想要制造这样一种印象：女人既可以是迷人的和娇柔的，同时也可以是强壮的和能干的。这张海报是如何传递这一印象的？你又会如何描绘海报上的这位妇女？

无所事事。但到 1943 年，由于许多男性应征入伍，男性失业问题已不复存在，政府很快就提出爱国妇女也应当参加流水线生产工作。海报《铆工露斯》（*Rosie the Riveter*）就展示了一个有吸引力的妇女可以干男人们干的活儿，呼吁女性投身到战时努力中。

战争结束之际，劳动力大军共有 1 950 万名妇女。仅仅因为战争的缘故才参加工作的妇女，多是那些年岁较大且已婚之人。有些妇女则是凭着一腔爱国热情参加工作。也有人参加工作是为了赚钱或者希望做些有用的事情。1944 年，女工平均周薪仅为 31.21 美元，而男工则为 54.65 美元，由此可见女性所干的多是一些琐碎的工作、资历较浅并且受到公开的性别歧视。尽管如此，很多妇女都表示喜欢在工厂里工作。

黑人妇女在战争中的处境尤为艰难。她们在应聘时会得到诸如此类的答复："我们还没修专供黑人使用的厕所。"直到 1944 年，纽约的电话公司才开始雇用黑人话务员。但是，战争中仍有不少黑人妇女放弃家政工作，改行去工厂从事薪水较高的劳动。

很多战时女工在战争过后便离职了。一些人是出于自愿；也有一些人则是被工厂解雇的，女工在当时被解雇的概率几乎是男工的两倍。不过，相当一批妇女还是选择继续工作，因为一份额外的薪水对提高家庭生活水平大有帮助。但是，大多数妇女乃至越来越多的男性都认为，战争过后，妇女也就不该再与男人争夺职位。

23.4.3　非裔美国人的抗争

第二次世界大战期间的美国仍是一个隔离的社会。黑人从战争初期的经济繁荣和充分就业中获益甚少。即便是参军的黑人，所分配的工作也十分低下。他们总是被分配到实行种族隔离的部队里，由白人指挥官全权统领。"黑人无用"的谣言在第一次世界大战中就已甚嚣尘上。与此同时，无论身处何处，种族偏见都是如影随形，不过他们也从战争中收获良多。由于黑人被派往海外战场的人数很少（1943 年，50.4 万名黑人中仅有 7.9 万人在军中服役），拥有武器装备的黑人则更少，所以黑人的伤亡率也相对较低。南方很多目不识丁的黑人还在军队中学会了读写。海外战场上的黑人开始意识到，并非在所有人眼中他们都低人一等。很多黑人都意识到，"为自由而战"和"自己本身就没有自由"原本就是一个悖论；他们希望自己的处境能在战后有所改善。

一些黑人运动领袖也要求消灭种族歧视。工会领袖菲利普·伦道夫（Philip Randolph）决心采取行动。早在第一次世界大战时期伦道夫就追随第一波黑人移民浪潮从南方迁至北方。后来他组织并领导了卧车工人兄弟会，在他的努力下，1937 年该协会得到普氏卧车公司工会的勉强承认。

伦道夫逐渐得到各派黑人领袖的尊敬和爱戴，1941 年他鼓动各派成员齐集华盛顿举行大规模示威游行，争取黑人的平等权。抗议的空前声势惊动了罗斯福，最后他亲自与伦道夫交涉，达成妥协。罗斯福拒绝废除军队中的隔离制度，但作为伦道夫取消游行的条件，他答应签署第 8802 号行政命令，规定"国防和政府部门雇佣员工时，不允许有涉及种族、信仰、肤色和国别的歧视"成为国家的既定政策。之后，罗斯福又成立了**公平就业实施委员会（Fair Employment Practices Committee，FEPC）**来执行这一命令。

黑人领袖们通过示威斗争赢得了总统的妥协。但是，总统的行政命令并没有终结种族偏见；公平就业实施委员会（它的主席称其为"华盛顿最遭人恨的机构"）在消除种族歧视方面所起的作用也非常有限。很多黑人士兵在战争中仍然遭受敌视和羞辱，他们只能坐在公交车的后面，很多旅馆和餐厅也都拒绝为他们提供服务。若干年后，一位黑人士兵回忆起自己当年在堪萨斯州萨莱纳一家餐馆遭到拒绝的事情，而这家饭馆对附近战俘营里的德国人却是来者不拒："我们都惊呆了，但是事情确实就这样发生了……萨莱纳人居然连那些敌军俘虏都肯伺候，却把我们这些黑人士兵晾在一边。"

第二次世界大战中还是有很多黑人在军工厂谋得了职位，他们的经济状况也有所改善。始于第一次世界大战的移民大潮仍在继续，约有 100 万南方黑人涌入北部和西部城市。有些黑人还成为熟练工人和专业人员。大批黑人的到来，给住房和公用设施造成极大负担，加剧了不同种族之间的对立和紧张。1943 年夏天，底特律爆发了种族暴乱，起因是一项公共住房计划，该计划试图将黑人安置于波兰裔美国人的社区附近，结果招致后者的强烈反对。一系列事件引发了黑人与白人青年间的暴力冲突和对黑人社区财产的掠夺。联邦和州军队恢复秩序后，共有 25 名黑人和 9 名白人丧命，价值 200 多万美元的财产被捣毁。暴乱发生之时，白人成群结队地在市区游荡，他们攻击黑人，抢占汽车，四处纵火，甚至肆意虐杀黑人。此外在阿拉巴马州的莫比尔、洛杉矶、纽约和德克萨斯州的博蒙特等地也相继发生了暴动，只不过这些地区的局势尚未恶化到暴力冲突的程度；仇恨的阴影一直持续到战争结束之后，历久难消。

23.4.4　拉迪诺人、印第安人和亚裔美国人

与其他少数民族一样，拉迪诺人无论是否为军队服务，都获得了大量的战时工作机会。他们纷纷应征，踊跃参军。有 33 万人服务于军队，要比其他种族所占比例大得多。尽管他们在军中也受到歧视，但总比在家中所受的要少，因而很多人在返乡时都重新获得了勇气和自尊。然而，在国内，即便获得了新的就业机遇，他们还是要继续忍受种族偏见之苦。在加州和西南部各州的许多地方，公共泳池和某些餐馆都不向齐卡诺人（墨西哥人）开放。他们通常从事的都是一些卑贱的工作并经常会受到警察的骚扰。

在洛杉矶，对墨西哥人的仇视引发了暴力冲突。愤怒的矛头一般都指向拉迪诺身穿佐特服饰的黑帮成员：长而宽松的上衣、厚垫肩、喇叭裤和宽边帽。佐特服饰尤其惹怒了洛杉矶的士兵和水手。一系列挑衅事件之后，1943 年 6 月 7 日，冲突达到白热化，军人开始攻击一切身穿佐特服饰、长相酷似墨西哥人的年轻人。警察对此视而不见，即便插手，也只是抓走受害者。

很多印第安裔美国人也在军中服役，实际上，他们大都是海军陆战队的特种兵。纳瓦霍人用本民族语言创造出了迷惑日本人的军事密码。但是，战后返乡的纳瓦霍族士兵却无权领取退役补助或就医。虽然同为美利坚国土上的公民，他们却被法律剥夺了所有退伍军人应有的权利。

战争也促进了缓慢但却正在稳步推进的去部落化进程。印第安人离开居留地去参军或去工厂做工，他们必须适应美国主流文化。这一转型并不容易，经常会给印第安人造成疏离和不安。

亚裔美国人也在战争中发挥了重要作用。太平洋战争的爆发使得中美结盟，但是直到1943年国会才取消了《排华法案》，每年仅允许105名中国人进入美国。尽管如此，还是有1.3万多名华裔应征入伍，另有很多人服务于各种兵工厂中。朝鲜人、菲律宾人和印度人也为战争做出了贡献，尽管他们经常都要面对偏见，而且很多餐馆都拒绝给他们提供服务。

23.4.5 日裔美国人的经历

比起其他必须应对战时困境的少数民族，日裔美国人的处境则要更为艰难。而且他们要比德国人更容易激起人们的愤恨。

"珍珠港事件"使美国人特别仇视日本人，后者常被描绘成穷兵黩武的低级动物，这在很大程度上与美国的仇亚传统有关。但是，其他的亚洲人都是盟友，唯独日本人是敌人。"珍珠港事件"过后两周，美国《时代》杂志上还在详细地教给美国人如何区分中国朋友同"日本佬"："中国人说话一般友好、平和、坦率，而日本人则独断、顽固、傲慢。"

种族刻板印象决定了美国人对待日本人截然不同的态度。他们只对日本人实行监禁拘留，这是美国历史上发生的最大规模的蔑视公民权利事件。

"珍珠港事件"发生时，美国约有12.7万名日裔公民，他们大都住在西海岸。其中有八万左右是第二代日裔美国人（Nisei，出生在美国并拥有美国公民身份）和第三代日裔美国人（Sansei，第二代日裔美国人的子女）；其

再现历史

历史、记忆和纪念碑

近年来,历史学家们一直在研究集体记忆:人们所讲述的关于过去的故事。集体记忆与国家的地区认同密切相关,也同爱国主义和战争紧密相连。但是,记忆通常都会具有选择性,其真实性也受人质疑。随着第二次世界大战的一代人逐渐老去,他们开始担心有一天战争会被人遗忘。关于第二次世界大战的集体记忆包括书信、照片、旧军装、讲给孙子听的故事(口述史),等等,当然也少不了纪念碑。

美国东北部、中西部和南部地区的小镇和城市里,都有一些纪念内战阵亡烈士的纪念碑,碑身通常都是一位手握步枪做休息状的士兵。在南方,骑马的罗伯特·李将军的雕像则象征着"注定要失败的努力"。纪念碑大都代表胜利,但也有极个别是纪念为正义而战时遭遇的失败。

经过多年争论,2004 年华盛顿特区的大草坪上竖起了一座缅怀第二次世界大战将士的纪念碑。其实,纪念第二次世界大战还包括很多其他途径。华盛顿特区史密森尼学会的航天航空博物馆曾计划于 1995 年举办一场大型展览活动,旨在纪念第一颗原子弹投于广岛和第二次世界大战结束 50 周年。届时,当年投放原子弹的"埃诺拉-盖伊号"B-29 轰炸机将作为最引人注目的展品放在显要位置。与此同时,组织展览的历史学家和博物馆馆长们还专门设计了一些历史学家们争论已久的问题:如果不用原子弹,战争还会持续多少周或多少天?投放原子弹的决定是如何做出的?这一决策是否含有人种歧视成分?美国会在德国投放原子弹吗？投放原子弹的目的是否不只是为了督促日本人投降而更在于威慑苏联人？原子弹对地面有何影响？投掷原子弹对1945年后的世界意味着什么？

但是，原初计划的这场展览却是中途夭折（之后举行的会展经过了改头换面，只包括"埃诺拉－盖伊号"的机身）。很多第二次世界大战的老兵和其他人都斥责这种展览设计是在背叛祖国，不符合美国人的思维方式。对批评者来说，投放原子弹的决策毋庸置疑。他们眼中的第二次世界大战就是一场正义与邪恶的较量，原子弹只是打败邪恶帝国、挽救美国人生命的一种简单手段而已。关于"埃诺拉－盖伊号"展览设计的争论表明，即使在50年后，历史和记忆所引发的争论依然无休无止，对战争的回忆必将引发更多争论。这一展览设想没能满足那些对战争有着刻骨铭心记忆的人，因为它不是在纪念胜利，而是对将士们流血牺牲的动机发出了质疑。

1982年在华盛顿兴建的越南老兵纪念碑，最初也是由于相似的原因而引起广泛争议。这一纪念碑由年轻艺术家和雕塑家林璎（Maya Lin）设计，它包括了一面磨光的花岗岩墙壁，上面雕有5.8万名阵亡者的名字。纪念碑上非但没有策马扬鞭的士兵，甚至连一面旗帜都找不到。批评者称其为"一道耻辱、悲哀的黑色伤口"。即使后来又增加了三个"战斗者"雕像，也仍然无法使他们满足。不过让人惊讶的是，成千上万的老兵和他们的战友却都为这座纪念碑所感动，并在此留下了大量的照片、鲜花、诗歌和其他物品。对他们而言，这座纪念碑成功地诠释了一种集体记忆。但仍有批评家表示不满，他们希望能够有更多像硫磺岛纪念碑那样的纪念物。

硫磺岛是一个距离东京700英里远的荒凉小岛，它之所以重要，是因为它是日军拦截向其本土进发的美军轰炸机的重要基地。1945年2月17日，美国第四和第五舰队占领了该岛，并在一番激战后于2月23日攻占了岛上的最高点苏罗巴其山。3月17日，美军完全征服该岛。但这却是一场代价高昂的战斗，近7 000人牺牲，两万人受伤。

1954年11月10日，硫磺岛战争纪念碑在华盛顿特区落成。

美联社摄影师乔·罗森塔尔（Joe Rosenthal）是同水兵一起登岸的几位记者之一，也是奉命记录美国在制高点苏罗巴其山举行升旗仪式的三名摄影家之一。为了让摄影记者拍照，一组水兵先后两次升起国旗。罗森塔尔所拍的第二张照片大受欢迎。1945年2月25日他还拍摄过五名水兵和一名海军看护兵升旗的照片，这张照片也上了报纸头条，风靡全国。这次硫磺岛升旗仪式的标题一般都是"硫磺岛上的星条旗""火山顶上的美国国旗"。几个月后，升旗画面又被印在一张标题为"融为一体"的战争债券宣传海报上，同时还在邮票上频频出现。这六位升旗手中有三个人在硫磺岛战争中被杀，幸存者则成了大英雄，他们的照片也被用来促销债券。很显然，升旗照片触动了美国人的灵魂深处，并且很快就成为战争集体记忆的一部分，成为美国人万众一心打垮强敌的标志。

1954年11月，由费利克斯·德·韦尔登（Felix De Weldon）设计的大型"升旗"雕塑（一座美国海军陆战队的纪念碑），在阿林顿国家公墓举行落成仪式。副总统尼克松在当时的发言中讲道，这座雕像象征着"美国人民的梦想和希望以及对外政策的真正目的"。这幅图片还在两部电影中发挥了重要作用，一部是由约翰·韦恩（John Wayne）主演的《硫磺岛的沙滩》（The Sands of Iwo Jima，1949），另一部是托尼·柯蒂斯（Tony Curtis）主演的《局外人》（The Outsider，1960）。在1988年的总统竞选中，老布什还在演讲中督促政府通过一项禁止在纪念碑前侮辱国旗的宪法修正案。如今，这幅在照片、图画、电影和卡通中屡次出现的升旗画面，依然是美国人关于第二次世界大战的集体记忆的一部分。

反思历史

为什么硫磺岛纪念碑对这一代美国人意义如此重大？为什么纪念碑要比照片更为重要？是什么赋予纪念碑以实际意义？是其大小、精确度，还是其激发人们爱国情感的魔力？为什么某些纪念碑和标志会成为集体记忆的一部分，而其他纪念碑则极富争议并且容易被人遗忘？现在美国共有1.5万多座室外雕塑和纪念碑，它们大都建于内战之后。你认为在你所在的社区中应该建立什么样的纪念碑？它们将代表着关于什么内容的集体记忆？

他的则是第一代日裔美国人（*Issei*，出生在日本，不具备美国公民资格的外侨）。这些日本人长期遭受美国人的种族歧视，例如既被禁止与其他民族通婚，也被许多俱乐部、餐馆和娱乐场所拒之门外。他们大多是佃农、渔夫、小店主或是拥有土地的农场主，但也有一些人从事的是专业性较强的律师、教师、医生等职业。

尽管很多日本人仍与本土保持着语言和文化上的联系，但与数量更多的意裔和德裔美国人相比，他们的威胁还算不上最大。只是因为外貌才使他们分外醒目，成为众矢之的。"珍珠港事件"之后，仇日恐慌弥漫整个西海岸。西海岸的政治家和百姓极力敦促陆军部驱逐日本人。总统在强大的舆论攻势下不得不做出妥协，于1942年2月发布第9066号行政命令批准驱逐方案。约翰·德·威特（John De Witt）将军曾站在军事立场上替驱逐行动进行辩解："这些难以同化、纷繁复杂的外来民族依靠其人种、文化、习惯和宗教的强大凝聚力注定要成为我们的敌人，所以我们必须尽快消除这样的威胁。"然而，总统的行政命令所体现的绝非军事手段的必要性，而是美国对其他种族的恐惧和敌视。

爱达荷州州长曾这样形容日本人："他们像老鼠一样生存，像老鼠一样繁衍生息，甚至连一举一动都跟老鼠一模一样。我们不想跟这样的人朝夕相处。"由于这一认知印象，政府决定在偏远干旱的西部地区修建"重新安置营"，专门安置日本人。

美国政府驱逐了近11万名日裔居民，其中包括6万名美国公民。日裔农民把庄稼拱手让给邻居。日裔杂货店主也被迫低价出售所有商品。日裔美国人不仅失去了所有的物质财富，他们全部的骄傲和尊严也都荡然无存。

驱逐日裔美国人的做法极不合理。在日裔人口相对密集的夏威夷，没有驱逐，没有阴谋破坏，也没有任何对国家不忠的事情发生。后来在战争中政府允许日裔公民可以自愿服兵役，他们中有很多人都曾在欧洲战场上浴血奋战过。全部由第二代日裔美国人组建的第442步兵团是所有兵团中荣获勋章最多的，这也证明了日裔美国公民的爱国赤诚。直到1988年，美国国会才通过了一项姗姗来迟的法案，对第二次世界大战期间遭到驱逐的日裔美国人给予有限的补偿。

小结：和平、繁荣与国际责任

美国在第二次世界大战后迅速崛起为世界上最强大的军事和工业大国。战争的需求彻底结束了大萧条并给大多数美国人带来了久违的繁荣。就连莫马迪一家也因为战争而找到了更好的工作；但与大多数美国人一样，他们也不得不踏上辗转迁徙之路。战争还加强了联邦政府的权力。战时收入所得税的征收使得官僚机构迅速膨胀，并对所有美国人的生活造成影响。具有讽刺意味的是，为维护自由而战的美国军队内部就存在着严重的隔离现象，包括日裔美国人在内的一些美国公民也被剥夺了自由权。战争也使美国放弃了孤立主义，逐渐成为在国际事务中占据统治地位的超级大国。在所有参战国中，美国受到的创伤最小。没有一所工厂遭到轰炸，也没有一座城市被毁。尽管有超过30万美国人在战争中失去生命，但这一数字与苏联2 000多万的军民伤亡根本无法相提并论，就是与惨遭希特勒灭绝的600多万犹太人和数百万其他种族相比也是显得微不足道。

战争终于结束了，所有美国人都如释重负，欢呼雀跃。美国人对自己为之奋斗的和平和繁荣充满憧憬。然而，和平仅是昙花一现，两年之后美国人又将笼罩在"冷战"的阴影之下。美国将重新武装从前的敌人：日本和德国，而把矛头指向从前的朋友：苏联。这种颇具讽刺意味的外交转向，既冲淡了来之不易的和平带给人们的喜悦，也使美国人对政府及其对外政策满腹狐疑。但是，战争的记忆和对国家众志成城抗击敌国入侵的看法（事实上，第二次世界大战是一场"正义之战"），都会在此后数十年里影响美国对外政策的走向，甚至影响美国人对自我的认识。

思考题

1. 思考一系列致使美国卷入第二次世界大战的国际事件，美国是否可以保持中立？
2. 为何美国在"珍珠港事件"后决定监禁日裔美国人？这一监禁是否合法？
3. 战争对妇女、非裔美国人及西班牙裔美国人的生活有着怎样的影响？
4. 美国参战的目的是什么？又是如何实现的？
5. 美国制造原子弹的动机是什么？这种新式武器如何影响了日本人、美国人和第二次世界大战的结局？

第 24 章

"冷战"时期的寒彻与狂热：1945 年到 1960 年

24.1 "冷战"的根源

24.2 遏制苏联

24.3 遏制政策在亚洲、中东和拉美

24.4 核武器与"冷战"

24.5 "冷战"对国内的影响

小结：透视"冷战"

美国故事

一位政府雇员面对反共产主义狂热

1950年11月，人在法国的华尔·罗文（Vol Lorwin）得到消息：国内有人指控他。罗文是美国国务院的一名工作人员，已在政府部门工作16年，当时他正在巴黎忙着写一本书。由于国内有人指控他是共产党、对政府不忠诚并危及国家安全，他不得不匆匆回国为自己辩护。1945年后，美国对苏联的猜忌日益升级，恐惧多疑的情绪席卷全美。

罗文似乎不应该成为"冷战"中被调查的对象。他从1935年开始就在政府部门工作，曾在数个新政机构任职，第二次世界大战中参军前还曾为劳工部和战时生产委员会效力。服役期间他被分派到战略咨询处，这是美国早期的一个情报机构，其间他曾接受过无数次安全审查。

然而，罗文的确有过一段作为左翼分子的经历：1930年代，他是一位积极的社会主义者。他支持社会党的各项事业，尤其是致力于组织南方佃农联合起来和为失业者提供帮助。为了实现这些目标，他和妻子玛奇（Madge）还起草了很多声明和信件。但是，那些活动都是完全公开合法的，并且在政治上罗文始终都是一位坚定的反共产主义者。

与那个时代的很多人一样，罗文突然之间就面临着一场噩梦。尽管他历史清白，却被告知一位匿名指控者揭发出了他的共产党员身份。罗文承受着自证清白的巨大压力。如果愿意，他可以出席听证会，或者选择辞职。

罗文选择了出席听证会，第一次听证会在1950年年末举行。由于受到当时美国国内荒诞形势的影响，他驳斥了对他的所有指控，但却没能拿出有效证据。最后他被告知，政府不再怀疑他的忠诚，但是认为他危及国家安全，并以此为由解除了他在政府中的职务。

当罗文提出上诉时,指控人的身份依旧不得而知。不过,这一次他为辩护做了充分准备。听证会上共有 97 人为他作证,有人直接出庭作证,有人则通过书面誓词证明他品质优良,对国家有卓越贡献。

如果不是危及个人名誉,从罗文的经历来看,听证会上提出的问题实在是十分可笑。指控人曾与罗文共同居住在华盛顿特区。15 年后,他控告罗文在 1935 年向他透露自己正在家中召开共产党会议,甚至还向他出示了党员证。

罗文证明了所有对他的指控都是毫无根据的。他同时还指出,1935 年时社会党的党员证是红色的,这也正是指控人声称看到的颜色,而那时共产党的党员证则是黑色的。1952 年 3 月,罗文最终摆脱了关于忠诚问题和危及国家安全问题的控诉。

然而,罗文的麻烦并未就此结束。他的名字再次出现在威斯康星州参议员约瑟夫·麦卡锡(Joseph McCarthy)所列的人员名单中,他被指控向国务院忠诚与安全调查委员会作伪证。这次指控与上次一样似是而非。最后,1954 年 5 月,司法部门承认检举人故意向大陪审团撒谎并且没有提供确凿的证据,要求撤销对被告的指控。对罗文的指控最终被撤销,后来他成为一位著名的劳工史学家。

在这场反共产主义运动中,罗文要比其他受害者幸运许多。虽然陷入一场席卷大半个世界的全球冲突中,但他却成功地经受住了一场灾难的考验,这场灾难威胁着要撕裂他的生活。很多人都站在他一边,给予他可贵的支持。尽管他在付出了很大的情感牺牲之后从 1950 年代早期的政治迫害中挺了过来,但这一事件也生动地反映出美苏关系恶化对美国国内造成的恶劣影响。

第二次世界大战结束后不久发生的那场持续了将近半个世纪的"冷战",深刻地影响了美国人民生活的方方面面。在彻底抛弃了主导美国1920年代和1930年代对外政策的孤立主义情绪之后,美国开始在战后国际舞台上发挥起重要作用。美国开始认可其无可取代的国际地位,并决心采取一切必要行动来维持这一地位,国内对干涉别国内政的疑虑也减退了。这种使美国挑起美西战争、参加第一次世界大战和第二次世界大战的所谓的使命感,作为一种复活福音派的信仰,现在正鼓舞和激励着美国人在国内外展开反对共产主义的斗争。

本章探讨了上述持续存在的使命感及其后果,并考察了如下问题:"冷战"的根源是什么?美国想要维护全球民主这一理想主义目标,与始终刺激美国资本主义发展的经济利己主义之间有着怎样的关系?美国决策者如何将国家安全与世界上其他地区,尤其是朝鲜和越南,联系在一起?又将采取怎样的行动?"冷战"对美国的经济发展起到了怎样的促进作用?美国促进意识形态一致的行动(一种死板和教条的美国梦版本)——对意识形态的过分强调严重威胁到民主本身——又将产生怎样的悲剧性结果?

24.1 "冷战"的根源

"冷战"(Cold War)的发展有一个逐渐深入的过程。随着在亚洲、非洲和中东的殖民帝国土崩瓦解,美苏双方对如何塑造第二次世界大战后的世界格局产生了严重分歧,这是"冷战"的起源。经历了第二次世界大战的洗礼,美国变得强大而安全,它试图在全世界推行自由理念和自由贸易观念并以此来维护其世界经济霸权。而在那场灾难性的战争过后,苏联出于对战后安全的考虑则需要周边国家在政治上对其保持友好和认同的态度以维持其自主权。这些在战争期间被暂时搁置的分歧,现在则直接导致美苏之间的正面对抗。

24.1.1　美国的立场

美国在第二次世界大战后变得比此前任何国家都要强大，它试图通过自身强大的力量来建立一个认同美国目标的世界秩序。美国的决策者们希望在全球范围内传播美国式的自由、平等、民主的价值观念，这三者是美国梦的根基。但他们没有意识到的是，那些被他们视为普遍真理的东西仅仅植根于美国的特殊历史环境，它们在世界上其他地方可能并不会开花结果。

与此同时，美国领导人也在追求一个能够促进经济繁荣的世界。作为战争的一个结果，美国经济正开足马力、快速发展，战争结束后美国经济仍然需要世界市场。美国的政府官员们希望通过消除苏联和其他国家设置的贸易壁垒来促进本国的工业品和过剩的农产品（如小麦、棉花、烟草）出口。作为世界市场上最大的商品来源地，美国1947年的贸易出口总额为140亿美元，美国要求开放各种渠道以促进经济发展。美国人认为美国经济繁荣也会使世界上其他地区从中受益，尽管其他国家可能并不赞同这一观点。

24.1.2　苏联的目标

苏联在第二次世界大战结束后明确表达了自己的目标。过去，俄国一直受到高度集权中央政府的管控，这一传统和共产主义意识形态指导着苏联的政策。

战争期间，俄国人暂时将推动世界革命事业搁置一旁，因为谈论这些会让他们的盟友感到威胁，转而借助民族主义热忱动员国内民众支持抗战。即便在第二次世界大战即将结束时，苏联也甚少谈论世界革命，而是更多强调国内的社会主义事业。

战后重建是苏联的当务之急。由于受到战争的巨大破坏，苏联的工农业破败不堪。但是，经济的恢复需要有一个安全的国内环境。与此同时，俄国人感到他们的西部边界十分脆弱。在20世纪里，俄国人两次遭受来自西部边界的入侵，最近的一次是1941年希特勒发起的进攻。由于担心战后德国国力迅速恢复，苏联要求加强西部边界的防御，要求邻国的政治体制与苏联保持一致。俄国人坚持要求维护其邻国的军事和政治稳定。

24.1.3 "冷战"初期的领导者

"冷战"初期，美苏两国都有强有力的领导者。就美国方面而言，杜鲁门和艾森豪威尔两位总统接受了富兰克林·罗斯福时期开始的权力集中，行政机构在制定对外政策上变得越来越强硬。而在苏联方面，斯大林以及随后上台的赫鲁晓夫这两位领导人也都奉行同样强硬的对外政策。

杜鲁门是一个谦逊的人，他以一种坦率的方式处理公共事务。在第二次世界大战的最后几个月里，他认为自己还没有做好充分准备，而后他便迅速成熟起来。白宫办公桌上的一句警言"责无旁贷"（The Buck Stops Here）就是一个信号，他经常快速做出决定，甚至有时同事都怀疑他是否明白其所做决定的利害关系。随着第二次世界大战结束，杜鲁门对苏联的行为越来越敌视。他把与苏联的合作看成一种战时需要，他对战争结束时苏联在东欧和亚洲设计的政治版图感到极其不满。

艾森豪威尔与杜鲁门迥然不同，从容的举止和热情的微笑使他广受欢迎。虽然没有正规的政治背景，但他却能凭借丰富的从战经验折服民众并与他们融洽相处。与杜鲁门一样，艾森豪威尔也将共产主义视作争夺世界霸权的强大对手，他认为莫斯科的克里姆林宫正在导演一场全球性的颠覆活动。但在执政后期，艾森豪威尔要比杜鲁门执政时期更愿意与苏联和解。

杜鲁门和艾森豪威尔都认同关于民族自决的传统看法，以及美国政治体制和价值观念的优越性。这种认同使他们两人在面对苏联威胁时态度强硬。

战后，苏联领导人斯大林几乎拥有绝对的权力。他在1930年代发动了一场针对政敌的无情的大清洗运动。他经受住了一场残忍的大战的考验，这场大战夺走了2 000多万俄国人的生命。现在斯大林决心重建苏联社会并把东欧纳入苏联的势力范围。

斯大林于 1953 年 3 月逝世，他的去世在苏联政治上留下了一段权力真空；这一权力真空最终由赫鲁晓夫填补，到 1958 年赫鲁晓夫一人兼任部长会议主席和苏共中央总书记两个职务。赫鲁晓夫出身农民，是一个粗鲁之人，据说有一次在联合国大会上他竟然脱下皮鞋去敲桌子。与斯大林一样，他也是将苏联利益最大化放在第一位，哪怕为此有时需要做出妥协他也在所不惜。赫鲁晓夫统治时期，"冷战"依旧在延续，但在此期间美苏关系也曾出现过短暂的缓和。

24.1.4　对苏联幻想的破灭

第二次世界大战结束后，美国人对苏联的支持迅速减弱。随着美国人越来越厌恶苏联，他们开始将苏联体制与纳粹体制相提并论。此时，美国的作家、记者和政府公务员与他们 1930 年代的同行一样，指出了这两个政权的相似性，其中一些看法也不无道理。他们指出，这两个国家都完全遏制言论自由，并都极力清除政治上的反对派。这两个国家都采取恐怖措施威慑异议者，斯大林在西伯利亚设立的劳动营简直就是希特勒集中营的翻版。1949 年乔治·奥威尔（George Orwell）的恐怖小说《1984》在美国出版之后，《生活》杂志上的一篇社论指出，小说中那个险恶的"老大哥"形象就是斯大林和希特勒的"混合体"。杜鲁门在 1950 年的讲话更是道出了很多美国人的心声，他说："极权主义的俄国和希特勒统治下的德国没有任何区别……它们一样都是警察国家。"

美国在 1930 年代面对极权主义挑战所表现出的那种踌躇不决，加深了美国人的担忧。许多人都认为，如果自由世界在德意日挑起国际冲突时就能迅速做出回应，战争可能也就不会爆发，这次美国决心再也不犯类似的错误。

24.1.5 棘手的波兰问题

东西方阵营的第一次冲突发生在第二次世界大战结束前，双方争论的焦点是波兰问题。苏联要求将波兰政府划至其势力范围下，美国则希望波兰政府仿照西方模式建立代议制政体，两者之间起了冲突。1945 年 2 月召开的雅尔塔会议，试图通过含糊的措辞和粗略的协定来解决这一问题（参见第 23 章），因而直到杜鲁门就职波兰问题依然悬而未决。

1945 年 4 月，杜鲁门在会见苏联外长莫洛托夫时就波兰问题表现出了非常明确的强硬立场。由于担心苏联正在破坏雅尔塔协议（协议内容本身就比较模糊），美国领导人要求在波兰建立一个新的民主政府。杜鲁门后来回忆道，当时莫洛托夫愤怒地说"有生以来都还没人对我这样讲过话"，他则立即反驳道，"履行你们的协议就没人会对你这样讲话"。这次短兵相接加剧了美苏关系的恶化。

斯大林和杜鲁门第一次（也是最后一次）交锋是在 1945 年 7 月举行的波茨坦会议上，这是战时美苏英三巨头最后一次会面。在满目疮痍的柏林近郊，美苏两国领导人在苏波边界、战后德国命运和美国要求日本无条件投降等问题上相互揣测着对方。这是杜鲁门第一次参加最高级别的外交会议，这次会议使他对自己的能力信心大增。当他在会议期间得知美国在新墨西哥州成功试爆了一颗原子弹后，他更加坚定地认为，苏联应该按照美国的要求行事。

24.1.6 对苏联经济施压

在第二次世界大战后期，争论的主要内容是美国对其盟国的援助。战争即将结束时，美国国会在国内施加巨大的压力要求美国政府限制对外援助，对此杜鲁门草率地做出了回应。1945 年 5 月，就在欧洲胜利日后第六天，杜鲁门签署行政命令，要求削减《租借法案》中对盟国的援救物资。尽管这一决定对接受美国援助的每个国家都产生了影响，但它对苏联的伤害则无疑是最大的。

美国还试图在其他方面对苏联进行经济上的压制。由于迫切需要财政援助以进行战后重建，1945年1月，苏联向美国提出60亿美元的贷款要求。罗斯福当时搁置了这个问题，想要将其作为日后迫使苏联让步的筹码。8月，俄国人重新提出了他们的要求，这次要求贷款10亿美元。杜鲁门迟迟就是不肯答应，他想以贷款为诱饵打入传统意义上苏联控制区的市场。斯大林拒绝了一笔这样条件下的贷款，开始在国内实施"五年计划"。

24.1.7 "冷战"宣言

随着美苏关系恶化，双方开始在言辞上相互攻讦。1946年，斯大林首先发表声明，他指出资本主义与共产主义始终是对立的，资本主义内部种种灾难性的骚乱将会撕裂资本主义世界，苏维埃体制最终将会夺取胜利。美国最高法院法官威廉·道格拉斯（William Douglas）把斯大林的讲话称为"第三次世界大战的宣言"。

西方世界对斯大林讲话首先做出回应的是英国前首相丘吉尔。1946年，丘吉尔在杜鲁门的陪同下在密苏里州的富尔敦发表演讲，他宣称："从波罗的海的什切青到亚得里亚海的的里雅斯特，一条横贯欧洲大陆的'铁幕'已经降落下来。"为了抵御苏联的威胁，英语国家的人们必须联合起来。

24.2 遏制苏联

遏制（containment）是战后美国对苏政策的基石。尽管1945年刚刚建立起来的联合国可能提供了一个缓和美苏紧张局势的平台，但是美苏两国都采取了单边行动，它们在各自盟友的帮助下追求着不同的目标。

24.2.1 遏制理论的提出

乔治·凯南（George Kennan）时任美国驻苏大使馆代办，他在遏制理论的提出过程中发挥了重大作用。1946年2月斯大林发表讲话后，凯南向国务院发去了一份8 000字的长电报。在这份长电报中，他指出苏联的敌视态度源于"克里姆林宫对世界事务神经质的看法"，而这种看法的根源则在于"俄国人那种传统的和本能的不安全感"。苏联的强硬立场与其说是对美国行动的反应，不如说是出于苏联领导人维护国内专制统治的需要。无论美国的政策变得多么缓和，苏联的狂热情绪都不会改变。因此，美国要与苏联的每一步行动都针锋相对。

凯南的长电报在华盛顿引起了共鸣。不久他又在著名的《外交事务》杂志上发表了经过扩充的分析文章，署名"X先生"。他建议，"必须不断调整地缘政治立场，果断谨慎地组织打击力量遏制"苏方压力。遏制理论的提出（它有几种不同表达方式），为美国政府推行强硬路线提供了理论依据。

24.2.2 第一步：杜鲁门主义

杜鲁门主义（**Truman Doctrine**）是实施遏制政策的第一步。苏联向土耳其施压，试图与土耳其共同控制连接黑海与地中海的通道：达达尼尔海峡。与此同时，希腊爆发内战，使得共产党人与得到英国支持的右翼君主政体相互斗争。强大的革命力量威胁着要推翻政府。

1947年2月，饱受战争摧残的英国向美国国务院透露：英国已经无法继续给希腊和土耳其提供经济上和军事上的援助。那些愿意填补这一救助空缺的美国官员认识到，要想实现这一重大政策转变，就必须得到两党的一致支持。密歇根州参议员阿瑟·范登堡（Arthur Vandenberg）是一位重要的共和党人，他意识到两党合作的必要性并告诉决策者：如果他们想要在这一大胆的遏制政策上获得支持，就首先应该"把美国人吓个半死"。

杜鲁门听从了建议。1947年3月12日他在国会发表了演讲，这就是后来所谓的"杜鲁门主义"，"我相信，支持自由人民抵抗武装的少数集团和外来的压力是美国的国策"。除非美国采取行动，否则自由世界将不复存在。为了避免这一灾难的发生，他敦促国会向希腊和土耳其提供四亿美元的军事和经济援助。

并非所有人都赞同杜鲁门的要求。一些观察家指出，土耳其和希腊正在受到独裁政府而非民主政府的控制。而且斯大林插手希腊冲突的证据又在何处？其他一些人则告诫道，美国不可能独自在世界上的每一个角落都去阻止苏联的扩张。凯南自己则对"冷战"政策展开的方式不太满意。尽管如此，国会还是通过了杜鲁门的援助法案。"杜鲁门主义"建立在美国可以统治全世界的假设之上，它的出台是"冷战"开始的重要标志。

24.2.3 第二步："马歇尔计划"、北约和第68号文件

美国决策者们的第二步计划是为西欧国家战后重建提供大规模的经济援助。第二次世界大战结束后，欧洲大部分地区在经济上和政治上都是飘摇不定，美国政府官员相信，苏联能够轻而易举地在西欧进行干涉。援助欧洲的另一个动机则是，重振欧洲经济可以为美国商品打开销售市场。西欧人曾是美国商品的主要消费者，第二次世界大战结束后，西欧国家的购买力大不如前，但美国的生产力却是大幅增强。

1947年6月，美国新任国务卿乔治·马歇尔在出席哈佛大学毕业典礼时的致辞中，表达了美国政府帮助欧洲复兴的意愿。他要求所有陷入困难的欧洲国家共同制定一份要求美国援助的计划，这一计划"并不针对任何国家或主义，而是反对饥饿、贫困、绝望和混乱"。马歇尔也欢迎苏联阵营的国家参与这项计划，尽管他明知道那些国家不会加入，因为要加入这一计划必须公开经济状况，而共产党国家对其国内事务向来都是严格保密。

这一计划将会帮助那些破败不堪的国家并为美国商品提供所需的市场，

同时遏制苏联势力的扩张。杜鲁门指出,"马歇尔计划"和"杜鲁门主义"是"一个胡桃的两半"。

西欧各国对马歇尔的提议迅速做出反应,提出了大量具体的援助要求。1948年年初,美国国会承诺在四年内向西欧16个国家提供130亿美元的援助。但也并非所有美国人都赞同"马歇尔计划"。美国前副总统兼农业部部长亨利·华莱士就将"马歇尔计划"称作一项"军事计划"并指出该计划又向战争迈进了一步。一些国会议员则担心美国援助的范围太广。

与"马歇尔计划"紧密相连的是,西欧各国努力将重建德国与欧洲复兴连为一体。在战争结束时,盟国领袖达成一致,把战败的纳粹德国及其首都柏林划分为四个占领区(苏占区、美占区、英占区、法占区)。盟国领袖意在把对德国和柏林的这一划分当作对德永久和平条约签订之前的权宜之计。

但是,这一分界线却被固定了下来。随着"冷战"爆发和苏联对东欧的日益渗透,西方阵营愈发感到担忧,他们开始在中欧填补中空,采取行动以对抗苏联的威胁。1946年年底,英美占领区进行合并并开始在政府机构中雇用德国人。到1947年年中,尽管法国担心德国独裁会有一天死灰复燃,但是重建德国工业的行动已在联合的西部占领区开展起来。在此期间,柏林一分为二的危险也在持续增长。

苏联对美英的行为非常恼火。1948年年中,当苏联拒绝西方通过苏占区进入西柏林并封锁相关区域的一切交通以迫使西方势力撤出柏林时,危机就此爆发。在后来所说的"柏林空运"中,美国空军和英国皇家空军向被围困的西柏林居民源源不断地运去了补给品。在柏林封锁的一年里,共实施了20余万次空运,每天提供1.3万吨食品、燃料和其他必需物资。空运破坏了苏联的公众形象,对西方来说则是一个不小的胜利。苏联最终解除了封锁,但柏林却始终是双方冲突的焦点,此时德国分裂为两个独立的国家:德意志联邦共和国(或称西德)和民主德国(或称东德)。

下一个与遏制战略相连的主要事件是1949年作为经济计划补充的欧洲军事联盟的创建。苏联加强了对匈牙利和捷克斯洛伐克的控制后,美国倡导建立北大西洋公约组织（**NATO**）。12个国家组成军事联盟并宣誓：对任何一个成员国的进攻都将被视为对所有成员国的进攻，将会遭到相应的军事打击。华盛顿曾在1796年告诫美国不要"卷入任何军事联盟"，但现如今美国却是自独立战争以来第一次与欧洲订立了军事条约。美国国会也支持对北约成员国进行军事援助。

1949年，共产党在中国取得胜利和苏联爆炸了核装置这两个引人注目的事件震惊了美国。国民党在中国的垮台引起美国人的恐慌，美国对核武器垄断地位的丧失更使他们感到惊惧。尽管美国的科学家们明白，一旦核秘密公开后，苏联就会在几年内研制出原子弹，但是美国的许多决策者都相信，技术上落后的俄国人想要研制出原子弹最起码也要花费15年时间。杜鲁门总统更是认为苏联人可能永远也研制不出原子弹。1949年9月，美国空军的侦察飞机收集到了含有放射性成分的空气样品，这表明苏联已经在试验核武器，此时距离美国研制出第一颗原子弹仅仅过去了四年时间。现在核军备竞赛开始了。

杜鲁门要求国内制定出更加成熟完善的外交和防御政策，为了满足这一需要，国家安全委员会（NSC，成立于1947年，其主要职责是进行政策协调）制定了一份文件，该文件被称为**国家安全委员会第68号文件**（**NSC-68**）。这份文件奠定了美国未来20年内对外政策的基础。

国家安全委员会第68号文件建立在"杜鲁门主义""冷战"定义的基础上，该文件阐述了美国在变幻莫测的国际环境下所面临的挑战。文件指出："我们面临的问题十分重大，不仅关系到共和国的存亡，还关系到文明本身的存废。"文件假定东西方之间的冲突是不可避免的。因为苏联绝对不会开诚布公地进行和谈，所以与苏联进行谈判也就毫无用处。因而，国家安全委员会第68号文件声称：如果美国希望接受苏联的挑战，就必须将用于国防的开支从1950年的130亿美元增加到每年500亿美元。

24.2.4　1950 年代的遏制

由于遏制政策需要关于共产主义运动的详尽信息，政府越来越依赖中央情报局（CIA，以下简称"中情局"）。中情局是根据 1947 年《国家安全法》建立的，《国家安全法》也是建立国家安全委员会的理论依据。中情局在国外从事间谍活动，这些活动有的是光明正大的，有的则是秘密的。在艾森豪威尔的认可下，到 1957 年，中情局 80% 的预算都被用来从事秘密活动。艾森豪威尔更多地依靠中情局的秘密行动来从事海外颠覆活动，对那些在"冷战"期间支持美国政策的国家提供帮助。

1950 年代民权运动在美国的高涨，对"冷战"政策产生了重大影响。美国的决策者们充分意识到关于其他国家种族歧视的报道所造成的影响，尤其是那些正在走向独立的撒哈拉以南非洲国家。这些国家独立运动的领导者试图从最好的方面向海外宣传国内斗争的情况。

与此同时，政府也重新评估了遏制政策带来的影响。在艾森豪威尔两届任期的大部分时间里，约翰·杜勒斯（John Dulles）都担任国务卿一职。他是一名虔诚的长老会成员，试图超越遏制战略，发动一场神圣的事业推动民主化进程，解放苏联控制下的国家，以反对共产主义制造的"无神论恐怖统治"。杜勒斯也主张对苏联的敌对行动立即进行报复："只有一个解决方法，那就是自由世界要培养自己的意志，采取各种手段对苏联的公开挑衅进行断然的报复行动，这样我们无论在何处都能并将根据自己的选择发起反击。"

艾森豪威尔的措辞同样十分强硬，不过他比杜勒斯更乐于采取调解策略，并认识到改变苏联附庸国的政治体制是不可能的。1953 年年中，东德爆发了反苏游行，这次游行是 35 年后东德大规模反共产主义运动的预演，美国对这一问题始终保持一定距离。1956 年，匈牙利"自由斗士"发动反对苏联统治的起义，苏联迅速镇压了起义，这一次美国依然没有采取任何行动。由于西方采取行动会导致更大规模的冲突，艾森豪威尔拒绝将言论转化为行动。遏制政策仍然在初期限定的框架内发挥着作用。

24.3 遏制政策在亚洲、中东和拉美

在偏离了历史上所奉行的不干涉政策之后，美国开始扩大遏制政策的范围以应对来自全球的挑战。殖民帝国正在土崩瓦解，那些正在寻求独立和已经获得独立的国家发现，它们夹在了两个超级大国的斗争中间。美国发现共产主义制度对亚洲、中东、拉丁美洲很多新成立的国家有巨大的吸引力，并认识到美国要想推行自己的目标需要付出更大的努力。

24.3.1 中国革命的震动

随着共产党人在中国内战中取得胜利，美国在全球推行遏制战略的要求变得更加强烈。第二次世界大战期间，作为反法西斯同盟中的一员，中国在抵抗日本侵略的同时也在进行着一场激烈的内战。**毛泽东**是中国共产党的创始人之一，在他身边聚集了一批追随者，这些人想用结合中国实际情况的马克思主义理论来重塑中国。与共产主义者相对立的是以蒋介石为代表的势力，这些人试图维护他们手中的权力和他们的统治。到了 1940 年代早期，蒋介石效率低下且腐败成风的政权已是疲惫不堪。与此同时，毛泽东所领导的运动在第二次世界大战中却是变得更加强大，他们抗击了日本侵略者并且赢得了农民的忠诚。毛泽东最终取得了内战的胜利，蒋介石则于 1949 年败退到台湾。1949 年 10 月 1 日毛泽东宣布中华人民共和国成立，美国更加恐惧，他们惧怕这个政权受到苏联的控制，因为毛泽东宣布他的政权支持苏联反对"美帝国主义"的斗争。

中国发生的一系列事件在美国引起了近乎歇斯底里的反应。顽固的反共分子声称，杜鲁门和美国对蒋介石的失败负有不可推卸的责任，因为他们没有给予蒋介石足够的支持。国务卿迪安·艾奇逊（Dean Acheson）曾经考虑过在外交上承认新中国政权，但是由于当时中国共产党没收美国在华资本、

限制在华美国公民并与苏联公开结盟,所以他不得不放弃了这一考虑。

24.3.2 朝鲜战争的僵局

朝鲜战争体现出美国对亚洲的担忧在不断增加。朝鲜战争源于第二次世界大战后延续下来的紧张状态,长期受到日本控制的朝鲜希望在日本战败后获得独立。但是,当美国向日本本土投放了原子弹,太平洋战争即将结束时,盟军却暂时以北纬 38°线将朝鲜划分为两部分来推进实现朝鲜半岛的和平。苏美之间的这一分界线起初只是为了便于实施军事行动,但在 1945 年后该分界线却像德国的分界线一样被固定下来。苏联很快就在朝鲜北部建立了政府,美国则在朝鲜南部建立了另一个政府。朝鲜双方都想根据自己的意愿来统一朝鲜半岛。

北朝鲜率先发动进攻。1950 年 6 月 25 日,北朝鲜部队越过三八线进攻南朝鲜。北朝鲜使用的是苏制坦克,但他们却是自行展开行动。北朝鲜领导人金日成早前访问莫斯科时提出了进攻的设想,得到苏联的默许,但是整个战争的筹划和实施则都发生在朝鲜半岛。

北朝鲜的行动使美国大为震惊,美国人认为一定是俄国人策划了北朝鲜的入侵行动,其目的是挑战美国的遏制政策,杜鲁门对此迅速做出反应,他告知民众:"如果听之任之必会引发第三次世界大战,这与导致第二次世界大战发生的情形一模一样。"

杜鲁门任命美国驻日占领军总司令道格拉斯·麦克阿瑟将军为总指挥前去支援南朝鲜。美国同时上诉联合国安理会,大会一致通过了将北朝鲜视为侵略国的决议,以及号召联合国其他成员国援助南朝鲜抗击侵略、维护和平的另一项决议。联合国的行动之所以成为可能,是因为联合国大会拒绝承认中华人民共和国,而苏联(它肯定会投反对票)则以拒绝出席大会的方式对此表示抗议。这是联合国成立以来最大规模的一次行动,麦克阿瑟成为联合国军队总司令。共有 15 个国家参加了这一行动,美国和南朝鲜提供了 90%

以上的兵力。

空军、海军、陆军迅速向三八线以南的战场集结。在联合国军队大胆地发动了两栖军事行动并迅速将北朝鲜的军队赶回原来的边界线之后,联合国军队越过三八线,试图统一半岛,建立一个由美国支持的政府。尽管中国政府表示,联合国军队向中国边界推进威胁到了中国的安全,但联合国军队对此却是置之不理。10月,中国军队短暂地参与战斗,然后消失了。11月,中国军队发动了大规模的军事反击,这次军事行动将联合国军队赶到了三八线以南。

接下来的军事僵持局面使麦克阿瑟与杜鲁门总统之间发生了严重分歧:这位杰出而又傲慢的将军主张对中国采取报复性的空中军事打击,而杜鲁门则只想打一场有限的战争。麦克阿瑟来自战场上的主张最终走过了头。1951年4月,他宣称美国在朝鲜战争上的做法是错误的,并公开声称"没有什么可以取代胜利"。杜鲁门别无选择,只能解除这位桀骜不驯将军的指挥权。这一决定激怒了很多美国人。经历了第二次世界大战伟大的胜利后,"有限战争"理论既令人沮丧,也让人难以理解。

朝鲜战争一直持续到艾森豪威尔入主白宫。他在1952年的总统大选中承诺要去朝鲜,而在当选三周后他也果真去了朝鲜。1953年5月,联合国的休战谈判陷入困境后,新政府私下里以使用原子弹来威胁中国。这导致了新一轮的联合国停战谈判,1953年7月27日双方签订了停战协定。持续了漫长的三年时间后,这场不受欢迎的战争终于结束了。

美国为卷入这场战争付出了巨大的代价:超过3.3万名美国士兵在战争中牺牲,而美国总的伤亡人数则超过14.2万人。其他15个参战的联合国军队也有1.7万人伤亡。但是和朝鲜约200万人死亡并有难以计数的人在战争中受伤和致残相比,前面的伤亡数字都"黯然失色"。

这场战争深刻地改变了美国人的态度和美国的军事制度。美国军队第一次不分种族地组成一个统一体。作为总司令,杜鲁门在1948年时就命令美国武装力量一体化,尽管遭到很多将军的反对,但是黑人最终还是成为美国军队的一部分。他们在朝鲜战场上的出色表现,使得美国最终接受了军队一体化。

在朝鲜战争的几年里,以国家安全委员会第 68 号文件为指导,美国的军费开支剧增,从 1950 年的 130 亿美元增长到三年后的 470 亿美元。1950 年美国的军费开支占联邦预算的比例不到 33%,而十年后就已占到联邦预算的 50%。超过 100 万名军事人员驻扎在世界各地。

朝鲜战争同样也产生了重大的政治影响。美国于 1951 年 9 月与日本签订了和平条约,并依靠日本来维持太平洋地区的均势。与此同时,朝鲜战争也使中美关系更加恶化,在长达 20 多年的时间里,美国人始终不了解中国并在外交上孤立中国。

24.3.3 越南:冲突的根源

阻止共产主义扩张的承诺,导致美国大规模卷入越南战争。越南战争使美国陷入了混乱,给东南亚地区造成了巨大破坏,并最终迫使美国政府重新评估"冷战"政策。

可以从历史中寻找战争的根源。中南半岛(东南亚的一部分,包括越南、老挝、柬埔寨)自从 19 世纪中叶以来就已成为法国的殖民地。第二次世界大战期间,日本占领了这一地区,但是共产党创始人和革命者**胡志明**领导的独立运动,志在将日本侵略者赶出越南。1945 年,盟军面临这样一个问题:如何对待胡志明和他领导的民族主义运动?

法国决心重新占领这一地区以维持其大国地位。与此同时,胡志明则在 1945 年建立了越南民主共和国。新政府的独立宣言借鉴了美国的《独立宣言》。宣言中声称:"人人生而平等。他们被造物主赋予了不可剥夺的权利,包括享有生命、自由和追求幸福的权利。"新政府获得了广泛的群众支持,但美国却拒绝承认它。

一场长期而艰苦的战争就此在法国与越南之间爆发了,这场战争后来又与更大范围的"冷战"纠缠在一起。美国总统杜鲁门需要法国来制衡苏联在欧洲的影响，这也就意味着：在越南问题上，美国会支持法国。

尽管胡志明并没有与苏联保持密切联系并且他致力于追求民族独立的民族主义运动，但杜鲁门和他的智囊们却误认为胡志明是在执行莫斯科的命令。因此，美国于1950年正式承认了法国在越南的傀儡政权。到了1954年，美国承担了法国在中南半岛战争开支的75%还多。

艾森豪威尔入主白宫后，法国在东南亚的地位业已风雨飘摇，但是艾森豪威尔总统拒绝直接插手越南问题。他明白，在那个遥远的国度里进行军事干涉，是不会得到美国人民普遍支持的。越南北部的法国军事要塞奠边府被胡志明的军队攻破后，在日内瓦召开了一个国际会议，会议的目的就是阻止胡志明统一整个越南。会议最后决定把越南沿着北纬17°线一分为二，并承诺将会于1956年举行全国选举来实现国家统一，决定国家的政治命运。

此时越南出现了两个独立的政权。胡志明控制了越南北方的政权，而在越南南部，则是长期流亡美国的反共分子吴庭艳回国建立了新政府。吴庭艳得到美国全力支持，美国人把他看作确保东南亚稳定、阻止共产主义进一步入侵的有效因素。但事实证明，吴庭艳是一个死板而不懂妥协的人，而且在一个大多数人都信仰佛教的国家他却是一名天主教徒。当他准备不按照《日内瓦协议》中的规定举行全民公决时，这一决定得到了美国的支持。接下来几年，美国的援助逐年增加并开始派出军事顾问（艾森豪威尔离任时已经达到675人）援助南越。这是美国直接卷入这场在全世界造成巨大灾难并终将难以驾驭的战争的第一步。

24.3.4 以色列建国及其对中东局势的影响

以色列建国也与波及范围广大的"冷战"问题纠缠在了一起。多年来，犹太人一直都在梦想着建立自己的国家；自19世纪后期以来，犹太复国主义者就选中了中东巴勒斯坦地区作为建国地址。犹太移民开始向巴勒斯坦集结，但他们却受到此时统治这一地区的土耳其人的抵制，而第一次世界大战后控制该地区的英国人同样也不欢迎犹太人的到来。

第二次世界大战期间对犹太人的大屠杀（有 600 万犹太人遭到屠杀），使得建立犹太国的要求变得更加迫切。西方列强不愿（也无力）及时采取行动去阻止纳粹德国对犹太人的种族屠杀的做法，这在很多人中间（特别是在美国的犹太人中间）引起强烈反应，他们积极支持犹太人在阿拉伯人控制的中东地区建立他们自己的国家。

1948 年，刚刚成立的联合国，企图将巴勒斯坦划分为阿拉伯人国家和犹太人国家两个部分。杜鲁门在以色列宣布建国后 15 分钟就在外交上予以承认。但是，美国的承认并不能消除阿拉伯人的强烈仇恨，他们认为犹太人夺走了他们的领土，而犹太人则认为他们在经历了大屠杀的恐怖经历后终于重建了自己的家园。就在美国人还在观望时，几个阿拉伯国家的军队侵入了以色列，这是导致 20 世纪后半期中东局势持续不断冲突的事件的开始。为新生国家的生存而战的以色列赢得了这场战争的胜利并且获得了联合国划定范围之外的大片领土，但是双方之间的斗争仍在不断延续。

美国一方面同情以色列，一方面又试图维持中东其他地区的稳定：中东地区能为工业国提供大量石油因而具有重要战略意义。1953 年，中情局帮助伊朗军队推翻了穆罕默德·摩萨台政府（Mohammed Mossadegh，该政府将原来由英国控制的油井收归国有）并把伊朗国王牢固地扶上台。这次政变之后，英国和美国的公司重新控制了伊朗的油井。

美国在与以色列建立密切关系的同时，也试图维持与阿拉伯产油国家的友谊，或者至少是阻止它们倒向苏联。在埃及，美国的政策遇到了麻烦，当时阿拉伯的民族主义者纳赛尔将军计划在尼罗河上修建一座用于发电的大坝，并宣布埃及在"冷战"中保持中立。尽管杜勒斯对阿斯旺大坝工程给予了财政上的援助，但纳赛尔仍然着手与苏联讨论这一问题。埃及的做法使得这位国务卿十分恼火，他认为埃及那样的中立是不道德的并撤出了美国的援助。在没有了资金援助的情况下，1956 年 7 月纳赛尔将英国控制的苏伊士运河收归国有并禁止以色列船只通行。此举激怒了英国，所有欧洲国家都担心纳赛尔会阻断它们从中东进口石油。

以色列、英国和法国的军队于同年秋天侵入了埃及。他们的行动事先没有与美国商量，这使得艾森豪威尔非常恼火。意识到对埃及的进攻可能会使纳赛尔投入莫斯科的怀抱，于是由美国发起，联合国颁布了一项决议：谴责入侵埃及，并劝说其他产油国不要给法英两国供应石油。这些行动使得入侵者不得不从埃及撤退。

不久之后，美国再次卷入中东事务。出于对这一地区稳定性的担忧，美国总统发表了一个后来被称为"艾森豪威尔主义"的声明，声明指出："美国应该抢在苏联之前填补中东现有的政治真空。"一年后，艾森豪威尔向黎巴嫩派驻了由1.4万名士兵组成的军队，以支持黎巴嫩右翼政府平息内乱。

24.3.5　在拉美镇压反抗

"冷战"同样导致美国对其传统势力范围拉美的干涉。1954年，艾森豪威尔命令中情局帮助发动一场右翼政变来驱逐由改革派领袖雅各布·古斯曼（Jacobo Guzman）上校领导的民选政府。政变成功后，建立了听命于美国的军事独裁政权。这些行动使得整个拉美掀起了反美的高潮，再次显示了美国在维持拉美稳定和保障私人在拉美投资上目光短浅，没有考虑到在拉美内部所造成的影响和美国最终所要付出的代价。

1959年菲德尔·卡斯特罗（Fidel Castro）在古巴推翻了巴蒂斯塔的独裁政府，在这一事件上，美国对外政策的短视性表现得更为明显。与以前由欧洲列强统治的其他第三世界国家一样，民族主义和要求社会改革的呼声也在拉美汇集成了一股强大的力量。但当卡斯特罗没收美国在古巴的财产时，艾森豪威尔政府中断了对古巴的出口并故意恶化双方之间的外交关系。古巴最终还是投向了苏联的怀抱。

24.4 核武器与"冷战"

整个"冷战"期间，核武器在外交谈判和军事主动权上都发挥着关键性的作用。核武器有着巨大的破坏力，但当美国和苏联都研制出氢弹后，一个大规模杀伤性武器的时代也就来临了。

24.4.1 共享核机密

美国在英国的帮助下研制出了第一颗原子弹并企图对其战时盟友苏联封锁这一消息。然而，苏联间谍发现了美国正在研制核武器的秘密，甚至在第二次世界大战结束之前苏联就已启动了研制原子弹的计划。

美国也曾考虑过与苏联共享核机密的问题，陆军部长亨利·史汀生（Herry Stimson）在退休之前就赞同在这一问题上与苏联合作。他认识到，一方面用甜言蜜语哄骗苏联，另一方面又"利用这种武器炫耀我们的优势"毫无裨益。他警告道，这样做"只会使他们更加怀疑我们的目的和动机"。只有共处才能促进国际合作。

然而，在建立国际军控体制的谈判破裂后，美国放弃了共享核机密的计划。在"完美的控制方法"尚未发现之前，为了保持技术上的优势，杜鲁门在1946年签署了《原子能法案》并在国会得到通过。同时建立原子能委员会监管美国的原子能开发，并在高度机密的情况下授权其执行全国大多数原子能开发项目。当苏联研发出了自己的原子弹后，一场核武器竞赛就开始了。

24.4.2 核扩散

当原子弹进入大众文化领域时，美国人首先表现得非常兴奋而不是恐惧。在洛杉矶，他们还为此在伯班克滑稽剧院举行了一场"原子弹舞蹈少

1945 年到 1960 年的国防支出

第二次世界大战结束后，美国的国防开支骤然下降，只有在朝鲜战争爆发时其开支才增长为原来的四倍，在那次增长之后，国防开支再未大幅下降过，这种状态一直持续到"冷战"结束。为什么 1950 年以后美国乐于加大国防投资？为什么从那时起这一开支便保持在相对稳定的水平？

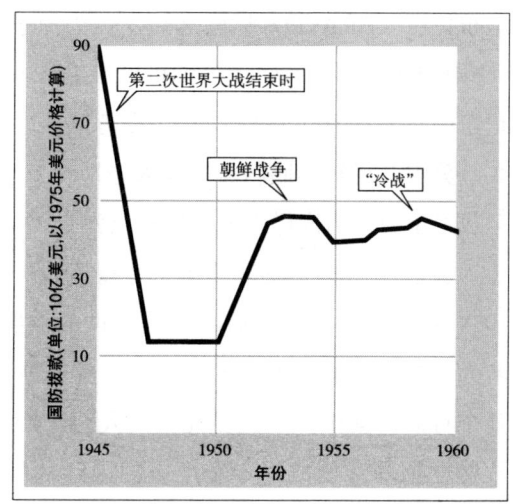

女"的舞会。1946 年，布坎南兄弟乐队则发行了一张名为"原子能量"的唱片，指出那地狱之火就是出自天庭的"上帝的强大之手"。

然而，这种热情的背后却是蕴含着焦灼不安，尽管在美国垄断核武器时这种担忧并未强烈表现出来。1949 年 9 月，当美国人得知苏联已经试爆了原子弹时，作为世界上唯一拥有原子弹国家的这种安全感突然间就消失了。人们想知道苏联试爆核武器是否预示着它会向美国发动核打击，并推测这种情况何时可能会出现。《原子能科学家通讯》（美国原子能问题最重要的公众出版物）每期封面上都印有一个象征"世界末日"的时钟，指向 12 点差 7 分，如今编辑们故意把时钟的分针移到差 3 分钟到 12 点的位置上，以表明对核战争的恐惧。

1950 年年初，杜鲁门批准研究一种新的超级炸弹——氢弹，这种武器的潜在破坏力远远大于原子弹；到了 1953 年，苏联和美国已经揭开了氢弹的秘密：把原子聚在一起使之发生反应，就如同太阳表面所发生的现象一样。这种由普通的原子弹引爆的更具威力的武器能够造成更大的破坏作用。随着核子能量从千吨级到兆吨级的不断发展，其危险性也是越来越大。在 1954

年布拉沃（BRAVO）试验之后，美国原子能委员会主席刘易斯·斯特劳斯（Lewis Strauss）承认，"氢弹可以产生……足以毁灭一座城市的力量"，即便是纽约也不在话下。1957年，在苏联成功地试射了首枚洲际弹道导弹后不久，美国又得知苏联将第一颗人造地球卫星"斯普特尼克"送入了太空——运载卫星的火箭同样也能够运载氢弹。

放射性物质的发现使事态变得愈发严峻。放射性物质为人所了解是在1954年布拉沃试验之后，那次测试的放射性微尘辐射到了85英里外一条名为"祥龙"的日本渔船上。由于放射性物质辐射，该船上的渔民得了病，几个月后，其中一名渔民死亡。人们开始认识到这种新型武器的可怕后果。放射性物质开始成为一个严重的国际性问题——用物理学家拉尔夫·拉普（Ralph Lapp）的话来说就是，它是"全人类的公害"。

无论是科学杂志的作者，还是大众出版物的作者，都在关注放射性原子微尘。拉普指出，放射性物质是"察觉不到的，它会在不知不觉中给人带来恐惧。它像黑死病一样会引起剧烈反应，使人无可救药"。1957年内维尔·舒特（Nevil Shute）出版了畅销小说《在海滩上》（*On the Beach*），小说随后被拍成电影，也引起了公众的警觉和恐惧。故事中讲述了一场战争产生了大量放射性物质并导致北半球所有生命消失，同时南半球也在等待同样的厄运。1959年，美国最受欢迎的杂志《消费者报告》对各种产品进行了测试和比较，并警告大家，所有品牌的牛奶中都含有放射性同位素锶-90，美国公众由此变得更加恐慌。

放射性微尘的发现促进了人们建造核辐射掩体的行动。《好管家》杂志在1958年9月整版刊载了一篇文章，呼吁人们在家里修建防辐射掩体设施。越来越多的公司都开始做起速成掩体设施的广告。1955年，《生活》杂志上报道了价值3 000美元的"一个防氢弹辐射掩体"。到了1960年年末，根据民防国防动员署的估计，美国已经建立了100万个家庭掩体。

24.4.3 核工业中心——西部地区

核武器不只促进了防核掩体的建立。它还导致国防开支大增，形成了巨大的核工业，特别是在美国西部。企业家之所以热衷于这一地区，主要因为这一地区的工人反对工会；他们声称，劳工的稳定使他们很容易在政府规定的期限内完成任务。

第二次世界大战期间，"曼哈顿计划"的很多重要研究中心就坐落在西部。设在华盛顿州汉福德的工厂是裂变材料的主要生产者，第一颗原子弹则是在新墨西哥州的洛斯阿拉莫斯制造出来的。战后这一地区的原子工业得到进一步发展：汉福德继续生产钚；丹佛城外一家工厂制造钚引爆器，这是一种用来引爆热核炸弹的东西；设在阿尔伯克基的桑迪亚国家实验室负责提供生产核武器的技术装备；洛斯阿拉莫斯实验室依然是一个主要的原子能研究中心。1951 年，美国在距离拉斯维加斯北部 60 英里的地方开辟了内华达核武器试验场，这一设施对整个城市产生了重要影响。美国商会提供核试验的日程表，蘑菇云成为南内华达地区电话号码簿中的图标。

国防开支上的增长也促进了其他方面的发展。海军司令部在西雅图、旧金山、圣地亚哥和檀香山都设有指挥部。用于防御导弹进攻的雷达站遍布整个阿拉斯加。坐落在西雅图的波音公司更是促进了整个城市的巨大发展，该公司生产出了 B-47 和 B-52 飞机，这两种飞机是美国空军用来投送原子弹的主要运载工具。

24.4.4 "大规模报复"

随着美国掌握了核武器技术，美国政府的政策也是越来越仰仗原子弹。杜鲁门在下令建立核武器库的同时也加强了常规性的防御。艾森豪威尔出于对控制政府预算和减税的考虑，决定依靠核武器而不是常规军事力量来作为美国国防的基石。

国务卿杜勒斯将这一政策发展为具有威慑性的"大规模报复"战略。他声称，美国随时准备采用核武器来对付共产主义对任何既定目标的进攻。这一政策要求裁减军队，并承诺通过"大规模报复"战略来减少军费开支。

"大规模报复"（massive retaliation）战略提供了一种孤注一掷的解决方案，没有中间路线可走，在核战争和退却之间没有选择。批评者称这一政策为"边缘政策"，并且他们想知道，在这个新的核时代，一旦越过这一边缘，将会发生什么。艾森豪威尔本身也很害怕，特别是当他看到有报道说，大规模核进攻会使一个国家"在两小时内就成为一个浓烟滚滚、充满放射性物质的废墟"。受此警醒，他尽最大努力确保"大规模报复"战略的言辞不会引发战争。

24.4.5 核抗议

随着军备竞赛日益加剧，批评者要求停止军备竞赛的呼声也是越来越高。1956年，民主党总统候选人阿德莱·斯蒂文森（Adlai Stevenson）指出了"核辐射对大气污染的危险性"并呼吁停止核试验。艾森豪威尔没有理睬，副总统尼克松称斯蒂文森的建议是一个"灾难性的荒唐的想法"，而杜勒斯则想尽量掩盖核辐射的危险性，他说："从健康角度考虑，戴一个发光度盘手表的危险性甚至要更大一些。"

1957年，激进分子成立了"理智核政策全国委员会"（SANE），要求国家采取理智的核政策。几年之后，在这一机构工作的妇女们进一步推动了抗议运动。为了抗议给全球居民带来致命性物质的持续核试验，抗议者呼吁全国妇女停止一天正常活动，为维护和平而举行罢工。约五万名妇女在全国60个社区进行了游行。她们的口号是："让孩子们健康成长""结束军备竞赛"。

来自许多组织的压力最终产生了政治影响，而且这一影响还持续了一段时间。1958年秋天，两个超级大国开始自愿停止核试验。这一局面一直维持到1961年9月苏联重新开始进行核试验，而美国也在1962年的3月重新开始了核试验。

24.5 "冷战"对国内的影响

"冷战"也影响到了美国的国内事务并导致国内忠诚计划的出台,这一计划严重地侵犯了公民自由。美国人在俄国革命前后便担心激进分子的颠覆活动。现在苏联在全球范围与美国对抗更是预兆不祥,美国人开始怀疑共产主义在向其国内渗透,一些人则试图在美国国内找寻共产主义的蛛丝马迹。

24.5.1 杜鲁门忠诚调查计划

当杜鲁门政府在战后初期动员国内支持其遏制方案时,他们的言辞也变得越来越尖锐。对杜鲁门来说,整个世界面临的问题是"专制与自由"的问题。司法部长霍华德·麦格拉斯(Howard Mcgrath)说:"美国有许多共产主义分子",他们每个人身上都有"危害社会的致命细菌"。与此同时,杜鲁门又指派了一个临时委员会来调查政府雇员的忠诚问题,以制止共和党方面对民主党"对共产主义示弱"的指责。

杜鲁门以临时委员会的报告为基础,在1947年颁布法令确定了新的联邦雇员忠诚计划。在杜鲁门宣布实行遏制政策的同一周里,他命令联邦调查局(FBI)检查档案,搜集颠覆活动的证据,并将怀疑对象交给国家忠诚调查委员会。一开始,该方案对被调查者进行保护并假定被怀疑对象是清白的,直到证明他确实有罪。但是,随着忠诚调查委员会掌握了更多的权力,它开始忽视个人的权利;受到怀疑的雇员很少有辩驳的机会。本章开篇所讲的华尔·罗文,只不过是众多受迫害者中的一员。

杜鲁门的忠诚计划调查了几百万名政府雇员,有确切证据可被解除公职者仅有几百人。但它却促生了对颠覆活动毫无根据的恐惧,导致对绝对忠诚的追求,并且通过所谓合法的调查手段不负责任地危害到了很多无辜的人。

24.5.2 国会忠诚调查计划

就在杜鲁门实施忠诚调查计划的同时，国会也开始推行它的忠诚调查计划。"冷战"刚开始那几年，美国法律对什么是违法问题的解释越来越清晰。要求共产主义组织成员必须去司法部注册更是进一步加强了对共产党活动的限制。共产党员从 1947 年的 8 万人降到 1950 年的 5.5 万人，到 1954 年已经只剩下 2.5 万人。

众议院非美活动调查委员会的调查活动，对共产党员的减少起了很大作用。该组织致力于发现国内的颠覆活动并于 1947 年调查了国内的电影业，他们声称同情左翼者正在腐化美国民众。在国会听证会上问得最多的一句话就是"你是或曾是共产党员吗？"众议院非美活动调查委员会总共叫了 19 位好莱坞成员去参加听证会。当其中 10 个人利用宪法赋予的保持沉默的权利拒绝回答那种带有指控性的问题时，法院以蔑视国会为名将他们投进监狱并判处他们六个月到一年有期徒刑。在那之后好莱坞屈服了，并将过去稍微有点问题的演员都列入了黑名单。凡是上了黑名单的人都无法在好莱坞找到工作，不过也有人偷偷用化名继续在好莱坞工作。

国会在处理希斯诉钱伯斯案时引起了更大的轰动。惠特克·钱伯斯（Whittaker Chambers）曾是一名共产党员，后于 1938 年与共产党脱离关系，他指控**阿尔杰·希斯（Alger Hiss）**从 1930 年代起就是一名共产党员。希斯是新政时期的著名官员，他在担任助理国务卿之前曾在农业部任职，并以助理国务卿的职位参加了雅尔塔会议。此时他已离开政府，他否认了钱伯斯的指控；这件案子如果不是由新议员尼克松接手，可能就会不了了之。尼克松最终从希斯口中得知他以前就认识钱伯斯。希斯控告钱伯斯诽谤，钱伯斯又改变了对希斯的控告，指控希斯是苏联间谍。

由于诉讼时效法规禁止对间谍行为进行起诉，所以希斯被指控作伪证：违背法庭誓言谎称他和钱伯斯以前的关系。希斯案在美国成为头条新闻。钱伯斯的供词并不可靠，因为他数次改变自己的说法。希斯的证词也是十分矛盾，他无法合理地解释自己是如何与共产主义分子保持密切联系以及国务院被盗的文件怎么会出现在他的打印机上。第一次审判并没有取得结果，1950年2月的第二次审判判处希斯监禁四年。尽管后来掌握的证据明确显示他确实卷入了此事，但希斯在他的余生里却是一直都在为自己的清白进行辩护。对许多美国人来说，希斯案证明了共产主义的威胁在美国国内确实存在，同时也为随后出现的更大范围的政治迫害提供了正当理由。

国会同样指责同性恋者对国家安全存在威胁。这一问题出现在1950年2月，当时副国务卿约翰·普里福伊（John Peurifoy）向参议院拨款委员会证实：由于"道德邪恶"而被开除的91名政府工作人员中，大部分都是同性恋者。12月，参议院发布的一则报告中强调了同性恋问题对国内的威胁。报告声称，同性恋者在道德和感情上都十分反常，他们很可能会做出危险的举动，进而威胁到国家的安全。

24.5.3 参议员乔·麦卡锡

1950年代主要的反共斗士是约瑟夫·麦卡锡，他是一位来自威斯康星州的共和党参议员。他充分利用国会和政府的忠诚调查计划所引发的恐惧，使整个国家都感受到了来自共产主义的威胁。

麦卡锡注意到共产主义问题完全出于偶然。他于1946年被选为参议员，在第一任期内的大部分时间里他的表现都很平庸。当他于1950年2月在西弗吉尼亚州惠林市威灵女子俱乐部发表演讲时，他首次引起全国注意，这次演讲是在希斯被宣判后不久。在演讲中，麦卡锡宣称他手里拿的是一份在国务院工作的205名已知共产党员清单。当被要求做出详细说明时，麦卡锡说他只会将名单交给总统，在这之后他又把清单上的人员减少到57人。

国会对麦卡锡演讲的最初反应是复杂的。参议院外交关系委员会附属委员会经过调查后将麦卡锡的指控说成是"欺诈和愚弄"。不过，随着麦卡锡获得越来越多的支持，共和党人认识到了他的价值并且鼓励他的行动。俄亥

麦卡锡的反共活动

参议员麦卡锡的欺骗性指控点燃了1950年代的反共情绪。在这里，他用一张共产党组织在美国的分布图来表达这样的观点——除非颠覆破坏分子被根除，否则整个国家都会陷入危险中。麦卡锡是怎样借助这张图来传达自己的观点的？

俄州参议员约翰·布里克（John Bricker）这样告诉麦卡锡："乔，你是一个卑鄙小人，但很多时候你必须充当一个卑鄙小人，现在就正是时候。"

麦卡锡在进行反共活动时选择了很多不同的攻击目标。他讥讽迪安·艾奇逊是"国务院的红色主教"，他还诽谤第二次世界大战胜利的缔造者以及远东政策和欧洲复兴计划的制定者乔治·马歇尔，说后者是一个"惯于撒谎的人，只要有需要，他随时都会撒谎"。

作为一个政治煽动家，麦卡锡通过广泛的新闻和电视宣传来提高自身的知名度。他知道如何利用报纸，他总是在报纸印刷前的最后时刻发布他的新闻稿，向记者透露一些关键性的细节。为了塑造其坚强的形象，他从不介意自己看起来不修边幅。他随意使用各种粗俗和下流的语言，就是想通过这种行为故意表现得像一个普通人以赢得广泛支持。

麦卡锡的策略之所以能够奏效，主要是由于公众对共产主义威胁的警惕。1950 年，尤利乌斯·罗森伯格（Julius Rosenberg）和埃塞尔·罗森伯格（Ethel Rosenberg）夫妇被捕，引起了对国内共产党颠覆活动的恐惧。看上去是一对再普通不过的美国夫妻并有两个孩子的罗森伯格夫妇，被指控盗窃和转移核机密给俄国人。许多美国人都不相信苏联能够研制出自己的核武器，他们的叛国行为似乎解释了苏联爆炸核装置的原因。

第二年，罗森伯格夫妇被查出犯有间谍罪。尽管许多人都呼吁赦免他们，但他们还是在电椅上被处死。这反映了美国国内反对共产主义威胁的决心。多年来，很多支持罗森伯格夫妇的人都声称，他们俩是美国反共运动的无辜牺牲品。不过最新证据显示，尤利乌斯的确犯有间谍罪；埃塞尔则知道丈夫的活动，但却并未参与其中，她之所以会被逮捕、审讯和判刑，主要是因为政府想要借此来迫使尤利乌斯招供。

共和党在 1952 年赢得参议院的多数席位之后，麦卡锡的权力变得更加炙手可热。他成了政府工作委员会主席和永久调查委员会主席。他现在有了更加强大的反共基地，并有两个忠诚的助手洛伊·科恩（Roy Kohn）和戴维·沙因（David Schine）来帮助自己进行反共活动。

麦卡锡最终偏离了轨道。1953 年，部队将沙因征召入伍并拒绝给他提供优惠待遇，麦卡锡开始调查军队的安全问题，这一问题甚至涉及军方高层领导。部队控诉麦卡锡做得太过火，最终参议院介入了此事。

从 1954 年 4 月开始，**军方-麦卡锡听证会（Army-McCarthy hearings）**总共持续了 36 天。听证会被电视转播，引起了全国的关注，双方都试图通过电视媒体宣传来影响民众的看法。美国公众在电视里见识了麦卡锡的野蛮行径。他给观众留下了一个不负责任和具有破坏性的形象，他的形象在波士顿律师约瑟夫·韦尔奇（Joseph Welch）面前更是相形见绌：韦尔奇以从容的雄辩才能为军队辩护，向人们展示了麦卡锡的政治煽动家的嘴脸。在听

再现历史

民意测验

近年来,历史学家开始利用起一种新史料:民意测验。人们总是关心别人在想什么,领袖们总是试图根据公众的喜好来规范自己的行为。随着调查公众舆论的技术越来越成熟,民意测验已经成为分析社会和政治生活的重要手段。现在的民意测验涉及诸多方面的问题——社会、文化、知识、政治、外交。民意测验的重要性日益增加,所以懂得如何利用它来了解和重现历史是非常有益的。

民意调查的方法并不是什么新鲜事物。1824年,《哈里斯堡宾夕法尼亚人》杂志就曾试图利用这种方法来预测谁是当年总统竞选的赢家。1880年代,《波士顿全球报》在选举前夜派记者前往特定选区来预测最终的选举结果。1916年,《美国文学摘要》利用明信片调查的方式来预测政治结果。到了1930年代,厄尔默·罗普(Elmo Roper)和乔治·盖洛普(George Gallup)则进一步开拓了市场调查和公共舆论调查领域。尽管《美国文学摘要》在1936年总统大选中错误地预测了兰德会击败罗斯福,但到第二次世界大战时,民意调查已经变成一项十分科学的活动。

按照盖洛普的说法,民意测验并不神奇,而"仅仅是测量公共舆论的工具",特别是反映那些经常被忽略的人的观点。正如厄尔默·罗普所言,民意测验是"那些所谓普通民众得以表达自己观点仅有的几个途径之一"。因而,民意测验是了解普通人意见、信仰和倾听普通人声音一个非常有价值的途径。

不过,也应该注意一些问题。民意调查同人类活动的一切手段一样并不完美,甚至还会是危险的。历史学家们在利用通过民意调查搜集的信息时，应该认识到民意调查的范围、时间和民意调查本身如何影响了公共舆论。有些问题可能难以表达清楚。一些问题暗示了调查者想要得到的结果或者向被调查者灌输了一种思想。有些调查结果可以得出不同的解释。更为严重的是，正如有些批评者担心的，民意测验专家掌握的那种操作性的、日益精确的预测技术还会威胁人民自由。

尽管存在种种局限，民意调查业已成为美国人民生活中一个不可或缺的组成部分。1940年代末和1950年代初，美国人经常被问及各方面问题，从外交援助、联合国、对德国和日本的占领，到国内劳工立法、对儿童的惩罚、妇女是否可以在公共场合穿便装（有39%的男士和49%的女士反对）。民意调查对很多问题的讨论，如什么时候可以首次使用核武器、总统的声望、国防和美国在世界上混乱的地区进行军事干涉，一直都是切中时弊的。

反思历史

1950年代初期的很多民意调查都涉及"冷战"期间美国的对外政策。人们如何看待苏联的核能力？他们如何看待苏联的意图？他们认为美国合宜的反应是什么？你又会如何分析这些调查结果？你认为根据受教育水平来进行民意测验的重要性在哪里？这些问题是以何种方式"提出"的？这些调查的结果可能对美国的对外政策产生怎样的影响？这些调查显示了"冷战"的挑战－反应性质。你认为今天的美国人又会如何回答这些问题？民意调查同样会反映国内问题。研究一下1950年进行的一次关于男女职业问题的调查。它告诉了我们，人们对于男女各自合适的职业持什么态度？为什么男人和女人在这个问题上会有几乎相同的回答？你认为今天的人们会怎样回答这些问题？他们会做出同样的回答吗？再看一下关于妇女参政问题的调查。这些年来，对这一问题的看法发生了多大程度的改变？

对外政策调查

1949 年 12 月 2 日 —— 核武器

既然苏联也拥有核武器，你认为爆发战争的可能性有多大？

可能性很大	45%
可能性很小	28%
没有影响	17%
不知道	10%

受教育水平

大学

可能性很大	36%
没有影响	23%
可能性很小	35%
不知道	6%

中学

可能性很大	44%
没有影响	19%
可能性很小	28%
不知道	9%

小学

可能性很大	50%
没有影响	12%
可能性很小	26%
不知道	12%

1950 年 5 月 5 日 —— 国防

你认为美国政府的国防开支应该增加、减少还是保持不变？

增加	63%
不变	24%
减少	7%
不知道	6%

1953 年 9 月 18 日 —— 中南半岛

美国正向在中南半岛同共产主义作战的法国提供战争物资，你认为美国应该派军队参战吗？

赞同	8%
反对	85%
不知道	7%

1950 年 11 月 1 日 —— 苏联

根据你对苏联的了解，你认为苏联是在试图建立世界霸权，还是在保护自己免受另一场战争的威胁？

建立世界霸权	70%
保护自己	18%
不知道	12%

受教育水平

大学

建立世界霸权	73%
保护自己	21%
不知道	6%

中学

建立霸权	72%
保护自己	18%
不知道	10%

小学

建立霸权	67%
保护自己	17%

不知道	16%

1951年12月2日——核战争

如果美苏卷入一场全面战争，你认为我们应该首先采用核武器吗？或者你认为只有到我们遭到核打击时再使用？

首先使用	66%
遭到核打击后使用	19%
不知道	15%

在这一问题上，美国男女之间存在很大分歧——被调查的男性中有72%的人赞同首先使用核武器，而女性中则只有61%的人赞同。

Source: George H. Gallup, *The Gallup Poll: Public Opinion, 1953—1971*, Vol.2 (New York：Random House, 1972).

国内政策调查

1949年10月29日—— 妇女参政

如果你经常支持的政党提名了一位女性作为总统候选人,而此人也完全能够胜任这一职务,你会选她吗?

会	48%
不会	48%
不知道	4%

不同性别

男性

会	45%
不会	50%
不知道	5%

女性

会	51%
不会	46%
不知道	3%

不同政派

民主党

会	50%
不会	48%
不知道	2%

共和党

会	46%
不会	50%
不知道	4%

你会选一位女性作为美国副总统吗,如果此人完全胜任这一职务?

会	53%
不会	43%
不知道	4%

1950年5月5日—— 最重要问题

你认为当前国家面临的最重要问题是什么?

战争,战争威胁	40%
核武器控制	6%
经济问题,生活成本,通货膨胀,税收	15%
罢工和劳工问题	4%
政府腐败	3%

失业	10%
住房	3%
共产主义	8%
其他	11%

1950年6月12日——职业

如果一个年轻男子找你咨询职业问题，假如下面的职业他都能胜任，你会首先推荐他从事哪项职业？

医生	29%
政府职员	6%
工程师，建筑师	16%
教授，教师	5%
商业主管	8%
银行家	4%
牧师	8%
牙科医生	4%
律师	8%
兽医	3%
没有，不知道	9%

1950年6月15日——职业

如果一位年轻女孩找你咨询工作问题，假如下面的职业她都能胜任，你会首先推荐她从事哪项职业？

女性的选择

护士	33%
教师	15%
秘书	8%
社会工作者	8%
营养学家	7%
裁缝	4%
美容师	4%
空姐	3%
演员	3%
记者	2%
音乐家	2%
模特	2%
图书馆员	2%
医生、牙医	1%
其他	2%
不知道	4%

男性对这些职业的看法与女性基本相似。

Source: George H. Gallup, *The Gallup Poll: Public Opinion 1935—1971,* Vol.2 (New York: Random House, 1972).

证会的高潮处，韦尔奇愤然质问麦卡锡："先生，难道你真的没有道德观念吗？难道你真的没有吗？"

听证会粉碎了麦卡锡神话般的感召力。在全国电视观众面前，他的残酷行径令数百万美国人感到极为不满。早先曾在麦卡锡面前妥协过的国会，也最终鼓起勇气谴责麦卡锡的行为。尽管麦卡锡仍任原职，但他已不再有什么影响力。三年后，48岁的他声名狼藉，抑郁而终。

然而，在一段时间里麦卡锡确曾有力地控制了整个美国。电视评论员小富尔顿·刘易斯（Fulton Lewis Jr.）说："对许多美国人来说，麦卡锡主义就是美国主义。"随着麦卡锡影响力的增强，他的手下逐渐聚集了一批追随者，这些人中既包括支持对国内精英阶层进行控诉的社会下层民众，也包括中西部保守的共和党人。但他真正的权力基础还是在参议院，参议院中那些保守的共和党人将麦卡锡视为重新扩大他们权力的手段。

24.5.4　恐怖的代价

反共产主义运动引起了美国社会内部普遍的猜疑心理。1940年代末和1950年代初，持有不同意见似已不再安全。公务员、政府工作人员、学者和演员都受到了攻击，他们发现，他们依法享有的权利，在"冷战"的红色恐惧笼罩下已经不复存在了。

这种偏执行为影响到美国生活的方方面面。在纽约，地铁工作人员因为拒绝回答关于他们的政治活动和政治信仰问题就被解雇。在1947年到1948年那个寒冷的冬天，生活在亚利桑那州和新墨西哥州的印第安土著纳瓦霍人面临着饥荒，但政府却拒绝给他们提供救济，只因有人控诉他们的公社生活方式是共产主义式的而不是美国式的。种族主义也与反共产主义运动纠缠在一起，当时美国黑人演员保罗·罗伯逊（Paul Robeson）因为批评美国的对外政策而被指控具有共产主义倾向。黑人作家杜波依斯因为加入共产党而遭受了更加恶毒的攻击。拉迪诺劳工由于加入了有左翼倾向的团体而面临着被驱逐出境的危险。1949年，美国工业组织协会解除了11个成员超过100万人的所谓受到共产党控制的组织。华尔·罗文经受住了恶意的谴责并最终证明了自己的清白，但其他人就没有那么幸运了。随着美国被"冷战"的狂潮所吞噬，很多人都成了牺牲品。

小结：透视"冷战"

"冷战"主导了第二次世界大战后的国际关系格局。1945年以后美苏关系变得日益紧张，双方在不知不觉中就卷入了一场追求战略均势的斗争。这影响了双方的外交往来，鼓励了双方进行代价高昂的军备竞赛，并限制了双方国内的改革。对美国来说，这是美国首次经历如此激烈的国际竞争，而这种国际环境长期以来则一直困扰着欧洲。虽然竞争双方很少有真正的直接军事冲突，但是所有参与竞争的国家都必须采取像战时一样的措施并付出高昂的军费开支。

是什么导致了"冷战"？长期以来，历史学家一直都在争论谁应承担"冷战"的责任这一问题。第二次世界大战结束初期，那些支持"冷战"的美国决策者和政治评论家，充分肯定了美国在面临共产主义威胁时所采取的勇敢立场。后来，特别是在1960年代，越南战争挫伤了美国对外政策的自信心，修正主义史学家开始对"冷战"提出一种新的解释，他们认为美国的外交活动被误导了，美国根本就不了解苏联想要什么，美国至少应该部分承担挑起"冷战"的责任。就像许多历史问题一样，对这个问题同样无法轻易做出回答，任何回答都必须充分考虑双方的因素。

"冷战"源于两个超级大国争夺国际影响力。第二次世界大战之后，美国的目标是要在全世界范围内寻求经济和政治领导权，进而在整个欧洲和从殖民体制下摆脱出来的国家建立起资本主义经济和民主政治体制。但是这些目标使它与苏联的国家利益发生了冲突，苏联对战后世界秩序和全球范围新出现国家的非殖民化运动持有迥异的看法。美国认为苏联、中国和其他共产主义国家对它自身存在威胁，这促使它紧紧抓住其根深蒂固的使命感，逐渐对苏联采取了具有挑衅性的遏制政策，这一政策是美国对历史经验的总结。美国的对外政策在那场注定要遭受厄运的越南战争中走到了极点，世界上共产主义国家对美国的挑衅也采取了相应的措施。于是"冷战"也就不可避免地发生了，它不仅对外交政策问题，还对国内的经济和社会发展也都产生了深远的影响。

思考题

❶ 演变为"冷战"的冲突根源是什么？

❷ 为什么第二次世界大战结束后美苏会觉得彼此难以和平共处？

❸ "冷战"政策自其在 1940 年代末出台后在 1950 年代发生了怎样的变化？

❹ "冷战"对美国国内有何影响？

❺ "冷战"是否能够避免？

第 25 章

战后美国的国内形势：1945 年到 1960 年

25.1 经济繁荣
25.2 人口和技术变迁
25.3 共识与一致性
25.4 福利国家的巩固
25.5 另一个美国
小结：富庶中的忧虑

美国故事

一位企业家的特许经营权：美国梦

雷·克罗克（Ray Kroc）是一位踌躇满志的推销商，1954年他开始了前往加州圣贝纳迪诺市的商务之旅。十多年来，他一直在美国各地销售供餐馆和饮料店使用的能够一次搅拌六份奶昔的不锈钢"多用混合机"。他此行的主要目的是与麦当劳兄弟（Richard & Maurice McDonald）经营的一家汉堡店进行结算，这家店买了八台"多用混合机"，因此可以同时制作48份奶昔。

克罗克一直渴望增加销售额，因此他想亲自考察一下麦当劳的经营方式。这个52岁的波西米亚人后裔在推销混合机前还曾推销过很多东西，从房地产、收音机节目表到纸杯等，但却一直未能实现成功的梦想。然而，他依然渴望得到获取财富的秘诀，这也是美国梦的一部分。当他看到圣贝纳迪诺麦当劳店门前人潮涌动的景象时，他觉得自己找到了致富良方。

当时麦当劳兄弟只卖标准型汉堡、炸薯条和奶昔，但他们已经创立了一套快速、高效、整洁的体系。这套体系的顾客就来自66号公路沿线过往的车辆。事实上，这为麦当劳兄弟带来了丰厚的收益。克罗克看到了此间的商机，认为麦当劳兄弟应该开更多家汉堡店。但他俩拒绝了，于是他就与麦当劳兄弟签下一份为期99年的协议，允许他在不论什么地方都可以使用麦当劳的快餐创意、名字和金黄色的拱形标志。

1955年4月15日，克罗克在芝加哥市郊德斯普兰斯开设了他的第一家麦当劳连锁店。三个月后，他在加州的弗雷斯诺售出了他的第一份加盟权。其他加盟店很快也应运而生。克罗克不断考察新的开店地点，通常都是将店面建在公路旁；他还说服加盟商投入资金，并为其提供预期收益规划书。作为回报，他则可以获得一定比例的提成。

从一开始起克罗克就坚持标准化做法。每家麦当劳店都一模一样:从两个功能性拱门支撑的玻璃围栏围成的厨房和外卖窗口,到上面写有15美分的汉堡已经销出多少的一个临街的拱门。各家连锁店的菜单和价格也都保持一致,克罗克还要求从汉堡的规格到烤制的时间都完全一样。同样,他也要求店内保持干净整洁。不许有弹球机和香烟贩卖机,对那些食物精美、服务快捷、环境良好的连锁店还会有适当的奖励。

毋庸置疑,麦当劳取得了巨大的成功。1962年,麦当劳连锁店的销售总额超过了7 600万美元。1964年,麦当劳公司经营不满十年就已售出4亿个汉堡和1.2亿磅炸薯条。到1965年年底,710家麦当劳店遍布44个州。1974年,也就是克罗克开创汉堡商机仅仅20年,麦当劳的销售额就达到20亿美元。1984年克罗克去世时,遍布全球32个国家的7 500家麦当劳连锁店一共卖掉了450亿个汉堡。企业形象代表小丑罗纳德·麦当劳(1963年11月在华盛顿首次亮相)已被全世界的孩子们所熟知。后来麦当劳也开始打广告做宣传,它是全美第一家在电视上做广告的餐厅。像"今天你该休息了""我们全心全意为了您"这样的广告词,其知名度甚至超过了一些流行歌曲。

麦当劳的成功为第二次世界大战后美国国内的新经济和技术潮流发展提供了一个例子。克罗克抓住了"汽车时代"发展变化的契机。他深知将餐厅开在车流量大的公路旁要比开在城市里更易成功,因为在那里可以吸引更多的客流。克罗克也意识到,"特许经营权"是经济快速增长的关键所在。最后他还意识到标准化和一致性的重要性。他洞悉时代的趋势——人们安于循规蹈矩,想要找到实现繁荣和稳定这一美国梦的钥匙。麦当劳的形象也许显得单调,但这却也正是它的魅力之一。消费者无论在哪里看到金黄色的拱门

麦当劳的金黄色拱门

在1950年代及后来的岁月里,麦当劳为其他特许经营者起到了示范作用。图中显示的是其早期的金黄色拱门标志,无论在哪儿看到的都一模一样。最初麦当劳只在美国各公路旁开店,后来才进驻城市和乡镇。金黄色拱门标志如何使得麦当劳更受欢迎?

标志都能确定在那儿能够买到什么。如果说麦当劳给人的感觉是平淡无奇,那也是有意为之。克罗克说:"我们的主题与主日学校、女童子军、基督教青年会是相似的。麦当劳代表的是整洁和健康。"而这也正是时代的象征。

本章为我们呈现了第二次世界大战后25年中美国社会结构和政治上发生的变化。甚至是在美国卷入对苏"冷战"这一全球冲突之时,人们依然醉心于社会和经济模式上发生的改变。本章考察了如下问题:在科技优势的推动下,经济腾飞怎样改变了美国人的工作模式和日常生活?在大多数人获得了前所未有的物质安逸之时,私人利益如何与理想主义纠缠在一起？充满生机的消费文化是如何形成的？对民众情绪有何影响？大萧条和第二次世界大战后的经济繁荣，在政治领域有何反映？战后 15 年间政治方面的承诺，如何巩固了源起于 1930 年代但却是在 1950 年代和 1960 年代才真正出现的福利国家？与此同时，美国多元化的人口中间也出现了严重的社会和经济分化，繁荣与这一分化有何关系？我们如何解释贫富之间出现的巨大鸿沟？如何理解黑人试图共享战后繁荣但却不得不面对收入上的悬殊差距和对黑人一如既往的偏见（这种情况在其他少数族群中同样存在）？最后，他们经历的挫折在何种程度上折射出战后美国梦的局限，并由此引发了美国社会的改革运动？

25.1 经济繁荣

1945 年之后，大多数美国人都很乐观。服役军人从第二次世界大战的战场上归来，引起家庭模式上发生变化。"婴儿潮"带来空前的人口增长。与此同时，出乎意料的经济繁荣则产生了更加重要的影响。大公司逐渐主宰商业领域，但工会也随之壮大，多数工人的生活状况都得到了改善。与科技成功伴随而来的是，新产品涌入市场并走进千家万户。繁荣的景象让成长中的中产阶级深信，美国一切都好。

25.1.1 欣欣向荣的和平时代经济

大萧条之后战时的经济繁荣一直延续至战后，人们见证了一次在全美范围内空前的经济持续增长，美国作为全世界首富的地位也得到了巩固。其他国家都在为抚平战争的创伤而努力，但在出产世界上一半产品的美国，繁荣却是再正常不过的现象。

经济成功的数字令人印象深刻。国民生产总值在1945年到1960年出现显著增长,人均国民生产总值从1945年的1 087美元增至1960年的2 026美元。几乎60%的美国家庭都进入到中产阶层,与19世纪及20世纪初的阶级结构相比,这是一个奇迹般的转变。

国民消费推动了经济增长。第二次世界大战期间,美国的工厂都在生产军需物资,消费者无法充分消费。战争结束时,国民总积蓄达到1 400亿美元,消费者已经做好了疯狂消费的准备。同样重要的是,1946年到1960年,实际购买力增长了22%。但与过去不同的是,美国家庭拥有更多的可支配收入,不仅能够支付生活必需品,还可以满足人们的购物欲望。大萧条末期只有不足25%的家庭拥有可以随意支配的收入,而到1960年,这一比例已经上升到60%。

与1920年代和1930年代的购买力不足相反,新兴的消费力刺激了经济发展。在经济危机和战争年代无物可买的这些年月过后,消费者用兴奋地去购物来款待自己。大多数家庭现在都有汽车、电视、洗衣机、吸尘器。而且消费者还有能力购买一些奢侈品,如电动启罐器和自动挡汽车。

汽车制造业在经济繁荣过程中扮演着关键角色。就像汽车和公路发展在物质产品十分丰富的1920年代促进了美国社会的转变一样,30年后汽车工业起到了相同的作用。第二次世界大战期间局限于生产军用车辆的汽车工业,在战后奇迹般地成长。1945年汽车产量为7万辆,1955年为800万辆,1960年为700万辆左右。消费者在发动机、车辆颜色及相关配件等方面,拥有很大的选择余地。

大规模州际高速公路系统的发展也刺激了汽车制造业,从而为经济繁荣添砖加瓦。艾森豪威尔政府注资260亿美元(这是美国有史以来最大数额的公共工程花销)建造了四万英里的联邦公路,将美国的所有部分连成一体。联邦政府人员宣称,这一系统可以在人民遭受核袭击时更迅速地疏散。艾森豪威尔吹嘘说:"建造公路所用的混凝土总量,可以修筑……六条通往月亮的人行道……比战后政府的任何一次举动都更重大,这将改变美国的面貌。"

实际上，这项耗费巨资的工程将美国变成一个依赖石油的国家。

建筑业的兴旺也刺激了经济增长，房屋拥有率从 1945 年的 53% 升至 1960 年的 62%。这一现象多半是受到 1944 年《退伍军人权利法案》的影响所致。根据该法案，对战争期间服役的人员，除应提供工作上的优惠和教育救济金外，还应为其提供低息房屋贷款。来自社会各个阶层的数百万退役人员，热切地追求着属于他们的美国梦。

政府扮演的日益积极的经济角色，既刺激又维持了经济的扩张。战争期间，政府允许商人廉价收购了约 80% 政府建造的工厂。因"冷战"升级而剧增的国防开支起的作用则更大。1947 年，国会通过了《国家安全法》，成立了国防部并批准了一笔 130 亿美元的初步预算。朝鲜战争打响后，国防预算在 1951 年达到 220 亿美元，1953 年则升至约 470 亿美元。其中约有一半预算都用于军队装备。这些花费反过来又刺激了飞机制造业和电子工业的发展。政府负担的费用达到航天和太空工程的 90%，电力和电子工业的 65%，以及科学仪器产业的 42%。与此同时，第二次世界大战时期商界与政府之间的紧密关系也得到了进一步加强。

大部分美国人都认可巨额的军费开支，不仅因为他们支持美国反对共产主义斗争这一立场，而且也因为人们理解军费开支对经济的影响。专栏作家戴维·劳伦斯（David Lawrence）在 1950 年写道："政府的计划制订者估计已经找到了延续良好发展时期的神奇公式。'冷战'是一台自动抽水机。只要拧开水龙头，公众就会要求更多的军费支出。"

战后美国经济的发展也避免了某些经常毁掉经济扩张期的主要问题：通货膨胀和以牺牲多数人为代价让少数人富起来。战后立即出现的问题是通货膨胀，而通货膨胀率最终则从 1940 年代的年均 7% 下降到 1950 年代的年均 2% ～ 3%。尽管收入集中现象依然存在（占人口比重一半的底层人群的总收入不及前 10 名富人的总收入），但中产阶级这一阶层仍在不断增长。

美国产品销往全世界。第二次世界大战期间其他国家的人们逐渐接受了可口可乐的口味。现在，许多种商品在美国以外也能买到。美国的书籍、杂志、电影和纪录片行销海外，传播了美国消费文化并为商家赚得大把利润。

在美国，一次主要的经济转型业已完成。这一时期和平、繁荣、多产的美国，已经变为经济学家加尔布雷思（John Galbraith）所称的"富庶社会"。

25.1.2 战后世界的发展

在世界上其他地方，战后重建已经开始，但要达到繁荣局面，还需很长时间。欧洲和亚洲国家比美国遭受了更严重的破坏，即使战胜国也要医治巨大的战争创伤。

英国经历了战争的摧残，为了让有限的资源得到平等分配，配给制供应一直持续到1950年代。英国工业的命脉企业纷纷亏损和老化，工业革命的发源地现在已经追赶不上科技革命的步伐。在加速工业发展的现代高速公路系统方面，英国也落后于欧洲其他国家。

1945年英国大选中，丘吉尔下台，保守党让位于工党，工党承诺进行一系列社会改革。采矿业和铁路被政府收回，钢铁工业也开始了国有化进程。原来的持股人得到一定的补偿，一些评论家认为，政府的措施扼制了工业发展。然而，英国社会经济的复苏开始了，其社会医疗体系甚至优越于美国。

法国虽是战胜国但却背负着被德国占领的耻辱。部分得益于同样发生在美国的高出生率，法国也开始复苏。与此同时，和英国一样，法国也在其殖民地自由的呼声中挣扎。中南半岛和阿尔及利亚的流血斗争引起了金融动荡并破坏了经济发展，直到1950年代法国撤出这两个地区后，这里的动荡才平息下来，经济也才缓慢恢复。

战败国的战后发展有些出人意料。美国认为强大的西德是对抗苏联的必要"缓冲区"，因而它积极援助西德并造就了"德国奇迹"。由于德国的工业体系大半被战争摧毁，所以新的工厂得以利用最新的技术设备武装起来。1950年代早期，西德的经济年增长率达到10%，其国民生产总值则从1950

年的 230 亿美元上升至 1964 年的 1 030 亿美元。

日本同样快速复苏。同西德一样，日本在战争中也是元气大伤，一部分原因是受到常规武器的打击，另一部分则是由于 1945 年广岛和长崎受到原子弹爆炸的伤害。在麦克阿瑟将军的领导下，美国指导了日本的战后重建，创建了一个民主框架。受到政治变革影响，日本经济飞速发展，并且很快它就取代法国和西德位居美苏之后成为世界经济第三强国。

苏联也进行了重建。从西德获得的战争赔款和在东欧工业中的获益，促进了苏联重建的努力。苏联的集权主义结构消除了对能源分配的争论，国家启动了一系列计划，这些计划导致核武器的发展和集体农场规模的扩大。

25.1.3 大公司对美国生活的影响

1945 年以后，美国的大公司加紧了对经济的控制。政府在第二次世界大战中的政策使得工业大范围地集中，战后美国工业的集中仍在继续。少数大集团控制某一工业领域所造成的供不应求局面，成为美国资本主义的一个特点。继 1890 年代和 1920 年代之后，1950 年代又发生了大规模的企业并购浪潮。与此同时，急速发展的经济局面也推动了联合企业的发展，这些公司在各类产业中都有持股，旨在保护自身免受某一产业发展不稳定的影响。

企业扩张也以其他形式发展着。在大公司成长的同时，小型连锁经营也在壮大，如麦当劳、肯德基和汉堡王。本章开篇介绍的雷·克罗克则开创了一种广为效仿的模式。

大公司在国内发展壮大的同时也在向海外市场挺进，这种情况与 1890 年代颇为类似。但与此同时，它们也开始在劳动力廉价的海外开设工厂。1957 年后的十年里，通用电气公司在海外创办了 61 家工厂，其他公司也有同样的举动。公司的管理也在快速发展，着力发掘那些能够评估信息、权衡市场、正确决断进而创造最大效益的经营者。

25.1.4 工作方式的变化

随着公司发生变化，人们的工作也发生了变化。一改150年来的状况，第二次世界大战后美国制造业的工人减少了，而服务业的从业人员则增加了。1947年到1957年，工厂的工人数量下降了4%，而文秘人员则增加了23%，带薪的中产阶级雇员更是增长了61%。到1956年，大多数美国工人都成为白领，他们中有公司经理、办公室文员、销售员和教师。

不过，白领工作也是有代价的。在大公司工作变得缺少人情味和官僚化，他们的穿着、想法和行为也都单一化了，这些现象在1950年代的畅销小说及同名改编电影《一袭灰衣万缕情》（*The Man in the Gray Flannel Suit*）中得到了反映。大公司宣扬团队精神是重中之重，向雇员灌输它们认为合适的行为准则。美国无线电公司（RCA）向雇员分发公司统一的领带。美国国际商用机器公司（IBM）则为雇员开设课程讲授公司的理念。社会批评家赖特·米尔斯（Wright Mills）曾说："当一个人成为白领时，他出卖的不仅是时间和精力，还有个性。"

然而，也并非所有美国人都是白领。很多人仍然是装配生产线上的蓝领工人，他们制造着供他人享用的商品。他们也梦想可以消费当下无比丰富的商品，梦想拥有郊区的别墅和几辆私家车，梦想为子女提供比他们自己年轻时更多的东西。工人联合运动为蓝领工人争取到了更多利益，让他们生活得比以往更加舒适。他们是工人队伍中比较幸运的那部分。占工人总数40%的其他数百万工人从事的则是不受人欢迎、收入也更低的工作，如出租车司机、农夫或廉价商品店的售货员。对这些人来说，工作既不稳定，也不安全，还无聊乏味。事情经常都是这样：他们可以亲眼看到身边的消费文化，但却缺少资源去购买别人享有的商品。

25.1.5 工会运动的高潮

工会运动成熟于新政期间并在第二次世界大战末期得到加强。工会拥有比以往更多的 1 450 万成员。其中 1 000 万属于美国劳工联合会，其余 450 万属于美国产业工会联合会。第二次世界大战期间工人们曾做出不罢工的承诺来全力满足国家的战时需要，现在他们则要求加薪和对工作场所拥有更大的管理权。

战争结束伊始，工人生活比较困难。保护命令的撤销使大量为战争服务的工人失业，并带来了对经济危机的恐慌，就像第一次世界大战结束后那样。有工作的工人也没有了战时的加班费。一部分工人开始通过罢工来进行反抗。仅 1946 年一年的罢工人数就达到 460 万，这创造了美国罢工人数的历史纪录。这些混乱离间了美国中产阶级，并惹怒了一向谨慎的共和党人，他们认为工会化的步子走得太远了。

1940 年代晚期出现了一种新的平衡。在许多产业，大企业最终都承认了工人的基本权利；作为回报，工会领导和工会成员则承认了管理层的特权并接受了"合理利润"原则。同一产业的大公司也达成一致，改变在劳动力报酬方面的相互竞争关系并相互合作。这样一来也就意味着，任何一家公司与工会的谈判结果都将适用于本产业的其他公司。

与此同时，公司对工人也做出了物质上的让步，例如，调整工资报酬以防止通货膨胀。1948 年，通用汽车与汽车工人联合会达成了一份包括生活费用调整（COLA）和增加 2% "年改善因素"工资的协议，目的是与工人共同分享通用汽车的产值效益。1955 年，工人们获得了每年加薪的保证。同年美国劳工联合会与美国产业工会联合会的合并（**AFL-CIO**）则证明了工人运动发生的变化，因为由建筑业工会主义者乔治·米尼（George Meany）领导的这一新组织代表着 90% 以上全国较大的工人团体，囊括了 1 750 万成员。到 1950 年代末，生活费用调整已被列入大多数工会的合约。

同中产阶级的富裕生活一样，工会也为其所得利益付出了代价。工人们

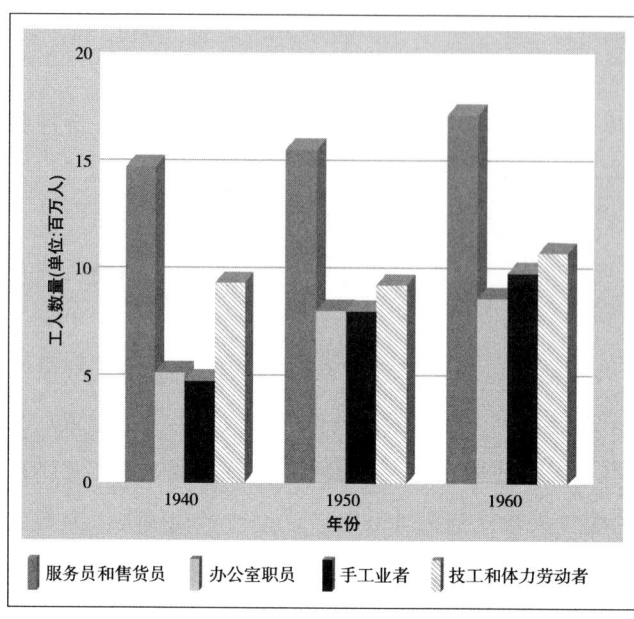

1940 年到 1960 年的职业分布状况

第二次世界大战之后，工人数量大幅增长。观察图中各类工种的增长情况，看看哪些增幅最大。1960 年的劳动力大军与 1940 年的有何不同？这一转变如何影响工人态度？

接受了大公司的物质安抚，日益受制于中层管理人员，并对大公司在国内实行自动化、在国外扩张寻找更为便宜的劳动力感到忧虑。反共运动也损害了工会的激进主义，因为工人们害怕对资本主义秩序的任何批评都会让自己被贴上"共党分子"的标签，进而导致失去工作。与在其他机构一样，在这一时期的工会中，妇女和黑人依然受到歧视，这使他们的生活变得比白人男性更为困难。

25.1.6 困顿中的农民

战后美国的农业比工业变化更大。第二次世界大战前夕，农业为全国 20% 的人口提供了工作岗位。现在，经过一代人的时间，机械化和合并使得这个数字下降到 5%。也就是说，约有 1 500 万个农业工作岗位都消失了。

新的科技革命彻底改变了农业耕种方式。播种和收割机械的改进、化肥和杀虫剂的改良，使得农业产量大增。增加的收益则促成了农业合营。1945年后的25年里，单位耕地产量翻了一倍，农业成为一种大买卖，经常被称为"农业综合企业"。家庭式的农业生产很难与技术先进的大公司相竞争，小农场主只能眼睁睁地看着自己所能占有的市场份额不断下降。

结果，离开土地的农民越来越多，其中有一些是中西部的白人，他们通常会去办公室或工厂找工作。在南方，许多离开土地的农业工人都是黑人，他们成为自第一次世界大战后就一直在进行的向北方大规模移民的一分子。数百万黑人最终都融入到了城市中，在那里，他们要面对贫困问题和住房及就业方面的歧视。人们赖以生存几十年乃至上百年的农业生活结束了。

25.2 人口和技术变迁

战后的经济繁荣与一系列的人口变化密切相关。人口大幅增长并持续向西部迁徙，而与此同时，数百万白人则离开城市迁往郊区，郊区在战后那些年开始呈指数增长。科技进步带来了电视、空调和其他设备，围绕这些产品出现的新的生活方式，逐渐塑造了主导郊区生活的消费文化。

25.2.1 人口增长

在第二次世界大战后的美国，人口增长证明了繁荣局面的恢复。战后数百万美国人组成新的家庭，出生率也开始攀升。1957年"婴儿潮"高峰时，出生率高于25‰。那一年共有430万个新生命来到人世，平均每7秒就有一个婴儿出生；而在整个1950年代，美国人口则增加了2 900万人。

高出生率是人口增长的主要因素，但死亡率降低也是一个重要因素。具有奇效的药物，如青霉素和链霉素，可以帮助治疗细菌感染和像结核这样更加严重的疾病。第二次世界大战结束十年后发明的脊髓灰质炎疫苗彻底消灭了脊髓灰质炎这种痼疾。人们的预期寿命延长了，1950年代中期白人的平均寿命为70岁，黑人为64岁，而在1920年时白人的平均寿命只有55岁，黑人则为45岁。

25.2.2 向西迁移

战争期间的人口流动也加快了西部发展。尽管由于西部诸州缺水，需要建设大量的引水工程才能满足人口不断增长的需要，但当造船厂、飞机制造厂和其他工厂相继在西部城市落户以后，许多工人都举家涌向这里。这种迁移模式在战后仍在继续。"阳光地带"（沿着美国南部边境从佛罗里达到加州的狭长地带）吸引了数百万来自工人阶级和中产阶级的新居民。像休斯敦、阿尔伯克基、图森和菲尼克斯等城市以惊人的速度扩展着，洛杉矶更是超过费城成为美国第三大城市。到1963年，加州已超越纽约成为全美人口最多的州，西部的重要性由此可见一斑。

向西迁移是很多因素共同作用的结果。战时驻扎在西部的军人被这里的景色、气候和生活节奏所吸引，因而他们中有许多人都在战后选择举家迁往这里生活。与此同时，"冷战"所需的军费也刺激了经济发展，其中大部分增长都来自西部。到1962年，太平洋沿岸地区总共承揽了国防部近一半的研发合同。

西部的发展还得益于服务经济的发展。西部各州中从事这种工作的工人比例明显要高于东部。战后，丹佛成为地区性的联邦行政中心。由于驻扎着众多联邦机构，阿尔伯克基被称为"小华盛顿"。过去以牛仔、农夫和矿工为标志的老西部，已经变为挤满公务员、律师和办公室文员的新西部。

25.2.3 新市郊

第二次世界大战后人口向西迁移的同时，另一种人口迁移也在进行着。上百万美国白人从市中心迁往市郊，使这种战前就有的趋势变得更加明显。事实上，在 1950 年代，包括纽约、芝加哥在内的全国 14 个最大城市的人口都在减少。

伴随城市衰落的是郊区的兴旺。如果说第一次世界大战后的十年间人们迁移的脚步是从农村向城市，那么第二次世界大战后几十年间的情况则恰好相反，是从市中心迁至乘车才能到达的远郊区。到 1950 年年底，已有 33% 的美国人搬到郊区定居，他们在那里实现了"居者有其房"的美国梦，而且看上去还可以远离外面世界的纷扰。

战后郊区化运动的先锋是威廉·莱维特（William Levitt），他是一个放手一搏并渴望从人们不断增长的需求中获利的建筑商。第二次世界大战期间，莱维特的公司曾为军工厂的工人建造过房屋，因而了解"批量生产"的优势。他认为《退伍军人权利法案》所规定的抵押贷款，使得郊区建筑业的发展指日可待。但要想从中盈利，莱维特必须采用新的建筑方法。

莱维特认为，独立设计的房子已经不合时宜。他说："我们成功的原因就在于可以批量生产出很多产品而又无须付出太大成本。"房屋建筑也不例外。按照周详的计划，莱维特的工程队会把事先裁切和配装好的材料运到指定地点组装成房屋，之后他们就会转战另一地点进行同样的工作。

莱维特证明了这种方案是奏效的。1940 年代末在纽约建造的拥有 1.7 万幢房子的莱维特镇，每平方英尺的建筑成本只有 10 美元，而相比之下在其他地区建造房屋的这一成本通常就要达到 12～15 美元。宾夕法尼亚州和新泽西州也建起了"莱维特镇"。莱维特的成功也为其他行业的发展树立了榜样。

莱维特认为他建造的房屋强调了美国的价值观。他曾说过："拥有自己房产的人都不会是共产主义者，他们需要做的事情太多了。"但与此同时，他却拒绝把房子卖给黑人，从而又帮助把种族隔离持久化了。他在 1950 年代初曾宣称："我们能解决住房问题，我们也能试着解决种族问题，但我们绝对不能把这两者混为一谈。"

郊区化也使自然景观发生了变化。从前大面积的田地、牧场和树林都被划分成标准的方块地，建起了配有两个车库和草坪的小家园。碍事的树木被成排砍掉，因为比起在树边施工，直接砍掉它们要更为省钱。

随着市郊日渐繁荣，商家也从城市尾随而来，纷纷在市郊建起购物中心。1957 年，仅三个月内就有 17 家新购物中心在郊区开业，到 1960 年，全国购物中心的总数达到了 3 840 家。购物中心迎合了郊区顾客的需要，并转变了他们的购物方式。它们的出现使购物者完全不必去城里，进而也损害了城市的健康。

25.2.4 环境的影响

郊区化也对环境造成了影响。快速的扩张通常缺少周详的计划并破坏了一些全国最美的自然景观。很早以前，几乎每座城市的外围就已被丑陋的带霓虹灯路标的高速公路所环绕。广告牌也填满了所有可以占据的空间。

在第二次世界大战刚结束的几年时间里，除了偶尔出现一些抗议，人们对环境问题很少关注。人们关注更多的还是"战争"而不是"环境"。经济繁荣造就了 1940 年代末至 1950 年代的高速公路带，使人们越来越珍惜自然环境，并将其视为日益提高的生活标准中极为宝贵的一部分。工作日缩短使人们有了更多的闲暇时间，许多美国人都有机会去度长假。人们前往山川、河流和海边游览并开始思考如何保护这一切。1958 年，国会成立了"美国户外资源评议委员会"，向保护自然环境迈出了第一步；到了 1960 年代，与环境保护相关的议案已变得十分普遍。美国人也开始意识到，需要在生活环境中保留没有建筑物的空地，因为它们可以弥补都市的过度发展。

25.2.5　技术至上

科技革命改变了战后的美国。包括应用核能在内的多项技术发展都是得益于战时需要。由于战时合作模式一直延续了下来，所以政府也对科研活动给予鼎力支持。政府先是于1948年成立了国家卫生研究院（National Institutes of Health）以协调医学领域的研究，后来又于1950年成立了为基础科学研究提供资金的国家科学基金会（National Science Foundation）。

"冷战"的到来使得政府开始更多地涉足科学技术研究。1946年成立的核能委员会和1947年成立的国防部负担了剧增的科研费用。科学家们致力于基础研究和应用研究，他们发展了核武器、喷气式飞机和卫星，以及一些从军需研究转型的民用消费品。

电子计算机技术的发展是科技革命的反应器和助推器。早在第二次世界大战之前，麻省理工学院的电子工程师万尼瓦尔·布什（Vannevar Bush）就制造出了一台布满转轴和传动装置并带有电子管机械部件的机器，用来计算微分方程式。1946年，更复杂的被简称为"ENIAC"的电子数字积分计算机在宾夕法尼亚大学被制造出来。ENIAC体积庞大，共有1.8万个电子管，它的耗电量非常大并需要特殊的冷却装置。它在进行工作的同时需要被调试（debugged）以驱赶被光亮和热量吸引来的小虫子，而"debugged"这个词直到今天仍被电脑科学家们用来表示解决一些软件小故障。就当时的水平而言，ENIAC的表现让人印象深刻，但要就当今水平而言，则不亚于是龟速前行。

1948年，晶体管的发明成为计算机发展史上的一次关键性突破——它使计算机能够更快、更可靠地工作。计算机给美国社会带来的变化，丝毫不亚于一个世纪以前的工业革命。计算机不仅加强了美国人工作生活的集中化和联系性，同时也使得对计算机程序员和操作员的需求量迅速增加。

对太空探索来说，计算机也是不可缺少的，太空探索在战后年代变得日益复杂。火箭技术在第二次世界大战期间就得到了发展，但却直到战后才得以应用。火箭既可以运载核武器，也可以发射卫星，探测几百万英里以外的太空。

计算机广泛应用带来的一个弊端就是自动化。机械化并不是什么新鲜事物，但如今它以前所未有的速度全面扩展，这对技术工人和非技术工人都是一种威胁。工人被机器所取代导致购买力下降，这对依靠消费来带动发展的经济来说是一个很严重的问题。

25.2.6　消费文化

美国人喜欢现代技术生产出来的每样机器、设备和小玩意儿。在持续数十年的匮乏过后，他们热切地购买他们在身边看到的任何商品。到1950年代末期，大多数家庭都至少有一辆汽车，通常都会有两辆或更多，尤其是如果他们需要从新的郊区上下班的话。汽车变得比过去更大也更吸引人，汽油便宜得惊人，更大马力的发动机成为标准配置。汽车尾翼有时看上去就像飞机的翅膀。

1930年代发展起来的电视，在第二次世界大战后给美国人的生活带来了巨大的影响。1946年，美国的电视拥有量不到1.7万台，而到了1960年，75%的美国家庭都至少有一台电视；1955年，美国家庭平均每天会花费4～5个小时看电视。有调查显示，一个美国学生从小学到高中毕业，坐在教室里的时间为1.1万个小时，而坐在电视前的时间则为1.5万个小时。1950年代的美国年轻人都是看着《文奇·丁克和你》（*Winky Dink and You*）、《米老鼠俱乐部》（*Mickey Mouse Club*）和《好迪·都迪时间》（*Howdy Doody Time*）长大的；年老一些的观众则喜欢看情景喜剧，如《我爱露西》（*I Love Lucy*）和《爸爸最知道》（*Father Knows Best*），以及《剧场90》（*Playhouse 90*）这样的话剧。

电视也成就了1950年代发展起来的摇滚乐。埃尔维斯·普雷斯利（Elvis Presley）在电视上一边性感地扭动臀部一边弹着吉他唱歌，父母们都被吓坏了，他们担心这种新潮音乐会给孩子们带来不良影响。年轻人收看"美国音乐台"（American Bandstand），欣赏比尔·黑利（Bill Haley）、彗星乐队（the Comets）、小理查德（Little Richard）、查克·贝里（Chuck Berry）和普雷斯利的音乐和舞蹈。

消费逐渐成为美国经济的支柱，而想要让消费带动经济发展也就需要消费者信贷业务迅速扩大。分期付款使人们很轻松地就可以买到新车，银行又开始鼓励人们用分期付款来购买电视等家用电器。因为在餐厅可以刷卡，人们出去吃饭也变得日益平常起来。第一种消费者信用卡——用餐者俱乐部卡——诞生于1950年，后来在1950年代末又出现了美国运通信用卡和美洲银行卡［后来称作维萨卡（VISA）］。到了1960年代末，美国约有5 000万张银行卡在消费中被使用。持卡消费（私人负债总额）从1946年的84亿美元增加到1958年的450亿美元。

针对那些对购买新产品犹豫不决的消费者，新生的广告业已经做好了说服他们的准备。商业广告诞生于1920年代，商家通过广告说服消费者购买新产品——购买他们的产品不仅会使消费者满意，还可以提高消费者的身份。1930年代经济危机时广告业也曾一度消沉，直到第二次世界大战期间才又逐渐复兴；商家为了使产品家喻户晓加大了广告宣传力度，即使对那些供不应求的商品也是如此。随着战后经济繁荣，广告业以前所未有的浩大声势展现在消费者面前。21世纪初期播出的电视连续剧《广告狂人》（*Mad Men*）中，就突出强调了广告业如何帮助推动消费经济的发展。

经历了1930年代的贫困失业和第二次世界大战中的种种牺牲，美国人把现在富裕而清闲的生活看成是他们应得的，有时人们只顾满足眼前的欲望而根本无视生活中其他的一切。就像记者威廉·香农（William Shannon）所写："在这十年当中，人们自我满足并且物质享受极其丰富……这片土地上最大的声音就是自私贪婪的呼噜声……这是一个懒汉的年代。"

25.3 共识与一致性

随着经济发展，数百万美国人都购买相似的产品，一种日益增长的"一致"意识也开始在美国社会中蔓延开来。第三代和第四代移民与其他美国人之间已经没有什么差别。随着1924年后前往美国的移民开始减少，他们与欧洲的联系日益减弱，而相互之间的同化则在不断加速，跨种族婚姻也出现了激增。电视为年轻人和老年人带来共享的、视觉上诱人的经历。想要逃避同质化是一件十分困难的事情。

25.3.1 宗教生活掠影

第二次世界大战后，美国人发现了一种共同的宗教意识，回归教堂的民众数量空前。到1950年代末，多达95%的美国人都认同某种宗教。

基督教各派大联合运动（基督教不同教派在全球范围的活动）促进了更多的宗教参与，扩大了宗教的影响。在美国，由南方浸信会教友**比尔·格雷厄姆（Bill Graham）**和其他人领导的福音信仰奋兴派变得越来越受欢迎。与此同时，天主教也在试探着扩大其影响。教皇约翰二十三世1962年在梵蒂冈召开了全球天主教会议，修改了天主教会的一些传统和仪式，使天主教变得更易被人们所接受。犹太教也在做着同样的努力。犹太人依照《退伍军人权利法案》搬到了郊区，在那里他们买了地，盖了新教堂，大多数新教堂都一改正统派犹太教堂的样式，而采纳了革新派或保守派更为随意的风格。无论什么信仰，宗教信仰的复兴都突出了家庭生活的重要性，因为就像有句口号所说的："一起做祈祷的家庭会团结在一起。"

艾森豪威尔总统说："我们的政府形式需要建立在某种深刻的宗教信仰之上，否则就没什么意义，但我并不在乎那种信仰是什么。"他的话也反映了全体美国人的想法。1954年，国会决定在公民向国旗宣誓时加上一句："在上帝面前"。1955 年，美国的流通货币上加印了"我们相信上帝"（In God We Trust）的字样。然而，宗教信仰的复兴看上去却是基于人们浅薄的宗教知识。在一次公众民意测验中，80% 的人认为圣经上的内容是上帝说的话，只有 35% 的人能说出四部福音书的书名，有一多半人连一部也说不上来。

25.3.2 男性和女性的传统角色

第二次世界大战使得男人和女人的传统行为方式都发生了改变。当男人参军前往海外后，女人也走出家门去工作。1945 年战争结束后，妇女们面临着要求她们离开工作岗位恢复到战前的性别角色中去的巨大压力，尽管如此，还是有比以往更多的女性加入了工作者的行列。

战后男人和女人有着不同的期待。男人们期望去学校学习然后找份工作来养家糊口，他们将自己视为理所应当的家庭支柱。对女人来说，情况就要复杂得多。她们希望继续这种被战争改变的家庭生活模式，尽管工作会带来压力，但她们已经喜欢上了在军工厂工作的生活，不愿退居家里做主妇。当然，也有一些妇女依然留在了工作场所；但更多的女性还是回到了家中。

到 1950 年代，白人中产阶级的模式已经变得再明显不过。"婴儿潮"的到来使得家庭规模扩大，她们更倾向于做出赋闲在家的决定。向郊区迁移的潮流使妇女有更多事情可做，她们打理房间和花园并接送孩子上下学。

婚姻和家庭成为第一要务。许多女性上大学都是为了在校内择偶，如果找到了理想的丈夫就会放弃学业。约有 67% 的女性没有完成学业就离开了学校，而这样做的男性则不到一半。在人们眼中，女性是应该早结婚早生子并支持丈夫事业的。1954 年《时尚先生/君子》（*Esquire*）杂志上的一篇文章将有工作的妻子称作"危险物"。

1946 年，儿科医生本杰明·斯波克（Benjamin Spock）出版了《婴儿及儿童护理常识》（*Baby and Child Care*），这本书的内容对战后一代儿童的抚养模式有很大影响。斯波克在书中建议母亲们，如果希望养育健康、正常的孩子，最好还是待在家里。母亲如果外出工作，就是在拿孩子的心理和感情健康去冒险。

流行文化也突出强调了女性只应关注婚姻和家庭的传统观念。作家贝蒂·弗里丹（Betty Friedan）在她 1963 年轰动一时的批判性著作《女性的神秘性》（*The Feminine Mystique*）中描述了这些模式。她写道："这是毋庸置疑的真理——女性除了家庭，不应认同其他诸如政治、艺术、科学或任何大小事件，无论战争时期还是和平时期，无论在美国还是在世界上，而只应处理与作为妻子、母亲或与家庭琐事相关的事宜。"

家庭在这一阶段被认为是重中之重。只有不到 10% 的美国人认为单身会快乐。流行电视节目中反复声称家庭可以提供各种安逸和满足。大农场的平房越来越受欢迎，反映出这一时期人们把家庭视为乐趣的源泉。现在的房子有着比过去更多的共用空间，重在强调居住的舒适性和家庭的温馨感。

在战后人们关注的事情中，性应该算是个麻烦。1948 年，动物学家阿尔弗雷德·金赛（Alfred Kinsey）出版了他的"金赛报告"（**Kinsey Reports**）第一部《男性性行为》（*Sexual Behavior in the Human Male*），该书基于他对 5 300 位白人男性性生活的研究。金赛关于婚前、婚外或其他违法性行为的统计数字震惊了全国。据他推测，上过大学的男性中，67% 有过婚前性行为，那些只上过中学而没上大学的男性的这一比例更是高达 84%。所有男性人口中 37% 都有过明显的同性恋行为。五年后，金赛又出版了"金赛报告"第二部《女性性行为》（*Sexual Behavior in the Human Female*），书中也详细描述了一些同样的性模式。尽管也有一些批评的声音说金赛的方法不科学并质疑他推测的结论，但这两本书还是很畅销，因为它们打开了一个从前大家都十分忌讳的话题。

人们对性的兴趣从对玛丽莲·梦露（Marilyn Monroe）这样性感女神的着迷中就已经反映出来了。这些电影明星的形象很符合男性对女性的幻想，而且在《花花公子》（*Playboy*）杂志中也可见到类似的形象，这本杂志 1953 年创刊后马上便拥有一大堆读者。男人们理想的妻子是能够料理家务、能够带来欢笑并能够满足她们丈夫欲望的女性。性行为模式依然受到限制，并且经常会依据种族或民族群体不同而变化。

虽然女性的归宿就是家庭这种旧观念再次得到认同，但在1950年代还是发生了一些不那么引人注意但却很重要的变化。由于在经济大萧条的那个年代出生率低、人们受教育的时间变长且早婚者较多，所以单身女性工人数量开始不足，年纪不小的已婚妇女们又开始继续战争时期的模式——以比过去更多的数量加入工人队伍。1940年，美国只有15%的妻子们有工作。到1950年，这一比例达到21%，而到1960年则为30%。由于主流观点认为妇女的本职是料理家务，所以职业女性的工资较低，而且也难有提升机会。只有少数女性就任了那种可以挑战传统女性观念的高职位。

黑人妇女像往常一样也要上班，但却常会失去她们在战争期间所能拥有的工作。然而，到了1950年代，情况开始有所改善。黑人妇女们既当上了白领又增加了薪水。到1960年，超过33%的黑人女性就职于书记员、售货员、服务员或自由职业等工作岗位。从事同样工作的白人女性与黑人女性之间的收入差距，则从1940年的50%缩小到1960年的30%。

25.3.3 文化反叛

并非所有美国人都适应1950年代的老一套。有些人就疏远那种文化并否定其价值。许多人都为霍尔顿·考尔菲尔德（Holden Caulfield）所着迷，他是小说家塞林格《麦田里的守望者》（*The Catcher in the Rye*，1951）中的主人公。他反抗周围所有"虚伪的人物"，以维护自己的个性和独立。

"垮掉的一代"的作家们在其故事和诗歌中赞成非传统的价值观，他们向冷漠和顺从的时代发起挑战。**行为反叛的年轻人**（"**Beats**"）以各种方式挑战传统道德，他们鄙视物质主义，过着放荡的生活并吸食大麻。

他们的文学作品则反映出他们贴近生活。凯鲁亚克在他的畅销书《在路上》（*On the Road*，1957，该书是在一卷250英尺长的打印纸上打出来的）

中废除了传统写作当中的停顿和分段。诗人金斯堡与凯鲁亚克一样从哥伦比亚大学辍学，凭借诗歌《嚎叫》而一鸣惊人，该诗对现代社会中机械而呆板的文化进行了严厉批判，长诗的第一句是："我看见我这一代的精英被疯狂毁灭，饥肠辘辘赤身露体歇斯底里。"他和其他"垮掉派"青年一道为1960年代的反叛树立了典范。

流行音乐中也出现了文化反叛的迹象。孩子们蜂拥去听来自田纳西州的年轻歌手普雷斯利充满激情地演唱摇滚乐，他们的父母对此忧心忡忡。普雷斯利凭借其性感的歌喉、扭动的臀部，以及从黑人音乐中借鉴来的音乐技巧而成为无可争辩的"摇滚之王"。他的黑皮夹克和鸭尾巴式发型也成为反叛男青年的标准装束。

美国的艺术家被来自欧洲的影响束缚了两个世纪，在挣脱了这种束缚之后，美国的画家也成为文化反叛的一部分。在杰克逊·波洛克（Jackson Pollock）和"纽约派"（"New York School"）的带领下，一些艺术家抛弃了画架而把巨大的画布铺在地板上，然后用泥铲、油灰刀、小木棍等工具，以颜料、玻璃碎片、沙子和其他东西为材料，通过自然的方式作画。抽象的表现主义也反映出与那个充满核威胁、电子计算机化和物质主义的世界相疏离的愿望。

25.4 福利国家的巩固

现代美国的福利制度肇始于新政。那时罗斯福所做的努力，旨在减少经济大萧条给美国人带来的损害，保护美国人免受工业资本主义所带来的弊端的侵害；罗斯福为后继政府奠定了一个基础：政府有责任去帮助那些无法自立的人，甚至是在繁荣时期也应如此。1945年春天罗斯福去世后，杜鲁门继任美国总统，他在前任新政的基础上推出了"**公平施政**"（**Fair Deal**）；而他的共和党继任者艾森豪威尔虽然采取措施减少了福利开支，但却没有采取任何措施收回最重要的福利国家的方案，艾森豪威尔的行动巩固了福利社会在现代美国社会中的位置。

25.4.1　杜鲁门与保守国会之间的斗争

杜鲁门在制定公共政策时态度强硬，这也是他处理对外事务的特点。他相信平实语言的力量，当政治对手反对他的议案时，他会还以犀利的攻击并经常向美国民众寻求支持。从很多方面来说，他都是一位旧式的民主党政治家，他希望用他的权力来维护中产阶级和工人阶级的利益，因为他们构成了他的政治基础。

与罗斯福一样，杜鲁门也认为政府对美国人民的社会福利负有责任。杜鲁门政府精心制定了一系列社会和经济发展目标，并希望通过其顺利实现，使新政得以扩展和延续。

第二次世界大战结束不到一周，杜鲁门就召集国会通过了"二十一点计划"。他想实现住房补助，提高薪水的最低额度，提供更多失业补助和国家干涉以维持充分就业。接着，杜鲁门向国会提交了更多建议，包括医疗保险和原子能法规。但是，他的这些计划立刻遭到激烈的政治反对。

围绕《1946年就业法》出现的争论，暗示着杜鲁门这些建议的成败。这一举措是对英国经济学家约翰·凯恩斯的理论的谨慎运用，凯恩斯主张通过增加消费以避免经济不景气来保持经济平衡。当自由主义者和工人领袖们为这些措施高声欢呼时，商业组织却认为，政府的干预不但会破坏自由企业的发展，还会助长社会主义的进一步发展。法案在国会惨淡收场。当它最终勉强得到通过后，法案中创立了一个经济顾问团，旨在为总统提供建议，但在现实生活中，当经济出现下滑趋势时，经济顾问团却并未敦促政府动用财政手段去维持充分就业。

随着1946年中期选举迫近，杜鲁门自知处境不容乐观。由于越来越多的人都质疑他当总统的能力，他的支持率也从他刚入主白宫时的87%下降到1946年11月的32%。得意的共和党人不断追问投票者："受够了吧？"他们确实受够了。共和党自1928年以来第一次在参众两院都赢得了多数，并赢取了更多的州长职位。

1946年中期选举过后，杜鲁门面对的是冷漠的第80届国会，后者计划恢复罗斯福时代自由主义的政策，重塑国会的权威。这届国会成立之后，减少了政府的公共开支并减了税。1947年，国会两次通过减税措施，但却都被杜鲁门给否决了。但是到了下一个选举年，即1948年，国会则又推翻了总统的此项否决。

共和党人对1930年代和1940年代工人取得的权利表示气愤，他们开始着手进行反击。他们想要对工会进行核查并限制其罢工权利，以免再次发生像战争刚结束时那样规模空前的大罢工。1947年，共和党通过了**《塔夫脱-哈特莱法案》**，该法案通过限制可使用的武器来制约工会的力量。法案列出了工会的诸多"不正当行为"（比如违背当事人意愿不让非工会人员工作），宣布"封锁工厂制"（closed shop）不合法，该制度规定只雇用某一工会会员。法案允许各州自行禁止"工会工厂制"（union shop），该制度要求工人受雇后必须加入工会。同时它也给予总统权利，可以在"影响国家安全的罢工"发生时宣布80天的"冷静期"，同时还要求工会领导人签署非共产主义者保证。

工会的领袖和成员都被激怒了。杜鲁门否决了国会期望实行的措施，认为这些措施既不可行也不公平，他还通过全国广播寻求民众支持。战争刚结束时杜鲁门曾强迫罢工工人回到工作岗位，这使他失去了一些民心，但通过他现在的举动，他又赢得了工人们的支持。然而，即使遭到杜鲁门的否决，国会最终还是通过了《塔夫脱-哈特莱法案》。

25.4.2 "公平施政"及其命运

1948 年，杜鲁门希望能有机会进一步巩固自由纲领并决定名副其实地赢得大选。但他心里很清楚，自己只是因为一个意外才得以入主白宫，虽然最后他也获得了党内提名，但大多数美国人都认为这意义不大。不仅他自己的声望跌落了，就连民主党似乎也要四分五裂了。

在民权问题上，民主党人之间出现了分歧。当自由主义者否定了一个折中的议案并催促给予美国黑人平等权的时候，来自密西西比和阿拉巴马州的代表愤怒地离开了会场。退场的这些代表后来组建了"州权民主党"，在州权民主党的会议上，来自 13 个州的代表提名南卡罗来纳州州长斯特罗姆·瑟蒙德（Strom Thurmond）为州权民主党的总统候选人，并重申了对种族隔离制度的支持。同时，亨利·华莱士也对杜鲁门构成威胁，华莱士曾长期在政府任职，直到因其支持温和的对苏政策而被杜鲁门将其从内阁中开除；他成为进步党的总统候选人。

处于分裂状态的民主党已难敌在野 16 年、对白宫觊觎已久的共和党。大老党（GOP，共和党的别称）再次提名纽约市市长杜威为总统候选人，尽管他曾在 1944 年的总统大选中败下阵来。杜威本人性格倔强、以自我为中心，但民意测验结果表明还是共和党占据一定优势。与此同时，杜鲁门则在竞选中受到了夹击。为了扭转被动局面，他将自己塑造成一个将要打一场硬仗的低调者，以此吸引普通百姓的支持。他认为，除了普通民众，所有人都在与他为敌，他在谴责"无所作为"的第 80 届国会时称共和党人是一群破坏新政的"头脑生锈的老古董"。杜鲁门以他那雄辩滔滔而又富有进攻性的非正式演讲风格吸引着群众，群众高呼："哈里，把他们扔进地狱去！"杜鲁门做到了。

民意测验所预测的共和党胜利是错误的。选举当天，《芝加哥每日论坛报》（*Chicago Daily Tribune*）上的鲁莽标题"杜威击败杜鲁门"被证明结果恰恰相反，这位在任总统创造了美国历史上一次罕见的、出人意料的政治翻盘，在选举人票中以 303 票对 189 票获胜。民主党也在参、众两院席位中获得多数。杜鲁门获胜的主要原因是赢得了工人、农民和黑人的选票——十多年前小罗斯福在大选中获胜靠的也正是这些人的支持。那些信不过华莱士的工人都把票投给了杜鲁门。

大选过后，杜鲁门继续追寻他的自由主义施政纲领。1949 年他在发表国情咨文时说："每个种族、每个人都有权利从政府这里获得公平施政。"杜鲁门的"公平施政"有一部分获得通过并得以实施，其他的则未获通过。立法者提高了最低工资标准，扩大了社会保障计划。住房计划也取得了一定成效，但却并未能够真正满足民众对住房的需求。农业计划（旨在当农产品价格下跌时为农民提供收入补偿）则在国会中一直未能获得通过。尽管在军队当中取消了种族隔离，但其他民权平等的议案却未能得到国会支持。美国医学协会（AMA）在暗中破坏了国家健康保险的实施，而且国会还否决了一项旨在为教育提供联邦资助的法案。

这一切也并非全是杜鲁门的过失。很大程度上是保守的立法者在暗中破坏他的努力。与此同时，批评者则批评杜鲁门，说他不切实际，跟敌对的国会做斗争时总是雷声大雨点小，此番评论也不无道理。他们还说杜鲁门有时看上去像是有意想要激起敌对情绪，而这也是他担任总统时的一大特点。他们还批评杜鲁门，为了在"冷战"这一对外政策上取得两党的同时支持，不惜在内政方面做出让步。

然而，杜鲁门还是让自由主义的愿景得以存续。他的"公平施政"政策延续了许多新政时的举措，使美国人认为社会保障等项目是再应该不过的。虽然杜鲁门的设想没能一一实现——甚至连接近都说不上，但国家还是朝着认可自由目标的方向又迈进了一步，并使福利国家完好无损。

25.4.3 艾克当选

即使在共和党执政后的 1950 年代，自由国家的发展依然得到认可。到

1952年，杜鲁门的支持率暴跌至23%，种种迹象都表明，移交政权的时刻到了。民主党提名的候选人是伊利诺斯州州长史蒂文森。代表共和党参选的则是人称"艾克"的第二次世界大战英雄艾森豪威尔。

史蒂文森用知识分子的语言谈论政治话题，而共和党人则把议题集中在共产主义、腐败和朝鲜战争等问题上。他们批评民主党对待共产主义的态度太过软弱，谴责政府丑闻，并向民众承诺会尽快结束不受欢迎的朝鲜战争。

艾森豪威尔用行动证明他是一个高效的竞选者。他有一种天生的才能，能用简单易懂的语言让普通民众明了自己的想法。他摆出一副老祖父的姿态把党内各翼联合在一起并最终在选举中获胜。艾森豪威尔总共得到55%的选票并拿下了41个州。这位新总统掌控了国会，而国会也为共和党控制，从而又在四年后轻松地赢得了连任。

艾森豪威尔与杜鲁门迥然不同。战争英雄从容的举止和热情的微笑使他广受欢迎。虽然没有正规的政治背景，但他却有能力让各派人士进行妥协并一起工作（融洽相处）。但因处理日常政务经验有限，这也影响到艾克对总统角色的理解。他不像杜鲁门那样热衷于政治斗争并执掌局面，而是来得更为克制。尽管对老罗斯福乃至小罗斯福而言，总统职位好比是"天下最牛讲坛"，但艾森豪威尔对此却并不认同。他曾宣称："我不是那种敲桌子类型的总统，翘着下巴好像一切都是他一个人说了算。"

25.4.4 "现代共和主义"

艾森豪威尔想对总统的权力加以限制。他对过去20年间行政机构的职权膨胀感到不安。就像曾与杜鲁门发生纠葛的国会中的共和党人一样，他想重新建立政府各个部门之间的平衡并削减中央政府的权力。不过他也认识到，要把联邦政府的权力限制到1920年代时的程度是不可能的，而且他也想维持就连共和党都已接受的社会影响。艾森豪威尔有时把他的手段命名为"动态保守主义"或"**现代共和主义**"（**Modern Republicanism**），他解释说，这意味着"涉及钱的时候要保守,涉及人的时候则要自由"。

艾森豪威尔在任期间将其精力主要花在了处理经济问题上。这位总统和他的主要助手们疲于维持美元汇率、削减开支和减税,并要面对多年的财政赤字尽力平衡预算。艾森豪威尔的政府也支持商业利益。这一定位变得很明确,国防部长、前通用汽车公司副总裁查尔斯·威尔逊(Charles Wilson)在确认就职听证会上宣称:"对我们国家有益的就是对通用公司有益的,反过来也是一样。"

艾森豪威尔履行了自己的诺言:减少政府对经济的干预。政府试图减少对电力领域的控制。艾森豪威尔反对扩大田纳西河流域管理局的范围来为原子能研究会提供电力,相反他授权一家私人联合企业去建立电厂来完成这项任务。后来因为有丑闻传出,政府撤销了合同,但支持私营企业发展这一点却是从未在根本上发生过改变。

政府的计划有时也会招致相反的结果。由于对经济增长过热进行了控制,经济年增长率从1947年到1952年的4.3%下降到1953年到1960年的2.5%。经济仍在增长,但比以往却要慢了许多。艾森豪威尔在职八年间美国还经历了三次经济倒退:1953年到1954年,1957年到1958年和1960年到1961年。在经济衰退期间,税收来源减少了,而艾森豪威尔极力想要避免的赤字则增加了。

艾森豪威尔保守的施政方针使得立法进程出现了停滞,尤其是在1954年民主党再次控制了国会之后。对立派嘲笑艾克的保守姿态和白宫萎缩的职权。然而,艾森豪威尔心里十分清楚自己在做什么,他对公共政策的掌握要远比他的批评者们看到的多得多。

他在推动福利国家发展方面发挥了更加重要的作用。到1960年,政府已在平常百姓的生活中扮演了一个重要角色。福利事业获得巨大发展,在1950年代服务于这一事业的雇员有近250万人。政府在这方面的开支也由1927年的35亿美元增加到1960年的970亿美元。白宫推动着与此相关的立法并在国会通过法案。民众都在期待着养老金、失业补助和最低工资。国家的基本福利事业由民主党创立,而艾森豪威尔则使其继续延续下去。

艾森豪威尔完成了他的多数目标,他是为数不多的几位离任时声望不逊于就任时的美国总统。他也是美国在繁荣时期所需要的那种领袖。

25.5 另一个美国

当然,也并非所有美国人都分享了战后中产阶级那样的富裕。非裔美国人被从乡村的土地上连根拔起,沦落至城市里的贫民窟,过着最艰苦的生活。而一些少数民族则和清贫的白人一样,经历着相似的不为中产阶级所知的困苦。

25.5.1 富庶中的贫困

尽管已经进入"富裕社会",但却仍有许多人生活在贫困中。虽然流行的"涓滴理论"(trickle-down theory,即经济学当中的积极投资理论)认为经济发展会使各个阶层都受益,但实际上底层民众却是获益甚微。1960年,根据联邦劳动局的统计数字,有4000万人(占总人口的近25%)都生活在贫困线以下,另有相同数量的人勉强维持在贫困线之上。

1962年,社会主义者兼评论家迈克尔·哈林顿(Michael Harrington)的调研之作《另一个美国》(*The Other America*)轰动全国。哈林顿指出,穷人随处可见。他描述了纽约市的"贫穷下流社会",在那里有"波多黎各人、黑人、酒鬼、流浪者和泡在雇佣机构找工作的人",他们只能找到一些临时性工作,如"刷碗和日工,以及夜间工作"。尽管被繁荣包围着,但是阿巴拉契亚的山民、密西西比的佃农,以及佛罗里达、德克萨斯和加州的流动农民,却是深陷于贫困带来的恶性循环中。

25.5.2 非裔美国人的艰苦岁月

黑人是战后全国最穷的人。在南方,当白人农场主转向劳动密集度较低的大豆和花生种植后,农业工人继续成为外国竞争和机械化的牺牲品。随着数百万黑人迁往南方城市去寻找更好的工作、更好的教育和脱离农场主之后的自由,南方农业人口骤减。有些人成为中产阶级,但大多数人都没有做到。他们依然很穷,经历着他们未曾体验过的更艰难的生活。

1940年后也有上百万非裔美国人前往北方城市。1950年代,底特律的黑人比例从16%增加到29%;在这一年代的某一阶段,芝加哥的黑人甚至以每周2 200多人的速度增加。新来的人都聚集到城市的贫民区,导致那里的社会服务发展远远无法跟上人口增长的步伐。

非裔美国人在城市里的处境与他们之前想象的完全不同。就像作家克劳德·布朗(Claude Brown)回忆的,黑人们听说,在北方,"黑人住在有浴室、有电、有自来水和室内卫生间的房子里。对他们来说,这是妈妈在棉田里唱的歌谣中的'乐土'"。但却没人告诉他们,"关于'乐土'最重要的一个方面:那只是黑人聚居的贫民区"。这样的情况,和在南北双方都存在的伴有漠视的种族隔离,给黑人造成了极大的伤害。

不过,黑人团体仍然维持完好。黑人的教堂在维持黑人的生活中扮演着重要角色。黑人们搬进城市后依然保留着乡村生活时去教堂的习惯并恪守信仰。教堂不单单是给黑人提供精神寄托。许多教堂白天还提供托儿所服务(由男女童子军管理),另外也提供一些其他的社会服务。

城市黑人人口的增长,加快了面向黑人社区的商业团体的发展。黑人的报纸地域性较强,但是像《黑玉》(Jet)这样的小型周刊杂志的发行量也很大,全国各地都有。黑人拥有的或者黑人经营的银行和其他金融机构的数量也都在增加。

然而,大多数非裔美国人都仍是二等公民,对许多黑人而言脱离贫民区很难,而大多数黑人则永远都做不到。持续的贫困仍是生活的灰暗现实。

25.5.3 非裔美国人状况的改善

战后非洲掀起了争取独立的斗争,如肯尼亚的"矛矛党"反对英国殖民统治的起义,这也激发了非裔美国人领袖在更广阔的国际背景下为黑人争取平等。他们为非洲国家所取得的独立而感到骄傲,并竭力想要争取在国内也获得同等的改变。

1947 年,种族问题发生了戏剧性改变,杰基·罗宾森(Jackie Robinson)冲破肤色界限,加入了"布鲁克林道奇队"参加美国棒球联赛。有时队友们也会对他充满敌意,有时对手则会对他进行恶意犯规,但罗宾森一直都在默默地忍受着。他在第一个赛季的出色表现改变了这一切,并为他赢得了那年

棒球巨星杰基·罗宾森

作为第一个参加职业棒球大联盟的非裔美国人,罗宾森凭借其在赛场上的出色表现促进了棒球领域的种族融合。他在 1947 年首个赛季成绩亮眼,从而为其他黑人同胞打开了进入职业联赛之路。在那之前,他们只能参加黑人联赛。在这张照片中,在艾伯兹球场参加 1957 年世界棒球大赛的罗宾森正在准备偷垒,你对他有什么印象?

联赛的最佳新人奖。罗宾森开启先河之后，许多原来参加黑人棒球联赛的球员都加入了全美棒球联赛，其他运动项目上逐渐也都发生了相同的变化。

尽管不太情愿，但杜鲁门还是支持了国内的民权运动。1946年，他还任命了民权委员会负责调查对黑人处以私刑和其他针对黑人的残酷行为，并对受害者给予赔偿。委员会在1947年10月递交的报告中声称，黑人在美国生活的各个领域中仍然处于二等公民的地位，而且他们强烈要求改变这一状况。1948年1月，杜鲁门向国会提交了有关民权的"十点计划"，这是自战后重建以来由总统提出的第一个民权计划。后来杜鲁门做出了更大的动作，他先是发布了禁止种族歧视的行政命令，接着又要求实现在军队服役方面黑人与白人的平等。朝鲜战争用人的需要冲破了最后的禁锢，尤其是在军队发现黑人和白人混合的部队表现不错后更是如此。

在1950年代民权斗争所获得的成就中，司法系统扮演着至关重要的角色。全国有色人种协进会（NAACP）决心推翻1896年最高法院对"普莱西诉弗格森案"的判决结果，该案的判决中宣布，如果双方所拥有的便利能够达到"隔离而平等"的话，那么黑人与白人之间的种族隔离就是合法的。根据这一法律规定，几代人之间都维持了这种持久的隔离，尤其是在南方；但即使有平等的前提，隔离所带来的便利也很罕见。

1951年，奥利弗·布朗（Oliver Brown）起诉堪萨斯州的托皮卡市学校董事会，要求这所面向白人的学校接纳他8岁的女儿琳达·布朗（Linda Brown），因为他的女儿如果上黑人学校必须坐公交车走很远，而托皮卡市学校就在她去公交车站的路上。这个案子被递交到最高法院并与好几个学校种族隔离的案子合在了一起。

1954年5月17日，最高法院对"**布朗诉教育董事会案**"（*Brown v. Board of Education*）做出了出人意料的裁决。十多年来，最高法院的判决一直都在逐渐扩大黑人的民主权利。现在最高法院一致判定"隔离便利根本就是不公平的"并断定"隔离而平等"这一理论无法适用于公共教育。一年之后，法院转而着手处理判决的执行问题，它要求各个地方的学校董事会在地方法院的指引下，以最适当的进度来消除种族隔离。

艾森豪威尔总统对这项法令的执行起到了巨大的推动作用。他个人认为布朗一案的裁决很可能会是一纸空文，并知道让判决真正得到实施是他的法律责任。他指挥了首都华盛顿的破除隔离的行动，先以学校作为典范，继而在全国各行各业推广。他还命令在海军和退役兵医院中消除种族隔离。

南方出现了对消除隔离的抵抗。最主要的冲突发生在1957年阿肯色州的小石城。就在新学期开学前，州长奥瓦尔·福伯斯（Orval Faubus）在电视上宣称，如果白人与黑人合校，那么正常的秩序将很难维持。面对充满敌意的暴徒，州长派出国民警卫队士兵，把九名试图进入学校的黑人学生带走了。

由于执行受挫，艾森豪威尔意识到这样的抵抗不可容忍，并最终采取了他之前称为不可思议的行动。自第二次世界大战后重建以来，美国总统第一次命令出动联邦军队来保护黑人公民的权利。艾森豪威尔命令伞兵部队空降在小石城，并使当地国民警卫队受联邦军队节制。黑人学生在军队的保护下进入学校去上课。只有在这种情况下，消除隔离的计划才得以继续下去。

与此同时，非裔美国人在教会的鼓励下也开始组织起来采取直接行动，他们的努力极大地推动了民权运动的发展。艾米特·提尔（Emmett Till）惨遭谋杀令举国震惊。提尔是一个14岁男孩，他来自芝加哥，出事当天正在密西西比探亲。他在杂货店里冲着一位白人妇女吹了声口哨，由此触怒了当地白人。相关照片展示了打开的棺材里提尔惨遭蹂躏后变形的尸体，由此激发民众采取行动，进一步倡导种族平等。

起到催化作用的事件发生于1955年12月阿拉巴马州首府蒙哥马利。罗莎·帕克斯（Rosa Parks）是一个42岁的黑人缝纫女工，同时也是全国有色人种协进会的秘书，她搭乘公交车时坐在了专为白人提供的座位上，当被要求离开座位时，这位长期支持民权运动的积极分子拒绝服从。公交车司机在下一站叫来了警察，帕克斯被捕。全国有色人种协进会主席告诉帕克斯："这正是我们想要找的案子，我们会通过你的案子来改变公交车上的状况。"

小马丁·路德·金（Martin Luther King, Jr.）是一位27岁的浸信会教堂的牧师,此次会议正好在他的教堂召开,他立刻成为此次抵制行动的杰出发言人。金是一位很有感染力和号召力的演说家。他曾宣称:"是时候该停止忍受除了自由和公平以外的任何事情了。"

在近一年的时间里,在蒙哥马利有五万黑人避开运输系统(他们步行或组成人流来堵截交通),他们的行动使65%的公交车难以运行。最后,最高法院判决公交车隔离与学校隔离一样是违反宪法的,直到这时针对公交车的联合抵制行动才停下来。但此次行动激起的不满仍在持续,黑人群众继续给白人和黑人领导人施加压力,要求对当前的种族问题做出回应。

与此同时,黑人们也在为争取选举权做着一致的努力。参议院领导人、德克萨斯州的林登·约翰逊是一位杰出的立法专家,正是由于他的巨大努力,《1957年民权法案》设置了一个民权委员会,并授权司法部对阻碍黑人选举权的案子进行审理。虽然法案只是一个折中的产物,但这毕竟是82年来保护民权行动第一次取得成功。同样是在约翰逊的操作下,国会又通过了《1960年民权法案》。这一新法案对阻碍选举权的行为有着更加严厉的惩罚规定,但它却依然未能授权联邦登记员为黑人选民进行登记。因而,这一新法案也和以前的法案一样,逐渐失去了效力。

25.5.4 身处边缘的拉迪诺人

拉迪诺人与其他族群一样也在战后美国受到排斥。从古巴、波多黎各、墨西哥和中美洲来的拉迪诺移民,通常也都没有专业技能和文化,他们跟随其他美国穷人一起来到城市。他们的处境和黑人一样。

齐卡诺人(墨西哥裔美国人)是新来者中人数最多而且遇到了特殊困难的人群。第二次世界大战期间美国出现了劳动力短缺,美国农民(尤其是在南方)就从墨西哥雇来人手帮助收割庄稼;美国与墨西哥签订了一个劳动力迁移的协议,所以季节性的劳工迁移一直持续到战后。1948年到1964年,共计有450万墨西哥人来到美国从事临时工作。墨西哥的短期合同工本应在劳动合约到期后就该回国，但通常他们都会选择留在美国。此外还有上百万非法入境的墨西哥人也和他们融合在一起。

经济景气的时候墨西哥短期合同工的处境就不太好，经济困难时他们的境况自然就会更加恶化。1953年到1954年经济严重萧条时期，美国政府启动了"湿背客"（非法移民多是游过格兰德河进入美国，故有此名）行动，驱逐非法入境的墨西哥人，先后共驱逐了110万人。由于移民局不断地搜寻非法的入境工人，所有的墨西哥移民都感到了危机。尽管如此，美国对廉价劳动力的需求还是继续吸引了数十万新移民。

波多黎各人在美国的其他地方人数也很多。随着波多黎各岛上的蔗糖经济变得日益机械化，约40%的居民都离开了家园。到1960年代末，纽约市的波多黎各人比波多黎各首都圣胡安的还要多。高架桥区是波多黎各人的活动中心，位于东哈莱姆区，是"骚沙"音乐、小酒馆的发源地和为周边地区服务的杂货店的集中地。波多黎各人和其他移民一样，想在美国赚到大钱然后回家。有些人做到了，有些人则仍然留在这里。就像无数的拉美人一样，他们中的大多数人都没能实现美国梦。

与非裔美国人一样，拉迪诺人也在为他们自己的权利而斗争。"地方服务组织"（CSO）动员墨西哥裔美国人起来反抗种族歧视，墨西哥裔美国人协会（Associación Nacional México Americana）则采取了更加激进的行动。拉美裔公民联盟（LULAC）也在继续推动着改革的努力。不过，墨西哥裔美国人的团结行动在1950年代却是分崩离析。一些墨西哥人觉得他们的处境已经无望。更有效的全体动员只有寄希望于未来。

25.5.5 印第安人的斗争

印第安人在战后同样被排斥在主流社会之外。当电线延伸到他们的居留地时，他们也分享了消费文化，而这样一来老传统也就难免会发生改变。传统生活模式失去了其原有的凝聚力，酗酒成为一个主要问题。由于在居留地

再现历史

服　饰

服饰是获取过去信息的一个重要来源。它可以反映出一个人的年龄、性别、阶层，通常还会透露出他们的出身、工作乃至政治立场。"服装"这个词不光指衣服，还包括发型、首饰、化妆等所有展示自己的因素。服饰可以在很大程度上表达人们的感情，例如，一件扯开纽扣的衬衫，对一个不常那样穿着的人来说，表明他很生气。衣着鲜亮的人通常则比较大胆，语出惊人。回顾不同时代的服饰风格，可以帮助我们了解人们不断变化的生活模式。

1920年代，不受传统约束的女孩和一些女人们经常穿得像孩子一样——彩色蜡笔颜色的松弛衣服，下装刚刚盖过膝盖。夸张的衣服边缘像大花朵一样。"小男孩"式的造型则更具吸引力，表达着人们对顽皮的感觉和对青春自由的追求。同时期的男性套装也大多采用轻巧的面料，因而外观也不再像过去那样厚重。早期长而挺的领子设计消失了，裤子也都做成了高腰型，使男人们看上去显得更加年青。

1930年代的经济大萧条带来了衣着风格的改变。尤其是在上百万人挨饿的年代里，轻佻的衣着风格显然不合时宜。为了配合艰难的岁月，广告和电影掀起了一股成熟的衣着潮流。男人的套装变得更沉重并且颜色也更深，似乎是要为排队领救济增添几分象征性的保护。裤子变得宽松，夹克通常都是对襟的。外衣也变得更长。女性的服装也采用了更重的面料和更深的颜色。

裙子几乎长到脚踝并被更长的外衣盖住。前一个时代的服饰所表现出的那种顽皮感早已踪影全无。

随着第二次世界大战期间和战后生活状况的改善，服饰风格又发生了变化。1940年代，年轻女孩经常穿着褪到脚踝的短袜。工作女性穿着工装裤，只能通过一些特殊装饰才能辨出性别。著名艺术家诺曼·罗克韦尔同名画作中的"铆工露斯"——穿着工装裤自豪地坐着，膝盖上放着铆钉机，头上扎着迷人的头巾。在战后的岁月里，男人们穿着灰色的法兰绒套装，看上去显得严肃而稳重，似乎已经做好了为美国大公司工作的准备。女性穿着制作考究的束腰成人服装，鞋跟足有三英寸高。时尚行业则为女性设定了支持男性事业发展的装饰风格。

1920年代不受传统约束的妇女

1930年代的劳工部长弗朗西丝·珀金斯

第二次世界大战时期两位工作中的黑人妇女

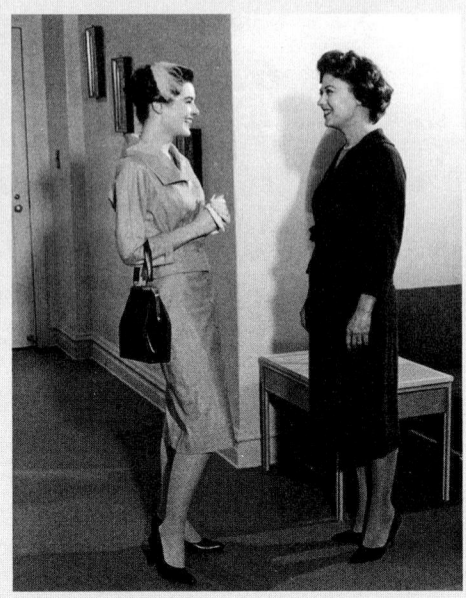
1950年代的两位妇女

1960年代反主流文化的服饰

到了 1960 年代，服饰呈现出一种全新的风格。休闲服饰广泛流行。反传统主流文化成为青少年中盛行的一种潮流，服装变得越来越年轻化。1963 年，裙子的长度到了膝盖以上，几年后又短到了大腿根。女性开始穿短裤和裤装。男人和女人都钟情于牛仔裤和休闲衬衫，并且都开始留长发。男人们抛弃了先前的灰色套装，改穿颜色鲜亮的衣服，这种变化被称作"孔雀革命"（peacock revolution）。

反思历史

仔细观察专栏里面的照片。它们展示出了不同时期的服饰潮流，同时也告诉了我们不同时期的人们如何定义自己。首先看一下 1920 年代那位不受传统约束的妇女的照片。你注意到她身上有哪些服饰？这位妇女给你留下了什么印象？

接着看一下 1930 年代劳工部长弗朗西丝·珀金斯的那张照片。她穿的是哪种衣服？戴的什么样的帽子？她的服装与那些 1920 年代妇女的服装有什么不同？

在那张第二次世界大战期间两个钻床操作工的照片中，两个妇女穿着适合操作机器的服装。你如何描述她们的服装？她们是否关心自己的外貌？

现在看一下那张 1950 年代两位妇女的照片。她们可能是做什么工作的？她们的服装为她们提供了什么样的灵便性？这种服装格调表明了什么？

最后再来看一下 1960 年代在户外音乐节上那对男女的照片。他们扎染和印花的服饰引起了你哪些联想？这些人想通过他们的服装给人何种印象？

找不到好工作，越来越多的印第安人都被吸引进了城市。但是，进入城市的印第安人在适应城市生活方面，通常都会遇到困难并会遭遇白人的敌视。

印第安人与拉丁美洲人一样开始了争取平等的斗争。他们在第二次世界大战结束后获得了一个重要的胜利：国会成立了印第安申诉委员会；但到1950年代，联邦政府关于印第安人的政策又发生了变化。作为艾森豪威尔政府努力限制政府职权的一部分，取消了新政中关于政府支持部落自治的规定。1953年，艾森豪威尔政府不再支持土著人自治，转而采取了一种被称为"自治期满"的新措施。政府提议，解决完那些重大争端，就取消居留地部落作为政治实体的权利。为了鼓励印第安人融入主流社会，政府还给那些离开居留地而搬进城市的家庭提供小额津贴。

新的政策激怒了印第安人。一个黑脚族的老族长说："值得我们警觉的是'期满'这个词在印第安语里的唯一翻译就是'清除'或'杀光'……在印第安管理局威胁要把我们这个种族清除的时候，我们应该如何计划我们的未来？"尽管政府承诺赋予印第安人更多自由，但随着政府取消俄勒冈州的克拉马斯部落和犹他州的派尤特部落，新的政策还是造成了双方之间的巨大分歧。

新的政策也激起了印第安人的反抗。同时它也使白人意识到印第安人有维持他们传统的权利。1958年，艾森豪威尔政府最终还是改变了"期满"政策并赢得了部落的赞成。"期满"政策仍旧具有法律效力，但已停止执行。

25.5.6 亚裔美国人的进展

对亚裔美国人来说，第二次世界大战使他们的处境得到了改善。反对纳粹的战争淡化了所谓白种人优越的种族差别论的思想。1952年，《移民和国籍法案》（即众所周知的《麦卡伦-沃尔特法案》）放宽了移民限额。尽管1924年的《民族来源法》的基本框架没有变动，但它仍然取消了长期存在的禁止日本移民的条款，并给予第一代日本移民正当的公民身份。这一法案还给予每个亚洲国家每年 100 个移民配额。尽管与从北欧和西欧来的移民数量相比这个数字微不足道，但这是在结束过去的歧视性排斥上迈出的第一步。

到 1950 年代为止，中日韩三国的很多第二代和第三代移民都进入了白领阶层。通过提升子女的教育水平，他们成为不断增长的中产阶级的一部分，并希望能像其他人一样享受美国梦所带来的益处。

小结：富庶中的忧虑

总的来说，美国在第二次世界大战后的 15 年里还是比较稳定和繁荣的。经济萧条阶段性地发生，但经济在短期下降之后还是能够调整至正常。大多数时间，商业都在兴旺发展。许多公民的生活水平都达到了一个新的高度，尤其是与世界上其他地区相比。上百万美国中产阶级都加入到了郊区富人的行列（成为郊区房产的主人），他们享受着那里的购物中心、快餐店和其他物质方面的服务，并过着他们认为幸福的生活。工人们也享受到了这一时期的物质丰裕。

也有一些人没有分享到这些繁荣，但在富有的郊区根本看不到这类人。许多美国黑人和其他少数民族的成员还是非常贫穷的，但他们仍然确信自己也可以分享美国梦并对改变根深蒂固的种族歧视充满信心。

不过，在平静的表面下也隐藏着不满。1960 年代抗议活动的种子已经被埋下。不平静的信号在其他方面也同样明显。离婚率开始上升，1950 年代的离婚比例达到 33%。美国人不断使用新发明的镇静剂去应对他们生活中出现的问题。此时也有一些美国人开始批判物质主义在"冷战"中削弱了美国的成就。在努力使美国人的生活达到理想状况的过程中，这样的批评也使一些群体的挑战变得正当了。

尽管有批评也有忧虑，但美国大多数白人和一些有色人种还是怀着像雷·克罗克第一次展望麦当劳前景时那样的梦想，并为实现它而不懈地努力。上层阶级和中产阶级的美国人过着健康舒适的生活，他们希望这样的繁荣和发展能够一直持续下去，而丝毫没有意识到骚乱马上就要来临。

思考题

❶ 美国的繁荣来源于什么？

❷ 在战后美国，哪些人获得了最大的成功？

❸ 哪些人没能共享繁荣成果？

❹ 为什么循规蹈矩成了战后美国的常规？

❺ 你会如何描述第二次世界大战后美国社会和经济方面发生的广泛变化？

第 26 章

反叛与变革：
喧嚣骚动的 1960 年代，
1960 年到 1969 年

26.1 约翰·肯尼迪："亚瑟王"岁月
26.2 林登·约翰逊与"伟大社会"
26.3 与共产主义的持续对峙
26.4 越南战争与国内骚乱
小结：政治与社会动乱

美国故事

一个青年自由主义者对"福利国家"的质疑

保罗·考恩（Paul Cowan）是 1960 年代的一位自由主义者。和他那个时代的许多青年学生一样，他也相信社会存在着进行变革的可能性，并积极投身到这场变革之中。他和他的同辈人分享着相同的希望和梦想，相信政府会努力改善人民的生活。

考恩的信仰是逐渐形成的。1950 年代他还是个孩子，那时候大多数美国人都热衷于消费文化，对不幸的人漠不关心。他的祖父在芝加哥靠贩卖旧水泥袋维持生计，而他的父亲已是 CBS 电视台主管，他本人则是在一种衣食无忧的环境中长大。他于 1958 年毕业于乔特学校（Choate School，肯尼迪总统曾就读于此），1963 年则拿到了哈佛大学（也是肯尼迪总统的母校）的毕业文凭。

刚上大学时，考恩对约翰·帕索斯、约翰·斯坦贝克、詹姆斯·艾吉（James Agee）这样具有政治意识的作家和皮特·西格（Pete Seeger）、伍迪·格思里（Woody Guthrie）这样的民谣歌手很感兴趣。考恩后来回忆道："他们使我冲破了艾森豪威尔时代循规蹈矩索然无味的外壳，置身于一个充满活力与激情的国度。"在哈佛大学的日子里，新英格兰反核运动和南部民权示威游行让他兴奋不已。

大学毕业后，为了他所坚信的民权运动，考恩前往密西西比为 1964 年"自由之夏"计划（Freedom Summer Project）工作。肯尼迪总统成为激励他的榜样，肯尼迪倡导自由主义，承诺他和他的政府将会推行一种"新型政治"，把国家和世界建设得更加美好。那年夏天他写道："通过改变自己，我们可以改变并救赎我们的国家，这是可以做到的。"

接下来是参加和平队。考恩和他的妻子雷切尔深信，这个按照年轻总统的提议创立起来的组织"实在是一个独一无二的政府机构，将会在充满魅力的肯尼迪总统的名字的庇护下长期存在下去"。考恩夫妇被派往南美洲厄瓜多尔的瓜亚基尔市，担任市政厅行政人员与贫民窟居民间的协调人。他们试图通过鼓励当地政府为人们提供基本生活保障设施，如垃圾处理和水质净化，来提高人们的生活水平。

但是，这项工作遇到的巨大阻力却让他们很是沮丧。他们对和平队内部种种官僚作风带来的诸多限制感到气愤，对当地官员在解决问题时表现出的无能感到绝望。他们怀疑和平队只是试图将自己的价值观强加给他人的新帝国主义者，而他人则自有一套自己的价值观。考恩后来回忆道："从我们搬到市郊说西班牙语的贫民区那天起，本该由我们组织起来的人们最常问我们的问题就是：我们回国时能否为他们留下衣物。"

回到美国，考恩已不再抱什么幻想。"我明白了，那些我曾视作偶像追随的自由主义者们看似为了实现平等而竭尽全力，其实不过是一群在文化上排除异己的保守分子。"他把自己这次饱经磨难的旅行形容为塑造一个"非美国人"的过程。

保罗·考恩的经历是 1960 年代整个美国社会的缩影。1960 年代初，数百万美国人都与他持有同样的观点，认为民主可以推广到全世界。他们衣食无忧又极度自信，支持由约翰·肯尼迪和林登·约翰逊为代表的民主党人发起的自由主义议程。他们拥护"政府应为全体人民谋利益"的主张，赞成"政府有责任帮助那些无法自立的人"的观点。正是这种责任促使"**伟大社会**"（**Great Society**）计划取得了多项立法成就，这一计划建立在多年前新政和进步主义时代所取得的业绩之上，成为 20 世纪改革的最后一波浪潮。

接踵而来的是越南战争这一灾难给国家造成的分裂，极端保守主义开始盛行。随着战争不断升级，150多万美国大兵远涉重洋到海外作战，有人因此指责美国就像过去一些国家一样在进行帝国主义战争并最终导致国内爆发了一场全国性的反战运动，国家陷入空前混乱。青年一代开始向父辈权威发出挑战。他们拥护的价值观和做的美国梦都跟前人不同。年轻人同时还崇尚性解放，尝试不同种类的神秘宗教信仰，并喜欢使用随处可得的毒品。最后，他们的挑战促使战局发生了逆转。但在这一过程中，当保守主义分子声称这种激进方法应该对弥漫全国的社会及政治混乱局面负责时，自由主义的幻梦就此烟消云散。

　　本章描述了20世纪自由主义运动的巅峰和导致其衰落的力量，探讨了如下问题：政府如何借鉴新政的先例去帮助工业资本主义发展中毫无准备的弱势群体？社会动乱如何破坏了美国社会中的贫苦大众得到援助的可能性？民主党政府做出了怎样的努力去应对上一章提到的第二次世界大战后经济领域发生的重大结构性变化？以及第24章中写到的"冷战"思维又是如何使国家陷入分裂和混乱的？

26.1　约翰·肯尼迪："亚瑟王"岁月

　　1960年代，将美国建设成为一个"福利国家"的承诺达到了高峰。美国人注意到了在一个相互之间联系日益紧密的世界上的发展情况：英国左翼工党的影响力与日俱增并不时上台执政，社会民主联盟在其他欧洲国家也是日趋活跃。民主党人希望效仿他们，在处理贫困、失业和种族问题上进一步扩大政府职能，其力度甚至比1930年代的罗斯福政府和1940年代的杜鲁门政府还要大。来自马萨诸塞州的参议员约翰·肯尼迪号召美国朝着他所谓的"新边疆"（"New Frontier"）进军。

26.1.1　1960年大选

在 1960 年的总统大选中，肯尼迪的竞争对手是时任副总统尼克松，后者显然有着比他更为丰富的执政经验。肯尼迪认为政府，特别是总统，应该比艾森豪威尔政府起到更为积极的作用。他告诫说，假如国家只顾在 1950 年代的繁华盛世中恣意陶醉的话，这个国家就会变得懒惰而不思进取。事实上，有许多严重的问题都亟待解决。

两位候选人在第一次电视直播的总统竞选辩论中互相攻击，7 000 万美国人通过电视观看了两个人的表演。肯尼迪棕褐肤色，面对镜头显得沉着而冷静，而尼克松则因患传染病刚刚出院，看上去一脸疲惫和憔悴。更糟的是，用来遮掩他浓重胡须的化妆效果适得其反，使他的面色在屏幕上显得更黑。辩论在竞选中起着非同小可的作用（参见本章专栏"再现历史"）。事后肯尼迪承认，"正是电视而不是别的东西扭转了竞选局势"。

肯尼迪克服了看似难以跨越的障碍，成为入主白宫的第一位天主教徒。当然，肯尼迪仅仅是以微弱的优势获胜。303 张对 219 张选举人票的差距，掩盖了在选民票上不相上下的局面，在总计 6 800 万张选民票中，肯尼迪仅以比对手多出 12 万张的微弱优势险胜。肯尼迪的民主党还赢得了国会中的多数席位，但是该党的许多成员都来自南方，对自由主义运动缺乏兴趣。

26.1.2　肯尼迪

肯尼迪是 1960 年代早期的一个象征。他比他的前任年轻得多，43 岁就当选总统，成为历届总统中最年轻的一位。他来自马萨诸塞州一个爱尔兰天主教家庭，将参政视为获取美国新教徒普遍承认的一种方式。肯尼迪在优裕的环境中长大，他毕业于哈佛大学，第二次世界大战中在海军服役，表现英勇。肯尼迪于 1946 年首次当选众议员，1952 年进入参议院，并在六年后以该州有史以来的最多票数获得连任。

充满活力的年轻领袖

约翰·肯尼迪的活力和热情征服了美国和全世界的民众,但却很少有人知道他身体抱恙。在白宫时,他喜欢坐在这把摇椅上,因为这会使其患病的背部舒服点。肯尼迪的容貌是如何提升他的受欢迎度和个人魅力的?

这位新总统在公众面前具有超凡的魅力，能够运用雄辩而又深入浅出的语言打动他的追随者。他在竞选演说中指出，美国人必须面对内忧外患，因为"无论我们看到与否，'新边疆'就在我们身边"。他在就职演说里用更为激动人心的话语道出了这同一个要点："火炬已经传至美国新一代人手中"，并通过他那有力的行动号召鼓舞了无数美国人："因此，我的美国同胞们，**不要问国家能为你做些什么，而要问问自己能为国家做些什么。（Ask not what your country can do for you—ask what you can do for your country.）**"

对肯尼迪来说，强有力的领导至关重要。他将自己视为一个坚强而不屈不挠的人，决心在重建国家的过程中坚定地指引方向并起到领导作用，就像富兰克林·罗斯福那样。为此，肯尼迪在自己身边聚集了一批卓越的助手。他的参谋班子里有15位罗兹奖学金获得者和几位著名作家。国务卿迪安·腊斯克（Dean Rusk）是上届政府的国务院官员，后来担任洛克菲勒基金会主席。国防部长罗伯特·麦克纳马拉（Robert McNamara）则是一位非常成功的福特汽车公司总裁。

为肯尼迪充满魅力的形象增色的还有他那迷人的妻子杰奎琳，以及诺贝尔奖得主、音乐家和艺术家频频出席的白宫晚宴。肯尼迪着力将自己塑造成为一个充满活力、精力旺盛、让人兴奋的形象。在许多人眼里，他的政府看起来就像是亚瑟王时代的王朝，这是1960年代一部很受欢迎的百老汇音乐剧。

26.1.3 推行"新边疆"

肯尼迪上任之初就试图推动经济不断增长并扩大社会福利项目。在经济方面，他想要在控制通货膨胀的同时，通过与商业团体的积极协作努力来结束自艾森豪威尔执政后期开始的经济衰退期。

1962年春天，肯尼迪的两个目标发生了冲突。大钢铁公司在接受了一项钢铁联盟制定的适度工资标准后，决定大幅度提高钢铁价格。总统震怒，称这次涨价毫无道理，要求采取行动迫使这些钢铁公司屈服。最后，大公司们让步了，但他们对肯尼迪解决该问题时所采用的粗暴方法深恶痛绝，并像所有其他人一样认定这届民主党政府肯定要与商业界作对。在钢铁危机后的六个星期中，股票市场陷入了自1929年大萧条以来的最低谷。

结束经济衰退期的要求现在显得更加紧迫。作为平衡预算的最初拥护者，肯尼迪开始听取那些倾向于通过凯恩斯主义政策促使经济增长的顾问们的意见。预算赤字促进了第二次世界大战时期的繁荣，或许在和平时期也能奏效。减税能使美元真正进入人民的口袋，他们的消费反过来又能刺激经济发展。1963年年初，总统呼吁在未来三年内实施一项对公司实行135亿美元的减税计划。这一计划在造成巨大财政赤字的同时，将会为商业领袖们复苏经济提供资金并最终达到增加税收的目的。

反对意见接踵而至。保守主义者拒绝接受"赤字会刺激经济增长"这一基本假设，他们认为"没有家庭、没有商业、没有国家，经济也一样会自己走向繁荣"（艾森豪威尔之语）。一些自由主义者声称：应该通过消费来促进社会经济发展，而不是通过减税把钱放进人民的口袋来刺激消费。国会将议案提交委员会审议，之后这一提议便被长期束之高阁。

在推行自由主义议程上的其他问题时，肯尼迪也遇到了类似的麻烦。尽管他提议通过立法提高工资底线，为教育提供联邦资助，为老年人提供医疗保障，发放住房补助和重建城区，但都收效甚微。肯尼迪提议的最低工资数额被国会再次降低后予以批准，但国会依然没有通过总统提出的大多数立法计划。

肯尼迪未能得到国会必要的支持，这一点在争取对公共教育事业的资助上表现得尤为明显。就职后不久他曾提议给各州一笔23亿美元的补贴。但这很快就引出了一系列的棘手问题。为社会目的花费如此巨额资助是否合适？联邦资助是否会使学校政策和教学课程受制于联邦控制？是否应该对那些实行种族隔离制的学校和教会学校给予补助？最终，在让任何一方做出妥协都被证明是不可能的之后，学校资助项目也就在会议审议中宣告流产。

在确保太空探索事业的资金方面，肯尼迪做得相当成功。在"冷战"时期的竞争中，太空计划被摆在首要位置；苏联在这方面曾一度领先，他们率先发射"斯普特尼克"人造地球卫星，然后将第一批宇航员送入太空。作为回应，肯尼迪建议十年内美国应具备将人类送上月球并保证他们安全返回地球的能力。国会批准了这项计划并为美国国家航空航天局（NASA）增加了资金投入。

肯尼迪还成立了和平队，将青年男女送到国外，通过与底层民众一起工作，援助那些发展中国家。保罗·考恩，我们在本章开头介绍过的那个青年，正是千千万万心中怀着自由主义梦想想要让世界变得更好的志愿者中的一员。

也许肯尼迪做得并不算太成功，但至少他为这些事业以后的发展奠定了基础。他重申了在拓展福利国家界限问题上领导决策的重要性。他还承诺采用现代经济政策保持财政稳定。这个国家已经做好了实现自由主义目标的准备。

26.1.4 民权运动与肯尼迪的对策

在民权问题上也是一样。第二次世界大战之后的15年间，要求取消种族隔离制度的呼声日益高涨，给美国社会带来了意义重大的变化。随着这些努力的持续进行，各种各样的新旧组织都推动了斗争的发展。成立于1910年的全国有色人种协进会在1954年"布朗诉教育董事会案"中胜诉之后，想要推翻施行种族隔离政策的法律基础。争取种族平等大会（Congress of Racial Equality，1942年成立的一个由不同种族组成的团体）则以和平抗议的方式推动改革。1957年，在阿拉巴马州蒙哥马利联合抵制公共汽车活动取得胜利之后，小马丁·路德·金和其他几个基督教黑人牧师组建了南方基督教领袖联合会（Southern Christian Leadership Conference）。更激进的全国学生非暴力协会（Student Nonviolent Coordinating Committee）于1960年成立，专门招募那些还未参与民权斗争的美国青年。

对抗一直持续到1960年代。1960年1月31日，在北卡罗来纳州格林

再现历史

电 视

过去半个世纪，电视越来越成为美国人生活中一个不可或缺的组成部分，它为历史学家研究美国文化和社会近几十年来的发展轨迹提供了另一种路径。

电视在1950年代的普及是可以追溯到19世纪的长达数十年实验的结果。1930年代，国家广播公司（NBC）在纽约新建成的帝国大厦里成立了一家电视台。为了获得更好的视觉效果，演员化着浓妆、抹着紫色的口红在演播室现场的摄像机前表演。1930年代末，一个很受欢迎的广播节目"阿莫斯与安迪"在电视上播出；到了1940年代初，富兰克林·罗斯福成为第一位在电视上亮相的总统。第二次世界大战中断了电视的发展，美国人只能靠收听广播来了解新闻。

两位候选人在辩论中一决雌雄

肯尼迪　　　　　　　　尼克松

然而，电视的商业发展在战后迅速得到恢复。军用电子器材生产线转产消费品，电视成了市场上最热销的产品。1947年，电视直播了国会会议的开幕式；同年棒球运动的风靡一时也应归功于摄像机镜头；"好迪·都迪"之类的儿童剧初登荧屏；还有一个广播采访节目"会见新闻界"也转变为电视节目。

尽管主导1950年代电视节目的是体育节目、著名主持人爱迪·沙利文（Ed Sullivan）和喜剧演员米尔顿·伯利（Milton Berle）主持的各类表演节目、电视戏剧和电视连续剧，如《我爱露西》和《硝烟》（Gunsmoke），但电视很快就与政治和公共事务结合到了一起。1954年，美国人亲眼目睹了参议员麦卡锡在"麦卡锡-军队听证会"上的恶劣表演，他在镜头前的丑恶嘴脸加速了自己的倒台。尽管早在1948年总统提名大会就首次通过电视进行了转播，但是利用电视改善政界人士的公众形象，却是从慈父般的艾森豪威尔和富有魅力的肯尼迪开始的。

1963年11月，坐在电视前观看令总统丧命的德克萨斯之行的美国人，被肯尼迪遇刺的悲剧惊得目瞪口呆，想要弄清这一悲剧之行中发生的种种事情。1968年春天，美国人又经历了一次震惊与悲痛，他们简直不敢相信电视里转播的小马丁·路德·金和罗伯特·肯尼迪葬礼的场景。一年后，全世界有25%的民众在电视上目睹了尼尔·阿姆斯特朗首次登月。同一时期，电视在刻画越南战争在人们心目中的印象方面也起到了重要作用。电视上的所见所闻，使越来越多的美国人都开始明白这场战争的性质与影响。

这种寓教于乐的视觉享受，使电视成为家庭中一件不可或缺的物品。到了1970年，至少95%以上的家庭都拥有电视，而20年前的拥有率则仅为9%。事实上，当时只有很少的家庭拥有电冰箱或卫生间。

反思历史

电视对美国社会的深刻冲击无疑会引起历史学家的浓厚兴趣。它对其他传媒和娱乐行业（如广播、报纸和电影）又会产生怎样的影响？从电视节目内容来看，美国民众的价值观、兴趣和品位到底是怎样的呢？

也许最重要的是电视对一些历史事件，如对总统竞选、人际交往和战争所产生的影响。我们在这里展示的是1960年总统竞选时肯尼迪与尼克松辩论的照片。第一张照片是两位候选人在演播室中的情景。在第二张照片中，我们看到了面对镜头时既放松又充满活力的肯尼迪。在第三张照片中，尼克松在针对竞选对手的观点提出异议时，表情则显得紧张而焦虑。哪位候选人看起来像是直接在与美国民众对话？哪位候选人给人们留下了更好的印象？原因是什么？第一轮辩论过后，对无线电广播听众的民意调查显示尼克松胜出，而对电视观众的调查则显示肯尼迪领先。你对这之间的差异有何解释？

斯波罗城，四名北卡罗来纳州农业工程学院的黑人大学生来到一家名为伍尔沃思的商店，坐在餐桌旁并拒绝离开。第二天，店里涌入为数众多的学生，第三天来的人则更多。静坐示威迅速扩及其他城市并引起媒体关注，最后总计有七万人参与了这次抗议示威。那些抗议者经常遭到残忍的报复。

接下来一年，静坐示威导致自由乘车运动，旨在挑战不久前由最高法院裁定的实行种族隔离措施的南方公交系统。这项活动最初是由争取种族平等大会发起，并得到全国学生非暴力协会的声援，它派出了黑人与白人相混杂的小组乘车一路向南行进。那些乘客以和平方式参与了宣传理想并争取政治支持的多次抗议活动，但他们却也经常被投入监狱。

民权运动成为自内战前废奴主义运动以来一场最有效的道德运动。在密西西比州一个小镇上长大的安妮·穆迪（Anne Moody）亲身经历了黑人意识的觉醒。她还是个孩子时就看到过朋友和熟人因越过为黑人设置的界限而被害。穆迪克服了南方乡下黑人因贫困而造成的种种困难，成为家里第一个上大学的人，后来她加入了全国有色人种协进会并积极参与全国学生非暴力协会和争取种族平等大会发起的活动。她也参加了静坐示威活动，为此她也被殴打并被关进监狱，但她仍然积极参加运动。

许多白人也加入到了南方的运动中来。米米·范戈尔德（Mimi Feingold）是宾夕法尼亚州斯沃斯莫尔学院的一名白人学生，她帮助守卫宾夕法尼亚州切斯特的伍尔沃斯商店。她观察到："有些事情正在发生，在1950年代之后，在那个年代什么事情都是僵死的……这里正在发生一些事情……我想马上就去南方……可是另一方面我又吓得要死。"范戈尔德上完大二就前往南方参加了由争取种族平等大会发起的自由乘车运动。像许多人一样，范戈尔德发现自己也时常会被卷入暴力冲突，并会因自己问心无愧的行为而被送进监狱。

1962年，民权运动加速发展。詹姆斯·梅瑞狄斯（James Meredith）是一名黑人空军退伍老兵，他申请进入密西西比州的白人大学读书，但却因为种族原因而被拒绝。最高法院确认了他拥有此项权利，但当时的州长罗斯·巴尼特（Ross Barnett）是一位强硬的种族主义者，他挑衅道：不管最高法院怎样裁决，梅瑞狄斯都不能上密西西比州的白人大学，并一度亲自出面进行干预。州长的这一行为引发了一场大规模暴乱，催泪瓦斯笼罩了整个校园，结果造成两人死亡和数百人受伤。

其他州的州长也都坚持同样强硬的立场。1963年，阿拉巴马州州长乔治·华莱士（George Wallace）在其就职演说中谈及他对取消种族隔离制度的立场时公开叫嚣道："今天种族隔离！明天种族隔离！永远都要实行种族隔离！"

在阿拉巴马州伯明翰发生的一场暴力冲突，使该州成为全国关注的焦点。尽管反对种族隔离的示威活动都是非暴力的，但得到的回应却并非如此。市政官员声称抗议游行违反了"未经允许不得进行游行"的城市法规，在五个多星期内逮捕了2 200名黑人，其中有些甚至是学童。尤金·"公牛"·康纳（Eugene "Bull" Connor）警长用高压水龙头、驱牛电棒和受过训练的警犬迫使抗议者后退。当媒体通过电视和报纸报道此事后，美国人都为此深感震惊。

肯尼迪声称，伯明翰事件的照片让他作呕，但他同时又表示对此无能为力，尽管他在1960年竞选总统时曾寻求并赢得了黑人的支持。在总统选举中勉强获胜使肯尼迪不愿在民权问题上向南方人施压，因为他在其他一些问题上仍需得到他们支持。然而，种种事件最终迫使肯尼迪采取了更加大胆的行动。在詹姆斯·梅瑞狄斯对抗事件中，肯尼迪像他的前任在处理小石城危机那样，不得不动用联邦军队控制局势，并保证梅瑞狄斯入学。肯尼迪政府还迫使阿拉巴马大学废除了种族隔离制度，帮助伯明翰市政当局就废除市政设施的种族隔离制度达成了妥协，实行一种更平等的租借制度。当白人试图以爆炸手段除掉伯明翰的黑人领袖时，成千上万的黑人开始放弃非暴力抵抗，在街头聚众闹事，肯尼迪下令联邦军队随时准备介入。

肯尼迪此时的讲话也较以往更加果断有力。在一次面对全国的电视演讲中，他呼吁把对平等权利的寻求视为一个"道德问题"，并问道："难道我们要向全世界，特别是向我们的人民宣布，这是一片自由的土地，但黑人除外吗？"而就在他讲过这番话后几个小时，全国有色人种协进会官员迈德加·埃弗斯（Medgar Evers）便在驱车前往密西西比州杰克逊的路上遇刺身亡。

肯尼迪向国会提交了一份更具强制力的新民权法案，宣布在公共场所实行种族隔离制度为不合法，规定在联邦货币流通的一切领域都禁止种族歧视，并要求加速推进学校种族融和进程。民意测验显示，总统新法案的支持率为63%。

为了使这项法案获得通过，民权运动领袖在黑人激进分子的压力下，于1963年8月组织了一次"**向华盛顿进军**"的大规模示威游行活动。20多万人从全国各地汇集而来，其中既有黑人也有白人，既有名流也有普通人。

所有的主要民权运动领导人全部到场。民谣活动家像琼·贝兹（Joan Baez）和鲍勃·迪伦（Bob Dylan）用歌声引领着群众。组织者成功地阻止了一场对抗，SNCC领导人约翰·刘易斯同意缓和他那愤怒的演讲，抱怨运动进展缓慢。但是，这一天的游行活动随着杰出的民权运动领袖、非暴力抗议运动的支持者金发表演讲而达到高潮。金声称，他深信他的同胞将会拥有合法身份并相信他们有能力把宪法和《独立宣言》中的承诺扩展到每个美国人身上。一开始他照着事先准备好的演讲词讲得很慢，未能激发起人群的热情。然后，台上站在他身后的人劝他进行真正的布道，就像他过去做得非常有效的那样，作为回应，他要求国家兑现它的承诺。他谈起了他的梦想，一次又一次地谈起，每次他这样提及，黑人和白人听众便都跟着他一起吼叫，感受到了这一共同事业的力量。

但是，他的演讲并没有打动所有人。从密西西比州繁忙的工作中抽身前来参加此次活动的安妮·穆迪，一直坐在林肯纪念馆旁的草地上聆听演讲。她说："金一直在谈论他的梦想，我则坐在那儿想……我们从来都没有时间睡觉，更谈不上有什么梦想。"国会在民权问题上同样缺少作为。尽管民主党人在国会中占到绝大多数，但顽固的南方白人继续与民权运动作对，致使总统的这项法案在委员会审议中被搁置。

静坐示威

黑人大学生违反南部法律拒绝离开午餐柜台,在争取民权的进程中发起了又一场运动。图中的学生们正在耐心等待服务或被强行逐出,他们通过这种方式来表达终结种族隔离的决心。这些学生想通过他们的行动实现什么?

26.2 林登·约翰逊与"伟大社会"

肯尼迪知道,想要在 1964 年赢得连任,将会遇到一场艰苦的选战。他不仅想赢得第二个总统任期,还想增加自由派民主党人在国会中的席位。可是,一次暗杀行动夺走了他的生命,并为美国带来了一位新总统。

26.2.1 权力变更

1963 年 11 月,肯尼迪前往德克萨斯州,他希望联合该州的民主党人以应对即将来临的大选。达拉斯市是他此行中的一站,那里对肯尼迪政府持敌视态度是有名的。当总统一行乘坐敞篷汽车进入市区时,受到了人们的欢迎。突然,枪声响起,被子弹射穿头部和喉咙的肯尼迪猛地向前倒下去。由于被击中要害,肯尼迪在被送进达拉斯医院后不久就去世了。受到指控的刺客则于几天后在监狱里被一个黑社会小人物开枪打死。

美国人万分震惊。连着几天,人们待在家里看着电视上一遍又一遍地重播的暗杀场景及后续情况。英俊的总统被子弹击倒,长长的送葬行列,在灵柩被送往最后的安葬地阿灵顿国家公墓的路上,总统年幼的儿子向父亲的灵柩致敬,这一幕幕场景深深地印在了美国人的脑海里,整整这代人都铭记着肯尼迪被暗杀时他们自身所在的地点。

副总统林登·约翰逊接替肯尼迪成为总统。尽管其貌不扬,但约翰逊却是一位比肯尼迪更能干的政治领袖,他把他的特殊才能和视角带到了其总统任上。

26.2.2 林登·约翰逊

同肯尼迪相比,约翰逊是通过一条完全不同的道路走进白宫的。他出身寒微，由在华盛顿特区众议院任立法助理开启了从政生涯，后来成为德克萨斯州一名政府官员。他先是于1937年被选为众议员，随后于1948年进入参议院。他渴望成为总统，当肯尼迪明显将赢得1960年总统竞选时，他接受了副总统的提名。

约翰逊是一位有着强大能量的人。他总是喜欢操纵他人，所以很难讨人喜欢。而且他朴实的形象中依然带有攻击性，给人一种粗俗感。尽管约翰逊有这样一些性格特点，他还是在他一生所追求的政治事业上取得了成功，他是战后最能干的立法者。作为参议院多数派领袖，他的办事效率高得惊人，并因熟知所面对的每一个人的强项与弱点而出名。他常会说些言不由衷的奉承话，这成了他惯用的一种伎俩，人们称之为"约翰逊方式"。据专栏作家小罗兰·埃文斯（Rowland Evans, Jr.）和罗伯特·诺瓦克（Robert Novak）声称，当他专注于某件事情时，"他的面孔会显得全神贯注，眼睛一会儿瞪得老大，一会儿又眯成一道缝儿，眉头忽而扬起，忽而紧皱"。他总是抓着别人的衣领强迫人家听他说话，并且通常都能得遂其愿。

作为副总统，约翰逊并不引人注目。他觉得自己用处不大，而且没有了参议院的权力基础，新职位叫他感觉饱受遏制；他在肯尼迪更加老道的班子里感到很不自在。

尽管约翰逊对肯尼迪的态度很矛盾，但他还是感受到了暗杀事件在全美引起的震动并决定利用对肯尼迪的缅怀在立法上取得成功。在行使总统职权方面，约翰逊甚至比肯尼迪更为积极，他充分利用媒体引导公众舆论来实现自己的社会构想，消除贫困，使更多的人过上幸福生活。

26.2.3 推行"伟大社会"计划

约翰逊对改革的前景抱有宏大的设想。他运用高超的政治技巧，成功地促使国会批准了美国历史上涉及范围最广的改革计划。

约翰逊从就职那天起就开始培植自己的支持者。在面向国会同时也是通过电视向全国直播的首次公开演讲中，他一边表示赞同肯尼迪的自由主义计划，一边也试图洗刷自己冒名顶替者的污名。他以十分审慎的口吻开头，"首先我要申明，如果我今天没有站在这里，我会更加高兴"。他要求议员们与他携手工作，并把"让我们接着干"作为他整个演讲的主题，这与肯尼迪的"让我们开始干起来"恰成对比。

约翰逊采取的第一项措施就是设法使那些肯尼迪执政时未能得到国会批准的议案获得通过。尽管当务之急是有关减税和维护民权的法案，但他同时也关注资助公共教育事业、为老年人提供医疗保险和消除贫困等问题。到1964年春天，约翰逊开始用"伟大社会"来描述他的全面改革计划。

约翰逊在1964年大选中以压倒性的优势战胜了保守的共和党挑战者——亚利桑那州的巴里·戈德华特（Barry Goldwater），证明他解决问题的方式得到了认可。一名保守派人物获得共和党的提名在美国近几十年的历史上尚属首次。然而，戈德华特公开宣称"在捍卫自由时采取极端主义并不是过错"并公然反对诸如提供社会保障等广受欢迎的计划，就连共和党人都被吓坏了。约翰逊以61%的选民票和486：52的选举人票胜选，并在参议院和众议院赢得了国会多数席位。戈德华特的参选促使共和党内的温和派都把票投给了民主党候选人，他们对约翰逊的支持甚至超过了肯尼迪。

虽然民权改革作为"伟大社会"计划不可或缺的一部分，成为约翰逊在立法过程中优先考虑的课题，但其他方面的议案也同等重要。约翰逊有一种广阔的、无所不包的视野，1964年年中他在密歇根大学的一次演说中曾对其予以阐明，他问听众，也就是所有美国人，"你们是否愿意加入战斗去创建'伟大社会'，去证明我们的物质进步只是一个基础，在这个基础上，我们将会创建一种更加丰富的心灵和精神生活？"他认为每个人都会从他的计划中有所收获。约翰逊继承肯尼迪未竟的事业，大力推行减税计划。他还采纳了凯恩斯提出的"得到适当控制的赤字能够促进经济繁荣"的理论。

减税法付诸实施后，约翰逊开始大力推行肯尼迪的反贫困计划。这项计划在美国是史无前例的，即使在社会民主主义拥有较长历史的欧洲和世界上其他一些国家也是如此。在进步主义时代和新政期间也曾提出一些计划去帮助那些不能自立的美国人。现在，约翰逊采取了往届总统都没有付诸实施的行动，在1964年的国情咨文中，他宣布"无条件地向美国贫困开战"。

这一充满理想主义色彩、为根除贫困所做出的努力的核心是1964年的《经济机会法案》。根据该法案创立的经济机会局（Office of Economic Opportunity，OEO）通过多项计划，如工作队（Job Corps），为那些深陷贫困而无一技之长的年轻人提供教育和培训；参照和平队的模式组建了"美国服务志愿队"（Volunteers in Service to America），为国内的穷人提供帮助；同时推行"领先"（Head Start）计划，为那些处于劣势中的孩子优先创造继续学习的机会。各种各样的社区行动计划则为穷人改善自己的居住条件、健康及教育提供了支援。印第安人要求自己设计发展计划、编撰预算并自己主持计划的实施，两家政府机构也对他们的诉求做出了回应。

当意识到医疗保险费用在上涨时，约翰逊又提出了一项医疗援助计划。杜鲁门和肯尼迪都曾提出过此类议案，可是都没有获得国会批准，但约翰逊则获得了成功。为了防止遭到保守派的抨击，约翰逊政府将**医保（Medical）**范围仅限于老年人。新医疗补助计划既让那些接受政府福利救济的贫困者感到满意，又满足了那些难以支付私人保险的某些团体的需要。医疗保险－医疗补助项目成为自1935年《社会保障法》出台以来联邦政府指导下的社会救济方面最重要的延伸。

约翰逊在为中小学提供资助方面也取得了同样的成功。他提出了根据低收入家庭孩子的数量把教育经费分配至各州的立法计划，从而使教育经费能够有效地资助公立和私立学校中的贫困生。

依照约翰逊的宏大愿景，联邦政府应确保每个人都过上美国式的生活。在他的敦促下，国会通过了一项新的住房法案，为穷人提供房租补贴，并在内阁中新成立了"住房与城市发展部"。联邦政府还提供一些新型援助计划，例如，为没钱打官司的人提供法律援助，为包括学院和大学在内的高等教育增加拨款。国会还通过1965年设立的"艺术和人文科学国家基金会"来为艺术家和学者提供援助。

与此同时，约翰逊政府对移民政策也进行了十分必要的改革。1965 年颁布的《移民法》代替了自 1924 年以来一直实行的限制性移民政策，采取了放宽移民限制政策和向亚裔及拉美裔移民广开门户的措施。与 1931 年到 1945 年之间的平均每年 4.7 万人移民相比，到 1960 年代末，平均每年约有 35 万人移居美国。这一新的移民潮比起 20 世纪头几十年的移民在人种成分上更具多样性。

"伟大社会"计划还反映了环境运动的兴起。1962 年，自然主义者雷切尔·卡森（Rachel Carson）在她的《寂静的春天》（Silent Spring）一书中警告公众，含有毒性成分的杀虫剂对环境极具危害。她主要说的是化学杀虫剂，特别是滴滴涕（DDT）——使用它虽然能够提高农作物的产量，但同时也会产生灾难性的副作用。

约翰逊决心全面解决这些问题，同时也大力保护野生动植物。1964 年颁布的《国家荒原保护法》使 910 万英亩荒地得到了保护，国会还通过了其他一些治理空气和水污染的法案。此外，总统夫人伯德·约翰逊（Bird Johnson）还发起了一场美化环境运动，清除国家公路两侧不雅观的广告牌和废品堆放点。

26.2.4　民权成就与挑战

约翰逊在推动民权事业方面取得了巨大的成功。利用肯尼迪遇刺事件提供的机会，约翰逊推动国会通过了《民权法案》，作为对肯尼迪总统的纪念。1964 年的《民权法案》是前进路上里程碑的一步，宣布所有公共场合的种族歧视均为非法，并授权司法部在学校和选举上更加严格地执行该法律。此外，"机会均等"条款还规定，拥有 25 名以上雇员的公司，不得以种族、性别、宗教或国籍为由实行歧视性雇佣政策。

虽然民权法是 1960 年代取得的伟大成就之一，但种族歧视在美国社会

"伟大社会"计划的起源（节选）		
进步主义时代	新政时期	"伟大社会"计划
简·亚当斯等解决住房问题的计划	旨在缓解失业的救助（联邦紧急救济署，公共事业振兴署）	贫困项目（经济机会局）
清理贫民窟（《共同房屋法案》）	住房供给项目	通过模范城市项目改造贫民窟
进步党政纲：呼吁联邦政府为意外事故、老年人和失业者提供保险	社会安全体系提供失业补偿和老年退休金	通过社会安全体系为老年人提供医疗保障（医疗计划）
打破垄断，管制商业	管制公用事业公司	管制公路安全和运输
规范工作条件，确保救济金	为工作条件和最低工资设定标准	提高最低工资
提高读写能力，拓展各个层次的教育	通过全国青少年局管理在校大学生	对中小学教育提供资助
老罗斯福实施荒地保护政策	保护自然资源（民间资源保护队，田纳西河流域管理局）	保护荒地
制定联邦所得税	进行税费改革堵住漏洞，对富人加税	减税以刺激商业活动
老罗斯福对布克·华盛顿的建议	对反私刑立法展开讨论（但是没有通过）	禁止公共场所的种族歧视，保证投票权

却依然普遍存在，而且南方多数地区的黑人仍然发现自己难以行使投票权。1964年，由全国学生非暴力协会和其他一些民权运动团体发起的"自由之夏"活动，主要目的是派黑人和白人学生前往密西西比州，为争取黑人权利而工作。组织者罗伯特·摩西（Robert Moses）明白，白人要是出现在那里，什么事情都可能发生在他们身上，但要是黑人自己在南方工作，抗议的

声音只会更大。他的看法正确无误。初夏就有三名志愿者被谋杀，其中包括两名白人迈克尔·施沃纳（Michael Schwerner）和安德鲁·古德曼（Andrew Goodman）与一位黑人詹姆斯·钱尼（James Chaney）。到了夏末，共有80名工作人员惨遭殴打，1 000人被捕，37所教堂遭到炸弹袭击。面对这样的抵抗，约翰逊要求国会通过一项投票法案来修补前两个法案中存在的漏洞。

1965年的《选举权法案》（Voting Rights Act）可能是这十年来最重要的法规，因为它是针对南方实际情况而特别制定并实施的。该法案授权美国司法部长任命联邦检察官前往南方，对那些迫于当地官员阻挠无法正常注册的黑人选民进行登记。这项法案通过的第二年，就有40万黑人在南方腹地（佐治亚州、阿拉巴马州、密西西比州、路易斯安那州和南卡罗来纳州）注册投票；到1968年，注册投票人数已经达到100万。

尽管1964年的《民权法案》和1965年的《选举权法案》获得了通过，但种族歧视现象却仍是随处可见。继续实行种族隔离的学校、恶劣的住房条件、就业机会的不足，始终未能得到解决。当民权斗争发展到北方时，运动内部出现了巨大的分裂。

最初，民权运动是不分种族和非暴力的。金是公认的民权运动领袖。但现在，白人与黑人间的紧张状况引发了民权组织内部矛盾的突然爆发，年轻的黑人领袖们开始向金的非暴力主张提出挑战。他们无法继续忍受屡遭殴打、监禁、教堂不断遭受炸弹袭击，以及依靠白人自由主义者的支持和政府的干预迟迟不能改变命运的境况。

在1964年大西洋城的民主党全国代表大会上，有一件事让许多黑人对白人自由主义者产生了怀疑。在密西西比州"自由之夏"计划中曾起到过积极作用的全国学生非暴力协会成立了自由民主党，准备代替完全由白人组成的代表团参加民主党全国代表大会。黑人激进主义分子范尼·卢·哈默（Fannie Lou Hamer）在资格审查委员会前作证时讲述了她被殴打、监禁和被剥夺选举权的情况。然而，约翰逊总统唯恐在下一届总统选举中失去南方的支持，迫使委员会最终做出了妥协，仍然派白人代表团与会，在整个席位中

讲台上的马尔科姆·X

许多非裔美国人都在热情洋溢地聆听马尔科姆·X的演讲,他宣布:"非暴力抵抗的日子已经过去了。"作为一名富有感染力的演讲者,他有力地推动了黑人权利运动的激进化。照片里的马尔科姆·X呈现出了什么样的形象?

只有两名是抗议组织的成员。这根本就无法满足密西西比州那些冒着牺牲生命和家庭的危险争取选举权的人们。作为一个最初以取消种族和宗教隔离为己任的宗教组织,全国学生非暴力协会开始变成一支完全由黑人参加、动员穷苦黑人采取暴力手段进行抗争的骨干队伍。

马尔科姆·X(Malcolm X)在抚平黑人失败的创伤,以及制定一套新的目标和策略方面,可能是起了最重要作用的领袖。马尔科姆原名马尔科姆·利特尔(Malcolm Little),在北方贫民窟长大。他曾在大城市出老千和拉皮条,后来皈依了伊斯兰民族教派。马尔科姆对温和的民权运动失去了耐心。他早就听厌了非暴力的好处,他抱怨它根本不起作用。他一贯支持黑人分离主义和黑人民族主义，宣扬接纳散居海外的非洲移民的国际化观点，并呼吁黑人"应该采取任何必要手段"与种族歧视进行斗争。虽然在1965年被其黑人对手暗杀，但他提出的非洲人中心论和绝不妥协的立场却是极大地推动了反种族主义斗争的发展。

斯托克利·卡迈克尔（Stokely Carmichael）深受马尔科姆的思想影响。他出生在特立尼达岛，11岁来到美国，渐渐对政治事务和黑人抵抗运动产生了兴趣。卡迈克尔在全国学生非暴力协会中表现得很活跃，由于对非暴力抗议政策失去信心，他敦促工作者拿起武器进行自卫。他认为依赖白人的日子该结束了，并将委员会改组成为一个纯黑人组织。他被选为学生运动领袖，标志着全国学生非暴力协会正逐步走向激进主义。

1966年6月，在密西西比州的一次游行示威中，卡迈克尔的拥护者向金的拥护者发出了挑战，这一事件加剧了黑人运动的分裂。金仍坚持非暴力抗议和种族合作政策。这时的卡迈克尔因抗议活动被捕刚刚获释，他跳上一辆平板车，对其组织发表演说："这是我第27次从监狱里出来，我保证，我再也不会进去了！"他大声说道："阻止白人继续折磨我们的唯一办法就是取得主导地位。我们呼吁自由已经六年了，但却仍然一无所获。我们现在要的是权力！黑人的权力！"他的话牵动着听众的思绪，每当他重复一句时，人群就大声回应道："我们……要……黑人的……权力！"

黑人权力（Black Power）运动在非裔美国人社区内创建了独立的机构，它助长了一种强烈的黑人自豪感。各阶层人士纷纷参加了这一运动，从文化民族主义者到黑人资本主义拥护者再到革命民族主义者等。该运动最为深远的影响就是为基层群众所做的政治文化方面的动员——尽管它仅仅实现了其预期目标中的一部分。

黑人权力运动导致黑人抗议者采取更为激进的行动。黑豹党最初由一些激进分子在加州奥克兰成立，后来又在其他城市成立了宣称不仅要根除种族歧视还要消灭资本主义的好战组织。拉普·布朗（Rap Brown）接替卡迈克尔成为全国学生非暴力协会的领导人，他以"暴力就像美国和樱桃派一样"

（比喻两者难以分开）这一言论而变得家喻户晓。

暴力行动伴随着更激进的改革呼声，证明了种族歧视问题并非只是一个出现在南部的问题，而是一个所有美国人都需要面对的问题。1964年，纽约和其他几个城市相继发生暴乱。1965年，在洛杉矶的瓦茨地区，一场持续五天的大规模暴动造成34人死亡，1 000多人受伤，几百座建筑物毁于一旦。1966年、1967年和1968年，其他一些城市也都先后爆发了暴力冲突。

26.2.5 富于同情心的最高法院

由于肯尼迪和约翰逊相继任命的最高法院法官均为新自由主义的拥护者，因此该机构也就一直都在致力于推进自由主义议程。在美国最高法院首席法官厄尔·沃伦（Earl Warren）的主持下，最高法院维持先前在"布朗诉教育董事会案"中的原判，判定学校种族隔离政策为非法，明确反对在其他公共机构实行《吉姆·克劳法》中的种族隔离制。

最高法院也支持公民自由，它开始保护那些持激进政治观点的个人的权利。同样，最高法院也力图保护那些嫌犯不受警方骚扰，为因贫困而无力聘请律师的被告提供免费法律顾问。在1964年"埃斯科韦多诉伊利诺斯州案"（*Escobedo v. Illinois*）中，法院规定：审问期间嫌犯享有由法院提供的律师为其进行辩护的权利。在1966年"米兰达诉亚利桑那州案"（*Miranda v. Arizona*）中，法院认为必须告知罪犯，当他们的证词可被警方用作不利于他们的证据时，他们有权保持缄默。

其他方面的裁决同样具有创新意义。1962年的"贝克诉卡尔案"（*Baker v. Carr*），根据一年后法官威廉·道格拉斯（William Douglas）"一人一票"的判词所确定的标准，为州立法机构席次的重新分配开辟了道路。这一至关重要的裁决，既使许多州立法机构在对人口稀少的边远地区实行政治控制方面取得了突破，也使美国众议院对城市和郊区的问题给予了更多关注。与此同时，最高法院还判定公立学校无须要求学生进行祷告、被指控的色情材料可能具有某种"补偿性社会价值"所以相关淫秽法规不能限制这类材料——这些判决都激怒了保守主义者。

26.2.6 饱受抨击的"伟大社会"计划

在强势经济增长的支撑下,"伟大社会"计划一如约翰逊所愿在几年内发挥了作用。减税被证明是有效的,个人和商业消费的增加使国民生产总值大幅度增长。随着经济状况得到改善,预算赤字也像预料的那样出现了明显下降。失业率降低了,通货膨胀也得到了控制。医疗计划为老年人和贫困人口提供了基础保障。教育事业因为学校的增建而日趋繁荣,而且由于联邦资金的注入,教师的薪水也得到了增加。

然而,约翰逊的"伟大社会"计划这一梦想,最终却被证明是不切实际的。一些计划只是空洞的许诺,其他一些计划不是漏洞百出就是缺少资金。党派之争也影响了"伟大社会"计划的实施。约翰逊在1964年总统选举中获胜后重组了老民主党联盟,其中包括城市天主教徒、南方白人工会会员、黑人选民和社会中产阶级。但是,持保守主义观点的南方白人和北方蓝领白

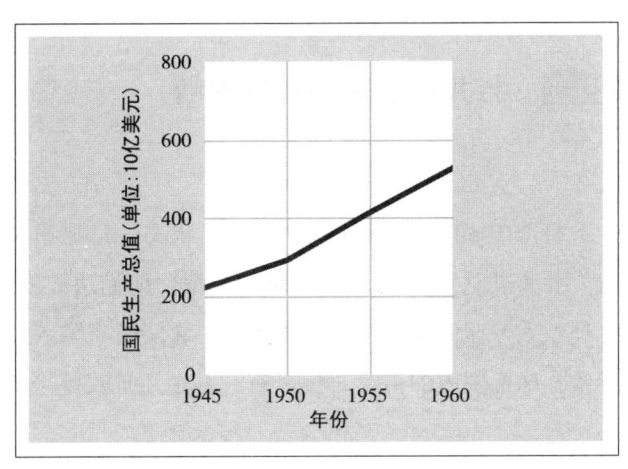

1945年到1960年间国民生产总值的增长

第二次世界大战结束后15年里,国民生产总值(GNP)持续增长,美国享受着前所未有的繁荣昌盛。

人则因政府支持民权运动而感到自身利益受到了威胁。当地民主党的长期支柱——城市老板，则反对城市贫民享有基本的参与权，因为这样一来就威胁到了他们自己的政治支配力。

对"伟大社会"计划及其自由主义根基的批评来自整个政界。保守主义者厌恶集权化和政府在提高国家福利方面日益增强的作用。就连普遍支持自由主义改革的美国中产阶级有时也会抱怨政府对贫困阶层关注过多，以至于忽视了中产阶级的需求。与此同时，激进分子则攻击"伟大社会"计划力度不够。他们认为，"伟大社会"计划这一设想假定了美国社会制度基本上是合理的，因而它并没有对财政收入进行重新分配，他们认为只有对财富进行重新分配，才能改变美国人民的生活。

越南战争（本章稍后将会讨论）给了"伟大社会"计划致命一击。约翰逊想要同时进行对外战争并在国内继续他热衷的改革计划，但鱼与熊掌不可兼得，他为同时追求这些目标所做的努力导致严重的通货膨胀。通过减税和改革支出，经济日趋繁荣。但随着军费开支日益增长，国家生产体系已经跟不上发展的需要。当约翰逊为了掩盖战争花销而拒绝提高税收时，通货膨胀开始急剧失控。看到无法继续推行昂贵的社会改革，国会最终决定大幅削减"伟大社会"计划项目。

26.3 与共产主义的持续对峙

整个1960年代都处于"冷战"状态。肯尼迪和约翰逊都是好战的"冷战"斗士并认同他们前任总统的政策。他们决心继续推行主导1950年代的对外政策（阻止共产主义的蔓延），这使国家陷入充满敌意的冲突中，进而导致全球范围内的持续对抗，有时甚至还危及整个世界的安全稳定。

26.3.1 猪湾惨败及其后果

肯尼迪对外交事务颇感兴趣。在激励人心的就职演说中，他直截了当地描述了美国在"冷战"中面临的危险和挑战。"在世界历史的长河中，"他大声疾呼，"只有很少几代人被赋予在最危急时刻捍卫自由的使命。"美国"将会不惜任何代价，承担一切责任，正视一切困难，帮助所有朋友，反对所有敌人，确保自由的生存与成功"。

肯尼迪上任伊始就意识到了来自苏联方面的直接威胁。第一次挑战发生在 1961 年春天，地点是古巴的**猪湾**（**Bay of Pigs**）。古巴与美国的关系自从卡斯特罗的革命军于 1959 年夺取政权以来一直处于紧张状态。古巴为拉丁美洲其他地方的变革树立了典范并危及神圣的"门罗主义"。率先反击共产主义威胁的是进步同盟，该组织致力于为西半球欠发达国家提供社会和经济援助。此外，一些更具挑衅性的回应也被认为是必要的。

就在肯尼迪就职前夕，美国与古巴中断了外交关系。其时，中情局正在秘密训练反卡斯特罗流亡者对古巴海岸猪湾发动偷袭。美国策划者想当然地以为入侵会引发一场古巴人民反对卡斯特罗的起义。尽管有一些高层官员对该计划表示反对，但肯尼迪还是批准了这项计划。

入侵发生在 1961 年 4 月 17 日，事实证明，这是一场彻头彻尾的失败。早期的一轮空袭没能摧毁古巴空中力量，卡斯特罗阻挡住了美军部队登陆。虽被敦促派出战机进行空中掩护，但肯尼迪拒绝了，因为到那一刻失败已成定局。美国推翻所谓独裁政府的企图赤裸裸地暴露在全世界面前。这破坏了不干涉本半球邻国内政的协议，干预行动不仅极为笨拙，还以失败告终。

尽管在猪湾经历了惨痛的教训，但肯尼迪仍然决心与共产主义威胁对抗到底。德国成为美苏对峙的另一个战场。这个国家因战争而分裂了十多年（参见第 24 章）。在西方强国的援助下，联邦德国的工业日趋繁荣，与苏联控制下死气沉沉的民主德国形成了鲜明的反差。而被分裂的柏林也深深地刺激了苏联人，特别是自从大约 260 万东德人逃往西德开始（他们中有许多人都是从柏林逃亡的)。1961年6月,肯尼迪在维也纳与苏联领导人赫鲁晓夫进行了一次敌对的会见后做出了挑衅性的回应。他要求国会拨款30多亿美元用于国防,并为一项防止放射性粉尘的民防系统计划投入资金以预防核战威胁。苏联方面则于8月做出回应,他们建立起柏林墙,将其占据区域全部封锁起来。这道顶部装有带刺铁丝网的水泥墙长达96英里,高11.8英尺。机关枪设防使得逃往西德变得很难,上峰下令,一旦发现越墙者一律击毙。这道墙成为东西方分裂的明显标志。

26.3.2 古巴导弹危机

第二年,新的危机出现了。1962年10月,美国人从空中拍摄的照片中发现,苏联已开始在古巴领土上部署被肯尼迪政府认为是具有攻击性的导弹,尽管古巴坚持说这些导弹是用于防御目的。这一次,肯尼迪决心在与苏联的交锋中取得胜利。

政府高级官员迅速开会研究各种方案。国家安全委员会执委会的部分成员想要采取空袭手段摧毁苏联的导弹基地,包括总统弟弟司法部长罗伯特·肯尼迪在内的其他人则反对采取这样的行动。尽管如此,美国还是进入全面戒备状态。携带核弹和导弹的轰炸机随时处于待命状态。舰队随时准备驶向古巴,地面部队也做好了随时入侵的准备。

肯尼迪发表全国电视讲话,向美国人民通报导弹危机的有关情况,要求他们行动起来。他宣称,在核战争的危险面前,美国绝对不能退缩,并宣布了他的决定:在古巴近海实施海上"检查"(而没有实行意味着战争行动的"封锁"),阻止苏联船只把更多的导弹运到古巴。

当苏联舰船驶向封锁区时,形势立刻剑拔弩张,全世界都屏住了呼吸。但在它们抵达"检查"线之前,赫鲁晓夫召回了苏联舰船。赫鲁晓夫随后给肯尼迪发去了一份很长的电报,表示如果美国解除封锁,他将下令撤出那些导弹,并建议双方不再插手古巴问题。后来他又向肯尼迪发出第二份电报,要求美国也要从土耳其领土上撤走其导弹。美国同意第一份电报的要求，但对第二份电报则未予理睬，对从土耳其撤除导弹问题更是只字不提，尽管苏联已表明态度。这次危机就这样结束了。国务卿迪安·腊斯克说道："我们赢得了一场巨大的胜利。我们都还活着。"

古巴导弹危机是"冷战"期间最令人心惊胆战的一场对抗，整个世界距离核战争仅有一步之遥。总统的坚定立场使他成为英雄，大大提高了他的声望，民主党在几周后举行的国会选举中也是受益匪浅。这次事件导致的后果之一就是苏美之间设立了热线联系，以避免未来再次发生类似事件。另一个后果则是促使苏联决定扩充核武，不向美国示弱。尽管双方在1963年签署了禁止在大气层进行核试验的《限制核试验条约》，但双方的核武竞赛却仍在继续。

26.3.3 约翰逊政府下的对抗与遏制

肯尼迪的许多有关共产主义威胁的假设都得到了约翰逊的赞同。他对第二次世界大战爆发原因的理解使他相信，必须在侵略者发动下一步侵略前先出手阻止他们。与艾森豪威尔和肯尼迪一样，约翰逊也信奉"多米诺骨牌"理论：如果某个地区的一个国家陷落了，其他国家一定会紧随其后。他认为可以像对付国内的政治竞争对手那样对付国外对手，1965年他派出了一支两万多人的部队前往西印度群岛的多米尼加共和国，去攻击正投身当地民主革命的"卡斯特罗分子"。这一事件使约翰逊的声望受到严重损害。

在中东地区，美国也试图运用它的影响去缓和那里爆发的暴力斗争。1967年，以色列军队在"六日战争"中挫败了埃及军队，占领了约旦河西岸、耶路撒冷、戈兰高地和西奈半岛。美国为了使战争得以迅速结束而对以色列施加了影响，以维持这一地区的均势和持续的石油供给。

26.4 越南战争与国内骚乱

阻止共产主义蔓延的政策致使美国大规模卷入越南战争。这场战争的根源可以追溯到第二次世界大战刚刚结束的年代，但在肯尼迪就任总统之前，美国的参与还相对较为有限。然而，美国很快就变得越来越热衷于反对共产党政权。这场战争给东南亚造成巨大破坏，使美国社会内部出现严重分歧，最终则促使美国对其"冷战"政策进行全面重估。

26.4.1 越南战争升级

肯尼迪想要取得"冷战"胜利的信念，导致他扩大了美国在越南问题上的作用。肯尼迪执政期间，派驻南越的美国军事顾问人数由675人上升到1.6万多人，并且已经有美国士兵在那里丢掉性命。

为了阻止整个地区都落入共产党之手，肯尼迪想要在不投入过多资源的情况下支持南越并维持现状。即使随着支持力度加大，他也想要避免让这一投入急剧上升。

但这一办法也有问题。尽管得到美国大力支持，但南越领导人、天主教徒吴庭艳还是很快就失去了国民支持。佛教徒在首都西贡自焚，抗议吴庭艳政权的专制和腐败。在得到美国的首肯后，南越军事领导人将吴庭艳暗杀并夺取了政权。肯尼迪批准了这次暗杀，尽管他并不想让吴庭艳死去。肯尼迪明白，南越政府要想存在，民众支持必不可少，但他还是不愿从越南撤军，把问题留给越南人自己解决。

在越南战争问题上，约翰逊同样持保留态度。就任总统后不久，他就制定了一项指导未来四年政策的重大决定。"越共"游击队时而秘密地，时而又通过其政治机构"民族解放阵线"公开地向现政权发起挑战。在胡志明和北越人的援助下，"越共"的声势日益壮大。约翰逊决定采取行动，他说：

"我不想丢掉越南,我不想在我的任期内眼看着东南亚走上中国的道路。"

在 1964 年总统大选中,约翰逊摆出一副和平者的姿态。"我不想让我们的孩子奔赴亚洲与那里的孩子作战",他如此声明。可是背地里,他又悄悄地策划增强美国的作用。尽管他在对外事务上缺少背景或经验,但却是他自己的政治盘算使得这场战争成了一场他无力挽回注定要输的战争。

约翰逊采取了单方面行动。1964 年 8 月,他指责北越的鱼雷快艇在距北越 30 英里的东京湾公海向美国驱逐舰发起挑衅性攻击。虽然确有初步的冲突,但约翰逊所强调的攻击却是从未发生。但在真相大白之前,他已利用这一事件要求国会通过决议,赋予他"采取一切手段击退任何针对美军的武装进攻,并防止进一步挑衅"的权力。**东京湾决议(Gulf of Tonkin Resolution)**给了约翰逊梦寐以求的借口。

1965 年 2 月(就在约翰逊以压倒性多数赢得大选胜利后),美军在越南的军事行动开始升级。当越共军队对一个美军基地发动攻击,七名美国人被打死后,约翰逊下令对北越进行报复性轰炸,旨在切断敌军的补给线,减轻南越的压力。"滚雷行动"(其特点是巨大的 B-52 轰炸机投下成吨的炸弹)一连持续了数年。几个月后,总统又派出美国地面部队参战。它是标志着越南战争美国化的一个重要转折点。1965 年年初在越南作战的美国士兵还只有 2.5 万人,而到该年年底就已增至 18.4 万人。1966 年增加到 38.5 万人,1967 年增至 48.5 万人,1968 年更是增至 54.3 万人。

随着战事逐步升级,约翰逊意识到他陷入了困境中。他明白,这场战争可能打不赢了,但他更担心,此时撤军,美国的军事力量和他本人的声誉都将受损。

就这样,美国军队等于直接参与了为支持遥远的南越独裁政权而进行的战争。虽然在阮文绍和阮高其的领导下更有成效的政府最终建立了起来,但暴力冲突也在进一步升级。对北越的大规模轰炸仍在继续,碎片式炸弹和凝固汽油弹的广泛使用,使无数平民死亡或致残。南越也遭受了类似的破坏。尽管驻越美军司令威廉·威斯特摩兰(William Westmoreland)一次次地说已经看到了"隧道尽头的亮光",但战争却仍在无休止地进行着。

26.4.2　学生激进主义和反战示威

美国人开始抗议卷入这场战争。战后生育高峰期"婴儿潮"出生的一代人,到1960年代已经长大成人,他们冲在了斗争的最前面。到1960年代末,在校大学生人数已是1940年代的四倍多。这些人成为一个重要群体,他们抗议1950年代和1960年代开始出现的物质主义生活模式。随着消费文化进入高潮,一些学生觉得,生活不应该只是住房、汽车和电器这些看上去界定了美国梦的物品。大学成为企业和公司的人才培训基地,但更重要的是,在学生们步入社会开始谋生前,它也给了他们进行实践和锻炼的机会。一些学生参加了民权斗争,另一些学生则抗议经济上的不公。他们一开始都是满怀希望,但到后来则渐渐对肯尼迪夸夸其谈的"新边疆"政策与政府实际作为之间的巨大差距感到失望。

理想的破灭导致新左派激进意识的产生。在1960年成立的"争取民主社会大学生协会"(Students for a Democratic Society,SDS)中就有不少民权运动的活跃分子。1962年,该组织发表了一份由密歇根大学的汤姆·海登(Tom Hayden)主笔的《休伦港宣言》(Port Huron Statement)。宣言的开头写道:"我们这一代人在舒适的环境中成长,如今在大学里求学,忐忑不安地注视着这个即将由我们继承的世界。"文章接下来强烈反对将人们彼此隔离的巨大社会和经济差距,谴责现代生活的孤立和疏远。它谈到了种族不平等、经济不平等,以及持续存在的对原子弹的恐惧。

第一次大规模学生抗议运动于1964年在加州大学伯克利分校爆发,民权运动的活跃分子参加了这次以"自由言论运动"(Free Speech Movement)而闻名的抗议活动。校方禁止学生们(其中多为民权运动的活跃分子)在校门口外分发抗议资料,学生们则围住警车,整晚不让它开走。大学的校务委员们控告那些学生领袖违法,当委员们拒绝撤诉之后,学生们便占领了学校行政大楼。警察闯入大楼，逮捕了楼里的学生。一场得到教职员工援助的学生罢课运动，争取到了对自由言论权的更为广泛的支持。

发生在伯克利分校的"自由言论运动"，其目的是要求进行传统的自由主义改革。学生们只是想要重申他们一贯追求的有权选择如何表达自己思想的权利。后来，其他一些组织则将攻击的范围加以扩大。学生们想要更多地参与校务，强烈主张进行课程改革，并要求招收更多的少数民族学生。

为了反对越南战争不断升级而举行的越来越多的抗议，重新引燃了学生抗议活动，并成为青年运动新的焦点。第一次反战学术讨论会于1965年3月在密歇根大学举行。其他学校也迅速开展起此项活动。起初，支持战争和反对战争的学生共同参加学术研讨活动，但不久以后，此类活动就变得更像是反战集会而越来越偏离了学术探讨的初衷。拳击运动员穆罕默德·阿里（Muhammad Ali）认为他拒服兵役完全合法，他说"我跟越共之间不存在任何怨恨"并出于宗教原因拒绝参军。激进分子与"争取民主社会大学生协会"和其他组织相互配合发动了反征兵运动，攻击学校的后备军官训练队（ROTC），并试图使那些制造毁灭性武器的公司名誉扫地。学生们喊出了"要做爱，不要战争"的口号。随着反战运动不断扩大，学生们的言辞也变得更为尖锐。他们一边游行抗议，一边反复不停地高声喊叫着："嗨！嗨！林登·约翰逊！你今天杀了多少个孩子？"

1968年年初，越南人为庆祝农历新年而发动的**春节攻势**（Tet offensive）让美国的工人阶级和中产阶级对战局开始感到失望。北越军队对南越发动了大规模进攻。在西贡，他们袭击了美国大使馆、新山一空军基地和总统官邸。虽然后来被击退了，但北越人却在心理上赢得了胜利。美国人每天一边吃着晚餐一边看着电视，映入他们眼帘的尽是燃烧的茅屋和受伤的士兵。看着这些残酷的死亡和毁灭画面，许多美国人都不禁对他们国家进行这场战争的目的和行动提出质疑。

抗议成为生活中的一项内容。1968年1月1日到6月15日，100多所大学里的成千上万名学生举行了221场大型反战示威活动。1968年4月，哥伦比亚大学爆发了一起十分富有戏剧性的事件，民权问题与战争问题被紧密地连接在一起。"争取民主社会大学生协会"中一个很具影响力的分会，敦促校方断绝与专门从事军事研究的国防分析研究所之间的联系。而学校里的非裔美国人学生会则试图阻止在哈莱姆区新建一所体育馆，因为这将扰乱那里的正常生活。结果，白人占领了一栋大楼，黑人则占领了另外一栋大楼。最终，大学校长叫来了警察。几百名学生被捕，很多人被打伤。紧接着又爆发了一场声援学生的示威活动，哥伦比亚大学被迫提前数周就放了暑假。

在一场世界性的学生激进主义运动浪潮中，美国学生的抗议活动只是其中的一部分。随着全球化变得比以往更加重要，抗议成为世界各地一种更为常见的现象。在法国，学生们走上巴黎大街游行示威。在德国，年轻的激进分子同样是口诛笔伐，向传统准则发起挑战。在日本，学生们则与警察发生了武装冲突。美国学生从电视上观看那些在其他国家爆发的抗议，感到自己也成了一场世界性运动的一部分。

26.4.3 反文化运动

文化革命伴随着政治动乱。许多美国人，不管他们在政治上是否活跃，都感受到了与学生们一样的物质主义消费文化给其带来的挫折感。他们发现自己与1950年代"垮掉派"的不满深有同感，后者抗议他们眼中美国中产阶级目光狭隘的生活模式。这些年轻人找到了表达自己个性和自主性的新方式，其中经常都是一些大胆的和让人震惊的方式。就像在政治领域内一样，年轻人也领导了寻求新方式来表达自我满足并展现个性的潮流。

年轻人外在装扮上的改变最为显而易见，而这也是最令年长的美国人所忧虑的。1960年代的"嬉皮士"以不同的方式表现自己。男人留长发，蓄胡须；男女都穿牛仔裤、衬衫和其他朴素的服装。对自然随性的强调超过了一切，一些人还自发地抛弃传统婚姻习俗转而群居。

随着越来越多的人都把性行为从家庭生活的传统关系中分离出来，性爱标准也经历了一场革命。整整一代女青年都是伴随着"口服避孕药"成长起来的——该药品使用起来很方便，使人们不用担心怀孕。1960 年，食品和药品管理局批准了首批在市场上销售的口服避孕药：异炔诺酮 – 炔雌醇甲醚片。经过三年的宣传介绍，有 200 多万女性都服用了避孕药。随着它的成本进一步降低，又有数百万人开始使用它。

社会各阶层的美国人对性（行为）的探究和享受变得越来越开放。作家兼编辑诺拉·埃芙恩（Nora Ephron）对其自身经历的回顾可以概括 1960 年代的性革命。她回忆道，一开始，她还有种"1950 年代的纯洁后遗症"："第一个和我发生关系的男人，我爱他并想跟他结婚。第二个和我发生关系的男人，我爱他但并不想嫁给他。到了第三个男人，我想我可能是爱上他了。"

艺术作品也反映了性革命。联邦法院宣判将劳伦斯（D. H. Lawrence）的《查泰莱夫人的情人》（*Lady Chatterley's Lover*）这样以前被认为是淫秽的图书予以解禁。裸体在舞台和屏幕上也都变得越来越平常。

绘画作品反映了与传统相异的倾向并迫切要求革新，这种革新产生了更加广泛的社会效应。"奥普"（Op，即"光效应"）艺术家利用轮廓鲜明的几何图形，配以强烈大胆的色彩，与抽象表现主义者的画作带给人们的那种流动无序的视觉效果完全不同。"波普"（Pop）艺术家，如安迪·沃霍尔（Andy Warhol）、罗伊·利希滕斯坦（Roy Lichtenstein）和贾斯珀·约翰斯（Jasper Johns），讽刺美国的物质主义和大众品味，并喜欢用日常用品，像汤罐、连环漫画和玛丽莲·梦露的照片等来表达思想。

迷幻药也成为反文化运动的一部分。提莫西·利里（Timothy Leary）提倡吸食毒品，他是一名在哈佛大学进行麦角酸二乙基酰胺（LSD）实验的科学研究员。他坚持己见，认为"毒品对释放脑神经是必要的"并鼓动其追随者"吸毒、兴奋、失去意识"。另一位倡导吸毒的人是肯·凯西（Ken Kesey），他是小说《飞跃疯人院》（*One Flew Over the Cuckoo's Nest*）的作者，他在加州建立了一个"快乐的恶作剧者"社区。1964 年，这帮人向东进发,乘着一辆经过改制、涂着色彩炫目的荧光漆的校车,带足了能够维持他们横穿大陆所需的橘子汁和"迷幻药"(麦角酸二乙基酰胺)。

毒品的使用不再局限于城市亚文化群。士兵们在越南战争中就有吸毒的体验,他们从越南撤回时也把这一习惯带回了国内。服用含有麦角酸二乙基酰胺成分的毒丸成为许多中产阶级大学生成人仪式的一部分。1960年代大麻极受欢迎。"迷幻药物皮下注射用具"在中学、街坊四邻和大学里的各个组织中传播开来,就像在上一代人中流行的罐装啤酒那样唾手可得。

音乐也与这些文化变革密切相关。1950年代的摇滚乐和民谣音乐柔和的旋律,让位于席卷全美乃至全世界的一种新的摇滚乐。

摇滚音乐节在整个1960年代盛行全美。1969年8月的一个周末,约40万人为参加伍德斯托克摇滚音乐节而聚集在纽约州北部地区的一片大草地上。这里有震耳欲聋、昼夜不停的欢娱和享用不尽的大麻,这次纵情的庆典进行得很顺利。但四个月后在加州阿尔塔蒙特举行的另一个音乐节就没这么幸运了。"滚石乐队"(Rolling Stones)在演唱会上雇用"地狱天使"摩托车队的一伙人当保镖,这伙人与观众发生冲突,造成四人死亡。

反文化运动阴暗的一面在旧金山黑什伯里地区表现得最为明显,在那里,流浪的"花童"、颓废的吸毒者和极端的激进主义分子混到了一起。在所有这种自发的、精力旺盛的行为中,反文化运动的阴暗面都不能被忽视。

26.4.4 暗杀时代

1968年时的美国社会似乎被弄得四分五裂。所谓的"代沟"在父母与孩子之间造成了深深的裂痕。政治抗议发展得愈加暴力。但是,人们对民主进程将会带来意义深远的改变这一点还是抱有信心的。肯尼迪在五年前中枪身亡,美国从那次创伤中挺了过来。然而,随后两位知名人士的死却打消了人们的任何希望。

金是1955年之后几年里最为著名的非裔美国人的代言人。到1960年代中期，他加大了抨击贫困和经济不公的力度并开始大胆地发表反对越南战争的演讲。

金知道自己早已成为众矢之的。1968年4月3日，他谈到了他的生命受到威胁的问题，他告诉他的追随者："以后我们的日子会很艰难。"第二天，当金站在田纳西州孟菲斯一家汽车旅馆的阳台上时，他被一颗来复枪弹射穿下颌而死。

金被暗杀这件事在全美上下引发了轩然大波。盛怒之下的非裔美国人在124座城市里举行暴动、纵火并洗劫商店。对所有美国人来说，金的死使得人们对通过进行非暴力革命推动变革的信心大减。

几个月后，罗伯特·肯尼迪也失去了性命。哥哥被暗杀后，罗伯特当选纽约州参议员；当时他正忙于争取民主党总统候选人的提名。6月，他首先在加州取得了重大胜利。那天晚上，在他发表过获胜演讲后，他就被暗杀者给枪杀了。罗伯特的死，就像金的死一样，终结了许多人对调和或改革的希望。

26.4.5 混乱的1968年大选

混乱的民主党大会打碎了该党赢取胜利的任何希望。芝加哥市市长理查德·戴利（Richard Daley）因极端分子和嬉皮士到他的城市进行反战抗议而被激怒，他命令警察将游行示威者从公共场所赶走。警方听命行事，但其执法过程却被摄像机拍下，全国人民都看到了这一幕。约翰逊的副总统休伯特·汉弗莱（Hubert Humphrey）在约翰逊早些时候宣布不会寻求连任后参与了民主党提名竞选并获得了声名狼藉的胜利。

汉弗莱要面对的对手是前任副总统尼克松。1960年尼克松在第一轮竞争中失败，两年后参加加州州长竞选又以失败告终。多数政客都认为他难成气候，但在1964年的戈德华特惨剧之后他又东山再起，到了1968年，他似乎又对角逐总统职位做好了准备。

第三方候选人阿拉巴马州州长乔治·华莱士在竞选中利用了社会和种族的紧张局势。他对那些北方工人阶级选民和南方的白人发出呼吁，希望依靠蓝领阶层对社会混乱和自由主义目标的怨恨而赢得选举。

尼克松也对同一类选民发表演说并将其称为"沉默的大多数"（silent majority）。他利用了这些美国人对校园混乱和市中心暴乱的不满及对种族主义的潜在诉求，他许诺，如果当选，他会使法律和社会秩序得到保证。他也把"伟大社会"计划称为一个昂贵的失误。尼克松得到了43%的选民票，比汉弗莱多了不到1%，剩下的选票被华莱士获得。但这也足够使共和党人在选举人票上占据多数，尼克松最终还是当选了总统。

26.4.6 持续不断的抗议

与此同时，抗议仍在继续。第二年，1969年10月，"气象员"（Weathermen，"争取民主社会大学生协会"中一群边缘尚武之人，得名于鲍勃·迪伦的一句歌词："你不需要气象员告诉你，风往哪里吹。"）袭击了芝加哥城，在四天时间里，他们冲上大街发起暴乱，与警方发生武装冲突。

为何"气象员"会发动攻击？"世界上大部分地区的现状对我们来说也就意味着战争、贫困、不平等、无知、饥荒和疾病，"一位来自俄亥俄州的参与者波·伯林厄姆（Bo Burlingham）回忆道，"所以接受它也就意味着纵容并支持它。"也许那些参与者很清楚芝加哥"全民行动"（national action）的理念，但它却让全国多数保守主义公民都为之愤怒不已。

小结：政治与社会动乱

1960 年代是一个动荡的年代。初期的美国社会还算比较太平。国家形势稳定，中产阶级陶醉于消费文化带来的益处中，消费文化主导了第二次世界大战后那些年月。当自由主义民主党人竭力以大规模的政府干预处理工业时代的社会和经济问题时，他们比罗斯福和杜鲁门走得更远。人们被肯尼迪的豪言壮语所鼓舞，并在约翰逊的"伟大社会"计划中看到了胜利的前景。但到后来，民主党陷入了越南战争的困境，而反战运动则使国家的状况变得比内战时更为混乱。

美国社会一片混乱。年轻的激进分子向关于物质主义社会和关于政府如何运作的基本假定发起挑战。他们怒斥国内社会的不公正并抗议他们认为错误的对外政策。最初，他们的努力显得犹豫不决，后来他们抓住越南战争作为关注焦点并取得了成功。他们开始攻击导致美国在遥远的国家进行大规模军事介入的"冷战"政策。学生领袖很快就吸引了无数拥护者参加游行示威，最终迫使国家重新考虑它的目标。与此同时，反文化运动成员则向人们宣传了自己更为摇摆不定的价值观，他们向 1950 年代甚为重要的种种规范发出挑战，使数百万美国人在穿着和行动上一反常态。政治激进主义和反文化运动既各自独立又相互关联，它们使得国家在 1960 年代末的处境，比起以往任何时候都要更加艰难。

大多数美国人都像（本章开篇介绍的）保罗·考恩一样，信奉 1960 年代早期肯尼迪的"新边疆"政策并赞同走自由主义道路。但随着时间的流逝，从 1960 年代走进 1970 年代，他们开始质疑起过去被他们视为理当如此的自由主义信条。在经济衰退迫使政府做出严酷的经济选择时，在国家陷入打不赢的越南战争难以自拔时，他们开始担忧起美国摇摇欲坠的经济。保守党人谴责这一混乱局面，与此同时，像保罗·考恩一样绝望的自由主义者也开始质疑他们曾经很有希望的方法是否能够取得成功。

思考题

❶ 肯尼迪如何代表了1960年代早期美国人的希望与理想?

❷ 约翰逊的"伟大社会"计划有多成功?

❸ 越南战争对美国国内的抗议活动有何影响?

❹ 1960年代末期美国经历了哪些最重要的变化?

❺ 1960年代撼动美国的示威活动产生了什么样最持久的影响?

第 27 章

骚乱与不满：
1969 年到 1980 年

27.1　自由主义的衰落

27.2　在越南的持续努力

27.3　宪法冲突及其后果

27.4　对社会改革的不懈求索

小结：修补裂痕

美国故事

一位老年妇女再次踏进学校

安·克拉克（Ann Clarke）一直以来都想进入大学学习。但在她那个年代，意大利裔家庭的女孩子很少有机会上大学。安的母亲是个来自西西里岛的寡妇，她问安的哥哥："安东尼娅（Antonina）应该去上大学吗？"她哥哥说："上那干啥？她只是应该结婚。"

安东尼娅的生活并非一帆风顺。1920年代她还是个孩子，那时她由说意大利语的祖母照看，而母亲则要外出工作养家，她的母亲既在"血汗工厂"做过小工，也做过针线工。安认同自己的民族文化传统，在憧憬未来时她也期待自己能做一个尽职、顺从的女儿。为了家庭的需要，安用了三年时间完成了中学的商务课程。安忍受着种族歧视在华尔街从事法律助理工作，但她仍然相信美国梦和清教徒式的工作道德。能挣钱为家中分忧使安觉得很骄傲。

第二次世界大战开始后，安想加入陆军妇女队（WACS）。但她母亲却说："你要去那儿还不如去当妓女。"安去了加利福尼亚，她先后在那里的几个旅游景点工作过。当她离开加利福尼亚时，她发誓以后一定要回到这片充满自由和机会的土地。

战争结束后，安嫁给了杰勒德·克拉克（Gerard Clarke），他是一个有着英国背景的大学毕业生。她的孩子将会在有着盎格鲁－撒克逊式名字的情况下长大成人。此后15年，安全身心地投入到家庭中。她首先是个母亲，这是她生活中最重要的事，她所有的时间都投入到了母亲的角色中。但她仍在等待着属于自己的机会。她后来回忆道："我有学习的渴望和好奇心。"到了1960年代，她的三个孩子都上了学。在向丈夫保证每晚6:00准时把晚饭端上桌后，安开始进入帕萨迪纳市立学院学习。这并不是一件简单的事，因为家庭总是最重要的，但是安也总能找到时间学习。她利用洗盘子和打扫房间的时间背诵各种日期、历史事件和其他学习需要的材料。然而，假期一到就会打乱她的学习计划。安时常感到不得不放下所有事情去"过圣诞"。有一年在期末考试两周之前她忘记了整个学期的作业，没有写艺术史论文而是在缝睡衣。

由于她是第一批重新进入大学的上岁数妇女之一，她在学习中遇到的冲突也就更加剧烈。"有时我真想躲起来"，她承认道。她的老师通常都比她年轻。她花了四年时间才完成两年的课程。但她并不甘心如此，因为她确实想要得到一个学士学位。她又回到了学校，这一次去了洛杉矶的加利福尼亚州立学院。

几年过去了，学分越积越多，安成为一个获得诸多荣誉的学生。她的孩子现在都在大学念书，他们为她感到骄傲并非常支持她，他们经常在饭桌上讨论福克纳和对外政策。即使这样，安还是感到自己夹在家庭与外部世界之间难以平衡。她是班上最好的学生，毕业本应是一个特别的场合；但当学校来信邀请她的父母参加毕业典礼时，她只是感到十分尴尬。她自己最终也没有去参加。

拿到大学学位后，安又为获得教师证书返回学校。50岁时安拿到了证书，但具有讽刺意味的是，此时的社会变化已是沧海桑田。曾经遭到社会排斥的意大利移民已经同化入美国社会。现在安只是洛杉矶不断变化的移民潮大军中的一个英国人，而现在城市需要的则是拉美人和其他少数民族的教师。教育行业的工作机会很少，并且她也到了快退休的年龄，因此她在墨西哥裔美国人地区做了十年代课教师，主要从事双语教育。

与此同时，安也遇到了越南战争的困扰。"每死去一个孩子，我们之中就会有一个人要承受痛楚"，她对同事说。她不是什么活动家，而是上百万默默地从根本上推动社会变革的美国人之一。更大范围的文化变革也引起了她的担忧。她的儿子留长发、蓄胡须并参加抗议集会。她担心他会招致帕萨迪纳妇女们的怨恨。她的女儿从学校回来时穿着靴子和令人吃惊的皮革超短裙。安接受了孩子们外表上的变化，她对他们根本的价值观抱有信心；"他们是好孩子"，她了解这一点。她信任他们，虽然有时也不免会为他们感到担心。

安·克拉克在第二次世界大战后的岁月里,有着与上百万妇女相似的经历。在持续不断的社会和政治动荡中(有时看起来像是要危及国家稳定),这些陷入传统家庭生活模式中的妇女开始认识到她们对某些事情的渴望。她们对越南战争的全球及国内后果、对危及美国民主体系并迫使尼克松下台的"**水门事件**"(**Watergate**)中的宪法问题感到忧虑。与此同时,美国女性同黑人、拉美裔人、印第安人和其他群体的成员一样,也在努力改善自身生活状况,并争取她们在美国社会内应该享有的各项权利。基于过去数十年奋斗的成果,这些多元化群体要求在实现他们自己的美国梦中得到公正平等的对待。在这一奋力抗争的过程中,他们也改变了国家本身。

本章描述了1970年代震动美国社会的持续动荡并研究了如下问题:像尼克松政府试图终结美军在越南战争中的垂死挣扎这样的全球性事件有什么持续影响?把战争扩展到其他东南亚国家对国内情况有什么影响?作为美国历史上最重大的政治丑闻,"水门事件"如何影响到国家的安稳?环保运动和消费者权益运动的积极活动分子不断增加的骚动,如何影响公共政策?在种族、性别和社会关系领域寻求自由和平等的持续努力,如何改变美国社会的性质?

27.1 自由主义的衰落

经过八年民主党执政,很多美国人都对自由主义的方式十分失望。他们对自由主义的规划和政府解决社会问题的能力提出了质疑。而在此之前人们一直都在尝试用自由主义的办法去解决社会问题并一直发现这就是想要的。与此同时,社会模式上发生的转变也将国家分裂开来,更为保守的美国人觉得那些转变是不道德的或者是不合乎伦理的。他们发现,年轻人的行为让人不安,即使他们自己也开始蓄长发留胡子,甚至偶尔也会尝试吸食毒品。

1960年代末期开始出现的社会裂缝，在1970年代变得更加显著。贫困仍是一个主要问题，但现在解决它的措施却遭到强烈反对。由于越南战争使美国两极分化，批评家指责政府想要做的太多了。尼克松的共和党政府决定利用战争在国家中造成的疏离感，淡化对社会变革的承诺。与艾森豪威尔15年前的做法一样，尼克松也采取了一些必要的社会计划来改善社会福利，但他仍然希望使联邦机构裁员。此外，尼克松及其同僚决定，要更关注白种中产阶级美国人的需要，这部分美国人厌恶社会无序，认为社会无序是由快速的社会变革引起的，并对政府偏向那些贫穷和无依无靠的人感到不满。

27.1.1 尼克松和他的团队

无论是在执政期间还是退出政坛之后，尼克松都是一个复杂而遥不可及的人，他小心翼翼地把自己隐藏起来。尼克松出身贫寒，他下定决心要取得成功并在政治领域实现自己的目标。尼克松的一位助手曾说"他的本性中有吝啬的一面"，而他也总是极力避免将自己展示给大众。他举止欠佳又缺乏幽默感，最喜欢独处或和几个有钱的朋友在一起。即使在工作的时候他也会把自己隔离起来，与人接触时他更偏爱以书面的方式进行交流。

尼克松非常了解电子时代的政治心理。他相信"现代的总统必须像关心实质一样关心形象"。因此他在公众场合以美国道德捍卫者的形象出现，虽然在私下里他通常很是有些粗俗。在职业生涯的早期，由于他愿意做任何有利于他职业的事情，他被贴上了"狡猾的迪克"（Tricky Dick）这一标签。在后来的岁月里，他曾试图建立"新尼克松"的形象，但对很多人来说，他仍然显得是个机械的人，他总是精心地算计着下一步该怎么走。就像作家兼专栏作家加里·威利斯（Garry Wills）指出的："他是活得最不'真实'的人……他是个幸存者。尼克松只有一个，虽然总是有像他一样的人；他总是试图成为别人希望的那种人。"

从哲学方面讲，尼克松不同意自由派关于联邦计划的观点，他希望把权

紧张的尼克松

在向"沉默的大多数"讲演时,尼克松许诺重建传统价值观并恢复法制和秩序。作为一个孤独缄默的人,尼克松试图把自己与大众疏离开来并努力通过全国媒体展示其精心修饰过的形象。照片中的他给人一种什么印象?其肢体语言又是如何表达其内心意图的?

力下放给社会。但他又认为总统应该是政治系统的发动机,在这一点上他又与他的自由派前辈观点相同。当被民主党控制的国会要通过尼克松本人反对的资金分配方案时,他扣押了国会授权的资金(拒绝在这方面花费)。后来的评论家认为,尼克松在任期间是他们所称的"帝王般的总统"的顶峰。

尼克松的内阁成员是白种男性共和党人。不过,大多数情况下,总统都是倚重其他白宫幕僚,与内阁一道工作。在国内事务方面,前经济顾问委员会主席阿瑟·伯恩斯(Arthur Burns)和哈佛大学教授(民主党人)丹尼尔·莫伊尼汉(Daniel Moynihan)是最重要的人物。在外交方面,另一位哈佛大学教授、才华横溢且雄心勃勃的亨利·基辛格(Henry Kissinger)则领导着美国国家安全委员会并在日后成为国务卿。

白宫官员的另一层(他们都不具有处理公共政策的经历,但却都十分忠诚)负责把总统与外界隔开并执行总统的命令。广告总监哈里·霍尔德曼(Harry Haldeman)是尼克松的一位不知疲倦的干将,成为白宫办公厅主任。与霍尔德曼共事的是律师约翰·埃利希曼(John Ehrlichman),埃利希曼从法律顾问开始做起,后来成为总统国内事务助理。霍尔德曼和埃利希曼因其保卫总统隐私的方式而被称为"柏林墙"。约翰·米切尔(John Mitchell)被同事称为"高架铁道主管",被埃利希曼称为"大辣椒肉馅玉米卷饼"[俚语中意为"最重要的人物"]。作为一名坚韧不拔而成功的律师,米切尔成为尼克松可靠而忠实的朋友并成功地组织了1968年的竞选活动。在新一届政府中,他担任司法部长并每天都向总统提供参考意见。

27.1.2 共和党的国内议程

尼克松在政治上达到成熟是在共和党圈内,但他也明白,想要完全改变政府已经扩大的角色是不可能的。相反,他缩减了福利国家的计划并使之系统化,想要"扭转联邦政府的权力和资源的流向",并把这些权力和资源分配到州和地方政府,尼克松相信那里才是权力应有的归宿。

尽管一开始有所保留，但后来的事实证明，尼克松还是愿意利用经济手段来保持稳定的。尼克松上台伊始，国内经济极不稳定。通货膨胀从1965年的2.2%上升到1968年的4.5%，这主要是越南战争造成的，尼克松削减政府开支并敦促美国联邦储备委员会提高利率。尽管保守计划的一部分发挥了作用，但1969年到1970年还是发生了轻微的衰退，并且通货膨胀继续上升。意识到这种政策在政治上可能带来的危险之后，尼克松改变了做法，他实施了工资和价格控制来制止通货膨胀，并采用货币和财政政策刺激经济。尼克松1972年赢得连任后取消了工资和价格控制，通货膨胀又卷土重来。

除了越南战争之外，还有一些因素导致让人苦恼的物价上涨。1972年，尼克松政府急于取悦农民以获得选票，因而向苏联出售了大批小麦。由于美国国内市场小麦供应不足，粮食价格暴涨。1971年到1974年，农业通胀伴随着工业通胀而来，农产品价格上涨了66%。

不过，干扰经济最关键的因素是能源问题。阿拉伯石油禁运以一种极其令人不安的方式扰乱了经济活动和消费文化的模式。美国的经济扩张依赖于廉价能源，就像美国式的生活依赖于廉价的汽油。所以中东的动乱也就威胁到了西方世界的经济稳定。

1967年的"六日战争"表明，中东地区依旧是个战场。以色列预见到阿拉伯国家将要发动袭击并进行了先发制人的打击，以色列军队击败了埃及军队并占领了阿拉伯一侧的耶路撒冷（这是自1948年以来这块土地首次与以色列所控制的部分合并），并夺取了约旦河西岸和戈兰高地。

"六日战争"后，石油输出国组织即"欧佩克"（Organization of Petroleum Exporting Countries，OPEC）缓慢地在1970年代初提高了油价。1973年的另一场阿以战争："赎罪日战争"，在犹太人最神圣的日子赎罪日爆发，这使犹太人大吃一惊。这场战争使以色列与埃及、叙利亚、伊拉克和约旦针锋相对。起初埃及占领了西奈半岛，叙利亚占领了戈兰高地，但后来以色列又将其夺回。战斗持续了几周后双方达成停火，埃及和叙利亚只取得了微不足道的利益，而以色列则得到了大部分地区的控制权。

在战争进行的同时，阿拉伯世界的经济领袖沙特则对以色列的盟国美国实施了石油禁运。其他石油输出国组织的石油供应并没有停止但价格则上涨到原来的四倍。依赖石油的美国人领教了能源短缺和价格飙升的痛苦。石油禁运于 1974 年结束，但价格依旧居高不下。虽然全世界的石油价格都在上涨，但美国因为其巨大的石油消耗量而成为受打击最大的国家。

制造商、农场主和房主也都受到高油价的影响。一块在 1970 年代初花 28 美分就可以买到的面包，到 1978 年涨到了 89 美分，1978 年的汽车价格则比 1973 年上涨了 72%。汽车行业发现自己受到了来自日本进口汽车的挑战，如本田和丰田，这些车的能耗较低。到了 1974 年，通货膨胀达到 11%。此时更高的能源价格促使消费者削减开支，美国经济随之进入了衰退期。1975 年，失业率在几个月之内就达到了 9%，这是自 1930 年代以来的最高水平。

当经济增长和稳定离美国而去时，尼克松试图重组迅速膨胀、耗资巨大的福利计划。批评人士认为福利计划是无效的，而且助长了不劳而获的不良习气。尼克松面临一个政治困境，他认识到一股保守浪潮正从"阳光地带"涌起，那里的选民希望政府削减他们认为是多余的政府开支。但与此同时，尼克松又希望赢得民主党传统的蓝领工人选民，他向这些工人保证他不会改变他们赖以生存的福利国家。

尼克松批准了家庭援助计划（Family Assistance Plan），它可以保证一个四口之家每年最低 1 600 美元的津贴，此外还有 800 多美元的食品券。这项计划的目的是要减少利用福利系统的"福利骗子"，并鼓励福利接受者参加工作，但它却同时遭到自由派和保守派的攻击：自由派认为该计划太有限，保守派则认为该计划想要做的太多。这一计划最终没能得到参议院批准。

尼克松想要恢复"法律和秩序"的努力更是进一步激怒了自由派。政治抗议、犯罪率上升、吸食毒品者增长和对待性的更加随意的态度，也激起了工人阶层和很多中产阶级美国人的强烈反应。尼克松决心动用政府权力平息动荡局势并借此增强保守派选民对他的支持。

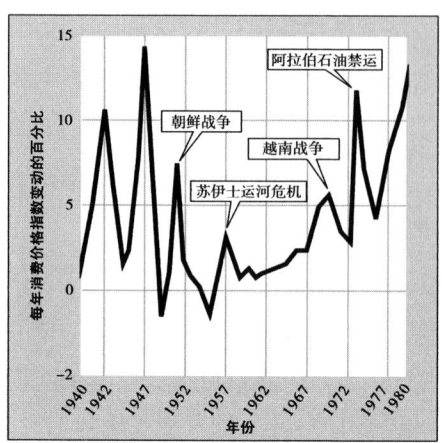

1940 年到 1980 年的通货膨胀率

战后通货膨胀经常与军费开支如影随形。1970 年代初，阿拉伯石油禁运导致更高的通货膨胀率。国际危机为什么总会造成通货膨胀？

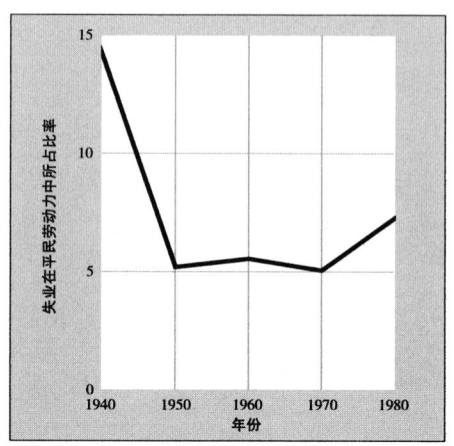

1940 年到 1980 年的失业率

第二次世界大战期间失业率大幅度下降，1950 年到 1969 年的失业率保持相同水平，1970 年代失业率随着通货膨胀的增长而提高。失业率与通货膨胀之间有什么联系？

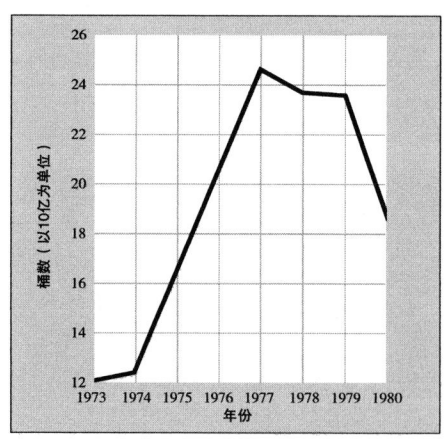

1973 年到 1980 年的石油进口

1970 年代中期美国对国外石油的依赖持续增加，直到美国为回应石油涨价不得不减少这种依赖。为什么美国要减少石油进口？

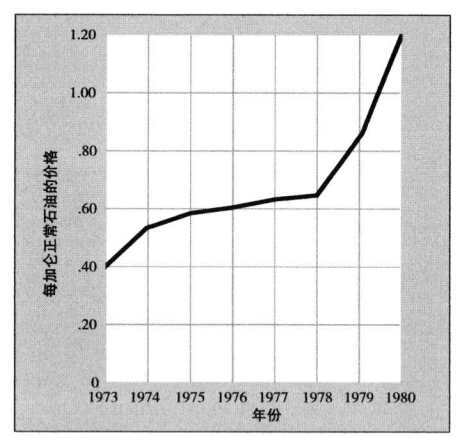

1973 年到 1980 年的汽油价格

阿拉伯石油禁运后的几年里石油价格持续攀升，对整个美国经济都造成了影响。为什么汽油价格会上扬？

政府所推行运动的一部分包括谴责那些扰乱分子。尼克松则抨击示威者，不过打手的角色他还是更多交由副总统扮演。斯皮罗·阿格纽（Spiro Agnew）把反对派，特别是学生，称为"意识形态阉人"，是一帮"无耻懒汉组成的孬种"。与此同时，尼克松和阿格纽还指责通信行业，尤其是新闻媒体，总统认为媒体代表"东部权势集团"的观点并对他本人抱有敌意。

尼克松限制自由主义政纲的最强部分是司法部长约翰·米切尔的打击犯罪运动，该运动有时甚至不惜以牺牲个人的宪法权利为代价。米切尔的计划包括重塑最高法院，法院在过去15年时间里给予了被告越来越多的自由决策的权利。尼克松在第一个任期内有机会任命四名最高法院法官，他任命的人都与他观点相同。他首先任命沃伦·伯格（Warren Burger）为院长，对温和的伯格的任命很快就得到了批准。不过，任命的其他人则更有党派色彩，显示了尼克松具有攻击性的保守派态度。为了取悦南方的白人，尼克松先是选择了南卡罗来纳州的克莱门特·海恩斯沃思（Clement Haynsworth），然后是佛罗里达州的哈罗德·卡斯韦尔（Harold Carswell）。在接受审查时，这两个人都显示出了种族偏见或局限，因此参议院拒绝了对他们的任命。尼克松随后又任命了哈里·布莱克门（Harry Blackmun）、刘易斯·鲍威尔（Lewis Powell）和威廉·伦奎斯特（William Rehnquist），这些人都很能干并符合资格，而且他们都倾向于使最高法院趋于保守。

这样一来也就毫不奇怪，最高法院渐渐开始向右转。它减少了被告的权利，旨在减少案件起诉的负担；接着则放慢了对含有色情内容的作品解禁的步伐。它支持尼克松对媒体的攻击，判决记者无权拒绝大陪审团的提问，即使记者需要对信息来源保密。不过，在其他问题上，法院也并不总是按照总统的意愿行事。在具有争议的1973年"罗伊诉韦德案"（*Roe v. Wade*）的判决中，最高法院就支持堕胎合法化，认为妇女的权利中包含有控制自己身体的权利。

27.1.3 持续的民权对抗

尼克松不像他的前任们那样对民权事业充满同情心。共和党在 1968 年大选中只得到了黑人选票的 12%，促使尼克松实施了"南部战略"，他认为任何讨好黑人选民的努力，都会威胁到南方白人对他的支持。

尼克松政府从一开始就想要逐步减少联邦政府对民权的承诺。它首先减少了对公平住房的拨款，接着又试图阻止 1965 年《选举权法案》的扩展。国会批准了这一法案的扩展，但政府在种族问题上的立场却也很清晰。司法部为南卡罗来纳州参议员斯特罗姆·瑟蒙德和其他人试图暂停联邦学校废除种族隔离的政策提供帮助，并要求在密西西比州的 33 个校区推迟废除种族隔离的最后期限。最高法院一致否定这种做法，但总统却公开表示对最高法院的判决持有异议。

尼克松还面临一个 1970 年代饱受争议的问题，即用**校车（busing）**接送学生作为一种废除种族隔离的手段。把学生从一个地区运送到另一个地区本不是什么新鲜事。到 1970 年，有超过 1 800 万学生（约占美国学生人数的 40%）都是坐公交车上学。然而，当这一问题与消除种族隔离纠缠到一起时，它却激起了民愤。

在最高法院做出支持消除种族隔离的决定之前，南方很久以来一直把公交车作为维持学校中种族隔离的方法。然而现在，公交车却是成为一种打破种族障碍的手段。1971 年最高法院判决，地区法院有权要求学校执行消除种族隔离的政策，如果需要的话，可以用校车接送孩子们上下学。

尼克松早些时候就反对用校车接送学生这一方式。作为回应，他提出了暂缓执行甚至限制用校车接送学生的规定，随后他还在电视节目中对此加以谴责。虽然国会没有同意尼克松的要求，但南方人却是明白了总统的立场。北方人对此也是心知肚明，因为这个问题已经成为一个全国性议题。很多北方大城市都存在着与南方同样僵化的学校种族隔离制度，而这则在很大程度上是由居住模式造成的。北方的种族隔离被称为"事实上的"，用以区别于南方"法律上的"种族隔离。法院要求很多北方城市终止这种"事实上的"种族隔离，消除学校内的种族隔离。

对很多年龄小的学生来说，到不同的小学上学并无大碍。但对重新分配学校的中学生来说就没那么幸运了。马萨诸塞州南波士顿中学的白人抵制行动，在第一天就将入学人数从预期的1 500人减少到不到100人。有人向黑人学生乘坐的公交车投掷石块，有一些学生还受了伤。南波士顿的白人工人阶级觉得他们正在被迫承担中产阶级自由派的种族观点带来的沉重负担。白人家庭要么送他们的孩子去私立学校学习，要么就是搬往其他城市。

共和党人设法放慢了在学校内消除种族隔离的步伐。尼克松公开取悦保守派选民并表明他站在他们一边。他的继任者杰拉尔德·福特（Gerald Ford）从未直接反对过民权运动，但他对消除种族隔离所持的温和态度却表明，联邦政府对它的承诺在进一步弱化。

大学里的种族融合情况要稍好一些。联邦机会均等行动计划给以前受到歧视的群体提供了上大学的机会。1976年黑人大学入学率达到9.3%，不过这依然低于他们占全国人口的比重（11%）。

正当黑人奋力争取教育和工作机会时，一些白人进行了抗议，他们认为黑人得到的机会是以牺牲他们的利益为代价，所以这也就相当于是对他们的"逆向歧视"。例如，1973年和1974年两次申请去加州大学戴维斯分校医学院学习都被拒的白人阿伦·巴克（Allan Bakke）向法院起诉，认为给少数民族保留16%的种族配额是一种逆向歧视，这违反了1964年的《民权法案》。1978年，最高法院做出裁决，要求医学院批准巴克的入学申请，同时允许入学政策"考虑"种族问题，而不是配额问题。

民权运动强调了美利坚民族所赖以存在的民主价值观，但在辞令与现实之间依旧存在着差距。在这一时代，由于工农业就业率下降，以及租金因高通货膨胀率上升，大多数黑人家庭都依旧十分贫穷。经历了民权运动大踏步前进岁月里的早期乐观主义之后，1970年代的国家改革的承诺飘忽不定，黑人和有同情心的白人都为此而饱受困扰。

27.2 在越南的持续努力

到了1970年代,越南战争依然在继续。尼克松1969年上台时就明白,需要尽快修复战争在美国社会中造成的裂痕。愤怒的言辞、大学校园里的骚乱和大街上热烈的集会,都在扰乱着他和他的选民。竞选时,尼克松曾谈到要结束在越南的战争,但却并未提到任何细节。上台不久,他便努力从越南撤军,以缓和反战派的抗议斗争。然而不幸的是,他虽然努力想要避免输掉战争,但却在国内制造了更大的麻烦。

27.2.1 越南化——撤军

尼克松把从越南撤军的同时又要赢得战争作为首要目标。为此他提出了"**尼克松主义**"(**Nixon Doctrine**),即美国会对朋友和盟国提供援助,但不会承担所有部队防御的重荷。"**越南化**"(**Vietnamization**)政策是要撤出美军,以越南军队取而代之。1968年到1972年,美军数量从54.3万下降到3.9万。然而,这一轮换却导致南越部队在对越共作战时节节败退。

与此同时,美军对越南北部发动了猛烈的空袭。尼克松利用轰炸向北越表明,他是一个一手摁着核按钮的疯子;他认为灭绝政策可以震慑对方,让敌人回到谈判桌前。

尽管采取各种措施压制不同意见,但反战抗议还是在1969年和1970年升级了。1969年11月,华盛顿特区爆发了一次大规模抗议示威:一年前在南越一个小村庄美来村发生的一场可怕的平民屠杀事件被揭露出来。一支美国步兵小分队被直升机运送到该地区去缉拿越共分子。但在村庄中他们并未看到越共部队,看到的只有妇女、儿童和老人。也许是因为在游击战中很难分辨平民与越共分子,这支小分队失去了理性,无情地屠杀了所有平民。关于美来村大屠杀的故事,突出了战争中无情的暴力行为并加大了使美国政府退出战争的压力。

27.2.2 战争的扩大

尼克松渴望缓解反战情绪，同时他也认定决不能认输。在意识到对越南的援助主要是由柬埔寨运入后，尼克松在 1970 年代中期宣布，美国和南越军队入侵柬埔寨，是为了清除那里的共产党势力。大学校园里掀起了新一轮示威活动，有些甚至以悲剧收场。在总统宣布了他的行动计划后的第二天，**俄亥俄肯特州立大学（Kent State University）**的学生们就举行抗议示威，放火焚烧了后备军官训练队大楼，整座建筑都被夷为平地。

俄亥俄州州长詹姆斯·罗得斯（James Rhodes）命令国民警卫队赶赴大学。形势越发严峻，冲突最终还是爆发了。在学生们并无挑衅举动的情况下，警卫队仍然向学生们开了枪。停火后，有四名学生死亡，九名受伤。死者中有两名是示威者，当时站在离警卫队 75 米的地方；另外两名则是无辜的旁观者，离警卫队有 120 米远。

全国学生和其他美国人都被此举激怒了。许多人也对密西西比州杰克逊州立大学发生的一场相似的冲突感到不安。几个学生辱骂了警察和警卫队，部队在没有提出任何警告的情况下就向学生开枪，造成两人死亡，更多人受伤。不过，由于死者是黑人学校的学生，所以这件事并未引起美国白人太多关注。

1971 年，《纽约时报》上刊登了一份五角大楼文件，越南战争又一次成为焦点。这份文件由国防部泄密，讲述了美军参与越南战争的情况，以第一手资料告诉美国人，制造这场战争的不过是一些虚构和错误的假设。虽然在约翰逊下台后这项研究就被停止了，但尼克松政府仍然想要阻止资料被公开，只不过它的这一行动最后还是以失败告终。

27.2.3 战争的结束与局势的缓和

在尼克松 1972 年竞选连任时，越南仍然是一只政治足球被踢来踢去。和谈正在进行，但轰炸也仍在继续。虽然 1973 年双方签署了停火协议，但冲突还是一直延续到 1975 年春天。当最终北越巩固了对越南的控制后，尼克松的继任者福特仍在要求对南越增加 10 亿美元援助，国会拒绝了这一要求。

长期的冲突导致严重的后果。战争幻想的破灭，影响了美国对其自身在国际事务中的定位。在这场美国参加的有史以来持续时间最长的战争中，有 5.8 万人丧生，无数人受伤甚至残废。由于黑人与墨西哥裔美国人在军队中占有更高比例，所以他们遭受的损失也要远远大于白人。1965 年，在越南牺牲的士兵中，24% 都是非裔美国人。这一比例远远高于他们在美国人口中所占的比例。从财政上来说，美国在这场没有打赢的战争中共投入 1 500 亿美元。国内的改革放慢了脚步并最终停止。对政府的冷嘲热讽增加了，美国社会各方的意见分歧更是加重了。

如果说共和党人在越南问题上所采取的政策是一个令人质疑的成功，那么他们在其他方面的成果则可谓引人注目。尼克松这个过去给人扣上"赤色分子"帽子加以迫害（或攻击）的人，充满想象力并成功地与主要的共产党势力交手，从而改变了美国自第二次世界大战以来的政策方向。

与中国建立更好的关系，是尼克松迈出的最富戏剧性的一步。在 1949 年毛泽东在中国进行的革命取得胜利后的 20 年里，美国一直拒绝承认中国大陆的共产党政权并坚持认为蒋介石在台湾的残余政权才是中国人的合法政府。1971 年，尼克松密切关注即将到来的大选，他开始缓解政府内的僵硬姿态，宣布他希望在第二年访问中国。他猜想，可以把与中国的友谊作为筹码与苏联讨价还价。他承认了大多数国家都认识到的事实：共产主义并非铁板一块。他也认识到，报纸和电视媒体对这一戏剧性行程的报道，将会有利于他的形象。

1972 年 2 月，尼克松正式访华。他与中国领导人毛泽东和周恩来会面，谈论国际问题，互相敬酒，并参观了长城和其他名胜。他所到之处都有美国电视台跟踪报道以帮助美国民众来认识这个他们所知甚少的国家。正式外交关系并未立即恢复，但两国关系却是得到了很大程度上的缓和。

尼克松试图让两个共产主义国家对立起来，因而他跟着又访问了苏联。

在那里，他也受到了热烈欢迎。在一个气氛友好的峰会上，总统与苏共总书记勃列日涅夫签署了《第一阶段战略武器限制条约》。该条约包括一个五年协议，限制洲际和其他弹道导弹的发展，以及一个反弹道导弹的条约，对每个国家可以发展和部署的系统数量做了限制。同时，两国也同意在空间技术方面开展合作并放宽长期以来的贸易限制。工商业界热烈欢迎这些新举措，大多数美国人也都十分赞同美苏关系缓和。

与此同时，尼克松也认识到需要促进中东和平。国务卿基辛格开始了他的"穿梭外交"（从一个国家到另一个国家），努力促成"赎罪日战争"停火。战争的后果之一是，尼克松与基辛格意识到美国对石油的需求，于是二人共同努力与阿拉伯世界建立更加良好的关系，虽然这与美国对以色列的支持有所冲突。

福特接任后沿袭了尼克松制定的政策。他继续进行战略武器限制谈判，这些谈判也为最终控制核武器打下了基础；涵盖面更广的《第二阶段战略武器限制条约》的出台，达到了这一政策的顶峰。吉米·卡特（Jimmy Carter）执政期间签署了这项和约，但它却始终没有被批准生效。

27.3 宪法冲突及其后果

在尼克松处理国内外的混乱时，他也在为维持自己的政治基础而担忧。在谋求连任时他做得有些过火，授权手下违背法律从而卷入了一场灾难性的政治丑闻，这场丑闻最终破坏了他的政府，而且很快就迫使他引咎辞职。

27.3.1 "水门事件"

面对着一个由民主党牢牢掌控的国会，尼克松政府发现，许多立法方面的举措都被阻止了。尼克松决心通过赢得1972年的连任,增加共和党人在国会两院的席位来结束这种僵局。

尼克松的连任竞选活动组织得甚至比四年前还要好。他忠心耿耿的竞选助理们准备尽全力来赢得选举。他的特别顾问查尔斯·考尔森(Charles Colson)描述自己当时就是一个"举旗呐喊、口诛笔伐、反媒体、反自由主义的尼克松的狂热追随者"。白宫顾问约翰·迪安(John Dean)把自己的任务定义为找寻办法"充分利用联邦机器来压制我们的政敌"。其中一种方式就是授权对政治对手的税务进行审计。前中情局特工、"肮脏手段"专家霍华德·亨特(Howard Hunt)和前联邦调查局成员高登·利迪(Gordon Liddy)在执行这些任务时都很积极,后者更是以自己总是会毫不畏惧地完成任何任务而自豪。

总统连任委员会(CREEP) 由辞职的司法部长约翰·米切尔领导,发起了大规模的政治筹款活动,目的是抢在新的竞选财政法生效之前尽可能多地集资。这笔款项可被用来支付任何开销,包括旨在破坏竞选对手的龌龊手段。其他款项则用于在总统连任委员会内部建立一个情报分部。

1972年年初,利迪和他的副手提出了一个细致的针对民主党人的监听计划,旨在破坏民主党的候选人提名会。米切尔连着两次拒绝参与该计划,他认为这项提议过于冒险而且费用高昂。不过最终他还是同意了修改后的计划,即仅对位于华盛顿水门大厦民主党全国委员会总部进行电话监听。

1972年6月16日傍晚,监听计划开始实施,并以涉案人员被捕告终。尼克松的竞选助手们竭力淡化这一事件本身,并利用联邦资源来阻止任何调查。当联邦调查局查到进入总统连任委员会的款项时,总统命令中情局以该调查危及国家安全为由进行了阻拦。虽然总统没有被卷入这一事件,但是现在却要由他来打掩护。在随后的几个月里,他要求付钱给贼人们堵住他们的嘴。包括米切尔在内的尼克松政府成员,为了保护高层领导,都在法庭上作了伪证。

在1972年的大选中,尼克松以61%的选民票大败民主党候选人乔治·麦戈文（George McGovern）。民主党联盟分裂后，70%的南方选民都把票投给了尼克松。然而，总统想为共和党在国会中赢得多数席位的希望却还是落了空。

"水门事件"中的参与者都伏法并被判刑，但这一事件并未就此结束。证据表明还有其他参与者，《华盛顿邮报》两名热心记者鲍伯·伍德沃德（Bob Woodward）和卡尔·伯恩斯坦（Carl Bernstein）的调查，揭出了许多参与其中的人。

参议院总统竞选活动特别委员会进行了一项调查，事件中的一位夜贼作证白宫与此事有牵连。新闻故事引领调查向更深处进行，参议员听证会又同样为媒体提供了新的报道素材。面对白宫与此事有关的传言，尼克松不得不解雇他的贴身助手霍尔德曼和埃利希曼来保全自己，并在全国电视广播中宣布"不可对白宫进行粉饰"。

1973年5月，参议院委员会开始容许电视转播公共听证会，这不由地让人联想到1950年代的麦卡锡听证会。数百万美国人观看了电视转播，这使得听证会充满戏剧色彩。为了保全自己，约翰·迪安指证尼克松知道所有的后续掩盖工作，其他成员则透露了在白宫进行的一系列违法活动：用钱堵住知情人的嘴；为保全政府清白而伪造国务院文件；为防止高层有人走漏风声而进行电话监听。最惊人的时刻莫过于一位竞选助手披露，总统在自己的办公室里安有一套秘密录音系统录下了所有的对话。磁带录音可以证明或驳斥关于尼克松参与到掩盖工作中的传言。

为了表明自己的诚实，尼克松任命哈佛大学法学教授阿奇博尔德·考克斯（Archibald Cox）为司法部特别检举人。但在考克斯想要拿到那些磁带时，尼克松坚决抵制并最终解雇了考克斯。尼克松在民众中的受欢迎率直线下降，即使他后来又任命利昂·贾沃斯基（Leon Jaworski）为考克斯的继任也已于事无补。越来越多的美国民众都认为总统确实与事件有关联，并认为总统应当对自己的行为负责。《时代》周刊新一期头条的口号就是"总统该辞职了"，国会也在考虑对总统进行弹劾。

根据宪法规定，众议院迈出了第一步。由 21 名民主党员和 17 名共和党员组成的众议院司法委员会在 1974 年 7 月开始就弹劾一事进行辩论。经过投票以微弱点数决定，由于总统侵犯了司法公正、滥用权力、违抗国会要求交出磁带的传票而对总统进行弹劾。虽然还必须由众议院全体成员进行投票且在弹劾生效之前还需由参议院主持整个审讯过程，但对尼克松来说，离任已经是板上钉钉的事了。

短暂的延迟之后，8 月 5 日，尼克松按照最高法院的规定交出了磁带。尽管磁带中有长达 18 分半钟可疑的空白，但里面仍然包含了"冒烟的手枪"这一足以证明尼克松与此事有关联的清晰证据。他最终的辞职也就是个时间问题。四天之后，1974 年 8 月 9 日，尼克松成为美国第一位辞职的总统。

"水门事件"看上去成为一个令人头疼的证据，证明了联邦政府内部适当的权力平衡已经消失。很多人都开始质疑美国政治体制中的权力集中化。另一些人则彻底丧失了对总统制的信任。1974 年的一项民意调查显示，与两年前相比，人们对总统制的信任已经下降了 50%。在约翰逊就越南战争向美国人民撒谎后，"水门事件"紧随其后，从而加剧了人们对华盛顿政界的失望，并使人们的政治参与度持续下降。在 1976 年、1980 年和 1984 年的总统大选中，只有半数选民参与了投票。

27.3.2　杰拉尔德·福特：临时代理总统

福特接替尼克松成为总统。福特是一位出身中产阶级的共和党人，为人谦和，对传统美德坚信不疑；1973 年，在斯皮罗·阿格纽因过去在马里兰州州长职位上收受贿赂而不光彩地辞职后，福特被任命为副总统。尽管他是一个能干的议员，但还是有人质疑他是否有资格担任总统。新总统主动承认自己的局限性并宣布："我只是福特，不是林肯。"

比起福特的局限性更重要的是他对公共政策方面的看法。他在众议院时就一直反对联邦政府在教育、贫困人群和公共交通运输方面的资助方案。在民权措施方面,他只有在自己支持的替代方案被驳倒后才投了赞成票。与他的前任一样,他也决心停止 1960 年代由民主党人推行的自由化进程。

福特面临着艰巨的任务。"水门事件"之后,美国人民不知道还有哪一个政客值得信任来主持公共事务。但是福特很快就赢得了他们对总统制的信任。他强调安抚与妥协,并许诺与国会和美国公民密切合作。福特的作为在全国上下引起良好反应。《时代》周刊更是指出:"华盛顿正沉浸在久违的好情绪甚至是愉悦之中。"

但是,这股好心情并未能持续太久。福特在尼克松辞职后不到一个月的时间里就赦免了他,这一举动削弱了福特自己的支持根基。尽管他想将一场"全国噩梦"抛在脑后,但他也想带有同情心地去对待他的前任,他的这一决定使得民众不由得产生怀疑,尼克松决定下位,这里面是否有什么秘密交易。这一原谅使得他在政治舞台上的努力变得复杂难解。福特在国内政策上保守的退让,经常使他与以民主党为主的国会议员发生对立。1974 年,经济问题十分严重,由于油价上升通货膨胀达到 11%,失业率达到 6.6%,国民生产总值也下降了。被"水门事件"搞得焦头烂额的尼克松已经无暇顾及解决这些问题。自罗斯福在大萧条严重时期任职以来,还没有哪位新总统一上任就遇到过如此严重的经济问题。

像 45 年前的胡佛一样,保守的福特也想恢复国民信心,他劝导公众,只要有耐心和美好的心愿,一切都会好起来的。但他发动的哄骗美国人的"把通货膨胀打倒"运动却是很快就失败了。最终,政府意识到需要采取强有力的措施并用了财政紧缩政策来对抗通货膨胀。这一政策引发了自大萧条以来最严重的经济倒退,1975 年年初失业率更是达到 9% 的顶峰。为了应对这一局面,国会推行了一项反经济萎缩计划。在认清了政治现实后,福特签署了一项金额高达几十亿美元的减税政策,同时增加了失业救济。虽然通货膨胀和失业率仍然很高,联邦预算赤字也在急剧增加,但经济却总算是得到了一定程度的恢复。

27.3.3 卡特插曲

在1976年美国建国二百周年的总统选举中,福特遇到佐治亚州前任州长卡特。在选举中,为了迎合公众对政治领导人的不信任情绪,卡特把自己塑造成一个局外人。在公共关系专家的协助下,卡特充分地利用了媒体资源,特别是电视,这使他能够绕过党派机构,与选民建立直接的关系。

由于民主党从"水门事件"中获益颇丰,在选举中,老的民主党联盟中的大多数人又汇集到了一起。在大选中,卡特赢得了参加投票的选民50%的支持率(福特约为48%),赢得了297张选举人票(福特得到240张选举人票)。他与工人阶层、非裔美国人、天主教徒关系融洽。他得到了南方的大多数选票,在尼克松取得南方的支持后,这一结果振奋了民主党。不过,选举中的种族分歧仍然存在:卡特只取得了不到一半白人选民的支持,但却赢得了大多数黑人选民的选票。

卡特与他的此前几位前任们有极大的不同。卡特生长在南部乡村,出身于花生种植者之家,深受南方价值观影响。他毕业于海军学院并受训成为经理人和工程师。他为人低调,很不习惯华盛顿奢华铺张且不间断的政治活动。他希望在处理总统事务时采取更为克制的方法,以去除总统在人民心目中"帝王般"的标记。

一开始,选民们把卡特视为一名坚持民主党目标的革新派民主党人,但卡特却并非一些民主党人所希望的旧式自由主义者。虽然卡特自称是人民党党员,但他的政治哲学和政治关注点却始终都不甚清晰。批评家们指责卡特没有立法策略,或者说,卡特应对问题没有计划,没有一定的方向。他的"局外人"形象,导致他在就任总统后无视传统政治渠道。他似乎过于纠缠于细节而缺乏大局意识。

在经济事务中,卡特接受了赤字开支,一开始这总算给了自由主义者们一点希望。但当创纪录的赤字使得通货膨胀率上升到一年10%之后,卡特又通过降低开支削减赤字而放慢了经济发展速度。预算缩减主要是在社会保障方面，这使得卡特与之前支持他的革新派民主党人有了距离。而在控制赤字增长上所做的努力也远远不够。在1980年初公布的预算中，开支依然高居不下，金融界反应强烈。公债价格下跌，而利率却是大幅上升。

同样，卡特还因没有制定有效的能源政策而使自由主义者们大失所望。石油输出国组织不断上升的油价使美国人憎恶对国外油料的依赖，人民强烈呼吁能源自足。卡特在1977年4月公布了一项全面的能源计划，但批评家们对该计划却是大肆嘲讽。在与立法机构的共事中，卡特从未成为一个有效率的领导者，他只能眼睁睁地看着自己的提议在国会中被延宕达26个月之久。最终，这项计划让美国从对石油的依赖，转向对煤、太阳能和风力能源的利用，并建成了一个综合的燃料体系。核能作为另一个替代品，由于花费高、事故多，在当时并没有多少吸引力。

更让自由主义者们沮丧的是，卡特开始放松管制，解除政府对经济生活的调控。卡特认为，过去一个世纪建立起来的某些限制抑制了竞争并增加了消费者的花费，他支持通过解除对石油和天然气的价格管制来刺激生产。他同时还解除了对铁路、公路运输和民航业的管制。

卡特政府的一个闪光点就是，他介入了持续动荡的中东局势。"赎罪日战争"之后，埃及领导人安瓦尔·萨达特（Anwar al-Sadat）因斗争失败而十分沮丧，他飞往以色列，摆出和平姿态。这时卡特介入此事，邀请萨达特和以色列领导人梅纳赫姆·贝京（Menachem Begin）来美国商讨停战事宜。双方于1978年9月达成了一项协定，来年3月，双方又达成了一项正式的和平条约。埃及首次承认以色列，以及以色列作为国家存在的权利；以色列则放弃了它所占领的西奈半岛的部分领土。美国承诺给予双方充足的军事援助，此后埃及与美国一直保持紧密关系。由于美国取代苏联成为埃及的盟友，苏联人转而为更为激进的"巴解组织"提供武器装备以相对抗，并在当时进行的游击战中支持其领导人亚西尔·阿拉法特（Yasir Arafat）。

卡特在海外维护人权的热情令人民迷惑不解。维护人权成为卡特政府的一大特点，尤其是在1980年莫斯科奥运会上卡特命令美国代表团退出比赛，以此作为对苏联入侵阿富汗的抗议。美国在"冷战"期间为了赢得一些国家的支持对那里的独裁和侵犯人权现象充耳不闻,而现在却致力于争取人权,美国人民不知道这两点是如何统一起来的。

随着 1970 年代的结束,自由派也越发地失望了。他们想要建立一个更加强大的福利国家的希望破灭了,保守势力占据了上风。虽然民主党在 1970 年代结束时把持着总统职位,但自由主义却依然麻烦不断。1970 年代初期的动荡局面仍未消失。

27.4 对社会改革的不懈求索

社会改革的斗争也是造成 1970 年代社会动荡的又一个更为重要的原因。1950 年代和 1960 年代黑人争取平等权利的斗争激发了妇女运动,后者迅速成长壮大起来。这次的斗争与拉丁裔美国人和印第安人的斗争一样,需要通过对抗的手段和民权运动中的语汇来推动变革。不久,其他团体也采用了相同的斗争策略,并以此使改革保持了活力。由于这些运动通常都是开始于 1960 年代,有着长久的根基,所以它们也就得以在 1970 年代蓬勃展开,并在这些年里取得了辉煌的成果。

27.4.1 攻击女性的神秘性

虽然是民权运动引发了妇女运动,但却是广泛的社会变革为妇女运动提供了前提条件。从 1950 年代到 1960 年代,越来越多的已婚妇女进入劳动力市场(参见第 26 章)。同样重要的是,越来越多的年轻女性开始进入大学。到 1970 年,在所有的学士中,女性占 41%,而在 1950 年这一比例还仅为 25%。尽管这些受过教育的年轻女性,收入远远少于男性,并经常被当成二等公民对待，但她们却对自己抱有很高的期望。

妇女运动依靠改革立法。1964年《民权法提案》的第七项条款，与起草时一样，严禁种族歧视。在立法辩论中，反对黑人民权的保守派紧紧抓住包含有禁止性别歧视条款的修正案不放，希望通过指出里面包含如此耸人听闻的内容而推翻整个法案。但修正案仍然得到通过，而且让他们吃惊和失望的是，随后整个法案都得到了批准，从而给予妇女以合法手段去对抗歧视。

妇女组织在1970年代的变革中发挥了重要作用。1966年，包括作家贝蒂·弗里丹在内的28位职业女性建立了全国妇女组织，其目标并不仅仅是公平的报酬和同等的机会，而也是一种全新的、更加平等的婚姻形式。截至1967年，约有1 000名妇女加入该组织。四年后，其成员达到了1.5万人。

对在民权运动中涌现出来的激进女权主义者来说，全国妇女组织的议程反抗性别歧视的力度还不够。激进社会活动家乔·弗里曼（Jo Freeman）说："妇女解放并不意味着男女平等……［因为］这种平等在这个不公正的社会里毫无意义。"这些女权主义者试图通过提高受压迫妇女的政治意识来帮助她们了解自己所受的压迫，并将自己的经历作为政治现象加以诠释。用她们的话来说，她们想要说明的是，"个人的就是政治的"。在家中让谁去倒垃圾这一决定，既是政治性的，也是立法层面上的策略。

1968年9月，激进分子在新泽西大西洋城举行的美国小姐盛会上引起了大众媒体的关注。在舞台上，100名妇女选择了一只绵羊作为美国小姐的候选人。她们还竖起一个"自由垃圾桶"，将胸罩、束腰带、发夹、高跟鞋及《花花公子》和《大都会》（*Cosmopolitan*）杂志等"施虐工具"全都扔了进去。在典礼大厅，她们高唱"妇女的自由"并高举"妇女解放"的横幅。

真正的变革正在进行当中。1970年对大一新生的调查显示，对商业、医药、工程和法律感兴趣的男女生比例是8∶1；到了1975年，这一比例降到了3∶1。虽然女性仍然因为受到限制而无法成为作战部队的军官，但是她们已经可以进入军事院校，并且可以获得较高级别的军衔。根据统计局公布的数字，1980年，在有学龄前儿童的母亲中，有45%的人出外工作。

这个数字是30年前的五倍。

法律上的变革给妇女带来了更多的好处和机会。1972年《教育修正案》的第四条，禁止得到联邦政府资助的教育活动和项目有性别歧视行为，这使得妇女上大学更加容易，并通过要求学院资助女子运动队来改变校际运动会的性质。截止到1980年，校际运动会的参赛选手中有30%是女性，而在《教育修正案》的第四条通过前，这一比例只有15%。

一系列的出版物也传播了妇女运动的理念。1972年，记者格洛丽亚·斯泰纳姆（Gloria Steinem）与其他几名女性发行了一本全新的杂志《女士》（*Ms.*），第二年它就吸引了20万订阅者。一个妇女健康组织出版的手册《我们的身体，我们自己》（*Our Bodies, Ourselves*），鼓励妇女了解并控制她们的身体；该书在1971年至1976年共售出85万册。与旧式女性杂志截然不同，这些杂志关注的是堕胎、就业、歧视这样的女权主义话题。

妇女们不论是否是全国妇女组织成员，都在为《平权修正案》在国会的通过和获得宪法认可而不懈努力。该修正案于1972年获得国会通过，得到批准看起来也似乎毫无问题，法案的表述非常简单："在美国或任何一个州，都不能因性别原因而否认或削减合法的平等权利。"

女权主义并非铁板一块。更激进的女权主义者坚持认为，仅有法律上的变革还不够，必须摒弃传统的性别和家庭角色进而终止社会剥削。持社会主义观点的女权主义者声称，资本主义社会本身就是妇女悲惨命运的根源。只有通过革命才能实现妇女的解放。黑人妇女常常怀着矛盾的心态看待妇女运动。她们中的一些人成为女权主义者，但其他人则认为，应该把为种族平等而进行的斗争放在首位，所以她们并不愿将精力和注意力分散到其他地方。在黑人妇女看来，全国妇女组织和其他类似组织的成员"所要忍受的无非是洗洗涮涮"，当她们焚烧自己的胸罩，坚持使用"女士"的称呼而不是"夫人"或"小姐"的称呼时，根本就没有针对关键问题进行抗争。

也不是所有的妇女都是女权主义者。许多女性都认为，妇女运动是对留在家中、扮演传统角色女性的侮辱。玛拉贝尔·摩根（Marabel Morgan）

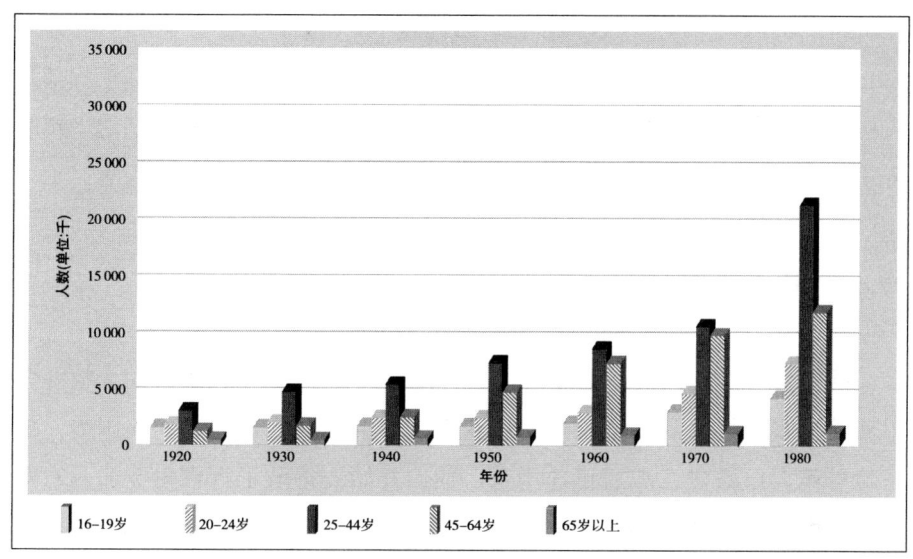

1920 年到 1980 年的职业女性

上图显示了女性人数在就业总数中的急剧增长。1970 年代哪个年龄群人数增长最大？为什么？

依然坚持认为，妇女必须守在丈夫身旁。她在 1973 年出版了《完整的女人》（*The Total Woman*）一书，她在书中劝说其他女性遵守 4A 方法：接受（Accept）、恋慕（Admire）、适应（Adapt）和感激（Appreciate）。1975 年，该书卖出约 50 万册精装本。

在政治领域，持保守态度的活动分子菲利丝·施拉芙利（Phyllis Schlafly）因强烈支持 1964 年共和党总统候选人戈德沃特而出名，她领导了全国范围内阻止《平权修正案》得到批准的运动。她预测说，《平权修正案》的批准将会导致男女同浴、离婚赡养费减少和同性恋婚姻合法化。

施拉芙利和她的支持者们获得了胜利。在《平权修正案》通过后的几年里，有 35 个州同意了该宪法修正案，但到这时妇女运动的势头已经减弱了。即使将最后截止日期推迟到 1979 年，该修正案也没法获得所需 38 个州的支持。到 1982 年中期，《平权修正案》胎死腹中。

尽管妇女运动遭到了反击，但它在 1960 年代后期和整个 1970 年代却是成功的。1982 年，斯泰纳姆在《女士》创刊十周年纪念号上指出了这十年来所发生的变化："十年前，我们接受训练去嫁给医生，而不是成为医生。"

27.4.2 拉迪诺族群的运动

同妇女一样，拉美裔美国人也从美国黑人在 1970 年代进行的人权斗争中获益良多。拉美裔族群长期不能获得平等的权利实现自己的美国梦，但是随着其人口数量在战后迅速增长，他们开始变得敢于直言也更加具有对抗性。1970 年，约有 900 万美国居民声称他们有西班牙血统；1980 年，这一数字上升到 1 460 万。但拉美裔家庭收入的中位数仍不及英国血统美国家庭的 75%；与此同时，较差的教育和政治上所处的弱势地位也加剧了社会和文化上的分裂。拉美裔美国人包括东北部地区的波多黎各裔美国人、佛罗里达的古巴裔美国人和西部及西南部的墨西哥裔美国人（齐卡诺人）。尽管"西班牙裔"（Hispanic）仍是一个可以接受的用语，但是现在"拉迪诺"（Latino）则要更为常用。在争取其权利的过程中，各个族群都形成了高度的团结精神，其中墨西哥裔美国人领导了抗议运动。

1960 年代和 1970 年代，墨西哥裔美国人在政治上变得更加活跃并在国会中赢得了一些议席。比政治代表权更重要的是直接行动，这些行动在 1970 年代取得了胜利。卡泽·查维斯（César Chávez）是农场工人联合会（United Farm Workers）的创始人，他证实了将这个国家里受剥削最严重、最不受重视的劳动群体（在西部地区农场里工作的移民工人）组织起来能做些什么。查维斯将注意力放到了那些工作时间长但所获报酬却极低的墨西哥裔农业工人身上。截止到 1965 年，他的组织吸纳了 1 700 名成员并开始获得志愿者的帮助。

拉美裔妇女在组织这些活动时发挥了重要作用。德洛丽丝·胡尔塔

（Dolores Huert）是第三代墨西哥裔美国人，后来成为农场工人联合会的副主席，她是这样描述整个家庭是如何参与到运动当中的：

> 将女人排除在外，保护她们，让她们待在家里，这是中产阶级的行事方式。贫苦百姓的运动则往往是全家动员，随时准备在听到通知后以我们无比的勇气行动。这是阶级问题，而不是民族问题。

查维斯首次动员的是加州的葡萄种植工人。通过号召葡萄种植园的工人进行罢工，工会要求为工人支付更高的工资、提供更好的工作条件并且承认工会。当种植者拒绝妥协后，查维斯发动了一场全国性的运动来抵制他们的产品并最终获得了胜利。对莴苣和其他产品进行的相似抵制也最终获得了胜利。1975 年，查维斯领导的农业工人的长期斗争，使加州通过了一项法案，要求种植园主同选出的工人代表进行谈判。农业工人现在实现了代表制的合法化，这将有助于他们获得更高的工资并改善他们的工作条件。查维斯也由此成为全国知名人士。

与此同时，墨西哥裔美国人也要求在其他领域进行改革。在西部和西南部地区，关于墨西哥裔美国人的研究项目蓬勃发展。各个学院和大学都设有相关学位，使墨西哥裔美国人有机会了解他们自己的过去；并提供了把学生联系起来的网络，动员他们采取政治行动。

从 1968 年起，墨西哥裔美国学生就开始对中学的状况提出抗议。他们指出，这些学校过于拥挤，校舍破烂不堪，而且由于开除、转学或是因学生从未学过阅读而无法通过考试，导致辍学率高达 50%。科罗拉多、德克萨斯和加利福尼亚都发生了罢课，并成功地得到了拉美裔的教师、顾问、相应的课程和更好的教学设施。

其他拉美裔美国人则采取了更具政治性的道路。在德克萨斯，何塞·古铁雷斯（José Gutiérrez）组织了一个公民组织，后来发展成为"独特民族"（La Raza Unida）政党，并成功地推选出墨西哥裔候选人进入政府部门。整个 1970 年代，该组织在西部和西南部地区不断发展壮大。

雷兹·迪日那（Reies Tigerina）也被称为"老虎"，他是墨西哥裔新领袖中颇具魅力的一个。作为一位牧师，他谴责美国政府通过欺诈手段使墨西哥裔美国人失去了他们在乡村所拥有的土地。他组织了一个名为"土地赠予全国联盟"（La Alianza Federal de Mercedes）的组织，向新墨西哥州的首府进军，并占领了一些国家森林。被捕后，他接受了审讯并在狱中服刑，在那里他成为政治压迫的标志。

罗多夫·冈萨雷斯（Rodolfo Gonzáles）同样是一位这样的领导人。他建立了"正义十字军"（Crusade for Justice），通过组织社团来推动墨西哥裔美国人的事业。同迪日那一样，他也因为参加游行活动而被逮捕，但与迪日那不同，他很快就被无罪释放。

拉美裔美国人在反对越南战争的运动中表现突出。由于主要在社会的贫困阶层进行征兵，所以拉美裔族群的入伍人数和伤亡率一般来说要远远高于其他族群。1969 年，棕色贝雷帽组织了"全国墨西哥裔中止活动委员会"（National Chicano Moratorium Committee），举行游行示威，抗议被他们称为民族战争的军事行动，他们认为这场战争是让黑人和红种人同他们第三世界的同胞进行作战。

面对拉美裔美国人在数量上的增长和他们所提要求的增加，尼克松政府努力平息他们的怒火以争取他们的支持。古巴裔美国难民强烈地反对共产主义，由于他们认为共和党更有可能干涉卡斯特罗，所以他们转而支持共和党。与此同时，尼克松政府也通过调整政治立场、增加政府工作和允诺向墨西哥裔美国人提供更好的援助项目来争取他们的支持。这种努力收到了成效：1972 年，尼克松获得了拉美裔美国人 31% 的选票。

尽管拉美裔美国人在 1970 年代有所收获，但是各个族群的拉美裔美国人所面临的问题仍然层出不穷。在住房、教育和就业等问题上，歧视问题仍然非常严重。虽然活动家们为民权运动打下了基础，但是真正的斗争却只是刚刚开始。

流行音乐

音乐是重现历史的一种途径。流行歌曲不但是对态度和信仰的深入探索，更是对一个时代的情绪和感情的直接体现。歌曲作者通过歌词来表达人们的希望与恐惧和一个年代的感情基调。1950 年代，随着通俗音乐的衰落，摇滚乐开始崛起，向历史学家们诉说了那个时期的情绪。同样，民间音乐和摇滚乐在 1960 年代的兴盛，则为人们提供了另一种研究那个动荡年代的社会变迁的方式。

1960 年代和 1970 年代的音乐超越了 1950 年代早期的甜蜜歌谣和中期埃尔维斯·普雷斯利发起的摇滚运动。由于美国面临着反文化思潮和政治与社会革新中的反对意见所带来的挑战，新的音乐形式开始出现。

民谣在这一时期发展起来。在伍迪·格斯里（Woody

琼·贝兹

鲍勃·迪伦

Guthrie)、皮特·西格(Pete Seeger)和织布工乐队(the Weavers)建构的传统形式之上,琼·贝兹成为第一批走红的民谣歌手之一。琼·贝兹抱着吉他自弹自唱,她那水晶般纯净的嗓音征服了观众。她演唱流行歌曲、挽歌和像"我们终将胜利"这样的圣歌。她在一次示威行动中被捕。

具有同等重要性的是鲍勃·迪伦。他在中学时代就演奏摇滚乐,在明尼苏达大学时则改为民谣。他衣着随意,声音低沉,写出了像"答案在风中飘荡"这样的经典之作。这些作品被皮特、保罗、玛丽等其他歌手翻唱。他的歌曲"这个变化的年代"(The Times They Are A-Changin)则最充分地体现了学生示威运动不可阻挡的力量。

这一时期也并非只有民谣得到蓬勃发展。1960年代初,一支来自利物浦的乐队在英国引起了巨大反响。1964年初,"甲壳虫"乐队在美国发行了名为《我想紧握你的手》(I Want to Hold Your Hand)的专辑,并在 Ed Sullivan 电视秀中亮相。几周之后,他们的歌曲就包揽了公告牌单曲榜前五名,专辑《与"甲壳虫"相会》(Meet the Beatles)是有史以来卖得最好的唱片。在发行专辑《胡椒军士的孤独之心俱乐部乐队》(Sergeant Pepper's Lonely Hearts Club Band)几年后,"甲壳虫"乐队开辟了新的音乐创作方向,反映出反传统文化思潮的影响,这样的歌曲有"露西在缀满钻石的天空"(Lucy in the Sky with Diamonds,有些人认为这首歌指的是迷幻药品 LSD)。

"甲壳虫"乐队

"至高无上"合唱团

米克·贾格尔（Mick Jagger）引领的"滚石"乐队在 1960 年代末期出现。作为另一支改变美国音乐本质的英国乐队，"滚石"演奏以布鲁斯为基调的摇滚乐，并沉迷于毒品、性和社会动荡期的糜烂生活。其他歌手，如"大门"乐队（the Doors）的吉姆·莫里森（Jim Morrison），还有詹妮斯·乔普林（Janis Joplin）都强烈地展现出了新摇滚的力量，并双双死于吸毒过量。这种音乐理念一直持续到 1970 年代。

与此同时，其他乐队则在向着不同的方向发展。在通俗音乐方面，底特律的摩城唱片公司推行了一种新的黑人节奏布鲁斯音乐。到 1960 年，混合了福音、通俗和灵歌的音乐形式赢得了大批爱好者。1960 年代末期，摩城唱片公司成为美国黑人拥有的最大公司之一，并且是业内最成功的独立唱片公司之一。史蒂夫·旺达（Stevie Wonder）、"诱惑"乐队（the Temptations）和"至高无上"合唱团（the Supremes）迅速走红。由黛安娜·罗斯（Diana Ross）引领的"至高无上"合唱团的畅销单曲如"我们的爱去哪儿了"（Where Did Our Love Go）是摩城唱片公司音乐形式的缩影。

反思历史

当你想到 1960 年代和 1970 年代时，什么歌曲会进入你的脑海？那些音乐与 1950 年代的音乐有何不同？歌词能告诉你关于那一时期的什么情况？你还能想出其他可以带给你对那个动荡年代类似感受的歌曲吗？

27.4.3 印第安人的反抗

与拉迪诺人一样，在 1960 年代和 1970 年代，印第安人仍然逃脱不了当二等公民的命运。但是，部分受到其他团体反抗策略的启发，印第安人为了争取自己的权利、改善生活和工作条件也变得越来越有斗争精神。人口数量快速增长——1960 年的统计数字为 55 万，1980 年则达到 148 万——使他们的队伍日益壮大，其政治影响力也越来越强。

美国印第安人从不断崛起的第三世界国家的民族独立运动中，更重要的是从民权革命运动的例子中吸取了经验。他们开始明白，在一个多元化社会中各种利益集团所处的地位。最终他们则从残酷的越南战争中汲取了教训。一系列杀害有色人种的事实使他们认识到，印第安人的遭遇与世纪之交美国在菲律宾，以及近些年来在朝鲜和越南的暴行是有联系的。

从 1960 年代到 1970 年代末，印第安人成功地宣扬了自己的价值观和民族特性。印第安时尚也越来越流行，博物馆和画廊里都陈列着印第安人的艺术作品，印第安人的珍宝又找到了新的市场。1968 年，斯科特·莫马迪因《日诞之地》而获得普利策奖。小维恩·狄劳瑞（Vine Deloria, Jr.）所著的《卡斯特因你的罪恶而死》（*Custer Died for Your Sins*，1969）更是拥有众多读者。同时，像《小巨人》（*Little Big Man*，1970）这样的通俗电影也站在同情者的立场上来描述印第安人的历史。各高校也都开展了印第安研究。像美国印第安历史协会这样的组织还对传统教科书中对印第安人历史的处理方式提出抗议，要求教科书中更加公正地描述印第安人的历史。

此时的印第安人也是变得越来越富有反抗精神。与其他团体一样，如果可以的话，他们就通过法律途径来解决问题，但在必要时他们也会更加顽强地与权势做斗争。

在新一代首领的领导下，美国印第安人全力以赴保卫剩下的部族领土。多少代人以来，联邦政府和州政府一直都在不断侵吞印第安人的领地。这种入侵必须停止。在纽约州的阿雷格尼保留地内，塞尼卡族的抗议精神表现得尤为突出。当纽约州企图强行征用部分塞尼卡族人的土地用于修建一条穿越阿雷格尼保留地的高速公路时，印第安人向法院提起了诉讼。1981年，州政府最终同意了一项交换条件：州政府对所征用的土地支付现金并以本州别处土地予以补偿。州政府的这个决定鼓舞着蒙大拿州、怀俄明州、犹他州、新墨西哥州和亚利桑那州的土著部落，为反抗外部势力侵吞他们的保留地而进行斗争。

印第安人的首领们发现，在起诉违反条约的行为时他们有较强的优势。1967年的一系列裁定都是支持印第安人的，在第一个裁定中，美国上诉法庭裁定政府在1823年强迫佛罗里达塞米诺尔人以不合理的低价卖掉了他们的土地，并判处政府在144年后向塞米诺尔人做出额外赔偿。美国印第安人还强烈抗议长期以来对他们用水权的侵害。

1968年，生活在明尼阿波利斯的齐佩瓦族人乔治·米切尔（George Mitchell）和丹尼斯·班克斯（Dennis Banks）发起了激进的美国印第安人运动，其后城市里印第安激进主义分子的活动便高度公开化。美国印第安人运动成立了经济机遇办公室，这是一个专门为印第安人组织筹措资金的机构。该机构还组建了一支巡逻队以保护那些醉酒的印第安人免遭警察折磨。很快它就开始在其他城市设立分支机构。

1969年11月的一次突发事件激发了印第安人的战斗精神。在象征性地抗议印第安人事务局不能"切实处理"有关印第安人的福利待遇问题时，由78名印第安人组成的先头部队，抢占了位于旧金山湾的阿尔卡特拉兹岛。印第安人将这个曾是联邦政府监狱的岛屿改建成了一个文化教育中心。1971年，联邦官员将印第安人迁出了阿尔卡特拉兹岛。

相似的抗议活动仍在继续。1973年，美国印第安人运动接管了南达科他的翁迪德尼村，1890年美国第七骑兵师曾在这里对苏族人进行了残酷的种族大屠杀。村镇四周的保留地也是贫困潦倒。"占领"意味着将事态扩大，同时也将人们的注意力吸引到了美国印第安人运动所称的政府已经破坏的371款条约上。联邦官员的回应是包围了这个地区，当美国印第安人运动试图向被困地区运送补给时,他们打死打伤各一名印第安人。直到政府同意重新考虑印第安人的权利后,双方的对立才告结束,然而随后只有少部分条款得到实质性执行。

与此同时,印第安人越来越关注受教育机会和对法律技能的掌握。由于大约一半印第安人继续生活在保留地,许多部落社区都建起了自己的学院。1971 年,奥格拉拉苏族人在南达科他的松树脊保留区建立了奥格拉拉·拉科塔学院。附近的辛特·格莱斯卡学院则是第一所提供四年制本科教育和研究生教育的学校。在校的印第安学生人数从 1960 年代初的几百人增加到 1980 年的几万人。

印第安人的抗争初见成效。1950 年代对终止保留地政治实体身份的抗议(参见第 25 章),导致 1960 年代的肯尼迪政府和约翰逊政府在印第安人的问题上采取了一条中间道路——对于终止政策他们既不认可,也不反对。他们转而鼓励私人企业落户保留地,提倡将保留地租给能源企业和开发公司,从而大力发展保留地经济,提高保留地人民的生活水平。许多部落都不满这一政策并直接进行反抗,而且经常也能取消租约和恢复保留地地位。

其他立法机构也否决了终止政策。1975 年,国会通过了《印第安人自决法案》。同年颁布的《教育援助法案》则提出将联邦的教育义务转包给部落团体。从这两项法案可以看出,政府是迫于印第安人的压力才做出了这样的决定,同时政府还为今后几十年的联邦印第安政策确定了指导性框架。

27.4.4 同性恋权利

与影响两性关系、婚姻和家庭生活的性观念革命密切相关,同性恋自由运动发展迅速,而且变得越来越暴力。由于整个美国社会并不同情他们,许多同性恋者都只能掩盖自己的性取向。1970 年代的社会氛围鼓励同性恋"出柜"。1969 年,警察袭击了纽约格林威治村一家名为"石头客栈"的同性恋酒吧,结果引发了一场持续一夜的骚乱,这引起了对男性同性恋权利的关注和一场维护其权利的运动。整个 1970 年代，同性恋者终止了对其最为强烈的歧视行为。1973 年，美国精神病协会（APA）规定，同性恋不再被列为精神病，这一决定在次年获得绝大多数会员的支持。1975 年，美国公务员委员会也解除了禁止雇佣同性恋的禁令。

在这种环境下，同性恋得到认可，许多曾经隐藏或是压制其性取向的男性同性恋都开始袒露心扉。随着女性同性恋运动发展起来，女性也更加公开地表达其性取向。但是，仍有很多美国人和教会对挑战传统性标准的人抱有不认同的态度，而且这些反对偶尔还会很激烈。

27.4.5 环境保护主义者和消费者的忧虑

1960 年代和 1970 年代的许多社会运动都是基于种族、性别和性取向上的差别，但是环保运动涉及的却是所有群体。第二次世界大战过后，许多美国人都开始认识到清新的空气、洁净的饮用水和没有被破坏的原野对于美好的生活是不可或缺的（参见第 26 章）。他们对其周边自然环境所受到的威胁感到担忧，尤其是在自然主义者卡森于 1962 年出版了《寂静的春天》之后。到 1970 年，53% 的民众都认为，水污染和空气污染是重要的国家问题。

公众的注意力集中在各种目标上。1969 年，美国人民得知，核电站的热核污染杀死了东西部河流中的鱼。南加州海岸发生的一起严重的石油泄漏事件使洁白的海滩变黑，灭绝了周边海域的大量海洋生物。1978 年，在纽约州尼亚加拉瀑布附近的腊夫运河倾倒的有毒化学品造成致命伤害，引起了公众的惊慌。数年后，人们的注意力又集中到了致命的二噁英上。

核事故可能造成的环境危机同样引起了恐慌。1979 年，在宾夕法尼亚州首府哈里斯堡附近的三哩岛就发生过一次这样的灾难。人为失误加上机器故障，部分原子核开始分解。爆炸将辐射扩散到大气中，数千名当地居民都逃走了。电影《中国综合征》（*The China Syndrome*，1979）中所呈现的核灾难场景眼看就要成为现实。后来核电站一直被关闭，里面到处都是受到辐射的瓦砾，成为一座让美国人恐惧的能源纪念碑。

核灾难的威胁支持了基层环保主义者的论点。诸如新罕布什尔州的蛤壳联盟和北加州的鲍鱼联盟等组织发起运动，激烈反对政府批准在新罕布什尔州的水溪镇和加州的代阿布洛峡谷建立新的核电站，致使1978年以后没有一家新的核电站获得批准，尽管世界上其他许多国家仍在继续使用核电站。

西部的环保主义者特别关注对水资源的过度使用。大规模的灌溉系统使得全国的用水量从1900年的每天400亿加仑上升到1975年的3 930亿加仑，尽管国家的人口仅仅增加了三倍。美国人的人均用水量是世界平均水平的三倍。

加州的情况尤为严峻。由于该州本身就非常干旱，因而其繁荣完全依赖发达的灌溉系统，1970年代后期该地区有1 251个主要水库。实际上，每条大的河流上都至少会有一座水坝。人们抽取了大量的地下水，而自然补充的水则很少，调节更少。环保主义者对破坏国家河流和多个地区水位严重下降提出了批评意见，认为必须未雨绸缪。批评家马克·赖斯纳（Marc Reisner）后来说："40年前，只有一小撮异教徒对着原野嚎叫，对西部需要数百个新水坝的想法提出质疑。今天，他们的意见差不多都被证明是正确的。"

1960年代和1970年代，环保运动产生了立法的结果。约翰逊的"伟大社会"计划促成了禁止滥用国家自然资源的基本立法。随后几年，环保主义者进一步采取行动，向立法和行政机构施压，要求它们约束污染者。尼克松担任总统期间，国会通过了《清洁空气法案》（Clean Air Act）、《提高水质量法案》（Water Quality Improvement Act）和《恢复资源法案》（Resource Recovery Act），并建立了一个全新的环保署负责防止资源浪费。

一项环保立法引发了关于经济和环境的大讨论。1973年的《濒危物种法案》（Endangered Species Act）禁止联邦政府支持任何可能威胁濒危物种的项目。这与太平洋西北部的商业发展直接相抵触。奥林匹克半岛上的伐木工人一直以来都是通过将山上所有树木都伐倒的方式来开发土地。环保主义者称被伐木工人砍倒的森林是斑点猫头鹰最后的栖息地。科学家和美国森林保护署的人员要求保留林场以便使猫头鹰可以生存下去。伐木工人则抗议此举损害了其生计。此案经历了复杂的审判过程，在此期间，森林砍伐量急剧下降。

与环保运动相关的是消费者运动。就像在20世纪初的进步主义时代一样，享受物质文化所带来的各种物质便利的美国人，在购买时髦服装、家具、电器时也要提防商人的不道德行为。多年来，国会制定了一系列规章制度来保护消费者的经济权益免受侵犯。1970年代，一场轰轰烈烈的旨在保护消费者权益、使商家对消费者更加负责的消费者运动兴起了。

前任劳工部顾问拉尔夫·纳德（Ralph Nader）领导了该运动。他在《任何速度都不安全：美国汽车设计中存在的危险》（*Unsafe at Any Speed: The Designed in Dangers of the American Automobile*，1965）一书中宣称，汽车实际上就是安装了轮子的棺材。直接的相撞，即使速度很低，也会很容易使人丧命，这是因为即使是不强的撞击，缓冲器也无法承受。他的努力为1966年通过《国家交通及机动车安全法案》铺平了道路，该法案设定了汽车在公路上的最低安全标准并监督执行情况。此外，纳德还创立了全国机动车安全顾问协会。

消费者运动在1970年代发展成熟。纳德的努力吸引了更多的志愿者，他们被称作"纳德突击队员"（Nader's Raiders）。他们发表评论和报告，更重要的是，鼓励消费者在保护自身权利时变得更加畅所欲言。

小结：修补裂痕

1960年代后期和1970年代是一段动荡的年代。即使美国正在从越南战争中往外抽身，但美国看似在1968年达到顶点的混乱却仍在继续。尼克松认识到，让陷入越南战争的美军士兵回国可以控制抗议活动。他还认识到，人们对自由改革越来越沮丧，而且一些美国人也想摆脱年轻人的过激行为。在一段时间内，他成功地使越南战争"越南化"，从而减少了美军伤亡，降低了抗议的声音，促进了社会的和谐。但是，由于尼克松不甘心在战争中失败，他将战火扩大到中南半岛上的其他地区，从而又招致前所未有的反抗。

与此同时，由于尼克松希望赢得连任的愿望过于迫切，导致发生了美国历史上最臭名昭著的政治丑闻。正当美国试图从一场不受欢迎的战争中恢复过来时，尼克松却发现自己卷入了"水门事件"。这一事件引发了真正的宪法危机，威胁了美国，直到尼克松辞去总统职务才得以收场。

这一时期，弱势群体也在要求国家扩大平等目标。他们被一种越来越广泛的消费文化的物质展现所包围，想要分享美国梦，尤其是考虑到他们在生活中受到持续不断的歧视。由于1950年代和1960年代的民权运动取得的成就，多年来角色地位被限定在家里的女性（如安·克拉克）返回学校，找到工作，有时还获得了独立。印第安人和拉美裔美国人也都被动员起来，并看到他们的生活发生了激动人心的变化。同性恋权利活动家也向世人表达了自己的观点。环保主义者则使人们重新认识了国家和世界所面临的全球威胁。尽管进展缓慢，但改革者们也成功地向政府施压，使其兑现承诺，保证美国生活理想的实现。

但是，变革的道路并不平坦。改革的努力也要承受自由主义幻灭的痛苦。有些运动由于变化莫测的政治环境而裹足不前，另一些运动则失去了原动力。尽管如此，这些努力都为未来的变革留下了火种，即使未来的十年间国家将会变得更加保守。

思考题

❶ 尼克松任期内在社会和政治方面的首要任务是什么?

❷ 尼克松是怎样着手结束越南战争的?

❸ "水门事件"对美国的政治生活有何影响?

❹ 妇女运动在1970年代取得了怎样的进展?

❺ 1970年代争取社会改革的努力有多成功?

第 28 章

保守主义和道路的转变，1980 年到 2016 年

28.1 保守主义时代的新政治
28.2 社会改革的复杂性
28.3 经济和人口的变化
28.4 对外政策与"冷战"的终结
28.5 近年来的情况
小结：回顾近年来的历史

美国故事

一个移民家庭的抗争

1997 年，每天清晨 5：00，马琳·加勒特（Marlene Garrett）就得给她还在睡梦中的三个孩子（他们一个 4 岁，一个 3 岁，最小的只有 1 岁）穿戴整齐，踏上送他们去托儿所的路。每当离开孩子们要去上班时，她都会说："妈妈现在必须去工作了，这样妈妈才有钱给你们买鞋穿。"马琳的工作是在佛罗里达州劳德代尔堡一家百吉饼咖啡厅做服务员，每天早晨 6：00 就要上班。这是她刚找到的一份新工作，她可不能迟到。

八年前，马琳从牙买加移民美国。她和丈夫罗德（Rod）对他们在美国的生活充满向往，而他们也很幸运，因为他们都找到了工作，当时国家经济正在逐步回升。但是他们两个人做的工作都是很初级的，因此为了养家糊口他们不得不全力以赴。罗德在一家为医院生产窗帘的工厂工作，每周能带回家 250 美元。马琳刚刚辞去了她每小时 5.25 美元的卖旅游鞋的工作，换成了现在在百吉饼咖啡厅做服务员每小时 6 美元的工作。有了每周挣来的 200 美元，她可以用来分担一下每月 400 美元的房租和家庭日常花销。如果情况好的话，他们可以用这些钱把最近坏了的车送去修修或者再买一辆，有可能的话他们还可以用这些钱偿还 5 000 美元医疗贷款。他们现在没有医疗保险，只能祈祷家里人都不要生病。

马琳并不愿意把孩子送到托儿所让别人看管。她真正希望的是自己能待在家里照看孩子。"还有谁能比母亲更好地照看自己的孩子呢？"她说道。但她根本就不可能待在家里。如果换作以前的福利政策还有可能，但现在美国政府正在大幅削减享受福利政策的人数。即便能够申请到政府救济金，马琳也不愿那样做。她说："我可不想让我的孩子以后也走这条路，我宁愿自己去工作。"

在托儿所问题上马琳几乎没有选择的余地。她也想把三个孩子送到基督教会的圣堂去，那里是她所在教区的日间看护中心和学前班，但把三个孩子送到那里的费用是每周180美元，这远远超出了她的支付能力。几个月前，当她还在养老院做家庭保健助理时，她每小时能挣8美元，那时她觉得自己负担得起送孩子们去教会看护中心的这笔费用，她甚至还攒下了给孩子们买校服的钱。可是后来她的车坏了，她再也无法继续做家庭保健助理了。

因此，马琳把孩子们送到了维维安（Vivienne）家里，维维安来自巴哈马，她与马琳同在一家自助洗衣店工作，她上的是晚班。维维安的住处简朴整洁，但是根本看不到有什么玩具和图画书。马琳不在的10个小时里，孩子们大都是伴着电视度过的。

加勒特夫妇当然知道孩子的启蒙教育有多么重要，马琳一直对教会中心和那里提供的良好教育环境羡慕不已，她说："孩子们在那里可以做游戏，还可以去郊游，老师们也会耐心地教导和训练孩子。我的孩子们都很聪明，他们每年的成长和进步都会让你惊讶。"但实际情况是，加勒特夫妇的孩子们去不了这个启蒙中心，他们只能把孩子们安置在一个仅仅能保证安全的地方。

马琳并不愿意放弃希望。她的孩子们已经出现在可能获得圣堂基督教学院帮助的名单上了。与此同时，马琳又找了第二份工作，在当地的马里奥特酒店上夜班。由于上夜班，她必须向维维安支付超出看护时间的照看费，她也因此而更加担心她不在时孩子们的状况，但她没有更好的选择。她只能安慰自己："我只是暂时不得不这样做。"

加勒特夫妇与其他上百万贫困的美国人一样，发现他们在过去的35年中无所适从。1980年代初，他们经历了经济困难期；1990年代，美国迎来了有史以来最长的经济繁荣期，但他们却发现自己置身于这种繁荣之外。21世纪头十年的末期，美国遭遇了1930年代大萧条以来最大的经济危机，他们的生活变得比以往任何时候都要困难。

与此同时，对外政策的场景也突然发生了转变。欧洲巨变结束了近半个世纪的"冷战"，要求美国重新确立其国际角色。接着，当新世纪开始的时候，美国遭遇了恐怖主义前所未有的巨大威胁。2001年的恐怖袭击摧毁了纽约世贸中心大楼，重创了华盛顿特区的五角大楼，促成了一场反对恐怖主义的战事和对美国对外政策根本性的重构。

本章描述了1980年以后美国发生的巨大转变，探讨了如下问题：保守主义运动的发展如何改变了美国政治的重构？经济和技术变革如何影响数百万美国人的日常生活，在为那些金字塔顶端的美国人带来难以想象的财富的同时也拉大了他们与穷人的差距？各届政府如何重新定义其在经济生活中的角色，以及这种改变对普通美国人又有何影响？最后，"冷战"结束后美国的对外政策又是如何发生急剧变化的？

28.1 保守主义时代的新政治

保守主义在1980年代赢得尊重，并且在21世纪依然是一种主要力量。在被通货膨胀和失业问题困扰的英国，保守主义政党重新掌权，撒切尔夫人成为英国首相。在共产主义陷入低潮的中东欧，温和的基督教民主运动日益受到欢迎。保守主义获得了新的名望，美国的模式反映了它在世界范围内的发展。

28.1.1 新政治

美国保守主义遵循托马斯·杰斐逊的教诲："管理最少的政府是最好的政府。"他们认为1960年代到1970年代的经济增长奇迹扔下了一堆烂摊子：日甚一日的通货膨胀、不断下降的生产力、巨大的浪费和**权力**失控；自由主义依靠"大量投入"解决社会问题的方法不再有效。因此，保守主义致力于精简政府机构、降低税率、减少有损商业竞争的规定，复兴他们所谓的从前的道德观。

新保守主义联盟包括一些经济学家（他们强调市场力量的自由运作和减少政府对经济活动的干预）、社会活动家（他们否定一切他们认为是色情的东西）、白人（他们为平权举措的过度实施感到愤怒）和原教旨主义者（他们提倡按原文解释基督教经典，并通过一个叫"道德多数派"的组织进行运作）。社会保守主义者（他们在反对堕胎上变得日益直言不讳）与经济保守主义者并非总是意见一致，但他们都对自由主义的模式感到不满，他们抱怨后者走得太远了。

与他们的自由主义竞争对手相比，保守主义各阵营在利用政治技巧方面则要做得成功得多。他们懂得投票对评估和塑造候选人形象的价值，知道通过电视广播吸引美国民众的重要性。他们也利用电子邮件、传真机和因特网等电子手段去鼓动他们的支持者并依靠投递邮件来宣传全国的保守党候选人。随着时间的推移，民主党人吸取了共和党人早先学到的经验，结果享受到了他们自己的大选胜利。

28.1.2 保守主义的领袖们

罗纳德·里根对保守主义事业的成功做出了卓越的贡献。他曾在美国中西部做过电台播音员，在加利福尼亚开始了演员生涯，后来又从一名演员转变为政治家。他的政治倾向受到其成功荧屏事业的影响；1960年代早期，他改变政治信仰，从民主党转投共和党。他曾是通用电气公司的公众发言人，他在工作中的远见卓识和清楚表达共同价值观的能力，引起了保守派人士的注意，这些保守主义者赏识他的政治潜能，帮助他赢得了1966年加州州长选举的胜利。1976年，里根第一次竞选美国总统时失败了，但这次失败却为他四年后的再次竞选积蓄了力量。1980年，他赢得了处于上升阶段的右派势力的强力支持，右派势力赞成他关于缩小联邦政府规模和加强军事实力的计划。

1980年在与时任总统卡特的竞选角逐中，里根以51%：41%的选民票和489：89的选举人票取得了压倒性胜利。他还领导共和党取得了对参议院的控制，这是自1955年来的第一次。1984年里根以更大的优势连任，取得了59%的选民票，并在选举人票上以525：13的优势击败民主党候选人沃尔特·蒙代尔（Walter Mondale），里根只在蒙代尔家乡所在的明尼苏达州和哥伦比亚特区失利，尽管民主党依然控制着国会。

里根风度翩翩并具有作为媒体对话者的特殊技巧。凭借表演方面的经验，他利用起电视就像1930年代富兰克林·罗斯福利用广播一样。他认为美国是"地球上最后的最好的希望"，并回应1630年约翰·温斯罗普对到新世界的清教徒的布道，称美国是"光芒闪耀的山巅之城"。针对谈论"国家的隐忧"的那些人，里根反驳道："我没有发现美国人民做错了什么。"

在里根担任总统的八年中，他一直享有很高的声望。人们谈论里根的任期时用不粘锅"特氟隆"做比喻，因为即使严厉的指责对他也不会有任何影响，对政策的不满也无法降低他的个人支持率。当里根结束总统任期时，超过68%的美国人对他过去八年中的政绩表示满意，即便（具有讽刺意味的是）他的一些立场并不像他的继任者那样保守。

不过，随着时间推移，里根的一些缺点也暴露出来。作为美国有史以来最年长的总统，他的注意力经常容易分散，开会期间还会偶尔打盹，其中就包括在与教皇的一次会面中。在记者招待会上，他可以按照面前的手稿流利地讲话，但却经常弄不懂记者的提问。他对执政不感兴趣，会把极大的权力委托给别人，哪怕这样会使他对政策极不熟悉。最糟糕的是，他的政府成员因"政治污点"而受到指控。他的几位助手，甚至是他的司法部长，分别因为作伪证和以权谋私而被免职。

卸任后，里根英雄般的名声甚至更甚以往。保守主义者一致赞扬他在任时取得的成就，即使政治风向倒向右翼，即使他的立场在后来的年月中看起来也不是没有问题。

1988年，做过八年里根副总统的共和党候选人老布什当选总统。老布什虽是新英格兰人，但却因经营德克萨斯州石油业而获得成功，后来他供职于国会，曾任驻华联络处主任和美国中情局局长。老布什被舆论称为刻板而无用之人，但在向政敌马萨诸塞州州长迈克尔·杜卡基斯（Michael Dukakis）发动攻击时，他却变成一头好斗的公牛。选举日，老布什击败了杜卡基斯，赢得40个州的支持，获得54%的选民票，尽管民主党依然控制着国会的两院。

老布什将其总统任期迅速打上自己的烙印。尽管他有着上流社会的背景，但他却是一个很谦逊的人，为达目的他在公众面前表现出脚踏实地的形象。就任总统一年半后，他仍处于政治蜜月期，个人支持率达67%。后因领导1991年的海湾战争，他的支持率甚至更高了。此后由于经济衰退和战争后果引起争议，老布什的支持率开始下降并于1992年在总统竞选中失败。

28.1.3 共和党的国内政策

1980年代到1990年代早期，共和党的目标是扭转卡特时期经济停滞不前的局面，为商业繁荣提供新的机遇。为了达到这一目的，里根制定并实施了一项建立在**供应学派经济学**（**supply-side economics**）这一理论基础上的经济复兴计划。根据这一备受争议的经济理论，减税会刺激商业发展，由此增加商品供应量，进而促进整个经济系统的发展。这一理论采取了一种涓流办法，认为处于经济阶梯上位的人不断增加的繁荣，最终会帮助到处于底层者。从1981年10月1日开始税率降低5%，1982年和1983年则降低10%。虽然所有纳税人都能从中受益，但相比之下，富人要比中产阶级和低收入者受益更多。穷人则一点好处也没有得到。

减税和巨额军费开支使财政赤字增加：从1980年的740亿美元增长到1992年的2900亿美元。如此巨额的财政赤字令政府债台高筑，国债从

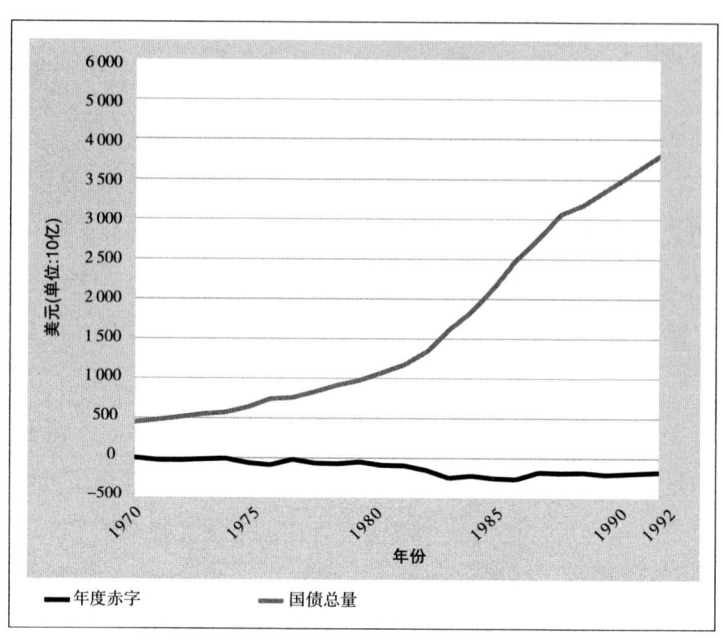

1970 年到 1992 年的联邦预算赤字和国债

从 1970 年代到 1990 年代早期，联邦预算每年的赤字都在稳步增加，国债总额大幅上升。在这样一种经济状况下，赤字和债务影响了对支出项目重要性的判定。年度赤字从何时开始增长？1980 年代的年度赤字发生了什么变化？国债总量什么时候增长得最快？

1980 年的 9 090 亿美元增至 1992 年的 4.4 万亿美元。里根上台之初美国人均国债价值为 4 035 美元，十年后即 1990 年则已变成 1.24 万美元。

面对筹措更多资金和调整日益倾斜的税收政策的需要，1986 年国会通过并由里根签署了自 1913 年联邦所得税实施以来最彻底的税制改革。改革降低了税率，整合了税收等级，填补了税收漏洞。尽管所有美国人都从中受益，但受益最大的仍是占全国人数 5% 的最富有阶层。

与此同时，里根开始了一项以解除管制为主要内容的措施，这项措施比卡特时期实施的范围更广，主要针对环保局、消费者产品安全委员会和职业安全与卫生管理局。共和党政府认为，涉及消费者、工作场所、环境等方面的规章制度是无效的、家长式的，而且花费相当高昂，阻碍了商业发展。

与此同时，里根还向联邦政府应该干预经济和帮助低收入者的新政共识提出了挑战。通过一系列措施，里根达到了目的。换作其他人也会这么做。他指责政府过度干涉美国人的生活。通过减少不必要的项目消除"浪费、欺诈和滥用"的时候已经到来。这意味着，针对的目标就是约翰逊的"伟大社会"计划。在1988年年初的国情咨文中，他宣称："一些年前联邦政府宣布向贫困开战，结果贫困获胜。"是时候采取一种不同于以往的办法了。

大规模的减税和庞大的军费开支，导致里根政府缩减了对社会项目的开支。为了建立一支实力强大的军队，政府在五年内投入的军事预算达到史无前例的1.5万亿美元。1985年，美国平均每分钟有50万美元用于国防建设，是越南战争时期投入费用最高时的四倍。

具有讽刺意味的是，尽管政府实施了一系列缩减措施，联邦政府在社会福利方面的支出还是从1980年的3 130亿美元增至1988年的5 330亿美元。这一增长主要用于支付政府津贴计划，如主动为困难市民提供帮助的社会安全项目和医疗项目。共和党人尽管做出了最大的努力，但却也没能完全废除福利政策。

里根在社会问题上也采取了保守主义措施。他接受了新右派的支持，极力赞成保守主义的社会目标。但为了避免危害到他的经济措施，他只是对解决社会问题提供一些象征性的支持。里根公开支持在学校中组织宗教祈祷，但他并未花费政治资本在国会里寻求支持。他也采用了同样的方式去处理反堕胎运动：他让名为"向生命前进"的反堕胎组织成为第一个在白宫宣扬自己观点的非政府组织，以此显示了他反对堕胎的态度。

老布什紧跟里根的脚步，继承了他的总体经济政策。在1988年竞选总统时，老布什承诺"没有新税"。但是后来他又放弃了这一承诺，转而通过两党的努力来控制财政赤字。

与里根一样，老布什也希望大力削减社会项目开支。他否决了数项用来援助处于经济萧条中的穷人的措施，致使失业率升至8%，25%的城市儿童处于贫困之中，从而引来了以民主党为主体的众议院和参议院无休止的批评。在支持保守主义的社会目标上，老布什比里根要更为直言不讳。

里根和老布什执政时期，共和党的执政理念使得国内议程出现了严重倒退。1960年代的自由主义达到其顶峰时正处于经济稳定增长时期，但是到了1980年代，政府对社会项目的决策则变得困难多了；成千上万的美国人开始相信"伟大社会"计划在解决贫困问题方面是失败的，而且这一计划还造成了人们对终身福利的依赖。保守主义为民众，特别是生活舒适的美国中上阶层，提供了更有吸引力的解决方案。

共和党的政策也拉大了贫富差距。根据一项研究提供的数据，1976年1%的富人占有全国约18%的财富，而到1989年这一比例已上升到36%。

与此同时，美国低收入者则遭受到比大萧条时期更为严重的损失。1987年，有20%的美国儿童在贫困线上挣扎，人数比1979年增加了24%。从靠典当生活的农民到失业的工厂工人，美国还有数百万人在艰难的生活中苦苦挣扎。

28.1.4 民主党的复兴

1990年代见证了民主党的复兴。1992年，民主党对共和党的统治发起了挑战。一场激烈的初选竞赛后，阿肯色州州长比尔·克林顿击败了众多的候选人。他反驳了对他婚姻不稳定、吸食大麻、逃避军役的指控，声称新一代掌控局面的时候到了。46岁的克林顿在1960年代步入成年期，与老布什形成鲜明对比。老布什在第二次世界大战时期就已步入成年期，正准备争取连任。在已经变成三条跑道上的第三位候选人是罗斯·佩罗（Ross Perot），这是一位来自德克萨斯州的亿万富商，他在计算机数据编程领域获得了大笔财富。

在选举日当天，克林顿获得了选民票数的43%，老布什获得38%，佩罗获得19%。三个人在选举人票数上的差距则要更大，克林顿获得357票，老布什获得168票，佩罗一票未得。民主党人继续控制着国会两院，与以往相比，国会里也有更多的女性和少数民族成员加入。

克林顿很快就发现自己被国内事务缠住了。虽然经济最终开始改善，但却几乎没人把这一好转归功于他。1993年11月，经过一场激烈的争斗，克林顿获得了参议院对"北美自由贸易协定"（NAFTA）的批准——这一"协定"是为了推进加拿大、墨西哥和美国之间的自由贸易。反对者认为这将导致工资不高的墨西哥人夺走美国工人的工作。另外，他还确保通过了一个犯罪法案，法案禁止生产、销售和持有杀伤性武器。但他的主要立法提案——医疗改革则未获批准。

28.1.5　共和党东山再起

选民们在1994年的中期选举中表达了他们的不满。共和党认为政府的规则阻碍了商业发展，并且花费太大。他们对"联邦政府应该对医疗保健和其他类似服务负主要责任"的观念提出了质疑。40多年来，共和党人首次获得了对参议院和众议院两院的控制。在州级选举中，共和党人赢得了12个州长职位，掌管了八个最大州中的七个。

这次选举标志着对福利国家承诺的终结。第104届国会咄咄逼人地行动起来以实现它的承诺——中期选举期间共和党人在其《美利坚契约》（**Contract With America**）中所勾画的承诺：缩小联邦政府的作用，取消环保规章，削减对教育项目如"领先"的基金投资，减少税收和平衡收支。在众议院新议长纽特·金里奇（Newt Gingrich）的领导下，国会发起了一场对预算的正面攻击，提议要大量削减所有的社会服务。虽然有种种说辞，但最终只有少数提议成为法律。

28.1.6 克林顿的第二任期

1996年，克林顿击败共和党提名的参议院少数党领袖罗伯特·多尔（Robert Dole），获得了彻底的胜利。他得到选民票的49%，多尔得到41%；佩罗再次参选，不过这次战绩没有四年前的好，他只得到了8%的选民票。在选举人票上，克林顿获得349票，多尔获得159票。然而，共和党依然保持着对国会的控制。

28.1.7 党派政治和弹劾

尽管民主党人小有收获，但在1998年的中期选举中，共和党人依然掌握着大局。然而，这并未能帮到他们，因为克林顿已被一位由司法部任命的独立检察官指控与一位白宫实习生莫妮卡·莱温斯基有不正当性关系。尽管克林顿起初否定这种关系，但呈递给国会的长篇报告却让人们对此深信不疑，克林顿最终在一场全国电视转播的演说中承认了这种关系。虽然克林顿受到了弹劾，但他并没有被判罪，他一直执政到其任期结束。

克林顿是一位非常成功的政治家。他不仅在这场家喻户晓而且让人难堪的弹劾案中逃脱了有罪审判，他还设法结合共和党的议题占据了政治中心。他用增加拨款的方式悄悄地推进了自由主义者的目标，尽管他无力推动国会通过其主要计划。

28.1.8 **2000年大选**

2000年的总统大选日益迫近。经济上的繁荣使得民主党候选人副总统戈尔处于最初的优势地位。然而，在更年轻的小布什的领导下，共和党坚决认为国家需要改革。大选当晚，随着选举结果出炉，小布什和戈尔都没有达到获取总统席位必需的270个选举人票数。12月，也就是在大选过后的五个多星期,经过双方一系列的诉讼和抗诉,案子到了最高法院。在这场"小布什诉戈尔案"(*Bush v. Gore*)中,法官们以多数保守派大法官一致行动的方式,即以5∶4的投票结果裁定缩减重新计票,从而使小布什成为这场竞选的最后胜利者。尽管戈尔以多出小布什45万张选民票赢得广大民众的支持,但小布什却以271∶266的优势在选举人票中胜出。

28.1.9 小布什

小布什在成为德克萨斯州州长之前曾是一名商人,后来步入德克萨斯石油界,再后来又成为一支专业棒球队的主要合伙人。作为总统,小布什总是把美国企业的利益放在心上。在竞选过程中,他就谈到了减税政策并宣称要把这些政策当作首要工作来做。到2001年年中的时候,减税政策正式以法律条文的形式确定下来。这项政策面向所有人,它不仅提高了免税教育储备金的额度,还降低了房地产遗产税。这些政策许诺每年要为每个纳税人至少节省几百美元的支出,但这项政策却是严重向富人倾斜的。

小布什也主张缩小政府规模,减少政府对私人事务的干涉,但他同时又主张加强军事力量。例如,他的第一个预算案就是要缩减针对那些无法享受医疗保险的人而制定的保健项目经费。他还试图削弱环境法规。但是他希望加强国防的提议却又需要大量资金投入。

28.1.10 小布什的第二任期

2004年总统大选竞争激烈而富有争议。在寻求连任的竞争中,小布什面对的是马萨诸塞州参议员约翰·克里(John Kerry),克里是一名越南战争英雄,他攻击共和党的对外政策,质疑政府保护国家免受恐怖袭击的能力,指责减税并未使萧条的经济复兴起来。在这场竞争中,两人始终势均力敌,最终小布什获得51%的选民票，并在选举人票数上以微弱优势胜出。由于美国中心地带的选民赞同共和党的保守主义道德观，共和党在参众两院中都成了多数党。

在2006年的国会中期选举中，许多美国人都被军事暴力困扰，对美国国会的一系列丑闻感到失望，对2005年9月政府对新奥尔良卡特里娜飓风造成的破坏反应迟钝感到愤怒。选民的不满导致国会控制权发生转移。民主党在众议院中赢得绝对多数的席位，在参议院中人数也占微弱优势。在白宫任职期间最后艰难的两年里，小布什面临的问题越来越严峻。民众的支持率更是不断下降，最后他的支持率只有惨淡的30%。

28.1.11 巴拉克·奥巴马

2008年，美国采取行动应对人们对政治的不满。在激烈的竞选中，第一次担任参议员的非裔美国人奥巴马击败了民主党提名的希拉里·克林顿。一年前，几乎没人注意到奥巴马，如今他关于改变和希望的政治理念，使他在大选中以365∶173的选举人票数，击败共和党候选人约翰·麦凯恩（John McCain）。麦凯恩曾是一位越南战争英雄，现任职于参议院。奥巴马的胜利使民主党在众议院和参议院中都成为多数党。随着历史上第一位非裔总统上任，美国历史似乎开启了一个新纪元。但是，奥巴马从一开始就要面对猛烈的抵抗，2010年民主党失去了对众议院的控制，随后又失去了国会的支持，尽管他战胜了商人出身的前马萨诸塞州州长罗姆尼赢得了连任。在2014年的中期选举中，共和党人夺回了参议院并继续控制着众议院。（想要充分了解奥巴马执政时期的情况，可以参见本章最后一节28.5。）

28.2 社会改革的复杂性

共和党人对福利国家政策的打击，包括尽可能减少在社会改革方面应该承担的责任。保守派认为，在这方面已经做得够多了，美国穷人的所得来自中产阶级的付出。是该在这一领域停止联邦的"侵入"了。

28.2.1 民权斗争的降温

共和党的政策使得民权运动开始降温。里根反对通过校车计划实现种族平衡，他的司法部长则努力取消支持反歧视行动的计划。里根最初很不愿意扩大1965年《选举权法案》的适用范围，尽管这项法案曾经获得巨大成功，他只有在被两党同时攻击时才会变得态度温和。他还对民权委员会进行了打压，并通过任命不支持民权委员会主要目标的人为该委员会成员的方式来削弱其作用。法院同样减弱了维护平等权利的工作力度。里根和老布什对司法官员的任命，使得联邦法院停止了使学校融合黑人和白人学生的努力。

但是，美国黑人的斗争依然薪火相传。牧师杰西·杰克逊（Jesse Jackson）是一位坚持不懈的民权主义者，他于1984年建立了彩虹联盟（Rainbow Coalition）并竞选总统。尽管他没有获得民主党的提名，但他却获得了近400名代表的支持，并在全国电视转播的大会演讲上宣誓不会忘记他的那些"绝望的、被人咒骂的、被剥夺权利的、不受尊敬的、受轻视的"选民们。四年后，即1988年，他再次申请民主党的提名，这次他在大会上获得了1 200名代表的支持，但却依然没能实现他的目标。

尽管在大城市的市长选举中和在选举舞台上的其他领域获得了意义重大的进展，但是黑人与白人之间的关系仍旧紧张。1992年洛杉矶发生的暴乱反映出持续的种族分化现象。一年前，美国人都从录像带中看到白人警察对乘坐汽车的黑人罗德尼·金（Rodney King）的野蛮殴打——这是一系列涉及警察暴力的事件中最引人注目的一幕。当没有一个黑人参加的加州陪审团宣告警察无罪时，美国的许多人都认识到有色人种在法律上无法获得公正。在洛杉矶，上千人出于无法控制的愤怒进行了报复，袭击的目标包括超市、药店、饭店和小型购物中心。那是几十年间最严重的一场暴乱，这场暴乱使得人们警醒：种族不平等、社会不平等和贫困现象再也不能被忽视了。

成功地将黑人带回主流社会的平权法案遭到强烈抵制。1994 年，保守主义者在政治竞争中取得胜利，他们猛烈攻击对过去受歧视人群实行优惠待遇的政策。他们举行公民投票，给公共机关施加压力，希望结束平权举措。1996 年，加州 209 号提案禁止基于种族或性别授予州政府合同或招收学生进入州立大学。2003 年年底，在两个涉及密歇根大学的案件中，最高法院裁定可以接受平权举措，尽管密歇根大学根据这项政策招收本科生时法院不允许它遵从分数制度。一些年后，到了 2007 年，在小布什任命的两位法官的支持下，越来越保守的最高法院规定：公立学校不能根据学生的种族采取措施来促进种族融合。

接下来，在 2013 年，在一个源起于德州大学奥斯汀分校的案子中，法院没有选择全部推翻平权法案，但却宣称类似这样的计划必须受到严格审查。必须有证据表明，在努力推进学生群体多元化的过程中没有种族方面的选择。显然，这一问题并不容易解决。

28.2.2　女权运动的障碍

妇女们在地方、州和中央的不同层面上获得了意义重大的选举成功。1981 年，里根总统任命桑德拉·奥康纳（Sandra O'Connor）为最高法院第一位女法官；1984 年，民主党人杰拉尔丁·费拉罗（Geraldine Ferraro）成为第一个来自大党的被提名为副总统候选人的女性。女权运动也变成有各个种族女性的参与。

但是，妇女们仍然面临一些问题，而且这些问题还因保守的社会政策而不断恶化。新的政治地位并未改变妇女们集中在低收入工作岗位上的状况。1985 年，大多数工作的女性仍旧从事着与十年前一样的秘书、出纳员、簿记员、护士和餐厅服务员等工作。即使妇女们进入传统上由男性占据的领域，她们最多也只能升到低级和中级职位，然后就会被"玻璃天花板"（"glass ceiling"）阻止住前进的脚步；男女之间的工资差别也继续存在。1985 年，全职工作的女性在同等的男性赚得 1 美元时只能赚得 59 美分。

在新世纪中，女性进入高层仍然受到阻挠。1990 年代，"玻璃天花板"开始出现裂缝，越来越多的女性成为大公司的领导者，然而绝大多数领导人都还是男性。2005 年，大的律师事务所中只有约 17% 的合伙人是女性。不过，在 2008 年的总统选举中，希拉里·克林顿差一点就赢得了民主党候选人的资格。

保守势力还全力发起一场反对堕胎合法化的运动。虽然 1973 年最高法院判决堕胎合法（参见第 27 章），但是针对这一问题的争论始终存在。判决生效后的十年间，堕胎数量剧增。作为回应，"保护生命"（"pro-life"）的力量开始集结起来。反对者游说议会切断帮助穷人堕胎的联邦资金，然而经济条件好的人则是可以自己负担的；反对者坚持要求堕胎只应在大医院进行，而不是在便宜的小诊所；他们还试图推翻最高法院的最初判决。

尽管最高法院于 1983 年再次强调了此项判决，但是"保护生命"运动的势头还是没有减弱。在最高法院中占据多数的顽固保守势力裁决女性有堕胎的权利，但若州立法机关选择干涉（许多州都进行了干涉），它们也可施加相应的限制措施。这样的裁决和法律明确赋予各州更大的限制权利并使堕胎变得更加困难，尤其是对穷人妇女和未成年女性来说。

21 世纪初，堕胎问题引起越来越多的争议。一些为妇女实施堕胎手术的医生，被那些坚持其信仰的堕胎反对者所杀害。堕胎反对者同时也把矛头指向一个已经很少使用的过时了的程序，他们把这种程序称为"选择性生育堕胎"。国会通过了一项法案禁止实施这种程序，但克林顿政府却否决了这项法案。2003 年，小布什总统又发布了关于这一法案的一个新版本，并于

2007年获得最高法院通过。

尽管有进步，但严重问题也依然存在。2000年人口普查显示，女性单亲家庭的数量已达750万，比1990年增加了25%。一项基于人口普查的报告指出，到2005年，美国只有51%的女性与配偶一起生活。与此同时，性别收入差距则略有缩小。2005年，男性每赚得1美元女性可以赚约75美分。

28.2.3 对拉迪诺人权利的有限承诺

随着1980年代和1990年代初政府不断减少对改革的投入，拉美移民的生活面临着持续不断的担心。1960年代"伟大社会"计划期间的移民改革导致拉美移民人口大幅增加。另外还有很多非法移民。

许多新到美国的移民都是技术工人或专业人士，但他们到了美国后仍然需要学习新的技术和工艺。更普遍的是劳工、服务行业人员和半技术的雇员，他们在正需要社会福利支持的时候却遭遇了福利计划的削减。

与其他群体一样，拉美裔美国人也在逐渐扩大他们的政治影响。1980年代，亨利·西斯内罗（Henry Cisneros）成为圣安东尼奥的市长，费德里克·佩纳（Federico Pena）被选为丹佛市市长。两人后来均在克林顿内阁任职。在新墨西哥州，州长托尼·安纳亚（Toney Anaya）称自己为全国最高职位的讲西班牙语的人。1988年劳罗·卡瓦佐斯（Lauro Cavazos）被任命为教育部长时，他成为第一位拉丁裔内阁官员。在小布什第一任期内，白宫顾问艾伯托·冈萨雷斯（Alberto Gonzales）发挥着非常重要的作用，并在小布什第二任期内成为司法部长。

进入新世纪，拉丁裔人口显著增长。2003年，拉丁裔美国人超过非裔美国人成为美国最大的少数族群；据专家预计，到2100年，33%的美国人都将是拉丁裔人。

由于新世纪初经济衰退，拉迪诺人的家庭收入中位数下降，失业率上升。一些墨西哥移民害怕他们将会永远处于底层阶级。然而，拉美裔人对美国文化的影响却是与日俱增。在音像店或收音机里随处都能听到梅伦格舞曲。在很多城市都可以看到阿根廷牛排餐厅。全美上下，西班牙语的使用也是越来越普遍。小布什在笼络这个重要的选举同盟时使用的就是西班牙语。

28.2.4 仍在持续的印第安人问题

美国印第安人同样面临着对改革投入的减少，但他们用自己的努力换来了一些收获。一些印第安部落适应了资本主义道德观。密西西比州的乔克托族就是成功的典范之一。到 1980 年代中期，乔克托族在联邦政府划给他们的土地上拥有或部分拥有三家企业，雇用了 1 000 人，每年创造出 3 000 万美元的效益，失业率也相应减少了一半。1988 年国会批准美国土著人经营博彩业后，很多部落都投资于这一行业。尽管兴办企业获得了一定的收入，但 1990 年人口普查显示，印第安人仍是全国最贫困的群体。就像科罗拉多州共和党参议员本·坎贝尔（Ben Campbell）1995 年指出的那样：在 1980 年代，印第安人家庭的平均收入下降了 5%，而同期其他种族的收入指数则都在上升。

印第安人继续通过法律手段收回失去的土地。1999 年，联邦政府介入了奥奈达族的一场法律诉讼，裁定纽约州政府和地方政府在 18 世纪末和 19 世纪初的时候从当地土著人那里非法取得 27 万英亩土地并要求归还。2000 年初，联邦政府归还了犹他州北部 8.4 万英亩土地，这块土地是在 1916 年时从犹特人手中夺取的，目的是保证拥有对那里珍贵的石油页岩的储备权。2009 年，联邦政府同意支付 34 亿美元来解决可以一直追溯到 19 世纪的印第安人的索赔。

女性土著居民也越来越多地活跃在改革的舞台上。埃达·迪尔（Ada Deer）在 1970 年代成功地阻止了政府的终止保留地政策，并于 1990 年代被任命为内政部助理部长。环境保护活动家威诺娜·霍诺尔（Winona Honor）曾经指导过保护地球基金项目和恢复地球纯净项目。她坚决反对一些不必要的水电开发项目,被美国《时代周刊》评选为全美 40 岁以下最有前途的 50 位领导者之一。

在克林顿政府执政的最后几个月里,印第安人事务局一改过去占据主导地位的行事风格,就国家对土著居民采取的强制措施进行了道歉。但是,很多土著居民仍能感觉到自己与整个社会相疏离,这种感觉被小说家谢尔曼·亚历克斯(Sherman Alexie)在 1993 年敏锐地捕捉到了。在《孤独的兰杰和汤图在天堂里搏斗》(*The Lone Ranger and Tonto Fistfight in Heaven*)里面的一个故事中,他写道:"有时候,我依然觉得自己的一半消失在城市中,一只脚卡在蒸汽炉或什么上。我贴在旋转门上,一圈一圈地跟着转动,周围的白人都站在那里大声嘲笑。"

28.2.5 亚裔美国人的成功

亚裔美国人的经济状况得到了改善,他们的社会地位也在不断攀升。随着越南战争末期的难民潮涌入,亚裔人口急剧增加,1975 年后有 50 多万人来到美国。1980 年代,美国移民中有 37% 来自亚洲。在洛杉矶这样的城市中,萨摩亚人、中国台湾人、韩国人、越南人、菲律宾人和柬埔寨人在工作及住房方面与墨西哥人、黑人和盎格鲁人展开了竞争,就像一个世纪以前新到的移民们在纽约市相互竞争一样。

有时媒体会高度评价亚洲移民取得的成功,尤其是与其他种族群体面临的问题相比较而言。1986 年,《美国新闻与世界报道》(*U. S. News & World Report*)在头版报道了亚裔人的发展,《新闻周刊》的头版文章标题为"亚裔美国人:一个模范群体",《财富》(*Fortune*)杂志也称他们为"美国的超级少数民族"。亚裔美国人为这些报道而骄傲,但他们也指出,在他们中间还有许多劳工阶层的成员仍为在美国立足而在奋斗。在旧金山和洛杉矶的唐人街,有 40%~50% 的工人都在收入颇低的服务行业或服装工业工作;在纽约的唐人街,这一比例则达到 70%。尤其是女性中国移民,由于在工作上的选择余地很小，她们不得不去做针线工。

1990年代，亚裔美国人享有了真正的成功。2000年，美国具有亚洲血统的人约有1 100万，约占美国人口的4%，已经成为美国人口组成当中的重要一部分。2000年中期，诺曼·峰田（Norman Mineta）被任命为美国运输部长，成为第一位获得内阁职位的亚裔美国人。

然而，亚裔美国人发现他们处在一种不明确的地位上。尽管以中间值为衡量标准时他们的收入超过了白人（这部分缘于一种推崇献身精神的工作观念），但是他们中的新移民同样面临着持续的经济困难。2000年的一则报道中指出，许多美国人仍然对亚裔抱有一种刻板印象，认为亚裔美国人看起来神秘莫测，"难以捉摸"。

28.2.6 同性恋

同性恋者争取权利的斗争也在继续并渐渐开始取得一些进展。2000年出现了一个重大改变，通用、福特和克莱斯勒三大汽车制造公司在一次涵盖46.5万名员工的大举措中，宣布赋予同性恋员工同等的医疗保健福利。同年，佛蒙特州通过民事结合承认了同性关系，尽管最后并未能通过允许同性婚姻的法案。2002年，美国儿科医师学会宣布支持男女同性恋者拥有收养其伴侣孩子的权利。随着同性恋激进主义的不断抗争，"家庭"的定义也是变得越来越广泛。当同性恋者举行活动庆祝同性恋权利大游行30周年、纪念1969年在格林威治村的石墙酒吧那场触发了同性恋者反抗运动的暴乱时，同性恋的支持者们发现，这一事件已从抗议演变成联欢。就像《纽约时报》上所言："它本身就是一个成功的标志。"

但是，阻力依然存在。尽管有几个州已经将同性婚姻合法化，然而，一场抵制同性恋的运动却是动员了全国范围内的保守主义者；2004年，几个州的投票者支持宪法禁止同性婚姻的决定。不过在接下来十年，有十多个州都开始将同性婚姻予以合法化，而且众多法庭也都判决，州的限制措施违宪。2013 年，最高法院给了《婚姻保护法案》一击，后者禁止赋予在同性婚姻合法之地结合的同性伴侣以联邦权益。2015 年，最高法院引人注目地裁定，同性婚姻合法。

28.2.7 环保运动的压力

环保主义者也对 1980 年代和 1990 年代初政府公共政策的方向感到非常失望。环保主义者发现，在共和党执政期间，他们面临着严峻的环境问题。里根有计划地并公开限制美国环保署的作用以刺激经济增长。内政部则开放了林地、荒地和沿海水域供经济发展使用，根本不考虑对自然环境的保护问题。老布什刚上任时对环境保护表现得很积极，并通过签署新的清洁空气的立法来取悦保护环境主义者。后来当经济出现摇摆时，他就不太乐于支持环境保护的行动了，他宣称那会延缓经济增长。1992 年，他为调节经济发展而放宽了关于空气清洁度的限制。同年在巴西里约热内卢，老布什与其他 100 个国家的元首参加了由联合国主办的全球峰会，但在会上却唯独老布什拒绝签署一份旨在保护动植物物种生物多样性的条约。

几年之后，1997 年，为了应对全球变暖，减少温室气体排放，各国签署了《京都议定书》，美国虽然签署了但却并未批准这项条约。2009 年，在哥本哈根举行的环境会议上，奥巴马着意推动一项涵盖更多国家的协定的通过，但却并未得到与会所有 193 个国家的支持。

28.3 经济和人口的变化

共和党想要重组政府以应对急剧变化的经济大背景。技术带来了一些变化。人口结构的改变则带来了另外一些变化。与此同时，经济则出现周期性发展，从衰落到繁荣，然后又到衰落。

28.3.1 向服务型经济转变

在一种持续了半个多世纪的发展趋势中，美国不断地由工业型基础向服务型基础转变，也就是从业人员的主体由实际生产产品的工人转变为提供专业技术和服务的雇员。到1980年代中期为止，美国1.13亿职工中有75%都是在服务行业工作的快餐店服务员、文秘人员、电脑程序师、医生、律师、银行职员、教师和行政官员等。这种转变反过来则从根本上造成了国家工业部门的萎缩。从19世纪末开始，美国就成为世界工业的主导。但到1980年代和1990年代初期，美国所有的工业生产力实际上都减少了。造成生产力减少最主要的原因就是，美国广泛而系统地减少了对基础生产能力的投资。

当美国工业生产下降时，其他工业国家则在迎头赶上。德国和日本的工业在第二次世界大战后美国的帮助下得以重建并迅速实现了现代化，生产率达到了新的高度。于是美国也就开始逐渐失去了其在世界工业产品市场上所占的份额。1946年，美国钢铁产量占全世界的60%，而到1987年则只有可怜的16%。到1980年，日本汽车制造商生产的汽车已占据美国汽车市场的近25%。美国的汽车工业曾是20世纪经济增长的主要支柱，但却经历了工厂倒闭和大量工人失业。1991年是有史以来最差的一年，福特公司不可思议地亏损了23亿美元。情况更糟的是2008年到2010年爆发的危机，福特、通用和克莱斯勒三大汽车制造商发现，它们陷入了如此严重的经济困境中，以至于它们需要联邦政府的帮助才能生存下来。

28.3.2 转型中的工人

1980年代和1990年代初，美国工人奋力维护着由第二次世界大战后的一代蓝领工人创造出来的成果。向服务型经济转变虽能带来许多新的就业机会，但对许多美国工人来说却很难得到。由于企业合并、工厂倒闭和持续的经济收缩，数百万工人都失去了他们原来的岗位，而他们能够找到的新工作则都是收入很低，并且改善的余地也不大。

与此同时，随着经济向服务型转变，工会运动的声势也减弱了。从1930年代起，工会可以成功地组织和发动全国产业工人；第二次世界大战过后，美国更是出现了强大的工会。但在之后的年月里，加入工会的工人比例却开始下降，从1980年的25%下降到1990年的16%。1983年到1993年，当工人总数大量增加时，工会的全部成员却从1770万下降到1600万。到2014年，它又降至1460万。

在劳动力出现富余的情况下，农民的结构也要进行调整。自20世纪早期就开始出现的一个趋势是，农田和农民逐步减少。1933年罗斯福当上总统时，美国遍布着670万农民。然而，半个世纪过后只剩下240万农民，而且这一减少趋势仍在继续。随着家庭农业的消失，农业收益更多地集中到了那些大规模经营者手中。美国效益最高的前1%的农业经营者的平均年收入是57.2万美元，而从事小规模和中等规模生产的农民的收入则低于政府规定的贫困线，因而他们经常被迫离开土地。

28.3.3 社会危机

无论对美国城市还是美国农村来说，贫困都是一个持久存在的问题。1997年美国人口普查局报告说，美国这个世界上最富裕的国家仍然有3560万人生活在贫困线以下，即一个四口之家的年收入不足1.6万美元。美国贫困人口占总人口的13.3%，尽管在过去的几年里这一数字有所下降，但考虑到每三个工作着的美国人当中就有一个处在贫困线以下，这一数字还是相当惊人的。更严重的是，1998年的贫困人口比1990年增长了90万。进入新世纪，情况依旧没有得到改善。2012年，据人口普查局报告，贫困线下的人在总人口中所占的比例从 2009 年的 14.3% 升至 16%。2004 年，农业部一项报告说，超过 1 200 万美国家庭需要苦苦挣扎才能养活自己——有时挣扎也是徒劳。而且，没有医疗保险的人数达到了创纪录的水平——2004 年人口普查局的一份报告中指出，2003 年这个数字为 4 500 万，而在两年后这个数字则增至 4 700 万，相当于总人口的 16%。

就像是 1960 年代美国出现大量贫困人口一样，1980 年代和 1990 年代美国又出现了众多无家可归的人。尽管在 1980 年代时美国的失业率出现下降，但是无家可归的人却增长了四倍。具体数字很难统计，因为这些流浪者根本就没有固定住址。但是，1990 年的一项评估表明，在过去五年里约有 600 万到 700 万人在某些时候曾经无家可归。2009 年，一项评估指出，约有 350 万人，或者说总人口的 1%，无家可归。

无论贫富，人们都会受到疾病的侵扰，但是穷人受到的打击则要更大。1981 年艾滋病（AIDS，获得性免疫缺陷综合征）的发现，标志着美国乃至世界史上又一严重疾病的到来。一些国家正在遭受艾滋病的肆虐。例如，在中国，有些村庄所有人都感染了 HIV（引起艾滋病的人类免疫缺陷病毒）。非洲的情况就更糟了。

尽管美国的医疗卫生条件要比世界上其他许多地区都好，但是艾滋病的杀伤力却是不容轻视。1960 年代兴起的性解放运动极大地改变了人们的性行为模式，尤其是在年轻人中，但是现在性试验受到了这一致命新疾病的威胁。尽管艾滋病在发现之初似乎只影响到那些吸毒者和同性恋者，但是很快它就扩展到了异性恋者人群中。艾滋病成为 25 岁到 44 岁之间美国人的第一大杀手。尽管有越来越多的患者都活了下来，但不断增长的死亡人数却是依然让人恐惧：2005 年约有 55 万人因此丧命。1990 年代，一些新药被研制出来，从而延长了那些病毒携带者的寿命并降低了死亡率，但艾滋病仍是一种危害极大并且最终能够致命的疾病。

28.3.4 人口变化

在应对经济动荡的过程中,美国的人口状况也发生了巨大的变化。1980年到2010年,人口从2.28亿增加到3.08亿。与此同时,人种的比例也发生了变化。全国的非白人人口(黑人、拉丁裔、亚裔和土著人)达到创纪录的25%,这是由于外来移民增加了,而且这些少数族裔的出生率也要远远高于白人的出生率。

人口分布上也发生了地域性变化。美国城市中的少数族裔人口日益增加。白人家庭则持续向不断发展的郊区迁移。全国许多大城市(包括纽约、芝加哥和休斯敦)的少数族裔人口都占了至少一半。不过少数族裔人口在各个城市中的分布也有所不同。在底特律、华盛顿、新奥尔良和芝加哥,黑人是最大的少数族裔;在菲尼克斯、埃尔帕索、圣安东尼奥和洛杉矶,拉美裔人是最大的少数族裔;在旧金山,亚裔人口则超出其他少数族裔。城市也逐渐变得贫困起来。就像第二次世界大战以来的情况所表明的那样,住在郊区而在城里工作的人占据了高收入工作,住在城里的人则从事低收入工作。

同时,人口也在往西部流动。加州是全国发展最快的州,1980年代其人口增长了近26%。针对加州对全国的影响这一问题,作家华莱士·斯特格纳(Wallace Stegner)这样回答道:"我们是国家的文化,处于精力最旺盛的时期。"洛杉矶成为展现美国活力和创造力最生动的例子。电影工业使它具有了世界性的影响。这座城市变成消费之都并成为充满动力的国民生活的象征。

28.3.5 新移民潮

移民浪潮改变了1980年以后整个美国社会的面貌。1981年到2000年约有1 750万人移民美国,形成了美国历史上的移民最高峰。1990年代有近1 000万人移民美国,这一数字与历史上1 010万的最高纪录(1905年到1914年的移民人数)相差无几。21世纪前五年,移民人数仍在增加,2005

年移民占美国总人口的 12.4%，相比之下，这一比例在 2000 年则是 11.2%。

美国移民的聚居方式也发生了改变。20 世纪，大多数移民仍然聚居在美国东海岸或其邻近各州。但在 2000 年，已有 39.9% 的外来移民定居在美国西部各州，只有 22.6% 的外来移民生活在东北部地区。这种转变也是美国人口结构变化的一个结果。20 世纪初，美国东北部仍然主导着美国的经济和文化生活。100 年后，美国西部明显占据了主导地位。加州已经超过纽约成为最受外来移民欢迎的州，而洛杉矶则作为国际航空港口（LAX）取代了埃利斯岛成为大量外来移民在美国的落脚点。

美国近期的移民来源与 20 世纪七八十年代很相似。2000 年通过各种合法和非法途径进入美国社会的移民中，有 33% 以上来自中美洲，25% 来自亚洲。接下来六年中，拉丁裔美国人增加了 24%，亚裔美国人则增加了近 28%。各个地方的移民，就像过去那样，经常都是生活在美国社会的边缘，与美国远远相望。

非法移民仍是一个问题。2004 年，据美国人口普查局估计，在 3 350 万移民中，有 33% 甚至更多的人都是非法移民。2000 年后，每年约有 85 万人擅自入境。当越来越多的移民想要从墨西哥偷渡到美国时却在沙漠中丧命，人们开始谈论起美国"被攻破的边境线"。

立法也促进了移民人口的增加。1986 年议会通过了《移民改革与管制法案》，目的也是限制非法移民，同时对当时生活在美国的外来人口实施特赦。1990 年的《移民法案》又进一步开放了美国的门户，增加了移民份额，缩小了限制。该法案同时还规定对那些触犯法律的外来人口要即刻遣送出境。1992 年颁布的另外两项措施在扩大移民合法性的问题上没有太大动作。2001 年，美国和墨西哥开始商谈如何减轻墨西哥移民的困境，以及让非法移民更易得到公民权的问题。

在奥巴马的第二任期内，国会看上去准备采取行动。参议院通过了一项全面的移民法案，旨在确保国家边界安全，但也预先做好准备让非法到达美国的人们的身份合法化。不过这一措施未能在众议院获得通过，最后在

2014年中期选举过后，总统采取行动，通过签署行政命令取得了同样的结果，但总统的行动也遭遇了巨大的政治阻力。

28.3.6 "过山车式"的经济

1980年以后，经济时而增长时而下降。1980年到1982年的经济衰落，始于卡特政府时期，但在里根执政的第一年，事情变得更加糟糕。就业情况进一步恶化，到1982年年底，失业率攀升到10.8%（黑人失业率超过20%）。国家近33%的工业生产停滞，这导致1 200万工人失业。

经济状况在1983年年末和1984年年初出现好转，尤其是对中上等收入的美国人来说更是如此。里根推行的减税政策鼓励了人们的消费，巨额国防开支也对经济起到了刺激效应。共和党放宽限制和减少浪费的措施也鼓舞了商界的信心。股票市场的不断攀升则反映出人们狂热的购买力。

但是，经济增长也掩盖了一些问题。数百万美国人仍旧处于穷困状态。许多家庭只有在保证两个人都有全职收入的前提下才能维持中等经济收入。他们还负担着沉重的债务。为了买房，年轻人需要承担比他们父母当年更高的抵押贷款利率。贷款利率达到20%是很常见的。在这种情况下，许多年轻的家庭需要努力奋斗才能维持在中产阶级水平。蓝领工人不得不接受低标准生活。单身母亲们的境遇则最为艰难。

居高不下且不断增长的财政赤字反映出经济基础的不稳定。这样的赤字引起的忧虑导致1987年股市崩溃。虽然后来股市回升了，但这次暴跌却也预示了日后的问题。

1990年代初，这些问题开始显现出来，美国再次经历了经济衰退。国家债务的巨额增长动摇了商界的信心，这次的后果不仅体现在股市上，还体现在经济的各个方面。美国的公司经历了一系列的衰落，为了应对利润下降和消费需求的减少，许多公司都采取了急剧的收缩措施。各州政府不得不通过削减大量的开支来平衡预算。大多数州都有关于禁止预算赤字持续的立法，所以它们不得不削减社会服务和教育上的开支。

在出现过几次"虚幻的"好转之后，经济于1992年中期开始恢复。失业率下降，生产指数上升，多方的共同努力终于使得中央的赤字下降了。联邦储备委员会利率的降低不仅重新赢得了信任，还刺激了消费。生产力稳中有升，国民经济又一次出现了上升的势头。跟生产力的发展一样，经济增长虽然没有像经济发展黄金时期那样突飞猛进，但也堪称是美国历史上持续时间最长的繁荣。1998年的通货膨胀率降到了30年来的最低点。失业率也下降了，从1992年的7.8%降到1997年的4.6%。

经济繁荣还体现在股票市场的高扬上。道琼斯工业指数以前所未有的速度迅速突破了1999年的1万点大关，并且很快就超过了1.1万点。美国经济健康发展的另一个更重要特征就是财政赤字的降低。民主党抢占先机解决共和党的议题，削减支出，偿还债务，特别是实行降低利率的政策，极大地促进了经济上的扩张。1998年，美国实现了29年来的第一次财政盈余。

然而，这种繁荣来也匆匆，去也匆匆。到了2000年，股票市场开始下滑，投资者们这才意识到，很多金融财富的增长并没有得到相应的生产力增长的支撑。到2001年年初，美国经济陷入低谷已经是一个不争的事实，接下来几年的经济状况更是不堪一击。2007年，国债首次达到九万亿美元。同年，高风险抵押贷款导致人们丧失抵押品赎回权，房地产市场崩溃，美国普通工薪阶层只能眼睁睁地看着自己成为中产阶级的梦想破灭。

2008年，一切都分崩离析了。在房地产繁荣期，不受约束的银行给买不起房的人做抵押贷款。这些银行的倒闭带来恶性循环，美国一些主要金融机构纷纷破产，股票市场也大幅下跌。随着危机加深，全国企业大幅裁员，2009年失业率达到10%。幸亏联邦政府行动迅速，这才避免了经济全面崩溃，没有让1930年代的大萧条再次发生。

再现历史

自　传

　　步入我们这个时代，或许最值得再现的历史就是我们自己的历史。跟任何一段美国史相比，不论是革命战争时期士兵的传奇故事，还是边疆女性的趣闻，抑或改革家们的轶事，移民祖父母们的辛酸，我们这段历史都毫不逊色。在这个计算机化的时代，我们需要再现的就是我们自己，一个至少是部分地由我们一直在学习的整个美国的经历所建构的自己。

　　自传是一种写作形式，人们可以借助它讲述自己的生命历程。尽管撰写自传的历史与早期基督教文献的历史一样长［例如，圣奥古斯丁的《忏悔录》(*Confessions*)］，但"自传"这个词则可以追溯到18世纪后期，也就是法国大革命和美国独立战争时期。这一点并非偶然，因为这些重大事件代表的是个体解放和个人自主的胜利。本杰明·富兰克林自传的写作从1771年开始，一直持续到1790年他去世的时候，这本自传成为讲述美国人成功经历的经典之作（下面就是书中的一段节选）。富兰克林自传为记录个人成就和成功的自传体写作确定了标准。另外一种自传体形式，如伊丽莎白·斯坦顿的回忆录，也体现了这种写作传统的基调和文类特征。

　　并非所有自传都是在暮年时为歌功颂德而写。忏悔录的写作就与大多数回忆录不一样。它主要是探索作者的心灵深处，评判自己的功过得失，因而在写作上没有明确的年龄限制。这种自传体写作不仅仅是为了追忆过去，更重要的是从过去的经历中寻找一种认同，以便更好地面对将来。宗教忏悔就是一个明显的例子。当然，这种忏悔录也包括非宗教的自我反省，汤婷婷（美籍华裔女作家）的小说《女战士》（The Woman Warrior，1976）和皮尔·托马斯的小说《扫荡大街》（Down These Mean Street，1967）中都有这样的自省，另外还有马亚·安杰卢（Maya Angelou）以《我知道笼中鸟为什么歌唱》（I Know Why the Caged Bird Sings，1969）开头的五部自传。本章节选的另外两篇忏悔录（印第安人"黑麋鹿"和黑人活动家马尔科姆·X）就是这方面写作的精品并且体现了这种文体的多样性。

不过这些例子并无法涵盖自传体写作的所有范畴，自传体写作为所有人都提供了一个讲述自己生命历程的平台。1909年，威廉·豪威尔斯把自传体称为"文学界里最民主的部分"。一位近代批评家赞许地指出：

> 这种文体已经引起了公众和个人的广泛关注，如诗人、哲学家、职业拳击手、演员、艺术家、政治家、服刑的犯人、金融家、足球运动员、贵格会教徒、黑人穆斯林信徒、移民和土著居民等。美国的各种自传在个性、经历和职业上所呈现出的丰富多彩，就像美国生活本身一样。

当然，你的故事也是历史当中的一部分。但在向他人袒露心扉时，自传体写作还是存在很多困难的。与历史学家一样，自传作者同样面临材料的来源、选择、整理、写作风格等方面的诸多困难。就像任何历史的写作一样，自传体的写作也必须客观地陈述过去，这不仅体现在细节要准确可靠，还要诚实地选择一些代表性事件。而且，自传作者也要像小说家和历史学家一样，必须提供一个合理的结构框架、组织原则和文学价值，必须做到主题的一致性和连贯性。当然，对这些准自传作者来说，还会面临很多其他困难。例如，如何在自己的公众生活与私人空间之间找到一种平衡？如何处理记忆中的往事？如何解决自我（例如，文章的写作究竟是用第一人称还是第三人称？）和生死问题？

自　传

本杰明·富兰克林

亲爱的儿子：

　　我曾经因为能够了解到祖先的一些轶事而感到万分荣幸。……因此，我想你大概也愿意了解一些我的故事，这其中的很多经历你都不知道，于是我就拿起笔来想给你写点什么。此外还有别的一些原因诱使我拿起笔来。我出生在一个贫困而卑微的家庭，在那里度过了我的童年时光，但是通过我的努力，我现在已经成为一个有身份、有地位的人。不断的好运气一直伴随着我，甚至在暮年的时候也是如此。因此，我想我的子孙们也愿意了解我的一些行为方式，由于上帝的眷顾，这些方式一直伴随我的成功。或许它们也值得进行效仿，在将来遇见某些类似的情况时可以派上用场。

Source: *The Autobiography of Benjamin Franklin* (1771).

伊丽莎白·斯坦顿

　　在这个激动人心的情景下，我和安东尼小姐开始为戒酒、反对奴隶制、教育、女权运动撰写演讲稿。通过这种方式，我们表达了自己的决心、抗议、愿望、请愿、关于农业的报告、对宪法的质疑。我们把抓住机会对各种问题发言看成是一件关乎良知的事情，是维护女性议政权利的方式……

那些了解安东尼小姐的人都知道，她就是我的天使，她总是对我的工作起到鞭策和督促作用；没有她的帮助，我不可能取得今天的成就。从另一个角度来看，我铸造了电闪雷鸣，而她则让它们划过天际、更加闪亮。要不是因为有了这个不断探索新的领域、新的使命的朋友，我可能跟很多女性一样，在大家庭的关爱下一直沉溺于狭隘的家庭琐事中。

Source: Elizabeth Cady Stanton, *Eighty Years and More: Reminiscences, 1815—1897* (1898).

忏悔录

"黑麋鹿"（印第安人首领）

就这样，一切都结束了。

我并不清楚这意味着多少事情的终结。当我在这垂暮之年回顾过去的时候，那些被屠杀的女人和孩子散乱堆砌在弯曲的沟壑旁的情形犹如昨日一般历历在目。在那块血染的土地上，同时死去的还有其他一些东西，被永远地埋葬在那场暴风雪中。那就是人们的梦想，一个美丽的梦。

我，一个在年轻时代经历过这样一种悲壮场面的人，现在已经是一个可怜的老人，什么也做不了了。过去的一百年不会再重来，枯死的圣树也不会再复活。

Source: *Black Elk Speaks*, as told through John G. Neihardt (1932).

马尔科姆·X

在我继续往下讲述之前,我想强调的就是,我从来没有这么详细地向他人讲述过我那段肮脏的历史。我今天这么做,也不是为了说明我对自己当时的罪孽有多么自命不凡。

但是,人们总是好奇——我为什么会是今天这个样子?要想了解一个人,首先就要回顾这个人的整个经历,从他的出生开始。我们的经历塑造了我们的性格。过去发生在我们身上的种种,都决定着我们今天的个性。

今天……我认为完整的故事是让人们了解你、认识你的最好方式。我现在已经堕落到美国白人社会的最底层——监狱。在这里,我找到了真主安拉,伊斯兰教彻底改变了我的人生。

Source: *The Autobiography of Malcolm X*, with the assistance of Alex Haley (1964).

反思历史

为了进一步了解写好自传的难处,你可以自己动手写一篇自传,字数不超过1000字。祝你好运。

28.4 对外政策与"冷战"的终结

1990年代初,美国最终在第二次世界大战后主导国际政治的"冷战"中胜出。共产主义在苏联和东欧的衰败,原苏联各加盟共和国向资本主义和民主政体的转变,成为世界现代史上最重大的转折之一。与此同时,世界上其他地区(中东和非洲)也在经历着惊人的变化。

28.4.1 里根、老布什和苏联

1981年里根掌权伊始,"冷战"仍是如火如荼。与大多数美国人一样,里根主张增加军备预算,对苏联采取强硬态度。他坚信,军备竞赛能够拖垮苏联经济。

里根在其第一任期内视苏联为"**邪恶帝国**"(**evil empire**),通过坚持"核战争可以打并且能打赢"这一观念,他促成了一个更大的核兵工厂的建立。尽管卡特时期签署的《第二阶段战略武器限制条约》已经做出调整,但里根政府仍然反对参议院批准这一条约。而后里根提出了一项被通称为"星球大战"(Star Wars,得名于1977年的一部同名电影)的战略防御计划,这项计划耗资巨大并广受责难,其目的在于拦截苏联在外层空间发射的导弹。

在第二任期中,里根的强硬态度有所缓和。苏联新领导人戈尔巴乔夫认识到,过度的军备竞赛将会拖垮经济,苏联更需要同西方国家合作。他认为只有通过与美国的武器谈判才能使苏联继续生存下去。因此,他推出了重组苏联经济的"改革"(perestroika)和实施政治开放以鼓励个人首创性的"公开化"(glasnost)运动。他的这些建议为改善美苏关系开辟了道路。

考虑到自己在历史中的地位,里根与戈尔巴乔夫进行了会晤并达成了一种紧密的合作关系。两国首脑会议促成双方于1987年签署了《中程导弹条约》,条约规定,双方撤出并销毁2 500枚在欧洲布防的核导弹。

老布什延续了里根与戈尔巴乔夫的良好关系。在1989年和1990年美苏数次首脑会晤中,双方就削减远程核武器数量、停止制造生化武器和放松贸易限制等议题达成一致。1991年美苏又签订了《削减战略武器条约》,决定大幅削减各自库存的远程武器的数量。

28.4.2 "冷战"的终结

"冷战"以迅雷不及掩耳之势终结了。对苏联社会的改革和对美国政策的调整,为戈尔巴乔夫赢得了全世界的喝彩,但与此同时,苏联国内状况却开始恶化。1991年年中,戈尔巴乔夫遭遇到由保守的共产主义者发起的政变,政变者反对"改革"和"公开化"。戈尔巴乔夫顶住了右翼分子的挑战,但他却无力应付要求更深入地建立民主政治和资本主义的力量。戈尔巴乔夫改革所释放的力量,最后导致苏共体制的崩溃和苏维埃社会主义共和国联盟的解体。叶利钦作为俄罗斯(苏联最大的加盟共和国)总统逐渐成为最有实力的领导人,但就连他也无法制止国内分裂力量的膨胀。拉脱维亚、立陶宛和爱沙尼亚等几个波罗的海小国的分离运动开始拆解苏联,最终它们于1991年成为独立国家。曾经辉煌一时的超级大国,现在只落得个四分五裂的下场。虽然各共和国松散地结合在一起成为由俄罗斯领导的**独联体**(**Commonwealth of Independent States**),但它们依然享有自治权,可以自主处理国内外事务。美国继续推进民主和自由市场的资本主义,并与俄罗斯前任总统叶利钦及现任总统普京保持密切联系。普京是在20世纪最后一天开始代行俄罗斯总统职务,2001年正式当选俄罗斯总统。但是,俄罗斯的局势依然不稳定,与美国的关系也仍然比较冷淡。

随着苏联解体,欧洲共产主义政权也瓦解了。最富戏剧性的事件发生在1989年11月的德国。作为对戈尔巴乔夫与西方国家改善关系的回应,东德共产党领导人出人意料地宣布东德人民可以自由出境。数小时内成千上万的德国人都涌向了28英里长的柏林墙——它曾使柏林一分为二,是"冷战"

的标志之一。边境线上的警卫早已自动消失，东西德人民混杂在一起，跳舞、欢呼、燃放烟火以示庆祝。几天时间内，被德国人用锤子砸烂的并非只是砖头瓦块而已，随着柏林墙一起坍塌的还有东德共产党政权。到1990年10月，东西德实现了统一。

柏林墙倒塌的余波在整个东欧蔓延。在波兰，莱赫·瓦文萨（Lech Walesa）领导了十年的团结工会运动最终取得胜利，摆脱了苏联的控制，在国内确立起权威地位。1990年12月瓦文萨出任波兰总统。在捷克斯洛伐克，就在苏联坦克碾过布拉格街道镇压自由化政策20年后，自由主义重新占据了上风。

28.4.3 巴尔干危机

自1945年起，南斯拉夫就被共产党政权团结在一起，但历史证明这是一种极端情形，随着中央权威被打破，种族敌对情绪也开始复活。1991年，南斯拉夫分裂成种族的碎片。在波斯尼亚，由穆斯林和克罗地亚人占主体的人群，企图脱离塞尔维亚人占主导的南斯拉夫，这种分离运动导致波斯尼亚塞尔维亚人在塞尔维亚共和国的支持下残忍地围攻萨拉热窝，甚至采取种族清洗政策以清算反叛。对此，美国则是隔岸观火，无所作为。

1990年代中期，宗教和种族冲突愈演愈烈。波斯尼亚塞尔维亚人围困萨拉热窝，对敌人进行了"种族清洗"。最后，1995年年中，北大西洋公约组织的炮火迫使波斯尼亚塞尔维亚人同意谈判，和谈在美国俄亥俄州的代顿举行；之后，由包括美军在内的多国部队负责维护这一地区的稳定。

1999年，科索沃（前南斯拉夫的一个省）阴燃多年的冲突愈演愈烈，最后导致战争爆发。为了阻止应对毁灭波斯尼亚负责的塞尔维亚领导人米洛舍维奇在科索沃镇压自治运动，北大西洋公约组织在美国的领导下对南斯拉夫展开了轰炸。米洛舍维奇回报以更残酷的种族清洗，直到后来他被逮捕并接受审判。

28.4.4 拉丁美洲

与历史上其他时期一样,美国频繁地介入拉美事务,旨在对不稳定地区施加压力。里根在其第一任内早期将中美洲视作"冷战"的一个战场,公开反对萨尔瓦多左翼游击队推翻压迫人民的右翼政权的活动。

尼加拉瓜成为一个最为血腥的战场。1979 年,革命者们自称"桑蒂诺民族解放阵线"[这是为了纪念 1920 年代为了反抗美国军事占领而积极进行战斗的领袖塞萨尔·桑蒂诺（Cesar Sandino）],推翻了统治尼加拉瓜 30 年的索摩查家族。1980 年,共和党人宣称要以一个"自由独立"的政府取代桑蒂诺民族解放阵线政权。里根上任后说服国会中的反对派于 1981 年 11 月签署了国家安全命令,授权美国中情局武装和训练以反政府军闻名的反革命分子,对抗桑蒂诺民族解放阵线。尼加拉瓜由此陷入了痛苦的内战。中情局的行动被发现后,国会终止了对反政府武装的军事支持。在 1990 年年初的和平选举中,桑蒂诺民族解放阵线最终获胜,战争也随之结束。虽然经济已经陷入绝境,但是新政权仍为治愈战争创伤描绘了动人的前景。

之后在 1987 年发生的**伊朗人质事件**（**Iran-*contra* affair**）中,美国国会获悉国家安全委员会发动了一个直接违反法律和国会意愿的计划:通过出售武器与伊朗交换美国人质,并用所得款项资助尼加拉瓜反政府武装。尽管也有高层官员牵涉其中,但最后却只有下层官员承担了过失。

28.4.5 非洲

非洲吸引了越来越多的关注。在美国的支持下,南非反对**种族隔离制度**的长期斗争最终取得了胜利。仅占总人数 15% 的白种人隔离、压制和剥夺占人口多数的黑人的基本人权,这就是种族隔离制度,它也是过去南非法律的一部分。由非洲人国民大会（ANC）领导的抵抗运动寻求结束种族隔离制度。尽管美国对残酷的种族隔离制度相当反对,但长期以来,由于与南非之间的经济及政治联系，美国始终拒绝采取进一步的行动。1986年，在国内民众的压力下，国会采取了包括取消追加投资在内的制裁政策。经济上的压力损害了南非经济，迫使超过150家在南非设厂的美国企业撤出南非。

压倒种族隔离制度的最后一根稻草来自纳尔逊·曼德拉的努力。曼德拉是非洲人国民大会的积极分子，他长达27年的监狱生涯成为南非军事抵抗运动的象征，他带领南非经历了世人瞩目的转变。1990年，在老布什总统任内，南非总统德克勒克迫于美国和世人的压力释放了曼德拉。白人政府与非国大的对话导致黑人和白人共同相处的民主政治的平稳过渡，确保了1994年第一次有黑人参与的和平大选。非洲人国民大会成功夺权，曼德拉成为南非总统。美国在政治过渡中为南非提供了经济支持。

非洲饱受艾滋病等传染病的蹂躏，经常引不起世人关注。美国也像其他国家一样被中非卢旺达地区的危机困扰着。那里的图西族和胡图族这两大部族之间本就十分脆弱的权力平衡最终被打破了。胡图族的强硬派发动了种族大屠杀，杀害了成千上万无辜的图西族人和胡图族温和派。包括美国在内的外部国家一直在探讨实施人道主义干涉的可行性，但最终还是决定不采取任何行动。最后屠杀停止了，但是两大部族之间的仇恨却并未因此而消弭。

小布什并不像他的那些前任总统们那样关注非洲事务。他甚至都没有去参加2002年夏天在南非召开的可持续发展会议，这清楚地表明美国政府更关注自己的经济利益，而不是欠发达世界的经济问题。2003年小布什出访非洲五国，但这都是一些旋风式访问，目的在于支持那些同情美国的地区。接着，他在2004年抛出了"总统艾滋病紧急救援计划"以示对非洲的支持。这一计划给数百万艾滋病病毒患者提供了抗逆转录病毒治疗，是单一一个国家防治一种疾病范围最广的行动。

28.4.6 中东

由于阿拉伯人与以色列人之间的仇恨，中东地区依然局势动荡。1990

年发生了一场重大危机：伊拉克总统萨达姆·侯赛因侵占了富有的产油邻邦科威特。老布什总统采取了强硬的应对措施。就像杜鲁门对朝鲜所做的那样，美国说服联合国安理会全票通过：谴责伊拉克的侵略行为并对其实施禁运。萨达姆拒绝从科威特撤军之后，1991 年 1 月中旬，美国领导的由 28 个国家参与、50 万人组成的联合国部队开始进攻伊拉克。在"沙漠风暴行动"（**Operation Desert Storm**）中，联合国部队迅速动用精密的导弹、飞机、坦克攻下伊拉克全境。最初美国人欣喜若狂。但当萨达姆利用残存的武装力量对抗伊拉克少数派时，美国人的喜悦开始变味。老布什关心的是美国军人早日回家而不是陷入伊拉克内战，所以留给伊拉克的是一个依然混乱的局面。一年后，萨达姆就恢复了元气。

与此同时，美国卷入了更大规模最终也是更重要的中东和平行动。1990 年代早期，美国国务卿詹姆斯·贝克（James Baker）主张团结各主要政党用谈判方式解决领土争端。1992 年中期，"和平斗士"伊扎克·拉宾（Yitzhak Rabin）在以色列议会选举中获得胜利，他主张采取折中方式，愿意通过对话解决问题。

在中东地区，克林顿当选总统后努力扮演"和平制造者"的角色，就像 15 年前卡特所做的一样。1993 年 9 月 13 日，白宫的草坪上上演了戏剧性的一幕：巴勒斯坦解放组织领导人阿拉法特与以色列总统拉宾在这里握手，并签署了导致巴勒斯坦人在加沙地带实行自治的和平协议，从而向结束经年累月的冲突迈出了公开的第一步。1995 年，巴以签署了进一步的协议，以色列将约旦河西岸的控制权移交巴勒斯坦。约旦与以色列两国之间签署的协议还为另一处边界带来了和平。尽管极端主义分子试图通过对拉宾的暗杀摧毁和平进程，但是结束古老仇恨的努力并没有因此而终止。克林顿希望在卸任前促成巴以双方的最终和解，但这次他却未能成功。巴勒斯坦拒绝了非常慷慨的议和条件，硝烟未尽的中东地区再次燃起战火，几乎整个地区都陷入战乱。

21 世纪初，中东地区的暴力事件不断升级，超过了以往任何阶段。以色列在被占领的阿拉伯土地上建立犹太人定居点的短视政策和巴勒斯坦在谈判桌上不妥协的态度,导致以色列人进入巴勒斯坦在耶路撒冷(巴以双方都宣称对其拥有主权)的一处宗教圣地,之后,自杀性爆炸和血腥的袭击使冲突达到顶点。此时,许多欧洲国家都认为,只有美国才能给这个地区带来和平。

2007年年末,在美国国务卿康多莉扎·赖斯(Condoleezza Rice)的敦促下,小布什开始更深地介入到这场争端中。也许是意识到只有美国的帮助才能和平解决争端,他为以色列人和巴勒斯坦人组织了一场会议,想看看双方能否重新回到那一公认的漫长而艰难的正轨上。随着情况逐步恶化,奥巴马曾试图担负起这种角色,但却面临着一场艰苦的斗争,无力采取什么有效措施去避免或终止巴以之间在加沙地带的敌意。

28.4.7 "9·11"恐怖袭击

2001年9月11日,三架被劫持的飞机相继撞上纽约世界贸易中心的"双子塔"和位于首都华盛顿的五角大楼。在纽约,爆炸中的喷气机燃油引起的大火造成双子塔的倒塌,永远改变了天际线。在这次恐怖袭击中,共有约3 000人丧生。第四架飞机可能要飞往白宫或国会山,途中旅客和机组人员同劫机分子进行了英勇的搏斗,最终飞机在宾夕法尼亚坠毁。

这几名劫机分子大都是来自沙特的极端分子,曾在美国的飞行学校受过训练。他们是沙特流亡分子本·拉登领导的"基地组织"成员。本·拉登和他的组织总部在阿富汗,由极端保守的穆斯林"塔利班"领导,试图把穆斯林圣书《古兰经》中的法律强加给公民社会。本·拉登及其同伙对美国支持以色列的中东政策极为不满,同时也憎恨美国以富为荣和物质主义的价值观,这种价值观与他们的宗教价值观和世界上其他地区的价值观相冲突。

恐怖袭击摧毁了"至少在其疆界以内美国是安全的"这一信念。小布什对这些无端的攻击大为不满,发誓一定要揪出这些恐怖分子予以严惩。就像他父亲十年前发动海湾战争一样，小布什组织起世界性联盟来帮助美国，并迅速发动了大规模空袭，以把本·拉登和他的联络网驱赶出来。空袭之后，美国又向阿富汗发动了地面战争；虽然战争击败了塔利班并将其成员从权力位置上驱赶了下来，但本·拉登依然逍遥法外，直到在奥巴马任上他才最终被找到并被处死。随着小布什的支持率不断上升至90%，他发誓要进行长期反恐战争，消除全球恐怖主义。他对政府机构进行大规模调整，新成立国土安全部协助防止恐怖袭击事件再次发生。在《爱国者法案》中，他还利用恐怖主义允许政府出于安全利益考虑更为广泛地侵犯个人自由。颇具讽刺意味的是，一个立志要缩小政府规模的总统，竟然将自己置于赋予政府更多角色的前沿。

美国的穆斯林经常成为政府措施的受害者。一些人不得不面对因恐怖袭击而变得愤怒的美国人的攻击。随着政府推行新的安保措施，还有一些人在没有指控罪名的情况下就被拘留，只因被怀疑与恐怖分子有牵连。

反恐战役逐步升级。2002年年初，小布什宣布将要严厉打击他所谓的"邪恶轴心"，他指的是伊拉克、伊朗和朝鲜。他特别想把萨达姆赶下权力宝座。萨达姆曾在老布什执政期间侵占了科威特，导致海湾战争爆发。现在，11年后，小布什认为萨达姆正在制造大规模杀伤性武器，以完成海湾战争中未竟的任务。在小布什政府内，国务卿克林·鲍威尔（Colin Powell）倾向于采取更加克制的对外政策，并反对急于打击伊拉克的国防部长唐纳德·拉姆斯菲尔德（Donald Rumsfeld）和副总统迪克·切尼（Dick Cheney）。小布什声称，即使得不到国会支持他也会攻打伊拉克，此语一出，即刻引起了美国乃至全世界的抗议浪潮。

美伊战争发生在2003年3月，美国和英国组成联合部队，但未得到联合国的支持。美国军队势如破竹，仅过了一个半月，小布什就声称第一阶段战斗已经结束。12月，美国军队在一个地洞里逮捕了萨达姆。然而，即使这位伊拉克的独裁者被抓获，也没有平息反对美国占领伊拉克的声音；之后几个月迎来了更激烈的战斗。随着2004年中期将主权移交伊拉克的最终期限的到来，逊尼派教徒、什叶派教徒和库尔德人为了争夺权力而互相争斗，但最终由于美国迟迟不肯撤身，三者又团结到了一起。反对美军和新上位伊拉克人的叛乱分子不断发动袭击，伊拉克陷入内战。美军在臭名昭著的阿布格莱布监狱里虐待犯人的照片更是引起中东乃至全世界人民的仇恨。2008年年初，美军在伊拉克死亡的士兵超过了4 000人，大大超过了在"9·11"恐怖袭击中遇难者的人数，另有三万名士兵受伤。在伊拉克政府声称面对国内不断升级的宗派冲突他们已经无力维持秩序之后，越来越多的美国人要求停止干涉这些他们认为是严重或者说棘手的问题。奥巴马当选后曾试图让美国从伊拉克和阿富汗问题上解脱出来，但他发现，说起来容易做起来难。

28.5 近年来的情况

随着21世纪的发展，美国正在感到越来越不安。经济在遭遇了2008年的严重挫折后开始缓慢恢复，但是这一恢复慢得让人难以忍受，而且一直以来美国的贫富差距都在变得越来越大。美国继续发现自身陷入文化冲突之中，这些冲突也在政治领域得到了回应，比如国会陷入僵局使得它几乎无法正常运转。在国外前线上，美国必须想明白：怎样才能在面对像叙利亚和乌克兰这些地方发生的危机的情况下，从始于小布什年代的伊拉克和阿富汗的冲突中抽身而出。对这种可能性的看法，在2009年年初奥巴马正式就任总统时曾是如此普遍，但是随着政治体制眼看就要慢慢停摆而受到了侵蚀。

奥巴马宣誓就职时的经济状况令人沮丧。股票市场崩溃，金融体系正在散架，主要的汽车厂商即将破产，社会上弥漫着一种整个国家将要陷入瘫痪的绝望感。新总统快速采取行动，推动出台诸多措施刺激经济，提供减税，增加公共服务支出，扩大失业福利。尽管这一揽子刺激计划带来了沉重的价格负担（这激怒了一些共和党人），但它也并未大到像一些经济学家指出的那样对彻底扭转经济是必不可少的——不过它的确起到了帮助作用。

失业率在小布什离任时徘徊在略低于6%的水平,在奥巴马上任第一年达到10%。之后失业率就开始下降,到2015年在5.5%左右徘徊。尽管就像失业率下降所反映出来的那样经济有所复苏,但是工资增长依然停滞不前。

更糟的是贫富差距仍在加大。美国始终都以自己是一片"机会之地"而自豪,但现在却发现这一理想被扼杀了。到2014年,总人口中最富有的1%控制了整个收入的近20%,比以往所占比例更高。自1979年以来,最富有的1%得到的薪酬增长了138%,而薪酬中位数则仅仅上升了6.1%。在这一进程中,少数族裔要比白人受苦更多。2011年纽约发生的"占领华尔街"运动(这一运动在其他地方也有发生)抗议那一不公,促使总统宣布:恢复衡量公平的尺度这一挑战,是"我们这个时代起决定性作用的议题"。

日益加剧的冲突成为常态。自由派与保守派之间被称作"文化战争"的冲突在大众媒体中引起反响。围绕堕胎权进行的斗争变得越来越激烈,文化战争也包括如枪支管制、同性恋和同性婚姻这样的议题。在有些问题上,像同性婚姻,关于它的可接受性人们已经开始形成共识,但其他问题却依然在立场不同的人们之间引起激烈的争辩。

文化冲突在政治领域也有反映。陷入僵局成为国会中的常态。当奥巴马在大选中获胜后,一些反对者拒绝承认一个黑人可以成为美国总统。他们质疑他的出生证明的真实性,致力于时时处处都想打败他。所谓的"茶党"(为纪念1773年波士顿茶党而命名)出现于2007年,他们要求削减预算,降低国债(增长幅度),减少政府开支和税收。"茶党"成员拒绝妥协,在共和党内部造成分裂,使得共和党很难在国会通过任何措施,尤其是在共和党人重新控制国会之后。

奥巴马在其第一任期内取得的可圈可点的成就:《平价医疗法案》,引起了极大的争议。在他上任后的前两年内,由于民主党在国会占据大多数席位,所以奥巴马推动全面立法,想要让医保范围覆盖数百万没有医疗保险的美国人并在这一过程中降低膨胀的成本。这是一个非凡的成就,在接下来的几年中，经过最初困难重重的试运行，它开始像预期中的那样发挥作用。但国会中的共和党人则在竞选活动中愤怒地攻击它。他们反复在国会中投票废除它，尽管他们并没有获胜的机会。他们还向法院提起挑战，但在2015年，最高法院就该法案的合宪性做出了肯定的判决。尽管一直遭到共和党反对，但数百万主要是贫困者在他们的生活中却是第一次享受到了医疗保险。

在国外前线上，并发症也是持续不断。奥巴马想要让美国从伊拉克和阿富汗的混乱局势中脱身，但却遭到了国内民众对他的举动的反对，特别是因为那些国家仍然受到动乱的破坏。2010年年末和2011年年初出现的"阿拉伯觉醒"运动，包括自发反抗那一地区的专制政体和不断增多的骚乱。特别是叙利亚卷入了一场痛苦的内战，这场内战危及整个地区的稳定。美国并没有什么更好的选择，但是奥巴马既受到了那些认为他想做的事情太多的人的批评，也受到了那些质疑他做得太少的人的批评。与此同时，他还面临着与俄罗斯总统普京的冲突，普京引发了乌克兰的动乱，强占了克里米亚，威胁到整个东欧地区的稳定。

小结：回顾近年来的历史

1980年代和1990年代初，美国见证了保守主义的复兴。这一时期经济繁荣持续的时间超过了历史上任何一段时期。经历过1980年代经济衰退的冲击之后，美国经济开始繁荣，而且这种繁荣一直持续了十年之久。大多数中产阶级和上层阶级都变得更加富裕。预算赤字不见了，政府拥有了大量的盈余。然而，并非所有美国人都能分享到经济繁荣带来的成果。尽管失业率下降了，但是很多工作岗位都只能支付最低工资，就像本章开篇中的加勒特一家，这些人的收入水平仅够勉强糊口。在这十年里，少数族裔的人口急剧增长，但他们的生活却十分困苦。在21世纪第一个十年结束时，情况变得更加糟糕,因为美国遭遇了自1930年代大萧条以来最严重的经济衰退。

与此同时,美国人也在担心其在外部世界所扮演的角色。在享受(伴随"冷战"结束而来)他们新获得的繁荣的同时,一些人并不愿在海外投入大笔资金去扮演一种积极分子角色。他们为如何对待已经开始老化的国防设备争论不休,他们在更深地介入外国冲突的问题上犹豫不决,难以确定如何在那些冲突中捍卫美国利益。接着,2001年对纽约市和华盛顿特区残忍的恐怖袭击把整个国家都动员了起来。经过了很长一段时间,美国人终于认识到,恐怖主义威胁到了整个世界,包括美国在内,因此他们准备投身于一场长期的努力,力图把恐怖主义控制住,使这个世界成为一个更加安全的地方。就像他们在过去的岁月里,在第一次世界大战和第二次世界大战中所做的那样,美国再次寻求保护民主的生活方式,这既是为了美国人民,也是为了其他地方的人民。

但是,政治两极化使得各个方面的进程都变得复杂起来。即使在21世纪第二个十年中经济得到复苏,而且在国外前线有取得进展的希望,美国依然是从一个危机掉入另一个危机,稳定性和善意变得比以往任何时候都要更加难以捉摸。然而,最让人不安的问题则可以用2014年《纽约时报》上一篇文章的标题来概括:"许多人都认为美国梦已遥不可及。"面对着所有领域如此这般的复杂性,目前还看不出有什么简单的办法可以解决。

思考题

❶ 里根是如何成功地实施其保守主义计划的?
❷ 1980年代社会改革运动的结果如何?
❸ 1980年后美国的人口结构发生了什么变化?
❹ 为何医疗改革方案会演变成这样一个争论不休的议题?
❺ "冷战"终结有何影响?

译后记

　　由加里·纳什等人编著的《美国人民：创建一个国家和一种社会》是一部非常特别的美国历史教科书。无论你受过多少教育，学过什么专业，了解多少美国历史，对历史的美国和现实的美国喜欢与否，你都会一下子就被本书所吸引，被本书娓娓道来的叙事风格、丰富多彩的文献举要、跌宕起伏的个人命运和把美国历史与古代非洲历史衔接起来的写作手法所吸引，不经意间走进一种历史场景，了解到许多通俗易懂但又不失新鲜而深刻的美国历史知识。读完之后，你可能会不由自主地发出一声感叹：啊，原来历史教科书也可以这样写！确实，历史教科书应该和历史本身一样丰富多彩，应该和现实一样生动鲜活。如果说历史学家应该成为搭建历史与现实之间桥梁的工程师，那么我认为本书的作者们就做到了这一点。这或许就是北京大学出版社愿意把她译成中文呈现给中国读者的原因所在，也是本书最重要的特色和价值之所在。

　　美国无疑是当今世界上最重要的国家之一，是影响世界经济、政治乃至文化走势的一个基本因素。无论你身居发达的都市，还是劳作于偏远的乡村，你都不可避免地要和美国的影响打交道。从好莱坞电影到微软视窗，从麦当劳快餐到 SCI 引文检索，从波音飞机的制造到因特网的发明，从行销世界每个角落的可口可乐到吸引全世界目光的 NBA 赛场,从美国大兵喋血巴格达街头到纳斯达克指数的起起落落,美国的产品、信息和影响无所不在。这种情况就使美国历史教科书的读者群要比其他国家历史教科书的读者群大许多。换言之,美国历史教科书不仅是给学习历史的大学生写的,也是面向社会各界读者的。在中国改革开放已经进入近 40 个年头的今天,在中美之间的交流、合作和冲突发展到如此之广、之深、之频的今天,中国人主要还是通过即时的新闻报道来了解美国的,通过好莱坞电影来形成美国印象的,这就难免使我们对美国的认识产生误差。中国需要一本生动和完整地讲述美国历史的作品。本书的翻译和出版恰可填补这一空白。

第一,本书具有非常强的可读性。这种可读性表现在许多方面。

本书每章都从一个普通人或一个普通家庭的遭遇开始,即书中的"美国故事"。作者把美利坚人个人的遭遇与美国历史的大背景结合在一起,一下子就增强了历史的鲜活性和真实感,缩短了历史与现实的距离。这些故事的主人公有从欧洲来到美洲的白人移民,有印第安土著,也有从非洲被贩卖到美洲的黑人奴隶,有传教士,有士兵,有蓝领工人家庭的悲惨遭遇,也有十多岁少年独特的心路历程。美国历史中的各色人等都在本书里登场,他们的身份和遭遇就是美国历史变迁的缩影。

本书更以变化多样的文献举要使她与其他美国历史教科书区别开来。从家庭账簿、民间故事、日记、海报、征兵名单、民意测验报告,到广告、流行音乐、服饰、政治漫画和纪实照片,这些专业历史学家所使用的多种形式的"原始材料",都在本书的不同章节里恰到好处地加以运用。这就摆脱了多数历史教科书单纯的文字表达手法,而以一种更为丰富多彩的写作形式展现在读者面前。应该承认,这种表现手法远比历史学家单纯的文字描述(无论历史学家如何妙笔生花)更吸引人,而许多历史情景也是文字形式难以充分表达出来的。一篇日记所展示出的当时美国人内心深处的喜怒哀乐,对读者来说要比历史学家的描述更为质朴和真实。一幅 19 世纪美国黑人奴隶的照片——他们的装束、神态、包括他们的眼神及照片的背景——所能折射出的当年美国黑人奴隶生活的真实场景，更是胜过历史学家的千言万语。

总之，本书的表现手法丰富多彩，生动活泼，克服了传统历史教科书的古板、单调和局限，也没有说教的口吻，使阅读历史成为一种乐趣。这是本书能够畅销美国并为广大读者所欢迎的首要因素。

第二，作者对美国历史褒贬有度，进一步增强了本书的说服力和吸引力。

同任何一个国家或民族的历史一样，美国历史中既有许多令美国人骄傲的成就，也有许多令美国人汗颜的失败乃至难以示人的耻辱。一部好的历史教科书，应该实事求是地把这两个方面都展示给读者，在促动国民的自豪感和自信心的同时，也对自己国家的历史提供一种反思和批判，这样这个国家和民族才能不断吸取教训，不断有所进步。本书既没有刻意渲染美国的历史成就，也没有隐瞒美国历史上的污点，而是把美国历史上的艰难曲折比较真实地刻画出来。例如，今天的读者很难相信，如此富裕的美国在100多年前竟有20%的10岁到14岁的儿童都不得不出来工作养家。本书对19世纪工业革命时代美国人民遭遇的描写，让读者真切地感受到今日美国的发达和富裕来之不易。书中关于美国白人对印第安人的迫害和对白人长期保有黑人奴隶制的展示更让人们了解到，今天动辄以"人权"政策攻击其他国家的美国，在历史上曾是对有色人种人权的集体践踏者，提醒今日善良之美国人哪里是美国历史上和精神上永远的伤和痛。

第三，史实、史论、史识兼具，过去、现在、未来相接。

本书的作者队伍集中了八位在教学和研究两个领域都有卓越建树的历史学家，尤其是纳什教授，更是美国历史教育改革中的先锋人物。本书集中体现了纳什教授的美国史观和解读方法。按照他在前言中所说，本书的主要目标是为学生提供一种"丰富均衡并能激发学生思考的美国历史叙述"，这种叙述包括居住在这个国家所有地区、居于这个社会各个阶层有着各种民族出身和文化背景的美国人的生命和经历。本书还要终止对历史有用论的怀疑，激励学生开创一种与历史进行坦诚而透彻的对话的历史。作为一位历史教育家，他还特别强调了历史在个人自身培养方面的重要作用，认为一个人的自觉和自尊能为其一生的尊严和完满奠定基础。他所追求的是：通过将非洲文明和美洲印第安土著文明与欧洲文明并列为美国起源的方法，凸显美国文化的"马赛克"现象和诸多社会矛盾产生和发展的根源，为美国学生应对今日美国愈加多元化的社会现实，乃至应对整个国际社会愈益多元化的现实提供心理或精神准备。由此来看，纳什教授不失为一位对美国的前途和命运富有高度责任感的杰出历史教育家。

毋庸讳言，本书不仅给我们展示了一幅生动的美国历史画卷，同时也为我国学者编写中国的历史教科书提供了非常有益的借鉴。

认识一个国家应该从了解这个国家的历史开始。对于美国历史，中国人经常提出的问题是：为什么美国能在这样短的时间内从彼此独立的13个英属殖民地凝结为一个民族国家并成长为超级大国？为什么这样一个如此之多的种族、肤色和宗教拼凑在一起的"马赛克"没有沦为一盘散沙，而是一直保持着凝聚力和向心力？回答这些问题的一些耳熟能详的解释包括：美国"得天独厚的地理条件且远离欧洲是非之地""没有中世纪的废墟挡路""后发国家优势""欧洲列强在两次世界大战中的衰落""'山巅之城'的精神追求"，等等。但本书并未提供类似的解释或答案，而是不断地向读者提出问题使其思考。相信读过本书，中国读者自会得出许多自己的解释或答案。

美国与中国的关系是两种历史经历的相遇。东方与西方，古老与年轻，封闭与开放，孔子与耶稣，一元与多元，集体与个人，等等，中国和美国似乎正是两个极端的例子。年轻的美利坚合众国崛起的过程正是古老的中华帝国走向衰落的过程。但是现在，这个过程已经过去了。中国正在崛起，正在以一种新的精神面貌出现在世界舞台上。占据世界头号强国一个世纪之久的美国，正在以一种复杂而又忧虑的目光注视着中国的崛起。

无疑，中美之间正在重新确认自己的历史定位。作为"现代化进程中"的中国，一定会在已经"后现代"的美国的历史经历中学到许多经验教训。本书不仅会为中国读者了解美国的历史提供一种完整的介绍和阐释，同时也会促进中国读者做出许多历史反思。同时，当我们掩卷沉思，我们也会想，如何给美国人和其他国家的读者也提供一本生动而又深刻的中国历史教科书呢？对本国历史或世界历史的解读能力也是一国文化力的表现形式。中国正在吸引全世界的目光，全世界都在享受中国人制造的物美价廉的产品，但真正了解中国的历史与现实的人却并不多。中国人已经把自己深深地融入这个世界中，但或许中国人自己还没有做好解释自己、在世界人民的心中为自己的国家塑造一种生动而又丰富的国家形象的准备。在这方面，一本优秀历史教科书的影响力，可能是金钱、商品乃至飞机大炮都替代不了的。

刘德斌